21世纪中国教育研究丛书

"定制式"人才培养的实践逻辑

以 H 大学的试点班为例

王秀丽 著

The Practical Logic of
Educating Advanced Technicians

A case study of experimental class
in H University

社会科学文献出版社
SOCIAL SCIENCES ACADEMIC PRESS (CHINA)

序 言

一个拥有现代化产业体系的国家，必然拥有一个能够培养各专业领域、各层次人才队伍的教育体系。一个国家的社会经济体的良性运转与不断创新发展，依靠的是一支专业齐全、结构合理、有创新活力的人才队伍。对于新兴科技产业和现代制造业而言，不仅需要科学家、工程师这些具有坚实科学训练基础和创新能力的高端学术型人才，也需要有专业基础知识和熟练操作技能的高级技工，前者需要通过大学本科和研究生的系统教育来培养，后者则需要通过专科教育和实践操作训练来培养。没有前者，一个国家的制造业在设计理论和工艺理论方面就无法推动创新；缺少后者，好的设计理念和工艺程序就无法在操作中得以实施。举例来说，我国从德国或日本引进的原装生产线，在国内安装调试后，其加工精度与同一条生产线在德国或日本的产品精度存在明显的差距。这里就不存在设计理念甚至设备制造工艺的问题，反映出来的是国内进行安装调试和加工操作的技工的专业水准和经验与德国、日本技工的差距。前段时间国内电视上播出的"大国工匠"系列，介绍了我国一些行业部门技术精湛的高级技工，但是这样的"大国工匠"，在我国的制造业中仍显稀缺。据国家劳动部门统计，在我国 7000 多万技术工人中，高技能人才仅占 4%，远低于发达国家 35% 的水平。高技能人才短缺已成为"严重影响我国经济持续健康发展"的瓶颈。[①]

这些高技能人才是如何培养的？其实如果我们考察一下德国和日本这两个制造业大国的教育体制，就可以得到启示。德国高等院校有三种类型：(1) 大学（University）；(2) 高等专科学校（Fachhochschule，FH）；(3) 艺

---

① 王蓉：《高级技工月薪 1 万元》，前程无忧，http://arts.51job.com/arts/13/274115.html，最后访问日期：2020 年 4 月 28 日。

学院和音乐学院。职业教育在德国有历史传统，德国多次修订《联邦职业教育法》。德国职业教育以中等职业教育为主，16~19岁年龄组的青年中接受职业教育者超过70%，20世纪70年代后"双元制"职业教育逐渐向高等教育延伸。①

日本教育的一个特点是小学教育阶段以后的各级各类正规学校都实施职业技术教育。许多高中和大学普遍开展与产业界的合作，通过各种"产学合作"项目开展职业训练。② 1958年日本制定《职业训练法》，分别在专业研究、教育培训、技术转移、专业咨询、创业多个层面同步推进"产学合作"。一些研究认为，日本职业教育体系的重心从20世纪50年代的职业高中—短期大学，发展到60年代的高等专科学校—短期大学，70年代的专修学校—高等专科学校—短期大学—技术科学大学，再发展到90年代的专业研究生院。③ 这两个制造业大国之所以能够领先于世界，一个重要原因就是在本国政府与社会的高度重视下，职业教育持续发展并不断完善。相比之下，中国职业教育的发展还有非常大的差距。

1996年我曾访问过台北的铭传管理学院（现更名为铭传大学）。这是一所私立高等职业学校。给我留下很深印象的就是该校与社会上就业单位的密切合作，例如他们的金融专业学制为3年，第三年全体学生被安排在当地最大的几家银行做见习生，学校负责联系和组织具体的就业活动。银行很愿意接受这些高年级实习生，安排老职员指导他们参与银行各部门业务工作。对银行来说，第一可以得到专业劳动力的一年无偿服务，第二在实习期结束后可以从这些毕业生中选取高素质的新职员。学生们也非常认真努力地学习和工作，争取毕业后能够被实习的银行录取为正式职工，进入社会上的高薪行业，我们被告知几乎所有的毕业生都被各银行录取甚至提前预订。学校做些组织协调工作，同时从学生那里收取高额学费。虽然学费很高，但是每年报考的学生很多。办学的结果是学校、学生/家长、

---

① "德国职业教育"词条，百度百科，https://baike.so.com/doc/184509-194909.html，最后访问日期：2020年5月1日。
② "日本职业教育"词条，百度百科，https://baike.so.com/doc/28548059-30046124.html，最后访问日期：2020年5月1日。
③ 《日本职业教育的发展趋势》，人人首页，https://www.renrendoc.com/p-31082121.html，最后访问日期：2020年5月1日。

就业单位三方都很满意，形成一个多方共赢的格局。我一直在思考中国大陆的职业教育应当如何发展，从铭传管理学院的办学经验来看，学校与用人单位密切合作是一个成功的思路。相比之下，1995年我在广东高明、电白两县（市）开展农村教育调查时，特别关注过当地的职业教育。[①] 我发现各县教育局根据政策指标要求由普通中学改制的职业中学，只是名义上开设了几门"专业课程"，实际上难以承担真正的职业教育的功能。

1999年教育部出台《面向21世纪教育振兴行动计划》，提出到2010年我国高等教育毛入学率将达到适龄青年的15%，由此出现全国大学的扩招潮。与此同步的是全国一大批高等专科学校（通称"大专院校"）升级为招收本科生的普通高等学校（通称"本科院校"）。在学生和家长们的眼里，"本科生"的称号和本科文凭自然比"大专生"和大专文凭要更加"高级"，也预示着学生毕业后将获得更高的社会地位和收入待遇。但是没几年就出现相当比例的大学毕业生就业难的现象，人们开始反思把那些大专院校"升级"为本科院校是不是一个明智的思路，高校体制改革再次成为热议话题。

大学扩招给中国教育事业和社会劳动力队伍建设带来的影响与后果，需要在全面调查的基础上进行讨论。但是至少两个后果是清楚的。第一个后果是本科高校快速扩招极易导致教育质量下滑，其原因是只有大幅降低录取分数线才能实现扩招，扩招部分的学生基础较差；同时大学现有的师资队伍和教学条件不可能在短时间内得到大幅改善。2000年我在某地调查时，有一所大学的朋友告诉我，扩招后学校的收入增加（政府投入和学费收入增加），教师的收入增加，学校有钱给教师修建新的宿舍楼，大家很高兴，但是学生规模扩大后，教师人数并没有相应增加，教室数量没有增加，结果课程排到晚上和周末，教师疲惫不堪，扩招的学生都是在原有分数线下降后录取的，基础较差，所以学习成绩普遍下降。

大学扩招造成的第二个后果，就是许多大专院校升级为本科大学，使得我国劳动力市场中的高级技工出现很大缺口。所以，一方面几十万本科毕业生难以就业，另一方面企业高薪也聘请不到合格的高级技工，这些现

---

① 马戎：《高明市教育发展情况调查》，载马戎、龙山主编《中国农村教育发展的区域差异：24县调查》，福建教育出版社，1999，第21~52页。

象充分说明我国的教育体制出现了结构性问题。解决这个矛盾的途径无非两条：一是控制大学招生人数并提高教学质量，使本科毕业生成为人才市场真正需要的人才；二是恢复部分原有的专科学院，使它们回到根据劳动力市场的需求培养高级技工的路子。2012年3月教育部在《关于全面提高高等教育质量的若干意见》中提出公办普通高校本科招生规模保持相对稳定，持续13年的本科扩招被叫停。2013年全国各类高等教育在校生数量达到3460万人，高等教育毛入学率达到34.5%。[①] 2014年，教育部提出把600所普通高校转向职业教育，这是根据就业市场的客观需求作出的明智决定。

本书作者王秀丽的硕士专业是教育社会学，导师是北京大学社会学系的钱民辉教授，在博士学习阶段转由我指导。考虑到她在硕士学习时期的专业基础，所以我把她的博士论文选题也定在教育研究领域。在思考我国如何发展符合制造业就业市场需求的高等专业人才教育时，还有一个需要进一步推动的研究专题，就是如何使我国高等教育中的部分专业更加贴近人才市场的需求。而用人单位和企业联合办学的模式，可以使应用型专业的课程体系和实际操作与毕业生就业所需知识和技能更直接、更紧密地联系起来。铭传管理学院许多专业采取与用人单位联合办学的体制，在校生的部分课程请用人单位的高管现场讲授，毕业前的实习直接安排在用人单位上岗工作，学生的毕业前景和薪酬待遇非常好。我觉得中国大陆高校的部分应用型专业也可以借鉴这种课程与实习体制。

东北一所大学的机械学院与企业合作开办"定制式"试点班，企业参与教学与实习全过程并优先接受该班毕业生。王秀丽提出在这所大学开展实地调查，最后确定的论文选题就是大学与企业的合作教育，通过这所大学的个案调查来探讨和研究我国高等教育如何通过与企业的密切合作，既较好地解决毕业生的就业问题，同时又为企业培养专业方向明确、基础知识坚实、操作技术熟练的高级技工。我认为这是我国教育研究领域一个不可忽视的专题。王秀丽以"定制式"试点班为具体个案来调查和分析这种培养模式的实施过程和效果，对该校的基层教师、学生以及用人单位进行

---

① 2019年我国高等职业院校扩招100万人，高等教育毛入学率超过50%，中国进入高等教育普及化阶段。

大量的深入访谈，在此基础上完成了这一专题研究。2010年她完成博士学位论文并顺利答辩。本书即是在她的博士论文的基础上补充修订完成的。相信这一研究能够为我国的高等教育体制改革提供有用的信息和思路。

近几年我国高级技工紧缺的情况越来越严重。2015年至2017年，中国职业高中毕业生人数逐年下降，影响了高职院校生源。2018年，中国技能劳动者约1.7亿人，占就业人员总量的21.3%，但其中高技能人才只有0.5亿人，仅占就业人员总量的6.2%，高级技工缺口高达上千万人。全国政协委员、中华全国总工会党组成员李守镇指出，在日本，整个产业工人队伍的高级技工占比达40%，德国则达到50%。而我国，这一比例仅为5%，全国高级技工缺口近1000万人。[1] 许多企业招聘高级技工的条件已经超过一般专业的大学毕业生。例如杭州发电设备厂用6000元月薪招不到数控操作工。具有数控知识的模具技工的年薪已开到了30万元，超过了"博士"。[2] 为了扭转这一局面，人力资源和社会保障部努力推动落实《技工教育"十三五"规划》。在十三届全国人大二次会议上，国务院总理李克强在政府工作报告中提出，2019年高职院校要扩招100万人，鼓励更多应届高中毕业生和退役军人、下岗职工、农民工等报考。[3]

为了提高我国高级技工的社会地位、鼓励更多的青年学生报考高职院校，举措之一就是鼓励各企业进一步提高高级技工的薪酬待遇。2017年8月25日，李克强总理在一次会议上提出，我们"不仅要大力弘扬企业家精神，更要精心培育精益求精的工匠精神"。他谈起早年在国外考察时的一段经历：一家大企业的董事长告诉他，这家企业一些具有特殊技能的高级技工，拿的工资和企业总经理一样高。李克强总理问："我们的企业有没有这样格局和气魄？"[4] 在中国经济这架大机器中，每个职业、每个劳动者都是机器上的一个齿轮或螺丝钉，作为机器的组成部分，谁都不可

---

[1] 《高级技工蓝领收入将全面超白领》，今日头条，2017年3月27日，https://www.toutiao.com/i6402003848377926145/，最后访问日期：2020年4月28日。
[2] 《数控高级技工工资待遇怎么样？大约能拿到多少钱？》，爱问，2017年9月6日，https://iask.sina.com.cn/b/1v6hOqTHp.html，最后访问日期：2020年4月28日。
[3] 李克强：《政府工作报告——2019年3月5日在第十三届全国人民代表大会第二次会议上》，《中华人民共和国公报》2019年第9期，第21页。
[4] 《对于高级技工工资问题，李克强总理这样发问》，搜狐网，2017年9月2日，https://www.sohu.com/a/169082688_257321，最后访问日期：2020年4月28日。

或缺。

期待我国的教育系统特别是高等专科教育在今后的改革和发展中能够为中国培养出一支大规模、高水准的"大国工匠"队伍。

马　戎

2020年5月1日劳动节于茉莉园

目录

第一章 导论 ……………………………………………………… 1
 一 研究问题缘起 ………………………………………………… 1
 二 高校人才培养模式改革探讨 ………………………………… 20

第二章 实践理论：整合结构与行动的分析范式 ……………… 28
 一 理论基础：结构与行动 ……………………………………… 28
 二 分析框架：超越结构与行动二元对立的实践理论 ………… 36
 三 研究方法 ……………………………………………………… 53
 四 内容结构 ……………………………………………………… 61

第三章 社会转型背景下高校人才培养目标实践 …………… 63
 一 不同历史场域中机械专业培养目标的形塑 ………………… 63
 二 校企合作在应用型人才培育中的发展沿革 ………………… 75
 三 制度层在人才培养目标定订中的实践 ……………………… 93
 四 "定制式"试点班培养目标定订实践 ……………………… 98
 本章小结：合法性建构中目的理性的践行 …………………… 133

第四章 目标指向与供给基础的调适实践 …………………… 135
 一 管理层的人才培养实践 ……………………………………… 135

1

二　培养方案的出笼 …………………………………………… 139
　　三　培养方案模式的选择特征 ………………………………… 151
　　本章小结：不同理性之间的平衡 ……………………………… 158

第五章　技术层的理解转向与实践逻辑 ……………………… 160
　　一　技术层的实践 ……………………………………………… 160
　　二　试点班培养方案实施实践 ………………………………… 165
　　三　不同类型资本在实践中的转换 …………………………… 187
　　本章小结：高校场域中教师专业价值实践 …………………… 195

第六章　"定制式"试点班的实践转向 ……………………… 197
　　一　职业岗位的评价 …………………………………………… 198
　　二　毕业生对培养过程的自评 ………………………………… 212
　　本章小结："定制式"试点班在实践中实现转向 …………… 215

第七章　变革场域下高校人才培养的实践逻辑 ……………… 217
　　一　"定制式"人才培养的过程机制 ………………………… 217
　　二　高校场域"外紧内松"耦合的嵌套性特征 ……………… 218
　　三　"外紧内松"耦合场域中行动者的实践逻辑 …………… 222
　　本章小结：实践的模糊性与偏好协调抉择 …………………… 237

第八章　超越结构与行动的实践 ……………………………… 240
　　一　研究发现 …………………………………………………… 240
　　二　理论反思与未来研究 ……………………………………… 243
　　三　研究局限 …………………………………………………… 247

参考文献 ………………………………………………………… 250
附录　差异背景下高职校企合作的可行空间考察 …………… 264
后　记 …………………………………………………………… 327

第一章 导论

一 研究问题缘起

任何重大的社会变革，都必然反映在教育改革上。[①] 肇始于20世纪70年代末期的经济体制改革拉开了中国向现代社会转型的巨幕，市场所引发的制度和观念上的转变迅速波及社会生活的各个领域，蔓延为一场席卷整个中国的社会变革。自80年代起，中国的高等教育开始了面向市场办学的艰难探索，这场改革最初主要是为了增加高校的办学自主性、提高高等教育的质量，同时也是为了缓解政府的压力，配合经济体制与政治体制改革向纵深推进。

在这场高等教育改革过程中，教育本质大讨论[②]作为一场完全官方化的教育意识形态运动，使人们对教育的认识从作为阶级统治工具的上层建筑转为社会生产力的一部分，继而被纳入国民经济的分析框架。高等教育的经济建设取向要求高等教育的改革要适应时代的变化，培养的人才要适

[①] 迈克尔·富兰：《变革的力量——透视教育改革》，中央教育科学研究所译，科学教育出版社，2004，第1页。

[②] 自1978年开始，许多学者介入持续十多年关于"教育是什么"的论争中，学术界通常把这场论争称为"关于教育本质问题的大讨论"。这场讨论中主要有以下几种观点：上层建筑说、生产力说、多重属性说、特殊范畴说、社会实践活动说等。虽然这场讨论并未从根本上解决教育本质问题，但是这场大讨论促使教育摆脱了政治的附属地位，使教育在我国社会发展中的战略地位得以确立，对我国教育的发展产生了全面而深刻的影响。在宏观层面上，这场大讨论影响到教育改革的方针、政策的制定，使教育由过去单纯为政治服务转移到为社会主义现代化建设服务的方向上来，同时又能兼顾教育的政治功能、经济功能和文化功能等各种社会功能的协调与统一。从微观层面来分析，这场大讨论影响到学校教育制度、教学方法、教育目的以及课程设置等各方面的改革与发展。强调教育面向现代化是教育自身改革的落脚点。

合经济发展与社会建设的需要。

而这一时期，改革开放引入的市场机制，促进了中国经济的高速增长。改革开放元年（1978年），中国的国内生产总值为3645亿元，1999年国内生产总值为89677亿元，是年中国高校开始大规模扩招学生。到2018年增长到900309亿元，40年增长了246倍。高校招生人数也从1978年的40.2万人增长到2018年的190.99万人，增长了将近4倍。经济的增长一方面为高等教育蓬勃发展提供了强有力的物质保障，有利于高校的规模扩张与教学质量提高，以便为社会培养出更多、更适合的建设者；另一方面，社会经济的发展也促进了社会职业岗位的增加，为高校毕业生就业提供了更多的机会和更大的发展空间。与此同时，我国的经济结构也在不断调整，产业结构优化升级，社会文化建设不断推进，能源、交通、环境、生物、信息、新材料和高新技术产业发展迅速，特别是创新驱动发展战略的实施，人才的供给与需求关系发生深刻的变化，高校需要适应，并进一步引领经济社会发展的新形势，在转型中调整人才培养模式，谋求进一步发展。

1. 改革开放以来中国高校的发展

中国高校的改革是在市场化力量的推动下，对变化了的社会环境的回应。20世纪90年代，"自筹经费"与"用者付费"的市场逻辑与以实现高等教育大众化为目标[①]的大规模扩招，引导高校进入一个超常规发展的时期，高等教育迅速由精英教育阶段向大众化、普及化阶段大步迈进。教育部统计的数据显示：1978年中国的高等教育规模为高校数598所，教师人数20.6万，在校生人数85.6万，毛入学率仅1.55%。发展至1998年高校扩招前夕，高校数1022所，教师人数41万，在校生人数340.9万，毛入学率9.76%。20年时间，高校数与教师数大约翻了一番，毛入学率增长了8.21个百分点。到2002年我国高等教育的毛入学率达到15%，提前进入大众化发展阶段，实现了历史性的跨越。2012年，我国各类高等教育的

---

① 1999年，党中央、国务院立足于我国现代化建设全局，面向21世纪经济、科技和社会发展形势的变化，做出了"扩大高等教育规模"的重大决策，发布《中共中央国务院关于深化教育改革，全面推进素质教育的决定》要求"通过多种形式积极发展高等教育，到2010年我国同龄人口的高等教育入学率要从现在的百分之九提高到百分之十五左右"。自此以后，我国高校连续大幅度扩大招生规模。

在学人数超过3325万人，毛入学率翻一番，达到30%。2018年，改革开放的第40个年头，我国拥有高校2663所、高校教师167.28万人、在校生3833万人，毛入学率达48.1%，距高等教育普及化仅1.9个百分点的距离（见图1-1）。

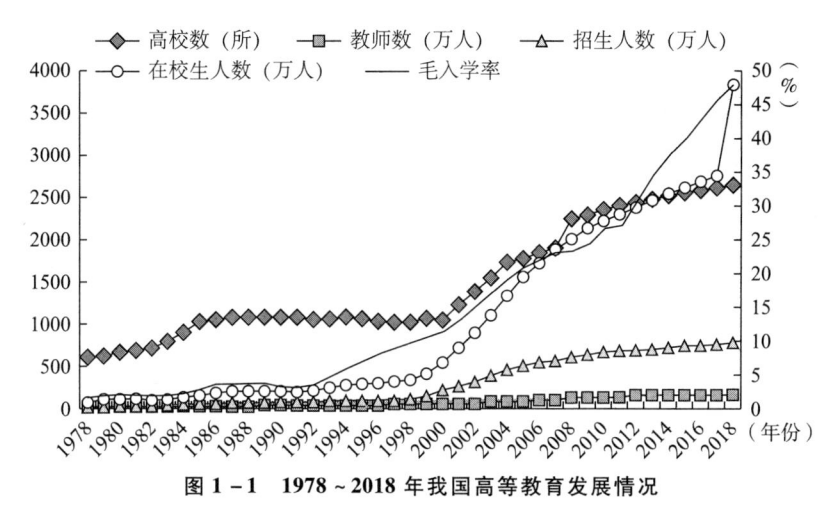

图1-1 1978~2018年我国高等教育发展情况

资料来源：1978~2015年高校数、教师数、招生人数、在校生人数参照《中国统计年鉴》整理；高等教育毛入学率数据采自《全国教育事业发展统计公报》、《高等教育事业统计年报》及"世界银行数据库"中的"教育概览（Education Glance）"，经整理而得；高等教育毛入学率的计算公式采用"毛入学率＝学生人数÷（18~22岁年龄组人口数）×100%"，见纪宝成《关于"高等教育毛入学率"问题》，《中国教育报》1999年1月16日。

2. 高校毕业生就业制度的改革历程

高等教育规模短短几年时间内迅速跨入大众化阶段并向普及化的方向迈进，劳动力市场的供求关系也发生了深刻的变化，高校毕业生很快由"卖方市场"转变为"买方市场"。在用人单位对高校毕业生技术素质需求变化与高校规模扩大、高校毕业生供给增加的双重因素影响下，劳动力市场上出现了大学毕业生一职难求与用人单位虚位以待的求职与求才两难的人职"错位"困境。高等教育超常规的发展也因此遭受质疑。

从某种意义上说，我国高校毕业生就业难的问题，是中国社会转型、高教领域内的相关体制变革，特别是毕业生就业制度改革的直接结果。

我国高校毕业生就业制度形成、演变的轨迹，是一个由计划到市场的过程。新中国高校毕业生分配就业工作始于1950年，当时毕业生的就业是组织动员说服毕业生服从政府分配的国家包揽分配制，大多数毕业生也表示"祖国的需要就是我的志愿"。1951年政务院在一份政令中明确了国家对高校毕业生实行统一计划分配制度，并在第二年印发的毕业生统一分配方案中规定，由中央人事部制定全国高校毕业生科系人数调配表，各大行政区按照计划表调配。从此，高度集中的毕业生分配计划管理体制形成。

经过"文革"中"厂来厂去、社来社去、哪来哪去"的混乱后，1976年，统一计划分配制度得到了恢复。虽然大原则不变，但又不同于"文革"前的"饱和系数法"分配计划模式，而是在国家统一计划下，考虑到国家、学校主管部门和学校所在地的利益，采取抽成调剂、分级安排的方法：教育部所属高校面向全国分配，并有一定地方留成；中央业务部门主管的学校主要面向本系统、本行业分配，国家抽成和地方留成各占一定比例；省市地方所属学校主要面向本地区分配，国家也有少量抽成调剂。[①]

改革开放初期，高校毕业生的就业制度在中央一些有关文件中萌生了改革的幼芽：第一，给学校一定的分配自主权，给学生和用人单位一定的相互选择自由；第二，学校更多地参加毕业生分配工作；第三，对见习期表现特别不好的毕业生可以辞退。

配合中国社会改革的整体推进步调，1985年中共中央作出了关于教育体制改革的决定，把深化分配就业制度改革提上日程。在实行国家计划招生、用人单位委托培养招生和国家计划外招收自费生的同时，开始试行在自主分配比例部分进行有偿分配，为后来运用经济管理手段调节毕业生合理布局提供了借鉴。1986年中科院部分学者首先对原有分配制度提出质疑，呼吁扩大用人单位自主选择的余地。1989年初国务院批转了《关于改革高等学校毕业生分配制度的报告》，目标是将毕业生计划分配就业制度过渡为社会选择就业制度。事实上，早在1985年，清华大学和上海交通大学就开始试行在国家就业方针指导下，学生选报就业志愿、学校推荐、用人单位择优录用的双向选择制度，成为毕业生就业制度从统包统分到自主择业改革中的重要过渡。这个方案开启了希望寻找合适人才的单位与寻找适合出路的毕业生的双向选择试点，不过，它的超前推出，一度使得毕业生就业工

---

① 周大平：《高校毕业生就业制度改革——50年的回顾与探讨》，《中国高等教育》1999年第11期。

作进入低谷。

1992年初邓小平"南方谈话"发表后,分配就业环节摒弃已经不能完全奏效的单一行政手段,开始引入市场机制。国家主管部门提出了搞好宏观调控,加强政策导向,培养就业市场,扩大双向选择,建立和完善服务体系等一系列新思路,毕业生就业改革进入一个新的发展阶段。1993年,中共中央、国务院颁发的《中国教育改革和发展纲要》,明确提出毕业生就业制度改革的目标是改革高等学校毕业生"统包统分、包当干部"的就业制度,实行少数毕业生由国家安排就业,多数学生"自主择业"的就业制度。文件要求应将清华大学与上海交通大学的毕业生就业制度推广到全国,到2000年左右,建立起比较完善的由学校和有关部门推荐、学生和用人单位在国家政策指导下双向选择、自主择业的毕业生就业制度,基本上实现新旧体制转轨。

接下来,"双向选择、自主择业"的高校毕业生就业制度在上层的制度文本中不断完善,在毕业生的就业实践中也不断得以深化。2002年,国务院办公厅转发《关于进一步深化普通高等学校毕业生就业制度改革有关问题的意见》,明确提出了市场导向就业的方针,指出引导高校毕业生到基层、到中小企业就业是解决高校毕业生就业问题的主要途径。2007年,国务院发文进一步提出实施更加积极的促进高校毕业生就业的政策。各级政府要把高校毕业生就业工作作为就业工作的重要内容,完善就业工作联席会议制度,健全省、市、县三级毕业生就业工作领导协调机制。

高校毕业生就业制度的改革作为杠杆,撬动了高等教育办学体制的深刻变革,促进了发展方向的分流与转型。"缴费上学—自主择业"这一在市场化人力资本理论推动下形成的高等教育有偿性制度使得高等教育由一种完全意义上的公共产品转化为私人物品,既然是私人物品,个体便应该根据其需要和能力进行购买——缴费上学,购买之后自行贩卖——自主择业。这正是高等教育产业化在中国最核心的表现。

3. 政策助力高校市场转型

在高等学校面向市场的转型过程中,国家通过出台一系列政策指明变革导向并提供高校改革的制度合法性保障。1999年,第三次全国教育工作会议召开,启动了我国高等教育扩招的政策,高等教育从精英化阶段向大众化阶段迈进。在"巩固、充实、调整、合并"的方针引导下,一大批地方专科院校升级为本科高校。

2001年，教育部发布的《关于做好普通高等学校本科学科专业结构调整工作的若干原则意见》提出，随着我国高等教育规模的扩大以及产业结构调整步伐的加快，社会对高层次应用型人才的需求将更加迫切，高等学校，尤其是地方高等学校，要紧密结合地方经济发展需要，科学运用市场调节机制，合理整合和配置教育资源，加强应用型学科专业建设，积极设置主要面向地方支柱产业、高新技术产业、服务产业的应用型学科专业，为地方经济建设输送各类应用型人才。

2002年，党的十六大报告指出，"要造就数以亿计的高素质劳动者、数以千万计的专门人才和一大批拔尖创新人才"，这为国家培养发展需要的人才提出了战略目标，也明确了按不同层次类型对人才进行分类培养的思想，指明了不同类型的高校应承担不同类别的人才培养功能。同年7月，教育部高教司在南京召开"应用型本科人才培养模式研讨会"，来自全国29所应用型本科院校的校长、副校长、教务处负责人等共62人参加了会议，这是国家教育行政部门对"应用型本科人才"和"应用型本科教育"提法的首次正式回应。在这次会议上，与会的部分应用型本科院校倡议并发起成立了"全国工程应用型本科教育协作组"，这是一个进行工程应用型本科教育改革与发展研究的学术性协作组织，以"为繁荣我国高等教育事业和培养适应新型工业化发展所需的高素质应用型工程技术人才服务"为宗旨，在教育部高教司理工处和全国高等学校教学研究中心领导下开展工作。此时，有关应用型本科教育的认识仍局限在工程教育领域。

2005年，教育部颁布《关于进一步加强高等学校本科教学工作的若干意见》，强调"以社会需求为导向，走多样化人才培养之路。高等学校要根据国家和地区、行业经济建设与社会发展需要和自身特点，……结合学校实际和生源状况，大力推进因材施教，探索多样化人才培养的有效途径"。

《国家中长期教育改革和发展规划纲要（2010—2020年）》明确提出，要"适应国家和区域经济社会发展需要，建立动态调整机制，不断优化高等教育结构"，要"优化学科专业、类型、层次结构，促进多学科交叉和融合。重点扩大应用型、复合型、技能型人才培养规模。加快发展专业学位研究生教育"。至此，大规模培养经济社会发展需要的高质量应用型人才，大力加强应用型大学建设，首次正式纳入国家教育发展的整体布局之中，并给予重点加强。2013 年，中共中央政治局委员、国务院副总理刘延东在全国职业院校技能大赛上提出，要"鼓励推动地方本科高校向职业教育转型，使专业结构和层次结构与人力资源需求相适应，以增强学生就业创业能力和职业转换能力，提高就业率和就业质量"。2014 年，中共中央政治局常委、国务院总理李克强在主持国务院常务会上也明确提出，"引导部分地方本科高校向应用技术型高校转型"。地方高校的定位问题不仅引起了政府高层领导者的高度关注，也通过政府政策的推进实现了初步的"破题"。同年 6 月，全国职业教育工作会议召开，习近平同志就加快职业教育发展作出重要指示，强调"要深化体制机制改革，创新各层次各类型职业教育模式"[①]。在中央领导同志对应用型大学高度关注的同时，中央和地方政府出台了一系列政策，引导地方本科高校向应用型大学转型。

2014 年 6 月，国务院下发《关于加快发展现代职业教育的决定》，全面启动引导普通本科高等学校转型发展工作，明确了本科高校转型的总体目标、主要任务和保障措施，提出要"采取试点推动、示范引领等方式，引导一批普通本科高等学校向应用技术类型高等学校转型，重点举办本科职业教育。建立高等学校分类体系，实行分类管理，加快建立分类设置、评价、指导、拨款制度。招生、投入等政策措施向应用技术类型高等学校倾斜"。随后，一系列相关政策出台，全国百余所地方高校作为试点向应用型大学转型，应用型大学作为一种独立的高等教育建设类型得以合法化。

2014～2015 年两年时间内，国家先后颁布《国家新型城镇化规划（2014—2020 年）》《国务院关于加快发展现代职业教育的决定》《中共中央 国务院关于深化体制机制改革加快实施创新驱动发展战略的若干意见》《现代职业教育体系建设规划（2014—2020 年）》等一系列重要文件，从国家战略层面上，对地方高校向应用型转型，建设应用型大学作出了部署和强有力的政策引导。

与此同时，作为国家教育行政主管部门的教育部，也连续三年将推动地方高校向应用型转型作为重点工作之一。2014 年提出"探索发展本科层次职业教育"。2015 年，教育部、国家发改委、财政部印发了《关于引导

[①] 吴晶、刘亦湛：《创新各层次各类型职业教育模式 努力建设中国特色职业教育体系》，《中国青年报》2014 年 6 月 24 日，第 1 版。

部分地方普通本科高校向应用型转变的指导意见》，其中，应用型大学作为一种高等教育类型而非高等教育层次的政策得以明确，为很多地方高校高举应用型大旗，开展应用型建设实践探索提供了强大的政策激励。地方高校在分类设置、分类拨款和分类评估制度框架下健康发展，具有特色的制度环境开始显现。2016年，为"鼓励具备条件的普通本科高校向应用型转变，加大支持力度，有序开展改革试点，会同有关部门共同建立跟踪检查和评估制度"，党的十九大报告提出，要"深化产教融合、校企合作"。2017年12月，《国务院办公厅关于深化产教融合的若干意见》，对地方本科院校的转型发展和应用型本科院校建设给予了明确指导。

随着中央政府一系列文件的出台，地方政府也发布了相应的"规划纲要"、"实施意见"或"通知"等。根据《国家中长期教育改革和发展规划纲要（2010—2020年）》的指导思想和战略目标，各地也先后制定和发布了各自的"规划纲要"，对未来十年的教育改革和发展规划进行了整体谋划和布局。其中，各地都有针对性地就"应用型大学建设"进行了规划部署，例如安徽明确提出"支持部分高校完成从传统办学模式的转型，建设应用型本科高校"；广东提出"鼓励在珠江三角洲地区新设一批主要面向高新技术产业、先进制造业、生产性服务业的应用型本科学校和高等职业学院"。

同时，根据《国务院关于加快发展现代职业教育的决定》的指导思想和战略目标，一些地区也先后制定了各自的"实施意见"，其中20余个省（区、市）的"实施意见"对推动本科院校向应用型大学转型有明确的表述，江苏省提出"探索发展应用技术型本科教育"、安徽提出"加快发展应用技术型本科和专业学位研究生教育"等，各地的实施意见也对建设应用型大学的总体要求、转型目标、转型任务和保障措施等做了具体的明确。

根据《关于引导部分地方普通本科高校向应用型转变的指导意见》的要求，截至2016年3月，已有15个省（区、市）先后下发了"通知"，确定了200所地方本科高校整体转型为应用型大学或部分专业群的转型。各地也出台具体方案，对转型提出了具体要求，湖北省提出"转型高校的试点专业校企合作覆盖率达到85%以上、实践性教学课时比例达到30%以上、'双师型'教师逐步达到50%以上、到2016年特色优势专业在校生占在校生总规模比例不低于40%、试点高校来自中高职优秀毕业生的招生比例要逐步达到15%以上"；山东省提出"到2020年，建成60个左右高水平应用型重点专业，进入全国同类专业前10%，推动10所左右高校综合实力排名进入全国应用型本科高校前10%；培育建设40个左右专业，逐步达到高水平应用型重点专业建设标准；适应现代农业、先进制造业、战略性新兴产业、现代服务业等经济社会发展需求，形成一批特色鲜明、优势突出的专业群，为我省经济社会发展提供更加有力的人才和技术支撑"。根据各地关于转型的要求，200所参加转型试点的高校也均提出了各自的实施方案。至此，在我国中央政府、教育主管部门、地方政府三级联动，多层次、多角度推动地方本科高校向应用型大学转型的政策体系已初步建立，为地方高校以应用型为办学定位，加强自身建设，寻找新的发展优势，提供了强有力的制度和政策保障。

各地高校在国家和地方政策的引领下，不断主动适应地区对高素质应用型人才的需求，积极探索有效路径，培养高素质人才的模式，服务地方经济社会和产业发展，创造性地建构应用型、复合型、创新型人才培养机制。

4. 地方高校的应用型人才培养转向

在国家政策的倡导与指引、经济社会产业转型发展需求的推动下，高等院校的应用型转向改革取得了卓著成效。从2000年到2010年的10年时间里，我国新建本科院校（含独立学院）共678所，占全国普通本科院校的55.6%，占据了本科院校的半壁江山。在高校大学毕业生就业难与企业招工难的两难现象并存的尴尬局面中，地方普通本科院校毕业生的就业问题尤为突出。从教育部的就业统计数据来看，就业率最高的是"985"高校毕业生，其次是高职院校毕业生，再次是"211"大学毕业生，地方普通高校的毕业生就业率最低。在日益激烈的高等教育竞争环境下，低就业率就代表低人才培养质量、低社会声誉、低外部支持以及低发展前景。对此，教育当局进行了深入的反思，寻找地方院校的战略方向，定位其发展目标，成为地方高校发展的当务之急。

现代组织理论认为，组织作为一个开放的社会技术系统，其发展是自身与外部环境交互作用的结果，高校作为当今社会的重要机构，其变革的发生同样来自内源动力和外源动力的共同作用。如果说变化了的社会环境和人才需求市场是高校变革的外源动力，那么高等教育完善自身内部结构，解决高等教育人才培养的结构性矛盾则是地方高校向应用型大学转型变革的内源动力。在中国具体国情下，高校变革更多的是通过外源动力因素对内源动力因素的诱发和拉动而持续实现的。

我国应用型大学兴起于21世纪初期,在2010年后得到了迅速发展。在这一发展进程中,地方高校通过多种形式对应用型大学建设的发展路径进行了积极的探索。

在国家经济社会发展需求的拉动、国家政策的引导、高等教育结构自我调整优化的推动下,我国应用型高校取得了长足发展。新建本科院校的产生,一定程度上满足了人们追求更高层次教育的愿望,缓解了经济社会发展对更多高素质人才的需求,增加了教育消费,拉动了内需,带动了相关产业的发展。但新建本科院校由于主要由师范专科,财经、工科类高专,以及部分成人高校或高职院校合并与改制而成,新建独立学院由于缺乏本科院校人才培养体系与办学经验,在成立初期,均不同程度地存在办学定位模糊、办学经验不足、办学资源缺乏、办学经费紧张、办学设施短缺和育人师资薄弱等问题。其中,办学定位和人才培养定位的模糊也是困扰很多新建本科院校的重要问题之一。为了解决这一发展瓶颈,一些新建本科院校通过"抱团取暖"的办法,共同对这一问题进行探讨和实践。

一是成立全国新建本科院校联盟。2013年,新建地方高校自发组织建立全国新建本科院校联盟,到2016年有220所新建本科高校成为联盟成员。联盟理事会每年召开一次"全国新建本科院校联席会议暨工作研讨会",会上,来自教育部高教司和全国新建本科院校的领导和代表围绕人才培养、专业建设、质量评估、办学定位等方面面临的系列问题,共同探讨,寻找对策。自2010年起,研讨会的主题开始转向应用型人才培养和应用型大学建设。2010年研讨会的主题为"地方高校应用型人才培养与大学文化建设",2013年的主题是"高素质应用型人才培养模式及其实现机制的探索",2015年的主题是"深化产教融合、推进校企合作,加快地方本科高校转型发展",2016年的主题是"创新发展、协同育人、质量保障",该年研讨会发布《成都共识》,提出"一以贯之坚持走培养应用型人才之路,结合自身实际,突出特色发展","培养大批高素质的应用型人才,满足经济社会发展的需要是我们的光荣使命",这标志着培养应用型人才,建设应用型大学正成为新建本科院校的新定位。

二是成立应用技术大学(学院)联盟。2013年6月,在教育部的指导下,来自全国各地的35所地方本科院校在天津职业技术师范大学成立中国应用技术大学（学院）联盟，主要目标是围绕建设应用技术大学类型高等学校的目标，组织联盟成员单位推进教育改革创新，促进联盟成员的转型发展、合作交流、学术研究，推动建立产教融合和协同创新机制，推动地方高等学校更好地服务区域经济社会发展。参加联盟成员定位于应用技术型人才培养，服务地方和行业，密切与行业和企业的合作，为企业提供人才培养和技术服务支撑。目前联盟已拥有成员近200所高校。联盟成立以来，举办了多项活动，至今先后举办了5次产教融合发展战略国际论坛，在成员高校间逐步达成共识，深化联盟成员之间的交流与合作，扩大了应用型大学的社会影响力。同时，联盟注重加强与国外应用科技大学联盟的交流与合作，先后与中德应用技术大学联盟、荷兰高等教育国际交流协会等建立合作关系，推动我国应用科技大学的办学国际化。联盟下设的应用技术大学研究中心联合国内多家机构，形成了《欧洲应用技术大学（UAS）国别研究报告》《地方本科院校转型发展研究报告》《地方本科院校转型发展实践与政策研究报告》等理论成果，为政府决策和地方高校的转型提供了有力的理论支撑。受应用技术大学（学院）联盟的影响，湖北、河北、山东、浙江等省份也陆续成立了应用技术大学联盟，引导和推动本省的应用型大学建设工作。

新建的地方高校通过官方、民间与自身的探讨调整，在高校获得生存发展空间和差异化竞争优势的推动下，对应用型大学人才培养工作进行了积极、多样化、有益的探索，在办学定位、专业设置、人才培养模式等方面，取得了显著成效。

（1）确立以应用为本的办学定位。大学办学定位对于大学发展而言具有基础性作用，是大学基于自身办学的历史、传统、文化、资源和环境等，对办什么样的大学、培养什么的人、履行什么样职能的明确，包括办学目标定位、类型定位、层次定位、学科专业定位和服务面向定位等多个要素。应用型大学在办学目标上围绕服务区域经济发展需求形成了以应用为本的办学定位，在人才培养目标上注重培养具有一线生产、管理和服务能力与素质的复合型、专业型、应用型人才，在学科专业设置上注重对地方经济社会和行业发展的需求与变化的主动回应、适应。将"培养应用型人才，服务区域发展"作为办学目标和理念。

（2）构建应用型人才培养的规模和科类结构基础。高校的科类结构是指综合、理工、农林、医药、师范、财经、政法、体育、艺术等大科类的构成和比例关系，它反映社会分工的横断结构，规定一所学校人才培养的规格和类型。我国应用型大学的科类分布比较全面，已初步涵盖了综合、理工、师范、财经、语言、医药、艺术、体育、农林、政法等十大类别。其中，理工类高校占比最大，约35%，综合性高校占29%，师范类高校占15%，财经类高校占7.5%，艺术类高校占5%，其余语言类、医药类、体育类、农林类和政法类高校共占8.5%。这样的科类结构基础与我国地区经济发展的需求较适应，为对接地方建设、服务区域经济，培养适宜的、用得上的应用型人才奠定了基础。中国教育科学研究院课题组2013年发布的《地方本科院校转型发展研究报告》有关数据显示，当前，我国新建本科高校在专业设置种类上，已有454种，覆盖了11个学科门类，其中以工学、文学、管理学和理学为主，突出了应用型专业的设置。立足区域地方经济和行业产业来设置专业成为许多新建地方本科高校的"立校之本"，高校通过开展社会人才需求调研，将专业链与产业链、创新链对接起来，加强应用型专业设置，开展应用型研究，有力地支撑区域重点产业和战略性新兴产业的发展需要。

(3) 在应用型人才培养模式方面，开展有益的创新和尝试，注重产教融合、校企合作是其中一大特色，通过强调校企协同和产教融合，形成了分段式培养、嵌入式培养、实习基地式培养、创业园式培养、订单式培养、项目驱动式培养、预就业式培养等多种应用型人才培养的新路径和新模式。一些高校通过与企业共建工程实践教育中心、实验教学示范中心、就业基地、大学生实践教学基地和实习实训基地等，加强了大学生实训实践环节的培养，提高了学生的实践能力。在加强自主探索的同时，还通过扩大国际交流与合作，引入国外先进的办学模式，取长补短、为我所用。其中既有中外教师的互派互访和教育教学论坛交流，也有学生层面通过交换生项目、"2+3""2.5+1.5"的双学位项目等方面的交流，还有中外高校合作举办本科专业、共建学院等方面的合作，对于吸收国外优秀的应用型人才培养体系、课程体系等具有直接的参考价值。

5. 对高校人才培养实践的关注

从高校毕业生就业制度的演变过程，以及地方高校应用型改革转向来看，高等教育领域的改革是一个政府逐步退出、市场逐渐涉入的过程，这个过程不断改变计划经济时期高校、用人单位与政府之间的计划模式关系（见图1-2）。政府退出在这个三角中的直接配置角色之后，要求高校直接面对市场，其毕业生自主择业，用人单位根据自己的实际需求录取选用合适的人才，原先的"政府—高校—用人单位"之间的平衡模式被打破，要求按照市场规律重新建立高校与用人单位之间毕业生供求的互动规则（见图1-3）。

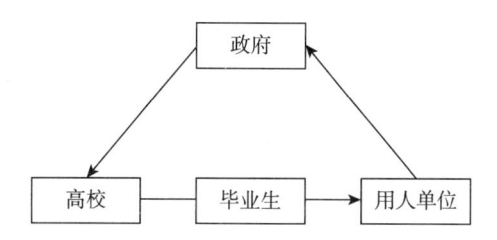

图1-2 计划经济时期高校、用人单位与政府之间的关系
资料来源：笔者根据文献梳理形成的观点绘制。

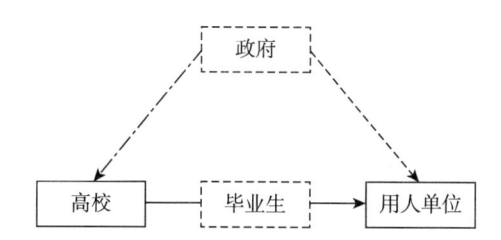

图1-3 改革后高校、用人单位与政府之间的关系
资料来源：笔者根据文献梳理形成的观点绘制。

在计划经济时期，政府直接参与分配计划实际上形成了"高等教育（毕业生）—用人单位—政府"之间的一个闭合循环路径，政府一方面承担对用人单位人才需求信息资料的收集整理工作，另一方面按照用人单位的需求来决定高校的招生、教学与分配工作的运行，政府成为连接高校与市场、实现高校供给平衡的配置中心。改革后，政府退出了高校与用人单位之间的这种人才计划与分配模式，实际上是割断了高校了解用人单位人才需求信息的通路，以往的基于政府调控的循环路径变成了"高校—用人单位"的单向毕业生输出。加之当今中国正处于由计划经济向市场经济的转型时期，这一社会性结构变迁必然会打破既往的利益关系格局，使得社会利益基于新的规则而迅速实现重组，利益分化在教育领域凸显。市场的逻辑是价值的最大化，因此各方立足自身的发展，为争取最大、最快的利益而变换策略。对学校而言，这些权宜之计包括为争取利益而进行的各项权宜性调整：在行政级别上向上攀升，系升级为院，学院升级为大学；在办学重心上向下拓展，招收"二本""三本"，甚至举办多种形式的短期培训等。而利益趋向的不同影响其学生培养的实践，使得高校培养的毕业生难以适应用人单位的需要而造成上述"供给过剩与需求短缺"的悖论。

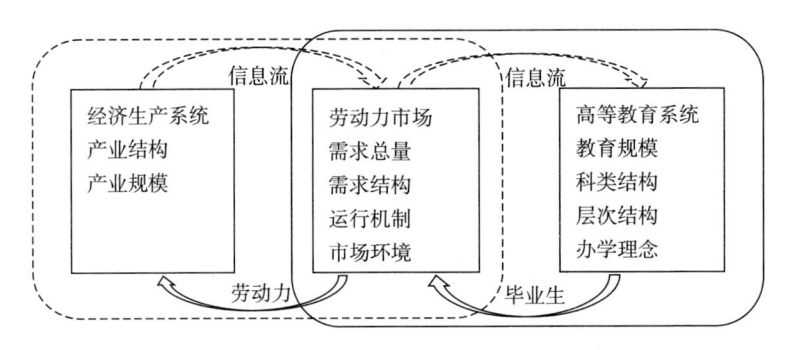

图 1-4 高等教育与劳动力市场的互动关系

资料来源：笔者根据人力资本相关理论绘制。

伴随高校推陈出新、改革转型，毕业生就业市场的形势日益严峻。从2001年到2013年，连续10多年的高校毕业生就业率在70%左右徘徊，这个数字似乎还很客观，但当我们反观就业率的算法[①]时，发现"就业"其实是一个笼统的概念，包括已确定单位、国内升学、出国、出境、自由职业、自主创业、灵活就业等，这些均是计算就业落实率的分子（见图1-5）。而真正意义上的就业包含签三方就业协议与灵活就业两种，因而真实的就业情况，可能远比这些冰冷的数字更令人担忧。一份小范围的调研显示：本科生毕业后3个月内已确定单位的仅有27.4%，低于升学与出国出境的29.8%。实乃高校人才培养变革的脚步追不上社会职业岗位需求"变心"的速度。

地方高校在应用型人才培养模式改革的层面遭遇如此尴尬局面，引起诸多研究者的关注和思考。有研究者认为，人才培养模式改革实施的最大阻力来自社会与教育活动外部的压力，认为人才培养模式改革的部分失效是因为国家对学校的要求存在相互背离的情况，一方面要求学校按照发展着的社会需求进行变革，另一方面对学校按原有模式进行评估控制，学校

---

① 按照教育部定义，毕业生就业率 =（已就业毕业生人数÷毕业生总人数）×100%，而"就业"其实是一个笼统的概念，主要包含了深造、就业两种情况。

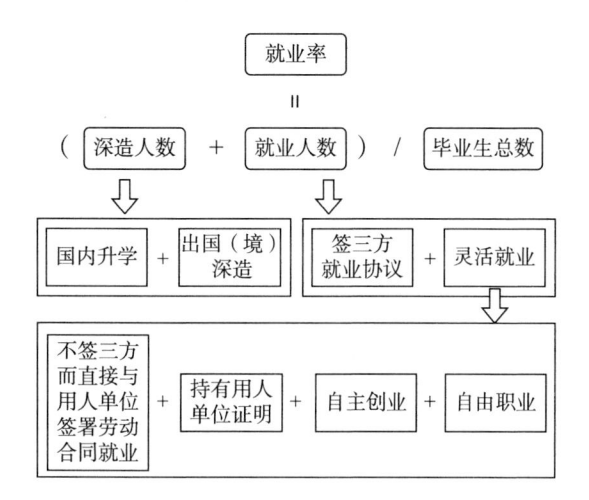

```
                    ┌─────┐
                    │就业率│
                    └─────┘
                       =
   ┌──────┐   ┌──────┐    ┌────────┐
 ( │深造人数│ + │就业人数│ ) / │毕业生总数│
   └──────┘   └──────┘    └────────┘
       ↓          ↓
 ┌────┐ ┌────┐  ┌────┐  ┌────┐
 │国内 │+│出国 │  │签三方│+│灵活│
 │升学 │ │(境)│  │就业 │ │就业│
 │    │ │深造 │  │协议 │ │    │
 └────┘ └────┘  └────┘  └────┘
                    ↓
 ┌──────┐ ┌────┐ ┌────┐ ┌────┐
 │不签三方│ │持有 │ │自主 │ │自由│
 │而直接与│+│用人 │+│创业 │+│职业│
 │用人单位│ │单位 │ │    │ │    │
 │签署劳动│ │证明 │ │    │ │    │
 │合同就业│ │    │ │    │ │    │
 └──────┘ └────┘ └────┘ └────┘
```

图 1-5 我国采用的高校就业率计算方法

资料来源：清华大学学生职业发展指导中心《清华大学 2017 年毕业生就业质量报告》，2017 年 12 月 28 日。

难以在这两相矛盾的要求中自由应对。也有学者指出，培养模式改革过程中教师所遇到的主要有两种阻碍——技术性阻碍与适应性阻碍——都可以通过学校进行整体性、根本性的变革来解决。[1]

---

[1] 操太圣：《学校变革与适应性领导》，《河南大学学报》（社会科学版）2005 年第 4 期。所谓的技术性障碍，是指由那些已知解决方法的技术性问题所带来的挑战。正是因为这些问题的解决方式是已知的，所以解决的过程也是可以预测的。只要问题被界定清楚，障碍被明确感知，其最终的解决只要应用已知的方法就可以了。具体到教育领域，教师面对新引进的教学媒介或教学策略，一旦掌握了比较具体的操作程序和步骤，障碍也就迎刃而解。在这个过程中，教师本人和学校组织都没有发生本质性改变，只是在原有基础上变得更加有效。适应性障碍根植于具体的情境当中，解决者不可能期望脱离具体的情境而孤立地考虑解决问题的办法，真正的出路在于实践者自身观念的转型，以及实际生活全方位的改变。同时，这种类型的问题和障碍常常处于杂乱的状态之中，这使人们不能够很清晰地进行判定，其最终的解决也不可能期望有一个确定的药方，但一旦成功地将挑战化解，则实践者本身必定经历了整个人生观的变化。从教育实践的本质而言，教师遭遇的也正是上述这种适应性的障碍，至少也是适应性障碍与技术性障碍的混合。因为，教师所面对的是活生生的学生个体和变化多端的情景，他们必须综合考虑每一个细节而不断地变化自己的角色和教学方式，尽最大可能开发学生的潜能，这些挑战是教师无法通过自身或他人的经验而直接获得解决问题的图景。不过，虽然教育活动本身更多地体现出适应性工作的特征，但由于现实环境中教师负担的学生太多，所得到的报酬却没有随着负担学生的增加而改变，且缺少必要的专业上和情感上的支持，结果教师们更倾向于用以往现成的经验去处理各种适应性障碍，因此，在教育实践或改革过程中，又普遍存在将适应性挑战化为技术性挑战的弊端。

应用型大学作为一种高等教育类型，其建设成效已初步显现。但由于地方高校向应用型转型并非组织的内生性变革，而是赖以存在的外部环境与政府等外部力量强制性介入的结果。国家层面政策的出台为地方高校的发展指明了方向，联席会议的讨论明确了办学理念，联盟的实践探索了办学模式，这些都在一定意义上建构了地方高校存在发展的合法性。然而面对高校毕业生就业难这一最突出的高校发展问题时，地方高校的问题尤为突出。

为此，学者们研究指出，高校毕业生就业难，是高校在这一转变的过程中改革动力不足，从而导致学校没有能按照市场的需求而及时作出实质性的调整与变动所造成的；也有学者指出，学校未能很好地应对市场需求而作出实质改革的原因并不是改革的动力不足，而是长期受国家管制的学校还没有能够学会适应市场，是市场化不彻底的表现。

地方高校定位培养高素质应用型人才，服务区域经济发展，向应用型大学建设转型，不仅是经济政治体制改革纵深推进的需要，是经济社会发展转型的需要，也是高等教育内部结构完善的内在要求，有利于解决高等教育人才培养的结构性矛盾。

在贴近地方需求办学、高校应用型人才培养转变、大力培养应用型人才方面做了一系列富有成效的工作。在人才培养理念上，强调个性化培养、多元化成才；在专业结构上，结合地方产业的需求进行优化调整，实行宽口径、厚基础，加强基础，淡化专业；在课程建设方面，优化创新创业课程，建设专业特色课程、合作课程、应用技能课程等；在实践教学方面，强化学生实践能力培养，与企业进行"3+1"贯通培养；在考核方式上，变"平时考+期末考"的传统式考核为"企业考核+过程考核+综合考核"的多样性考核；在人才培养模式上，通过校企协同、校校协同、国际协同等打造多元化应用型人才培养机制；将工作过程、教学过程与考核过程相融汇，尽量适应社会、适应市场，从学校向社会零距离过渡。化解高校毕业生就业难与企业招工难的两难现象并存的尴尬局面，改善由低就业率映射的低人才培养质量、低社会声誉、低外部支持与惨淡的发展前景，争取发展空间。

高校人才培养模式的改革，所要达到的目的是明确的：顺应时代发展，适应社会需要，适合企业的要求，与用人单位无缝对接，实现学用结合、达到学以致用。如何达致这一目的，是一个方案实施的过程，在这一过程中，经济利益、合法性建构、专业理性之间的张力无处不在，左右方案实践者的行为选择，决定最后的结果与走向。因而，在高校中，有明确目标的人才培养方案的实施，绝不是一个纯粹的自上而下的上层意志的贯彻过程，而是一个不同层次、不同实践者之间相互影响、相互作用的动态过程，这一过程处于不断的变动之中，使得人才培养方案的实施结果呈现与预想不同的样貌。

事实上，高校人才培养模式的调整，作为一次探索性的改革仍然有许多理论和实践问题有待澄清。目前的研究没有从根本上阐明人才培养模式的具体实践过程，没有从动态互动的角度去探讨人才培养方案实施过程中不同层次、不同实践者之间的复杂关系，特别是没有把受教育者——学生这一主题纳入这一互动关系之中，因而没能揭示其背后的实践逻辑。无论从理论上还是实践上，人才培养模式的实施过程都亟须深入、系统地研究。

变革的困扰普遍存在于社会系统中。这种困扰与其说来自变革本身，倒不如说是源自变革的实践过程。因为再完美的方案也只有付诸实践才能产生效果。而变革的效果，不仅取决于方案的设计，更取决于对设计的实践。不管设计者的主观意愿如何强烈，政策力度如何强大，没有实践就没有变革。变革的结果，取决于实践过程中实践者在制度空间中的策略性选择与行动。高校人才培养模式的改革亦是如此，诸多事实表明，往往是实践而非最初的方案设计最终决定变革的成效和实践的走向。本研究的核心是用高校组织的视角来分析人才培养模式变革的实践过程，探讨实践结果产生的机制，并揭示其实践过程的运行逻辑。

高校人才培养模式改革的核心目标是适应社会的要求，纠正求职与求才两难的偏离，解决大学毕业生就业难的现实困境。从人才培养这个实践过程的整体性角度来说，人才培养目标的确定、培养措施的选择以及培养方案的实施是三个中心环节。从理论上讲，适应社会的需要，培养能够满足用人单位需求的合格人才，不仅要求设定合理的培养目标，而且要有能够达致此目标的配套措施，更离不开对设计方案不走样的实践。

这就需要系统追踪并梳理变革后地方高校人才培养各个环节的全过程，通过描述和解释政府、高校院系的行政人员，培养方案的具体实践者——高校教师、接受培养者——学生，以及接收毕业生的用人单位分别的行动选择及他们之间的关系格局，来揭开高校人才培养的实践过程，进而探究地方高校人才培养供给侧改革的实践逻辑。

第一，追述与梳理高校人才培养实践的表层行为，即重点记述人才培养的过程，以及在这一过程中各参与者分别选择怎样的行动以达成结果，展现人才培养的实际实践路径。

第二，剖视与理解高校人才培养过程的深层逻辑，对这一问题，主要分析参与者如何进行行为选择，并对这些行为选择背后的目的理性进行深入阐析。这就需要分析高校人才培养过程的情境因素，以及人才培养参与者们之间的利益关系格局，从而分析其行为选择的深层逻辑。

通过对以上问题的探究，希望能够阐明人才培养供给侧改革模式的实践特征，丰富其理论内涵，揭示地方高校人才培养独特的实践路径，并构建一个可以理解高校运行实践的理论框架。这一理论框架可以同时纳入制度层、管理层与技术层三个组织层次，以及合法性、效益性与专业性等多个方面的目的理性因素，连接结构性和能动性等层面。

通过对高校人才培养全过程的追溯呈现，析出在这一过程中的每个环节分别遭遇了什么际会？这些因素对高校的人才培养结果的方向有何影响以及怎样影响？政府、学校、院系领导、教师、学生，以及作为人才需求者代表的用人单位，在这一过程中分别扮演了什么角色，它们在不同的目的理性之间如何权衡与选择？这些问题引领本书深入人才培养的具体实践过程中，从不同实践主体在追求目的理性过程中的行动选择，它们之间的互作与影响的角度去动态地、多元地研究人才培养供给侧改革的走偏问题，并进一步从人才培养的实践过程中深入研究整个学校运行过程中所存在的深层移位现象。

为回答上述问题，本研究试图以地方院校人才培养改革过程中设置的"定制式"试点班为案例，追踪人才培养目标的实践过程，重点关注高校的人才培养经历了怎样的实践路径，对标人才培养的目标，揭示各环节的偏移。

对人才培养的实践路径，以及其实践结果与预设目标偏离的产生机制的探讨既是一个理论问题，也是一个实践问题；它既具有深刻的理论意义，也具有重大的实践意义。

从现实意义来讲，首先，描述、分析和解释高校人才培养的实践过程以及涉及其中的行动者的行动选择逻辑，有助于解释高校人才培养的真实过程。事实上，不触及主体所处的情境，就无法理解其在环境中的行为方式。为什么培养方案没有按设计所实践？教师为什么作出如此选择？规划的落实为什么会走偏？现有研究已经从侧面证明，单方面地分析不同的行为主体不足以解答这些问题，不梳理整个实践过程，不触及高校运行中的关系结构，就无法理解不同行动主体的角色和行为方式。无论是政府、学校、教师，还是用人单位，都是社会系统环境下积极的行动者，有自身的行动逻辑，受到嵌入其中的社会系统环境的影响，其行动策略往往受到制度合法性、经济理性与专业价值等逻辑的支配，是目标、文化和资源环境共同作用的结果，这些行动作为对环境的一种积极反应影响了其他行动者的行为选择，改变了自身的外部环境，从而进一步结构化为下一次的行动基础。这一能动性与结构性相互影响的过程是流动的、不断变化的，同时也是开放的，每一个行动者都在能动性地结构化自己的外部环境，同时也在结构化其他行动者的环境。

其次，揭示人才培养过程背后的实践逻辑，有助于更好地理解方案的执行过程，可以使方案设计者和执行者更明晰方案的实践逻辑，避免方案制定与执行之间的不一致。现实中，许多所谓的偏差往往不是目标设计的偏差或实施保障的不力造成的，而可能恰恰是方案进入实践流后的自然结果。这些偏差往往源于对现实因素的估计不足，对利益相关者在执行过程中的可能行为缺乏充分的讨论和预测，因而极易导致理论与实践脱节，产生结果与目标的偏离。

再次，以往关于高校人才培养的研究大多是从学校定位、目标规定、课程开设以及培养结果等方面进行研究，少有对人才培养实践过程的研究。实际上，学校内部人才培养方案实施的过程也是很有意义的。在学校内部的"微观过程"中相联系的主体方面，研究各行动者之间的复杂关系，系统地分析执行领域中的关系格局，可以使方案制定者与执行者明晰利益相关者及其利益相关程度，从而更好地制定和执行方案。高校人才培养模式改革过程中的上层主导性决定了许多改革措施往往暗藏危机，类似于"拍脑袋""简单化"和不断变换兴奋点的情况屡见不鲜，因此，系统深入地分析不同行动主体之间的关系及其对方案执行的影响是有必要的。

从理论层面来看，对高校人才培养改革实践的个案分析无疑有助于丰富人才培养的理论和实践研究，弥补现有实证研究在"分析层面"上的不足和理论研究在本土化上的缺失。目前有关高校人才培养过程的研究缺乏一个系统的理论，一些关键性的议题，如对人才培养模式的关键执行者教师的心理层面的因素、行为逻辑、价值判断、认知情况等方面，并未充分讨论，存在大量的疑问。学校组织运行理论、政策执行理论、新制度主义理论、人力资本理论等在解释这些问题时，过于宽泛，无法切中要害地说明中国高等学校人才培养的现实实践逻辑。本书希望可以通过这一研究对话实践理论、高校组织特征与运行等研究，在发现学校人才培养实践过程中的共性之余，揭示出中国高校运行的独特性，丰富相关理论。

高校人才培养实践过程中的关系格局也是透视组织运行逻辑的绝佳个案，通过对高校人才培养过程中相关行动者的行为选择策略的分析，可以理解和分析组织运行的实践逻辑，丰富组织运行与实践研究理论。

二　高校人才培养模式改革探讨

1. 研究现状

大学毕业生就业难的问题，作为近年来频频受到关注的热点之一，引发了许多研究者的思考。下面将对既有关于此问题的研究文献进行回顾与梳理，并解释不同研究的核心假设与贡献，为进一步研究该问题析出展开空间，同时形成较为宽阔的研究视野，推进问题纵深发展。

回顾我国高等教育的发展进程，自1999年逐年扩大普通高校招生规模开始，我国迅速实现了高等教育由精英教育向大众化教育的转变。在此过程中，相伴而生的一个主要社会矛盾是大学毕业生就业难的问题。在这之前，大学生的称号意味着较高的社会地位、较多的物质收入和较好的工作环境，考上大学，成为众多贫寒子弟改变自身命运、实现"鲤鱼跃龙门"的重要途径。可如今，大学毕业生从"天上"跌入"凡间"，甚至成为继农民工、下岗工人之后的又一弱势群体，一度被媒体戏称为"蚁族"。这一吊诡的历史变迁历程吸引了众多学者的关注，相关研究硕果累累。高校毕业生不能适应市场的要求，在职业岗位上不能学以致用的问题在我国是随着经济快速发展、产业结构优化调整、毕业生就业制度改革以及大学扩招等一系列社会变迁而凸显出来的，对这一问题的研究主要集中在高校扩招以来的20年中，且均可以纳入人才培养的供给侧结构性改革、市场人才需求变化与人才供需匹配三个视角。鉴于研究主要关注地方高校应用型人才培养模式的实践过程，因此重点论述高校人才培养模式调整方面的研究。

人才供给侧培养模式结构改革方面的研究主要集中在对学校分类定位、学科建设与专业设置、课程更新和内容调整，以及高校就业服务等方面的论述中。从文献发表的时间看，从20世纪80年代开始，到21世纪初期开始陡然增多（见图1-6）。从研究主体来看，关注点主要集中在应用型人才培养模式转变、课程设置变革与校企合作等教学实践方面。

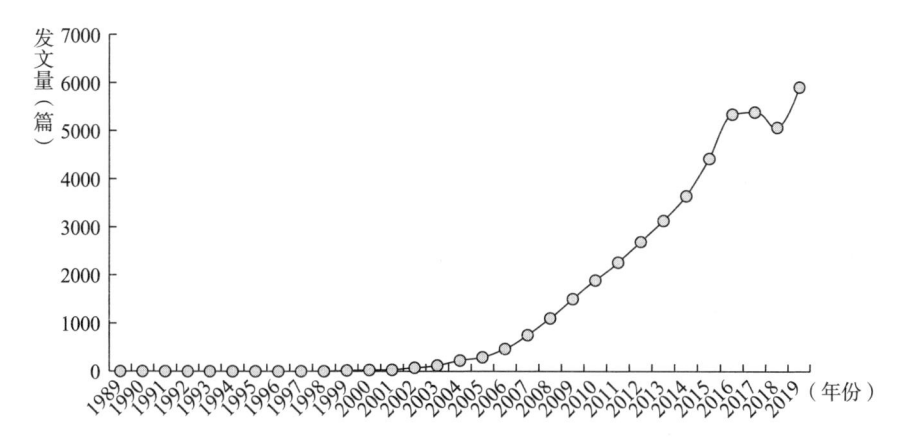

图1-6　1989~2019年人才供给侧培养模式结构改革方面研究成果

资料来源：笔者根据知网文献查阅数据整理绘制，绘制日期为2019年9月10日。

对高等学校专业、课程设置的影响因素的哲学思考方面，汤智认为专业和课程设置的实质说到底是选取一定领域的知识组成一定知识体系从而培养人才的问题。选取哪些知识取决于对知识效用和价值观的认识，必须对社会本位、学科本位和以人为本的价值观进行调适与超越，才能找到解决专业和课程设置困境的良方。[①] 2004年在《北京大学教育评论》第4期刊登的《学生就业再次呼唤高等教育多样化》的讨论中，王义遒教授从市

---

① 汤智：《高校专业和课程设置依据的哲学思考》，《现代教育科学》2003年第6期，第18~21页。

场对人才需求的多层次性出发，以社会分工原理为基础，呼吁高等学校应做好自己的定位，实现多样化发展，一方面应对市场的多样化需求，同时也合理建构高等学校系统内部的生态结构①；其后，王义遒教授又撰文从新制度主义的视角分析了高校恰当定位难的原因②。潘懋元先生指出，要落实应用型人才培养，必须要落实人才培养的具体问题，首先是课程体系的建设问题。③ 学者们普遍认为，应用型本科的课程内容，首先要紧跟生产技术的步伐，根据生产服务与现实需要组织知识体系，使所学内容能适应经济的发展，以就业为导向；其次，课程内容要多元化，不仅限于课本知识，增设实践性知识，课程内容要具有自身特性，有明确的职业定向性和技能主导性的同时，注重知识的社会性和普适性，注重对默会知识的开发；最后，课程内容还要具有前瞻性，要始终走在社会经济的前方，推进地方社会经济的发展。④ 徐丽红等很多学者则从宏观方面审视，认为经济社会的发展层次决定高校培养人才的学历层次结构，目前，中国产业结构正处在转型期，经济结构调整正在进一步加深。但是，从工业化社会向信息化社会、创新型国家的转变是一个长期的过程。新兴产业和高技术密集型产业需要高端人才，而旧的产业经济结构所对应的相对低端的生产性岗位在相当长一段时期内依然有大量的人才需求。"从世界高等教育发展的经验看，科学合理的高等教育层次结构应该在研究生、本科和专科层面构成金字塔状。"⑤

此外，郄海霞梳理了改革开放 30 年以来我国高校人才培养目标的变迁，认为经过改革开放 30 年的发展，我国高校人才培养的学术目标、经济目标、社会目标逐步确立，并朝着多元化的方向不断发展，推动我国高校的人才培养与市场经济、知识经济的要求相适应和对接，为中国特色社会

---

① 王义遒：《学生就业再次呼唤高等教育多样化》，《北京大学教育评论》2004 年第 4 期，第 15～16 页。
② 王义遒：《我国高校的恰当定位为什么这么难》，《高等教育研究》2005 年第 2 期，第 1～5 页。
③ 潘懋元：《什么是应用型本科？》，《高教探索》2010 年第 1 期，第 10～11 页。
④ 陈飞、严晓岭：《应用型本科教育课程设计研究的两难困境及研究展望》，《复旦教育论坛》2014 年第 1 期，第 31～34 页。
⑤ 徐丽红：《以精准供给破解高校毕业生就业难题》，《教育科学》2018 年第 4 期，第 55～60 页。

主义建设提供人才和智力的支持。① 胡轩魁等以"高等学校本科教学质量与教学改革工程"为主线,总结了清华大学等五所高校在人才培养模式方面的改革与创新的探索与实践,对于我国高校在此方面的探索具有启示与借鉴意义。② 刘玉琼从经济学的视角分析了人才培养的数量与质量、资源与结构、需求与供给的三大关系,认为要缓解人才供求矛盾,就必须推进人才"质量工程"建设,教会学生认知、做事、与人相处、生存和做人,全面提高人才素质,增强学生的就业能力和创业能力。③ 高校人才培养是一个系统工程,不仅意味着人才数量的增加、质量的提高,也意味着资源的合理配置和人才培养结构的优化,更意味着在人才供求关系平衡过程中效益的提高。刘德宇认为有效地培养大学生的实践能力已经成为高校人才培养目标的重要标志。④

高校毕业生作为社会重要的人力资源,其质量关系到整个社会的经济、政治与文化发展。一国要增强自己在全球范围内的竞争力,必须大力发展具有高附加值的产业,而要实现这一目标,需要大力提高高等教育的质量,培养高水平的人才,才能满足产业结构升级换代的需求。⑤ 我国高等教育规模的急速扩张摊薄了本来就稀少的教育资源,这无疑会影响教育质量。当前我国高校毕业生就业难与用人单位招聘难并存的局面,从供给侧看,核心问题是毕业生就业能力不足。⑥ "就业能力"是研究大学毕业生就业问题过程中一个被广泛论述的概念,张进认为提升就业能力是缓解大学生就业难的重要选择,并分析了制约大学毕业生就业能力发展的主要因素分别是高校的专业设置与快速变化的市场需求的偏离、高校的培养过程与社会对应用型人才的实际需求的脱节、高校的就业指导与毕业生就业现

---

① 郗海霞:《改革开放三十年我国高校人才培养目标的变迁》,《中国高教研究》2009年第3期,第33~35页。
② 胡轩魁、吴艳:《深化人才培养模式的改革与创新——5所高校人才培养模式探索采撷》,《中国地质教育》2008年第1期,第60~65页。
③ 刘玉琼:《经济学视野中高校人才培养的三大关系》,《理工高教研究》2009年第2期。
④ 刘德宇:《大学生实践能力建设与高校人才培养》,《黑龙江高教研究》2010年第4期。
⑤ 邓峰、孙百才:《高校扩招后毕业生就业影响因素的变动趋势研究:2003~2011》,《北京师范大学学报》(社会科学版)2014年第2期,第132~138页。
⑥ 曾湘泉:《变革中的就业环境与中国大学生就业》,《经济研究》2004年第6期,第87~95页。

实要求的分离等,在此基础上,张进提出合理调适专业,不断增强专业设置与市场需求的契合度,坚持特色育人,着力提升人才培养对社会需求的适应性,强化就业指导,全面增强大学毕业生就业市场的竞争力,提升毕业生就业能力,以走出高校毕业生就业难的困境。[①] 张弦等以职业力为核心词,通过考察认为人力资源市场需求的结构性变动是大学生就业难的主要原因。[②]

2. 文献整理与评述

有关高校毕业生就业难问题研究的文献十分丰富,不仅呈现了相关方面的问题与现状,而且为我们了解和分析这一问题提供了多元视角。

第一,从研究的对象上看,相关研究覆盖高校人才培养模式、就业市场、大学生的职业能力与综合素养、个体层面的社会资本等多层次、多角度,几乎穷尽了高校毕业生就业问题所涉及的所有相关方面。对于人才供给侧的高校人才培养的研究,大多立足于社会变革与市场变化背景下职业人才需求的改变,从高校的层次定位、专业设置、课程调整等方面探讨高校人才培养的应然变革、大学生素质能力的养成,以及社会相关机制配套,少有研究者探讨高校为培养人才所进行的实然的探索与所经历的变革路径,对高校因应社会变革、市场人才需求转变而进行的人才培养转型的微观实践过程的研究涉猎较少。

第二,从研究方法来看,由于大学生就业难的问题涉及面较广,各个面由于主体不同,研究者为深入挖掘多面的材料与因素,采用了多种研究方法。数据资料收集方面有市场调研、结构访谈、文献整理等,从分析方法来看,有定性的描述、整理分析,也有定量的模型建构推算。总体来看,描述分析多,实证研究少,针对学校层次的案例研究,有对宏观层面的学校定位与专业设置方面的研究,但相对缺乏对在具体人才培养一线的院系、班级的解剖麻雀式的深入剖析。

第三,在理论运用与建构方面,大学生就业难相关方面的研究虽然较多,但在理论的运用与建构方面,主要集中在人力资本、社会资本、失业理论以及新制度主义等理论上面。对前人研究的梳理分析可见,学者们对

---

① 张进:《提升就业能力:缓解大学生就业难的重要选择》,《高等教育研究》2007年第12期,第37~41页。
② 张弦、刘丽雅、王俊生:《以职业力为导向的中国普通高等教育人才培养趋势研究》,《沈阳教育学院学报》2009年第3期。

高校人才培养过程的研究比较零散，为实践和理论的发展带来了一定的消极影响。后续研究应当有意识的调整研究路径的视野，将对人才培养过程的研究纳入一个框架内进行系统的分析。本研究认为，应该寻求一条能够将宏观社会背景（也即市场对人才的要求的变化）与微观学校人才培养模式的调整相结合的路径，使得对影响人才培养的因素的探讨尽量做到全面、系统，并探讨其过程机制。

第四，在得出的结论对策方面，分析高校毕业生就业难的问题时，学者们大多从数量与质量两个方面来阐释，特别是在高校毕业生与市场职业能力需求的结构性错位议题上，多数学者都不否认学校培养模式有待改进，但进一步的因果分析往往出现解释的错位，并未达成共识。这种争议主要来自方法论与研究途径的根本差异。整体论者认为高等教育的上层制度安排与文化传统决定或者制约了高校运行的内容和方向，因此这是一种趋近于结构主义或者制度论的思维；个体论者则认为大学毕业生具有鲜明的"个性色彩"，个人的观念、认知以及先赋性社会地位和资源造成大学生就业的差异。

基于不同的方法论与理论基础，高校应对社会需求的调整引发了新的分析：高校应市场的调整是利益主体追求利益过程中的"制度创新"，还是合法化自身行动逻辑下的"路径依赖"。"制度创新"论者认为高校现行的人才培养机制是高校应对市场需求过程中追逐利益的策略，是市场化机制使然，要改善高校的人才培养方式就必须改变高校相关领域的利益配置，从而引导高校进一步创新制度以适应市场；"路径依赖"的理论来自高校环境的整体结构与制度的基本制约，因此认为高校的调整是一种对传统的"延续"，若有调整，仍是在不改变基本框架与原则的情况下的微调而已，换言之，高校对市场的应对策略，不仅有其传统逻辑的惯性，同时受到不同层次的结构的限制。具体来说，理性论者往往认为学校的改革调整对市场的不适应是市场化机制的不深入与不彻底的结果；而结构制约论者却将此解释为是学校适应市场的权宜策略。

由于存在以上分歧，不同研究给出的建议也因之有别，使得高校毕业生就业难的问题仍然是教育领域乃至整个社会的一个悬而未决的热点。对照当前的研究主体，有些问题仍然没有得到深入的探究。第一，大多数学校路径隐含的组织模型是古典组织的封闭模型，封闭模型将学校看作是一个不加区分的整体，而忽视了内部复杂的动态性和不同层级人员的感受，忽视了导致学校形成当前状态的外部环境。第二，已有研究大多是因素研究，对学校实施的过程性问题和实际运作关注不够，如学校中的群体是如何看待人才培养目标与方案的？影响学校实施人才培养方案的因素是什么？怎样改进？学校和培养目标到底是如何相互形塑的等问题都没有得到深入的探察。第三，已有研究大多将学校当作方案实施的背景而不是实施的主体，研究焦点集中在单一的外来需求的变革，而没有体察到学校自身具有复杂的组织架构、群体构成、利益冲突。

为此，本研究拟运用解剖麻雀的个案方法，深入剖析高校在因社会变革、市场人才需求转变而进行的人才培养转型的微观实践过程，以厘清人才成长与岗位需求偏移的真实轨迹，并力图在以下几个方面有所突破：第一，对毕业生就业中的学用"偏离"进行界定，从而进一步划分出市场需求的"用"与学校培养的"学"两者之间的交集、并集比例与关系。第二，再现高校"学"的过程，以分析这个"学"与"用"的"偏离"的实际产生环节的实践机制。第三，在研究方法上，本书力图做到对调查对象有完全意义上的针对性，虽然有针对性地了解毕业生的供需很困难，但本书通过样本案例的选择尽量控制变量的影响从而做到完全意义上的一对一，以增加针对性，从而尽量离析出问题产生的真正原因。第四，运用市场逻辑中的"经济人"假设与作为利益主体的学校追逐利益的权衡逻辑，并结合专业化组织中行动者的专业价值逻辑来解释出现差距的原因，让不同观点的理论进行对话与接轨。建立一种新的解释框架，将成为本书理论上的诉求。

可以看出，对高等人才培养的研究已经取得了相当多的成果，多数学者提出高等教育专业结构与课程内容的调整应该以适应劳动力市场的需求为方向。这些研究为分析高校人才培养提供了多样的理论视角和丰富的实证材料，旨在探讨学校应该教毕业生什么知识的问题。然而毕业生能学到什么，换言之，学校把毕业生培养成什么样的人才，是学校的日常教学实践的结果。通常情况下，好的目标设计与决策实施能够带来一个好结果，因而，人们倾向于以结果为导向看待问题。如果结果很好，那么目标设计与决策实施也很好；如果结果很差，那么目标设计与决策实施也很差。而实际上，一个糟糕的结果，并不能说明目标设计和决策实施是错误的。结果之所以好，诚然离不开好的目标设计与决策实施，但好的实践过程在其中起到决定性作用。以往的研究缺乏对人才培养的日常实践进行深入研究。为了把应用型人才培养模式改革转型研究推向深入，本研究认为需要从人才培养的日常实践入手，来层层剖析高校应用型人才培养的各个环节。

第二章 实践理论：整合结构与行动的分析范式

一 理论基础：结构与行动

社会科学在解释社会事件的过程中，形成了两大互相竞争的理论范式——结构理论范式与行动理论范式。对社会事件的解释，前者偏重于社会、政治和经济的结构关系，后者则以行动者为中心。两大理论范式在旷日持久的争论中，都没有令对方阵营的研究者认为自己立场的解释力更强大。为解决结构和行动二元对立这一困境，吉登斯和布迪厄分别构建了结构化理论与实践理论。在他们看来，过程—机制/实践理论能够调和结构理论范式与行动理论范式之间的分裂，实现主观与客观、微观与宏观、个体与结构的有机结合。

1. 结构理论范式

一个多世纪以来，从宏观层面研究社会的结构主义和功能主义的文献层出不穷。结构范式一般以社会或结构为出发点考察社会行动，强调社会或结构对个体行动的制约性。结构范式遵循的共同逻辑是"社会现象只能由抽象的、普遍的本质加以说明而不能归结为个人因素，行动并不表现为个体的主观选择，而是由社会结构所决定的"[1]。在这样的逻辑影响下，学者们倾向于用一种社会物理学的方式透视社会，将社会看作一种客观的结构，忽略居处其间的人们，而从物质上观察、测量和勾画

---

[1] 张兆曙、蔡志海：《结构范式和行动范式的对立与贯通——对经典社会学理论的回顾与再思考》，《学术论坛》2004 年第 15 期，第 61~65 页。

这种结构的关联。① 这种立场显然是客观主义的，忽视了个体的能动性。虽然结构范式将众多社会学家的理论囊括其中，但不同学者的观点又各有不同的理论表达。

孔德和斯宾塞是结构范式的先驱。孔德关于社会静力学与社会动力学的研究是其结构范式的突出表现。社会静力学着眼于社会结构的剖析，在个人、家庭、社会三个层面的社会存在中，孔德将家庭作为社会的基本单位，认为整个人类社会都可视为单个家庭的逐步发展。家庭是个人与社会之间的中介。个人通过家庭进入社会，社会通过家庭向个人提供统治、服从与合作的经验。社会不是个体的简单累加，行动也不是个体完全的利己行为，在个体之外，还存在家庭的共同利益，存在社会整体利益的印记。孔德没有选择个体而是选择了家庭作为社会分析的基本单位，这就具有一定的结构范式的倾向。在此基础上，孔德进一步指出，社会动力学是关于社会发展与进步的理论，人类社会和人类理性的发展是由规律所支配的，动力学从属于静力学。也就是说，社会结构处于支配地位，决定了社会过程和社会发展。虽然孔德最终以实证主义而非结构范式著称，但他的社会静力学和社会动力学理论长久地影响了欧洲社会学的结构主义传统。斯宾塞将社会比喻成有机体，能够生长和发展，当社会有机体的体积增大时，其结构会变复杂，结构的分化伴随着功能的分化。随着社会结构和功能的不断复杂化，社会各部分的相互依赖和各种功能的配合协调更加密切，社会就会表现出很多超越个体的特征。

马克思重视社会结构对于行动者的客观制约功能。他认为"物质资料的生产方式制约着整个社会生活、政治生活和精神生活的过程。不是人们的意识决定人们的存在，相反，是人们的社会存在决定人们的意识"②。马克思认为所有的人都不以其意志为转移地必然处于一定的社会关系中，而理解社会事实就是要把握这些超越个人的社会关系。这些论述显示出马克思的结构决定论的倾向。③

涂尔干是结构决定论的代表，从理论上重新确定了个人与社会的关

---

① 皮埃尔·布迪厄、华康德：《实践与反思——反思社会学导引》，李猛、李康译，中央编译出版社，1998，第6~7页。
② 《马克思恩格斯全集》第13卷（上），人民出版社，1964，第8~9页。
③ 雷蒙·阿隆：《社会学主要思潮》，葛智强等译，华夏出版社，2000，第99页。

系。涂尔干认为作为一个有机整体的并非社会，而是支配个人的道德结构。社会各部分的功能是同有机体整体而非个人相联系的。人类社会的发展在于社会联结、聚合的方式在变化。原始社会分工简单，几乎所有的人都做同样的事情，其联系方式是机械性的；现代分工越来越专业化、细化，不同的人从事不同的工作以维持社会的正常运转，其联系方式是有机的。涂尔干认为，社会之所以发生变化，一方面缘于分工密度的增加，另一方面是集体意识的改变。这两个因素都外在于个体，对个体行为起决定性作用，但个体意识对社会结构却无能为力。涂尔干还提出了"社会事实"这一重要概念，认为社会事实对个人而言是外在且具强制性的，决定个体的行为。

美国社会学家帕森斯在20世纪40年代提出了结构功能主义这一概念，并为形成结构功能主义的系统性理论作出了卓著努力，直至60年代，在西方社会学界，结构功能主义一直处于主导地位。在他看来，社会结构是具有不同基本功能的、多层面的次系统所形成的一种"总体社会系统"，包含执行"达鹄"、"适应"、"整合"和"维模"四项基本功能的完整体系。这个完整体系被划分为四个子系统，分别对应四项基本功能："经济系统"执行适应环境的功能；"政治系统"执行目标达成功能；"社会系统"执行整合功能；"文化系统"执行模式维护功能。帕森斯认为，这是一个整体的、均衡的、自我调解和相互支持的系统，结构内的各部分都对整体发挥作用；同时，通过不断的分化与整合，维持整体的动态的均衡秩序。在这里，结构表现为一种功能。他从功能分化的角度，将社会结构概念发展成一种庞大的旨在解释一切人类行动的系统理论。为解释社会互动的稳定模式，帕森斯用"地位—角色"作为最基本的分析单位，他认为"地位—角色"是社会体系中最重要的互动过程所包含的个体之间的关系的结构……也是行动模式化的互动关系中的参与形式，是最重要的社会体系单位。显然，"地位—角色"在帕森斯这里是社会体系之"结构"的组成部分，"地位"为行动者所处的结构位置，"角色"表达社会对这一位置的行为期望，它是社会与个人联系的中介，又是众人分享的象征。这样一来，行动者的互动，就成了一连串具有"地位—角色"的行动者之间的互动，而互动中的个人不管怎样变化，角色互动作为社会模式化的准则却是相对稳定的，而社会结构，就成了一系列相对稳定的、模式化了的成分之间的关系。这样，他就用"地位—角色"这一中介变量把结构、功能与规范三者连接在一起。

结构理论范式使人们有可能发现人类社会运行的外在决定关系，可以借助统计学、民族志等方法描述或表述，观测者可以对行动者的行动进行破译和解释，进而确定行动者所遵从的客观规律。但是，结构理论范式下的假说，都将自己建构的结构看作自主实体，赋予它像真实行动者那样的"行为"能力，从而使抽象的结构概念物化了。① 这种对实践教条式的思考代替了行动者的立场，使得行动仅为理论建构者所建构模式的执行操作而已。因而，在结构理论范式中，行动者是隐而不显的，是客观结构的消极承受者。

结构具有客观性、外在性和强制性，在对社会事实进行解释时不归因于个体因素。在结构范式下，关于高校毕业生就业难与用工荒并存的解释与分析，主要关注社会结构变迁下职业岗位的变化与岗位能力需求的变化，劳动力市场的二元分割②，以及政策的影响效果③。社会变迁与高校毕业生就业难的关系，在实践层面是相当复杂的，就业难既可能直接诱发于政策，也可能缘于政策的不当执行。在结构范式下，研究者无法忽视制度对高校毕业生就业难与用工荒并行的影响④，认为无论是制度还是结构，都是构成这一困境的社会情境⑤。

2. 行动理论范式

与结构理论范式不同，行动理论范式将个人及其行为作为观察和分析一切社会现象的基本视角，认为具有行动能力的社会行动者通过日常生活里有组织的、富于技巧的实践不断建构他们赖以存在的社会世界，正是这些权宜行为的日积月累成就社会现实。从行动范式的视角来看，社会秩序和结构是社会行动的结果，行动是个人的选择而不是宏观的结构情境，个

---

① 皮埃尔·布迪厄、华康德：《实践与反思——反思社会学导引》，李猛等译，中央编译出版社，1998，第11~13页。
② 卢海峰：《促进城乡二元劳动力市场融合》，《消费导刊》2012年第2期。
③ 赖德胜：《大学生就业难在何处》，《求是》2013年第20期。
④ 徐敬、巩丽：《高校在毕业生就业中的宏微观作用发挥研究》，《江苏科技信息》2016年第11期。
⑤ 周仲高：《大学生就业困境：形成机理与应对策略》，《高等农业教育》2014年第4期。

人及其行动而非社会结构才是决定因素，社会现实是个人的决策、行动和认知中涌现出来的产物。行动理论范式过于强调个体行动的能动作用，认为世俗知识、主观意志和实践能力扮演了非常重要的角色。

行动理论范式的奠基式人物首推滕尼斯，他赋予意志以绝对的重要性，认为社会是从人的意志中产生出来的，是从相互联系的共处意愿中产生出来的。① 滕尼斯将意志分为两类：一类是本质意志，一类是选择意志。前者来自人性自我的最深处，与生命、情感及全部的人类经验不可分割地联系在一起，本质意志产生社区，选择意志导致社会。滕尼斯的两种意志以及社区和社会的概念为后来者开辟了行动理论范式之路。

德国社会学家齐美尔以社会唯名论著称，确定社会交往为社会学的研究主题。他不同于斯宾塞等人把社会视为有机体，认为社会是由人们彼此之间不断互动的关系网络所构成的，相互作用联结大量人群就形成社会，外在的结构不可能决定或者控制个人的行为。由此，他认为社会学研究应该把关注的重心放在人们的交往上，而不是那些超越个体的结构上。②

行动决定论的代表人物韦伯把社会学视为一种探讨个体社会行动的理论，认为社会中的集体构造只不过是特殊行动的组织模式和行动结构，个人才是行动唯一的承载者。因而社会学就要把国家、社团等抽象概念简化为可理解的行动③，也因此，他的理论被称为理解社会学。在此基础上，韦伯将社会的发展归结为个人行动的结果，并指出现代资本主义的兴起源于资本主义精神的形成，而资本主义精神的形成则是新教教徒对其世俗生活所赋予的禁欲、节俭以及恪尽职守以获得上帝恩宠的特定意义的结果。个人行动影响成就了社会发展，当社会中多数行动者互相考虑对方，并且指向彼此联系的行动时，许多单个行动者的社会行动就构成社会关系。同时，韦伯也非常强调理性，他盛赞理性化，深切地洞察到理性化的结果不仅是人对自然的控制，也会造成人对人的控制。他认为人必将生活在一个铁笼中，而对此现象，只能以责任伦理的处世态度应对，同时也盼望全能

---

① 周晓红：《西方社会学历史与体系》，上海人民出版社，2002，第294页。
② 苏国勋：《当代社会理论的发展趋势》，http://ishare.iask.sina.com.cn/f/15580700.html，最后访问日期：2020年9月10日。
③ 于海：《西方社会思想史》，复旦大学出版社，2010，第214页。

先知卡里斯玛的出现来突破僵化如铁笼般的理性化社会。①

行动理论范式强调了行动者的主观能动性，凸显了人的行动对社会发展的作用，但将社会结构作为个人策略和分类的聚合，无法解释社会结构的韧性，以及这些策略所维系或挑战的自然而客观的构型，也无法解释现实的社会生产过程本身得以被实施的缘由及其所遵循的原则。

行动范式强调个体及其行动，认为毕业生就业难缘于自身而非制度或是社会结构。在行动范式下，高校毕业生就业难的成因主要被归咎于个体能力不足、资源匮乏和主动性不强。未就业者不是缺乏工作，而是缺乏技能去承担工作。在该范式看来，毕业生就业难源于其文化素质、思想观念、行为方式与人际交往等因素。关于行动者自身的研究主要从高校毕业生个体或群体的社会行动特质去展开研究②，认为大学生就业期望值与社会用人单位的需求存在差异，大学毕业生过于在意单位的规模、性质，就业的地域和起点薪酬等，导致他们在择业时总希望找到与自己期望值相匹配的工作；再者，大学生就业"软实力"弱，致使其就业竞争力差。许多用人单位在招聘人才时更加趋于理性、务实，他们不只是看重求职者的学习成绩和专业技能，而且越来越重视学生的道德品质、人际交往能力、团队协作能力、实践创新能力等就业"软实力"。考察大学生的"软实力"已成为用人单位面试的必备环节，而这些方面恰恰是高校教育所忽视的能力建设。③ 此外，毕业生的性别、籍贯、文化资本、社会资本等因素也被纳入研究者的视野。④

综上所述，在结构与行动的解释范式下高校毕业生就业难受到了结构和行动的双重限制。但不能否认的是，结构范式或是行动范式的就业难解释与解决对策在当下高校改革进程当中扮演着不同的角色。

---

① 张赵曙、蔡志海：《结构范式和行动范式的对立与贯通——对经典社会学理论的回顾与再思考》，《学术论坛》2004年第5期。
② 李功华：《医学专业毕业生就业政策、就业现状及对策研究》，博士学位论文，山东大学，2018，第14页。
③ 陆广峰：《高校大学生就业难因素分析及对策研究》，《中国成人教育》2015年第14期。
④ 高明月：《财经类高校女大学毕业生初次就业问题研究》，硕士学位论文，云南财经大学，2018，第7页；刘强：《转型期中国就业增长问题研究》，博士学位论文，山东大学，2015，第32~37页。

3. 走向结构与行动互作

结构理论范式强调结构决定个体行动,社会秩序以一种强制性的威力,形塑、规定着个人,涂尔干甚至说过自杀潮流选择自寻短见者。行动理论范式则抗议结构论对人主体性的抹杀,强调有意义的行动构建、维持和改变着社会世界。结构理论范式试图在个体之外寻找行动的根源,把结构作为深层秩序的规则总体和体系的潜在逻辑,过于强调结构对行动的强制性。行动理论范式则是过于强调行动者的能动性和行动者对社会的影响力。在结构与行动之间,结构范式和行动范式各执一端,都忽视了社会实践过程中存在的日常生活实践的特征。无论是结构范式还是行动范式,都是二元对立的模式,都存在自身的弊端与不足。虽然它们均有自己的理论、模式和解释力,但都存在被超越、被融合的可能。

为了消除社会学理论中结构与行动的二元对立,社会学家进行了不懈努力。吉登斯把行动与结构的关系作为社会学的经典问题,提出了结构的二重性概念。结构的二重性的内涵是:一方面,个人主体的行动建构了社会结构;另一方面,社会结构也是行动得以展开的条件,即能动性和结构是不能分开的"双元体",并用结构的二重性重新阐释个人与社会、行动与结构的关系。基于此建立了调和二者的"结构化理论"[①]。从结构化理论的视角出发,社会科学研究的主要领域不单纯是个体行动者的经验,也不仅仅是社会总体的存在,而是在时空向度上有序安排的各种社会实践。结构化理论的焦点不是大规模的结构,也不是日常的行动和互动,而是以既定形式的方式出现的社会实践。结构既是行动的媒介,也是行动的结果。结构化理论在一定程度上调和了结构与行动的二元对立,但因其对认识力和能动力的过分强调,认为认识力与能动力甚至可以穿透结构,促进行动,这让其理论又因过分强调主体、偏向行动建构论而遭受诟病。布迪厄的实践理论在这方面又有推进。

布迪厄实践理论中"实践"有二元对立的意涵,它不是如马克思主义、法兰克福学派等践履某种观念或者理论意义的实践,而是指日常进行的、普通的实践行为。布迪厄的实践概念更多地可以归结为"经验的实践

[①] 安东尼·吉登斯:《社会学方法的新规则》,田佑中等译,社会科学文献出版社,2003,第277~278页。

概念",但又体现了他对这一概念被固化的主客观二元论的超越。

布迪厄的概念具有三个主要特点,一是紧迫性,即行动者总是在具体的时空中进行活动,面对各种现实的、千变万化的制约因素,行动者往往需要在非常有限的时间内迅速作出决定,因而许多理论上可能的行动路线和方式则被排除在外,行动便不可能是完全理性的或者是最优选择。实践的这种迫切性派生出了实践另外两个特点:复杂性和模糊性。[1] 实践的复杂性主要表述的是实践是现实的、活生生的、先验的,是现实生活的活动流,不能用简单而独断的理论逻辑去规范;实践的模糊性说明实践既是先验的、非确定的和流动的,同时也并非完全非主观,行动者在相应的客观环境中会利用各种资源、运用各种策略主动采取权宜行动,也是这一点,表明了行动者的能动性与社会结构相互建构与制约的辩证关系。

布迪厄的实践理论主要关心的是描述实践的逻辑,阐明实践是如何发生,按照什么方式展开,在何种社会空间呈现什么样的图式。所谓"实践的逻辑"不是关于行动的理论逻辑,是隐藏在实践活动中的深层次的生成原则。因而实践并非理性算计的结果,惯习也不只是无意识地自动适应于结构,而是惯习、资本或场域三者联合产生的作用。布迪厄在《文化资本与社会炼金术》等著作中均论述到惯习、资本和场域的含义及其之间的关系。惯习是可持续的,可变化的一些性情系统,作为一些原则而起作用,产生、组织实践和表征,因而即便并未有意识瞄准目标,或并未明确掌握为实现这些目标必须具备的运作程序,就可以客观地适应到其结果中去。惯习是实践的生成性法则,强调个体的主体性与社会的客观性相互渗透的现实。

资本在布迪厄的实践理论中的意涵非常丰富,是一种累积起来的以物质化或身体化形式存在的劳动,当行动者或行动群体在排外私有前提下占有利用资本时,资本便体现为活生生的社会能量。资本具有产生利润和复制自身的潜在能力,凡可作为一种权力来发挥作用的社会关系均可能成为资本。布迪厄论述的资本形式有文化资本、社会资本、经济资本、符号资本、政治资本等。

---

[1] 皮埃尔·布迪厄、华康德:《实践与反思——反思社会学导论》,李猛等译,中央编译出版社,1998,第 2 页。

场域在社会实践理论中是一个开放式的概念,只有将这一概念纳入特定的系统中才能够界定。如果从分析的角度看,场域可以被界定为在各种位置之间存在的客观关系的一个网络,或一个构型。这一概念明显地表现出布迪厄用关系主义取代本质主义的分配决定。

行动者个体资本的数量和构成决定了行动者在场域中的位置。而这一位置又决定了行动者的惯习。惯习与场域之间存在相互交错的联系。首先,场域形塑并制约着惯习,惯习是某个场域的固有属性在身体上的体现。其次,惯习建构场域,把场域建构成一个充满意义的世界。布迪厄的实践理论就蕴含在这些核心概念的关系之中,行为是个体倾向与特定场域的结构动力之间相互作用的产物。

二 分析框架:超越结构与行动二元对立的实践理论

对高校应用型人才培养过程进行社会学研究,首先要解决研究立场问题。社会学关于社会与主体实践关系的理论,存在结构和行动的对立。前者强调结构对于主体实践的制约,后者则强调主体行动的自主性,表现为结构范式和行动范式之争。已有的关于高校人才培养的社会学研究,多在结构范式之下讨论,这些研究多是基于"制度—实践"的分析框架和思维路径,强调制度和环境对于人才培养实践的影响和制约,而忽视了其中实践主题的能动性。事实上,实践者对环境的主动适应性与对制度权宜选择执行的能动性,对行动的结构和结果具有决定性影响。本研究拟以一种调和结构和行动的社会学理论为指导,展开对地方性高校人才培养过程的研究,布迪厄的社会实践理论,无疑具有很强的指导性。

1. 布迪厄的社会实践理论

布迪厄致力于在超越主观主义和客观主义对立的基础上研究社会及社会行动,他的基本立场是反对主观主义与客观主义的"二元对立",强调社会的双重性,即社会结构与个体的双重建构。在这种社会学基本立场之下,布迪厄将实践看作结构与行动之间辩证关系的产物,强调的是一种关系论的思维方式。为此构筑了一套包括场域、惯习、资本等概念在内的社会实践理论。

社会实践理论是布迪厄构建出来用以分析特定的群体或个人实践的机制，不是一个单独的概念，而是由场域、惯习、资本等众多概念构成的网络，这些概念从一开始建构就密切地相互交织和相互制约，对其中一个概念的说明，势必牵连到其他的概念。场域、惯习、资本等概念在社会实践中是交织在一起的，相互解释、共同揭示处在现实生活中的行动者的实践情形。因此，对于这些概念，以关系的视角分析它们之间内在的联系比关注概念本身更有价值。换言之，社会实践理论以场域、惯习、资本等概念共同组成，它们是布迪厄分析社会实践的工具。

对于场域、惯习、资本之间的关系，布迪厄以比喻的方式进行了阐释。他"将场域比作一场游戏，将惯习和资本比作游戏中的王牌。布迪厄认为，惯习和资本为场域中的参加者规定了可能的本质属性，这些王牌决定了游戏的形式和结果"①。由此可见，在布迪厄的社会实践理论中，场域是一个空间或场所，惯习和资本在其中发挥作用，最终成就了实践行动。布迪厄在《区隔》一书中，以一个简要的公式表述了三者的关系，即

$$[(惯习)(资本)] + 场域 = 实践行动②$$

这一公式被看作布迪厄理论中较为完整的实践模式的表述，该实践模式把行为看作习性（惯习）、资本以及场域之间关系的结果，而不是其中任一概念的结果。布迪厄曾警告说，实践既不能被"还原为现存的条件，也不能被还原为产生习性（惯习）的过去的条件……而是产生于它们之间的关系"③。虽然有学者提出布迪厄的社会实践模式具有一定的模糊性，尤其是关于惯习和资本之间关系的说明，但不可否认，布迪厄用较为形象的方式为我们展现了场域、惯习、资本与实践行动之间的关系。

社会实践理论是布迪厄进行社会学分析的工具，布迪厄运用该理论研究了人类学、社会学、教育等众多领域。其中对教育领域相关问题的研究

---

① 李全生：《布迪厄场域理论简析》，《烟台大学学报》（哲学社会科学版）2002年第2期。
② 戴维·斯沃茨：《文化与权力：布迪厄的社会学》，陶东风译，上海译文出版社，2006，第161页。
③ 戴维·斯沃茨：《文化与权力：布迪厄的社会学》，陶东风译，上海译文出版社，2006，第161页。

是布迪厄研究的重要组成部分,也是为布迪厄带来巨大社会声誉的重要研究,他早期的社会声誉以及社会学界对于他的最早的批评都是建立在他关于法国教育的研究,特别是《再生产》一书上。布迪厄在教育领域研究的问题主要集中在两个方面:一是对高等教育场域的研究。主要体现在《教育、社会与文化中的再生产》《继承人——大学生与文化》《国家精英》等著作中。在这些著作中,布迪厄对法国高等教育机构及其学生进行了广泛的调查研究,着重分析了国家教育体制之间、教育体制与社会再生产之间的关系等问题。二是对包括大学教师在内的知识分子的研究,主要体现在《学术人》《文化资本与社会炼金术》《科学之科学与反观性》等著作中。

布迪厄曾对知识分子、知识分子作为文化生产专家与符号权力的创造者的核心作用、知识分子与政治的关系等问题进行了分析和探讨,虽然并没有给出足够的阐释,但其将知识分子视为"统治阶级中的被统治者"等论述却引起了其他研究者的广泛关注。布迪厄对高等教育、大学场域和知识分子等问题的研究说明这些问题引起了布迪厄的关注,也是社会实践理论可以尝试分析的领域。而高等教育、大学场域、知识分子大学教师同样是本研究的关键词,因此,布迪厄的研究为本研究将社会实践理论引入大学场域做了一定铺垫。社会实践理论具有较强的包容性、开放性及原生性的特点,这使研究者比较容易将其作为一个理论视角,在各自的研究问题中提炼出新的概念与逻辑,形成独特的创建。基于此,布迪厄的社会实践理论可以看作解决社会学问题的"工具箱"。如果将社会实践理论看作一种"工具箱",且这一工具箱的主要分析对象是社会实践活动,而本研究的对象是大学场域内人才培养的行动,同样是社会实践的一个组成部分,那么,社会实践理论与大学特定场域下人才培养这一具体实践活动之间势必有一定的契合点。本研究的对象——大学场域中人才培养的实践,涉及大学内外的诸多因素,包括学校里办学理念、人才培养目标、课程设置、教师对课程教学的践行,以及社会经济转型对人才提出的要求、对人才培养资源的提供与支持等因素,而这些因素之间的互作也对人才的培养起着重要作用。因而将社会实践理论作为本研究的理论基础和分析工具,除了对关系的研究之外,更重要的是将社会实践理论作为一个解决问题的"工具箱",借此阐释与揭示高校应用型人才培养实践过程的逻辑。当然,布迪厄的所有研究都是基于他所生活的法国社会现实，不能完全照搬到今日我国的大学场域中进行的人才培养问题上来，但可作为理论和工具对本研究予以指导。本研究尝试运用社会实践理论，作为研究高校应用型人才培养的可能视角，探寻分析人才培养实践逻辑的可能路径。

2. 整合"行动与结构"范式的高校毕业生培养实践

在高校毕业生就业难与社会用工荒并存的困境背后，一直存在结构与行动的双重制约。布迪厄倡导的"实践理论"就是通过实践来改变过程中结构与行动不平衡关系，将场域当中的"实践感"作为调整两者关系的重要突破点。强调结构的社会行动建构特征，强调行动主体以社会行动去再生产新的结构、规则和资源。对于解决中国高校毕业生就业难与社会用工荒并行的困境实践而言，描绘出一条以行动改变结构、新生结构制约行动、衍生主体行动的道路。

布迪厄认为，实践具有不确定性和模糊性，人们在实践活动中所遵循的原则并不是一些在头脑中能清晰意识到、具有严密逻辑结构的规则，而是实践中的图式。这些图式是模糊的，在具有稳定结构的同时，又由于实际情境的不同而在内容上发生变化。实地调查也发现，高校中人才培养模式改革的实践过程并没有严格按照设计的方案进行。学校应其所处社会经济环境的变化，对其人才培养目标作出了相应修订，然而在方案的实施过程中却显示出了在制度空间中自由裁定的权宜偏离特征。虽然有研究指出教材的落后、教学方法的单一、重视知识灌输、忽视能力素质培养，以及重理论、轻实践的精英人才培养模式是高校培养出来的毕业生不能满足社会对人才多元化需求，从而导致结构性的失业的重要因素。但是这些研究过于碎片化因而无法同时解释求才与求职两难，大学毕业生学用错位的矛盾，对问题的解释不够透彻，对其深层原因缺乏系统性的分析。

总体看来，现实中高校人才培养模式的实践由于其紧迫性与模糊性，影响了其人才培养结果与社会需求的无缝对接，其培养目标设定的科学性与合理性也受到了质疑，甚至引发了人们对地方高校转型成效的质疑。培养方案的实践过程中，结果与目标偏离发生在哪些环节，其实践遵循什么样的逻辑，都需要研究者去认真研究反思。而市场，也即人才需求的用人单位，在这一过程中又扮演了什么角色，在培养目标的确定与培养方案的实施过程中，双方的关系如何建构与推进也有待进一步研究。

布迪厄给出场域分析的三个步骤。第一是必须把特定的实践场域与更大的权力场域结合起来，分析其与权力场域相对的场域位置。其次应该辨识个体与群体在争夺合法性时所占据的对抗性位置之间的客观关系结构。最后是分析行动者的惯习，行动者以内在化的方式获得的一定类型的社会条件和经济条件。如果我们把高校人才培养看作一个社会行动的场域，那么这三个步骤为分析高校人才培养提供了操作指南。

首先，高校人才培养场域的自主性分析。按照布迪厄的理论，在相对自主的社会行动场域，起支配作用的游戏规则是真理和实用技能，而经济资本和社会资本等相对处于被支配地位。当然这只是一种理想的状态。对高校人才培养场域的自主性与独立性的分析，要研究其与元场域的相对位置关系，以及高校人才培养场域如何尽可能摆脱政治、经济以及其他霸权学科的控制而获取较多的自主性。布迪厄认为，一个场域越具有自主性，越是能把权力场的友敌逻辑转换成场域自身的真伪逻辑。对于相对自主的场域，外部资源要想渗透到场域内部，须经过中间环节，经历重塑的过程。对高校人才培养场域而言，学术制度是社会经济条件作用于知识生产的中间环节，尤其是科学的学术评价制度是提高高校人才培养场域自主性的保障。高校人才培养场域的应用性决定高校人才培养与社会经济发展的紧密关系，但这并非意味着其场域自主性必然降低，高校人才培养的实践者如何科学地建构研究对象，建立并遵守学术制度，乃是提高场域自主性的关键。

其次，高校人才培养场域内部结构研究。这就需要勾画出高校人才培养实践者及其在高校人才培养场域所占据的客观位置关系。不同的高校人才培养实践者由于拥有资本的数量和结构不同，因而处于场域的不同位置，他们一起构成了高校人才培养场域的现实关系。高校人才培养场域的结构是客观的，但这种客观的位置关系又处于不停的运动中，其运动的动力乃是人才培养实践者所拥有的各种资本数量与结构的变化。就高校人才培养场域而言，主要的资本形式至少应包括经济资本、社会资本、文化资本和政治资本等。不同的知识生产者通过不同方法获取不同形式的资本，从而确定其在场域中的位置。高校人才培养场域的内部结构正是由处于不同位置的人才培养实践者所构建的，随着场域的发展，场域中投资各种不同知识类型生产的人才培养实践者之间的矛盾与冲突、场域内经济资本以及政治资本对文化资本的影响,以及他们之间转化的可能性及方式等将成为研究的重点。

再次,人才培养实践者惯习研究。惯习是场域作用的结果,是实践的逻辑依据。高校人才培养场域的独立性决定了人才培养实践者的惯习,经济、政治等外部因素的控制力对人才培养实践者的性情系统产生深远的影响,从而决定了人才培养的总体状况。从高校人才培养场域内部看,人才培养实践者的惯习取决于其在场域中的位置,而他们的位置是由其拥有资本的数量和结构决定的,资本的占有情况建构着人才培养实践者的观点立场和实践方式,影响他们采用不同的行动策略,按照布迪厄的说法,这些策略包括保守、继承和颠覆。人才培养实践者的惯习主要决定人才培养的实践,人才培养实践者对惯习的意识能力、反思能力也影响其行动策略的选择。

3. 分析框架:布迪厄的实践理论与高校人才培养实践

综观高校改革以来人才培养的实践,其重点在打破人才培养的结构与行动的双重束缚。总体上看,以往的变革与研究一方面是尽力消除导致高校学生就业难的外在结构束缚和文化,为高校人才培养以及毕业生就业营造更加良好的社会环境,提供更丰富的行动资源,建构有利的社会结构。另一方面则是鼓励高校学生个体寻找替代资源选择行动策略,鼓励地方高校因地制宜作出本土性方案,来塑造社会结构和社会关系。

但是,在不同的阶段、不同地区、不同高校,以及不同研究中,实现高校毕业生学用对接,对于结构和行动性困境的重视程度是不同的,因而高校毕业生的培养时间和重心也会有所差异,结合具体情况进行分析,才能够更好地揭开高校人才培养的实践。

本书研究的问题是:为什么一个按照市场需求而进行的高校"定制式"人才培养试点,经过四年的实践,其结果却偏离了其"定制"的目标?对这个问题的回答,不仅要比较定制目标与培养结果,更需要明确结果偏离目标的生产机制。因此有必要对"人才生产"的过程进行展现,然后找出偏离发生的关键环节,并找出其背后的实践逻辑。为此,有必要再现高校人才生产的整个过程,包括人才培养目标的制定,为达致这一目标而进行的培养方案设计,为了实现目标而对培养方案进行的实践,以及最终对培养结果的检验等环节。这些环节力图给出"人才生产"的全景式图像，以梳理人才培养的关键环节以及影响因素，并分析其背后的实践逻辑。

高校人才培养与市场需求结构性错位问题的存在背景是我国社会的市场化转型。市场化的逻辑是实用、效率与逐利，因而市场为了效率要求实用性人才，而高校为了逐利，培养市场需求的人才，因而可以假设，在市场化的变革要求下，高校的培养目标是迎合用人单位的需求。

按照组织理论高校是"机器"的隐喻，高校对人才的生产只是按图纸进行的标准化加工，那么，有什么样的图纸就能生成出什么样的产品，据此可以认为高校人才培养目标决定其培养结果，即目标与结果具有同构性，越是严格执行培养目标设定的方案，其生产出的人才越是符合培养目标的要求。

然而，现实中的高校毕业生一职难求与用人单位虚位以待之间的矛盾彰显需求与结果之间的"结构性偏离"，表明了结果与需求之间的张力。由这个结果与需求间的偏离，我们可以做如下假设：第一，目标与需求之间出现了偏离，即学校的培养目标没有能够很好地体现用人单位的需求，没有能够按照市场的需求来设置目标；第二，结果与目标之间出现了偏离，即学校对目标的实践过程没有能够达成预设目标。

通过对高校的整个人才生产过程的再现，我们可以澄清"偏离"产生的关键环节，是目标与需求之间的偏离，还是需求与结果之间的偏离，抑或两者皆有。那么接下来的问题就是要分析在哪些个环节上出现了偏离；为什么会在这些环节上出现问题；是什么原因导致了目标偏离需求，或者对目标的实践结果偏离了预设目标。

高校作为一种组织，必须面对两种不同的环境——技术环境与制度环境。因而也就要求有两种不同的逻辑，技术环境要求组织按效率最大化原则生产，遵循效率逻辑；制度环境则要求学校的运作为外界所接受与赞许，遵循合法化逻辑。将这种双重逻辑的框架置于对高校人才培养的过程中来看，就需要探讨制度环境的要求与技术环境的要求分别对高校人才培养的目标设置、实践过程、结果产生了怎样的影响。合法性机制（legitimacy）是新制度主义理论最重要的机制，是指那些诱使或者迫使组织采纳具有合法性的组织结构和行为的观念力量。它不仅仅是指法律制度的作用，而且包括了文化制度、观念制度、社会期待等制度环境对组织行为的影响。

这样就需要解释为什么在市场化的转型中，按照市场的需求设置的目标却仅仅具有合法性建构的功能，而不具有效率功能。这一假设的前提是，执行的关键问题在于采纳，一旦学校采纳了某一政策，学校自然就会依据政策的规定和要求执行，而实际结果和预期方案将是一致的。然而对政策执行的研究推翻了这种政策执行过程的线性预设，显示出执行者并不总是忠诚于政策，而是根据原有的政策、所面临的环境和他们所理解的政策对政策进行解释和实施。根据罗格的"不是采纳，而是实施的过程才是最值得关注的"的建言，有必要检视培养目标的落实与培养方案的执行过程。

对培养目标落实与培养方案执行过程的研究，不可避免要回答这样一个问题，即影响实施的因素有哪些。回答这个问题就需要列举出学校中人才培养方案的设计与执行过程的重要参与变量，鉴于学校组织的特性与环境情境，可以考虑如下关键性因素：（1）按照市场需求精心设计的体现需求目标的确定，与能够达成该目标的培养方案的设计；（2）教师的投入；（3）有一系列人员的支持和帮助；（4）制度化的因素，包括预算、引进新的力量等；（5）外界的支持与协助（主要是用人单位的协调）等。在这些因素中，由于目标的设置还要承担合法性建构的责任，因而目标一方面要体现市场需求，另一方面要建构合法性，从而具有左顾右及的性质，因此可认为目标不能完全体现需求，但又要反映实际需求。

教师作为行动个体，具有追逐利益的特征，作为特殊的专业人群，又有自身专业价值的理性特征，而且作为人才培养方案的"基层执行者"，教师对目标的认识程度、对达成目标的技能与知识的掌握、执行的动力等都决定其在落实培养方案过程中的"决断"。因而我们可以认为教师越是对培养方案有清晰的了解与认同，就越是能够忠于方案而行动，从而使得结果更好地体现目标；执行培养方案越是能够给教师带来更多的利益，教师就越倾向于在对培养方案的实践中减少自行"决断"，从而使得结果趋近目标；教师越是具有执行培养方案所要求具备的能力和技能，就越能够按照方案进行实践，从而使得结果近似目标。

要验证上述假设，需要整合政策实施理论与组织社会学理论，融合教育领域对学校特质的分析，构建学校组织目标实践的分析模型，分析我国学校组织的环境和状态，然后通过实地研究，最后析出学校组织的人才培养方案实施的真实实践过程。可以把本书对高校人才培养过程的展示，以及对其培养方案执行实践背后的行为逻辑的分析，置于图2-1所示的框架中，这也将是本书的重要叙事逻辑。

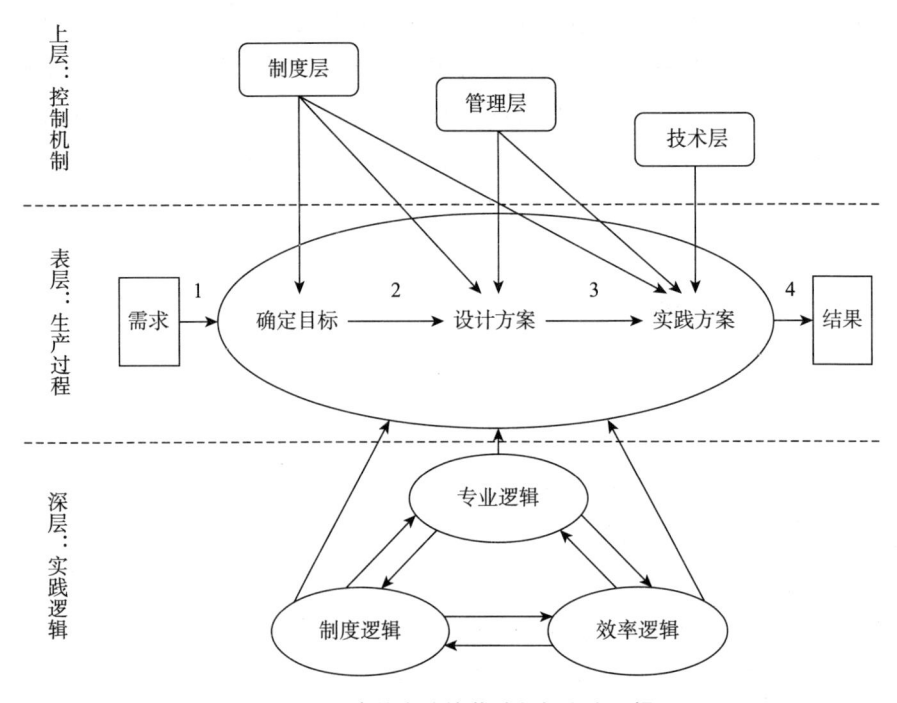

图2-1 高校人才培养过程与实践逻辑

图2-1显示高校人才培养过程大致可以分为四个阶段，第一个阶段是根据需求确定目标，第二个阶段是依据目标设计方案，第三个阶段是对方案的执行以达致培养的人才与依据社会需求所设定目标的一致，第四个阶段是培养出来的人才进入市场接受检验的过程，这最后的过程属于反馈机制。本书将按照这四个阶段来阐释高校人才培养的实践过程。

在市场化的机制下，高校被要求培养社会需求的人才，这就需要把社会的需求上升为学校的人才培养目标，这是一个制度层面的事项。在需求向目标的上升过程中，目标的确定要受到社会需求提出的明晰性、高校的合法性建构、学校秉承的价值理性以及学校所处高校场域中的位置等因素的影响。是否能够真实体现出社会的需求，取决于在学校组织情境中上述各因素的互动与影响。按照培养目标设计培养方案的过程，是将目标具体化，变为可实现的操作步骤的过程，是管理层面的实践。在这个过程中，学校现有的技术条件,包括设备硬件、人员与其专业素养,争取支持与资源的可能性,方案设计者对目标的理解等起着重要作用,这些条件决定对培养方案的实践是否能够很好地实现目标。方案的实践是在技术层面进行的,是在学校的日常运作中进行的,在这一过程中,管理层的激励、监督与控制,教师对培养目标与方案的判断与认知认同态度,自身的技术素养与专业精神,用人单位的参与以及与学校实践者的互动,都对实践的结果有关键性的影响。而这个人才培养的实践过程中的涉及者,他们的行动又受到制度的约束,要考虑建构的合法性,受到效率的制约,要追求利益,受到价值理性的指引,要顾及专业目的理性。最终的结果是行动者在高校组织的情境中,在制度逻辑、效率逻辑与专业逻辑的权衡中决断的结果。事实上,高校的人才培养过程是一个自上而下的,受到现实情境中的利益取向与专业价值约束而作出的选择性体现建构合法性的过程,也是一个自下而上的考虑利益、专业价值与个体执行者的动机、心理、认同、能力等因素,以及在各因素之间权衡并选择性执行的过程。学校组织情境中的制度、利益与价值等因素的相互作用,生产了"结果"与"目标"的偏离。

4. 概念界定

当我们建立了在学校组织的背景下,高校人才的培养过程中,行动者受制度约束,利益选择与专业价值之间的相互作用与影响而进行权宜性决断的架构后,却发现这个架构似乎欠缺现实操作的意义。主要原因是人才培养过程中行动者的行动、对方案的实施,以及需求、目标与结果的偏离等变数没有能够在这个框架中发挥功能与效果。深入地说,利益选择是以组织的专业性作为依托与背景的"情境理性"。但是这个基础仍然过于宏观与抽象,难以构成行动者更加客观的理性计算基础,我们相信行动者的理性并非既存的、与生俱来的或者天马行空的,而是依附或者镶嵌在现实生活中的"权力""资源""关系网络"中。在此前提下,前人的研究就具有了更深刻的意义,如何将这些成果设计为本研究的转换或者中介变量,将是另一项需要进一步思考的问题。因此有必要对本研究中的一些重要概念作出明确的界定。

(1)"定制式"培养(customized training model)

"定制式"培养是在订单式培养的基础上演变发展的。订单,源自商业经济活动范畴,是指买卖双方订购货物的合同、契约或单据。也指一方在生产经营中，按与客户签订的合同组织安排生产的一种生产模式。其实质是通过订单的形式把市场需求反映出来，引导生产方按市场需求进行生产。随着高等教育大众化时代的到来和社会主义市场经济的发展，市场配置资源的机制被逐步引入高教领域。毕业生能否适应社会需要顺利就业，以及如何实现就业，成为衡量高校办学水平和效益的重要标志。以就业为导向，培养生产、管理、服务第一线工作岗位需要的应用性专门人才，更是教育主管部门、社会、家庭及学生本人对"教学研究性"大学教育的要求，也因此成为其自身发展的近期和长远追求目标。实施订单式培养，则是高校实现上述目标的重要途径。

所谓订单式培养，当前的共同看法就是学校根据用人单位的标准和岗位的要求，与用人单位共同确立培养目标，制订并实施教学计划，实现人才定向培养的教育模式，核心就是供需双方签订用人及人才培养协议，形成一种法定或近于法定的委托培养关系。明确双方职责，学校保证按需培养人才，学以致用；用人单位保证录用合格人才，用其所学。

订单式培养模式建立在校企双方相互信任、紧密合作的基础上，在一定程度上为高校教育注入了活力，同时也为校企合作搭建了平台、找到了途径。它促进了学校人才培养质量观念的转变，学校市场意识的增强，令学校更加注重岗位职业能力的培养；它就业导向明确，需求方参与程度深，促进了高校人才培养模式的改革；尤其是它促进了人才供需双方零距离对接，提高了毕业生就业质量和就业率，从而降低成本，减少风险，提高人才配置及利用效率。

生产经营活动中的订单对产品（商品）的形状、大小、颜色等一般要求和配置、性能等技术要求以及安全性、环保性等特殊要求都能描述得很清楚，对供需双方的权利和义务以及违约责任等可以规定得很明了，供方依订单生产，需方照单全收。然而，人才订单式培养却没有这么简单，大订单式培养人才的目标是由国家确定的，其知识能力、素质结构及相应的培养模式、课程体系、教学内容等则由学校依据培养目标和社会需求制定，并在实践中不断修正完善。但由于具体签约对象的缺失，培养目标缺乏针对性，因而又很容易失去订单的意义，难以满足所有用人单位的所有要求。用人单位特别是企业对新接收的毕业生进行再培训是难以避免的，换句话说，毕业生需要一个后熟化过程才能适应并最终融入单位。小订单式培养人才的目标来自企业，其能力（更多的时候表现为技能）要求比较具体，往往是按照现有的岗位提出要求，岗位针对性很强，基本立足点是省去岗位适应期，到岗即能胜任工作，但对支持能力乃至支撑后续发展潜力的知识和素养要求不明晰，甚至有弱化、轻视的倾向。另外，由于企业受到利益机制的驱动或经营绩效乃至管理层变动的影响，很容易存在浅尝辄止的短期行为，追求眼前利益，不考虑教育规律，结果是签订一个比较肤浅的订单，或是履约中虎头蛇尾，甚至有始无终，把风险留给了学校和受教育者。

人才的培养过程主要是在学校完成的，这是高校最基本的职能，也是订单式培养中学校应履行的职责。应该承认，我国的订单式教育历史短，尽管先后借鉴学习过德国的"双元制"、澳大利亚的 TAFE、加拿大的 CBE 理论、美国的社区学院等国外发展高等职业教育的做法和经验，国内也树立了相关的"旗帜和典范"，但从总体上讲我们对订单式培养的规律研究得还很不够，对人才成长的机制还不甚明了，很多问题需要进一步探讨和实践。

本书研究的 H 大学的"定制式"培养模式是为了与订单式培养相区别而另立的名目，H 大学"定制式"培养的学生主体是大学本科生，尽管主要是"二本"与"三本"的学生，其模式采取的是"2+2制"，即两年的通识教育加上两年的针对性培养，通识与专业相结合、通才与专才双长的"定制式"模式，H 大学的领导认为，这是高于、优于本科的教育模式，而非低于本科的高职般的"订单式"培养模式。

（2）高校组织

本研究所指的学校主要是普通高等学校。长期以来，我国高校进行着以苏联为榜样的"计划模式"的人才培养运作，在这样的模式下，高校的人才培养被认为是按照需求进行加工生产的线性过程，这一过程可以简单表述为图 2-2。近几年来，我国高等教育规模急剧扩张，高校毕业生就业难问题凸显，特别是当毕业生的就业难遭遇用人单位的用人难，且高校在激烈的市场竞争中不断调整学校定位、专业方向、经营策略却仍然不能解决"学用偏离"的问题时，我们需要重新检视高校的人才培养过程。人才培养作为高校重要的社会功能之一，深受高校组织的特征与运行逻辑的影响。

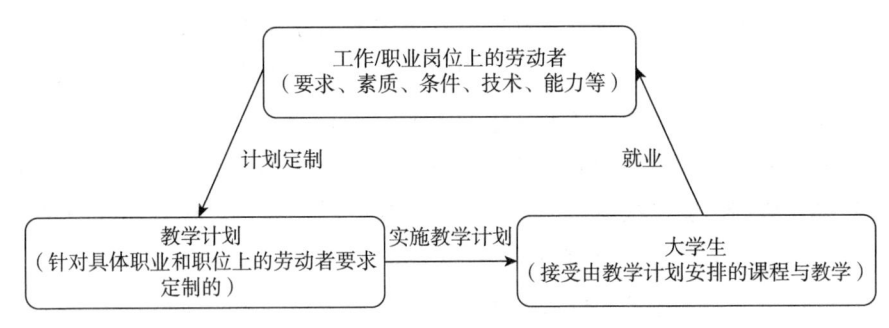

图 2-2 苏联影响下的高校计划式人才培养模式

将大学看作组织意味着将学校组织的结构和行为看作在与环境和人员的互动作用过程中发展的。[1] 我国大学组织深受政府部门、同类型学校的制度控制和技术控制,由制度层、管理层、技术层三个层次组成。大学组织的运作在很大程度上是外界环境、各层级的行为方式和关键个体的决策综合作用的结果。

由于我国高校组织的自有特征,层级模型尤其是嵌套模型比较适合用来分析我国的学校组织,也比较适合用来追踪高校人才培养模式变革实施的过程。

如前文所述,帕森斯所区分的层级模型是制度层、管理层和技术层三层。制度层与大的环境相连,他的模型虽然暗含了开放的视角,但是环境在他的理论框架中是模糊不清的。因此,在环境的层级中引入新制度主义理论和权变理论对技术环境和制度环境的分析是必要的。学校组织就像其他类型的组织一样,都是开放的系统,也就是说,学校组织会受到外界环境中的行动者和力量的影响。尽管这一观点的有效性得到广泛承认,但是学者们在他们的研究中仍然忽视了学校组织的开放性(openness)。开放系统让我们看到,学校总是尽可能保持与外界以及内部各个系统之间的平衡,而变革则意味着打破这一平衡,对已经自成一体的程式进行调整。在进行人才培养模式变革时,所牵涉的不仅仅是上什么课与怎样上课的问题,而是人员、管理、外界环境等各个系统的重新调整和协调。

延承上述思路,本书在分析中借用了三层级的嵌套模型,但也不完全

---

[1] C. E. Coburn, "Beyond Decoupling: Rethinking the Relationship between the Institutional Environment and the Classroom," *Sociology of Education* 73 (2004): 211–244.

采用前人的框架，而是通过实地研究进行了修正和补充的一个开放的分析架构。本研究认为，我国高校组织深受国家政策、地方政府、同类及非同类的学校等组成的组织域的技术影响和制度影响，由制度层、管理层、技术层三个层次组成，高校组织的运作在很大程度上是由外界环境、各层级的行为方式、关键个体的决策与外界力量介入的影响等综合作用的结果。

我国高校的组织域主要由三大部分组成。第一，各级政府部门，大致说来，对地方高校施加制度影响和技术影响的主要是地方政府，但也不会摆脱国家的影子。国家和地方政府通过政策、规章制度、资金、项目等来引导学校发展，追求合法化。第二，同类与非同类高校在学校组织域中也扮演了重要的角色，与自己处于同一组织域中，往往成为学校学习的对象或引以为戒的反面教材。第三，市场化转型以来，另一支力量越来越强大，这就是社会用人单位，这支力量有时仍然是通过政府的宏观调控或者市场的反应来起作用，但近年来也逐渐对学校产生直接影响。而作为大学的主要群体之一的教师势力，在组织域中，对政策的生成仅起到理论上的影响，但在实际运行中，却具有相对自主的决断权力与较大的行为选择自主性。

组织域对学校同时施加技术影响和制度影响，两者之间相互缠绕，不能截然分开，任何技术影响都有制度基础，而制度影响也受到技术要求的影响。技术环境关注的是效率，它们对组织绩效作出回应和奖赏。制度环境关注的是合法性，它们对组织符合外界制度压力作出回应和奖赏。对我国的高校而言，改革开放以来，外界对高校的技术性和制度性要求不断提高。技术性的压力来自社会发展对高校提出的合格人才培养与提供社会服务方面。与此同时，来自制度环境的压力也要求学校越来越合法化，对教师的专业化程度、学校组织的完善程度，以及学校定位、人才培养模式的压力一直存在。总而言之，目前的组织域呈现高技术影响和高制度影响并存的状态。

我国高校从20世纪80年代开始，实行校长负责制，校长全权处理学校事务，地方政府往往并不过多介入学校，尤其是高校的专业运作，只是在财力上控制。各个学校的校长、副校长、书记之间的分工各有不同，要看学校而定。制度层是学校中和外界环境联系最密切的群体，将学校和更广大的环境联系起来。在与环境的作用过程中，他们承担起保护学校核心运作的功能，维持学校的稳定，决定学校的发展方向。在本研究中，制度层不仅包括校级领导，而且还包括院系领导，因为他们享有在某种程度上对某些事情的独立决断权和自由选择权，因而也被归为制度层。

高校的管理体系是一个盘根错节的部分，在本研究中还包含一部分校级领导，他们的角色是比较模糊不清的。高校的管理体系已经演变为制度化的部门，学校管理层的分工和整合具有一定的类同性，典型地体现在将对学术的管理和对事务的管理分开，这两种管理泾渭分明，很少有交集。在机械学院亦是如此。管理层的正式职能之一是分配资源。管理层的不同部门具有不同的特征和文化，管理层与制度层之间也存在较为明显而多变的微观政治关系。

技术层包括高校中人才培养活动的具体落实者，既有以教研组为代表的教师群体，也包括作为个体的教师。个体教师对学科知识和教学活动所做的决定，一方面来自其专业素养、价值观念，另一方面也受到来自社会与外界的大环境以及学校与院系甚至教研室、学生群体等小的氛围的影响。

三个层级之间总有一些界限模糊、难以截然分开的情况，有些副校长也兼管一定的管理体系的工作；有些院领导同时具有技术层的身份，给学生讲授课程。他们往往是联系制度体系、管理体系与技术体系的重要个体，要经历不同层级之间角色的挣扎。而在这些正式行动体系之外，他们的互动还形成了学校的非正式结构。

大学组织和社会其他组织相比，具有自身的特征，如大学组织是矩阵式的网络结构，大学组织的发展目标具有无限性，大学是利益相关者组织，大学组织具有二元权力结构，大学的产品是"自己生产自己"等等。大学组织的权力特征是二元权力结构，即学术权力和行政权力并存。最早的大学由于人数很少，组织结构简单，校长可以身兼数职，教授也可以参与管理，权力结构没有产生分化。学校不断发展以后，一方面由于规模扩大，管理日益复杂化，需要更多的管理人员；另一方面，由于知识的快速发展和不断分化，大学教师更加倾向于全力从事研究和教学，而不愿意兼职从事管理工作，因此，使更多的管理功能分化出来，让位于专业管理人员，其结果是科层制进一步扩大和发展。大学内部存在科层组织和学术组织两个组织体系。科层组织的行政管理科层主要是学校的职能部门。科层组织重视效率和低成本运作。在科层体系中，组织结构控制组织内部的上下沟通，向主管提供所需信息。专业学术组织是大学中的另一类组织，包括院系和各种研究机构。这类组织中的专业人员享有大量的自治权。他们的权力是以他们的专业知识和能力为基础的。专业人员之间的交流是相对开放和非正式的。专业学术组织关心质量甚于关心成本，其组织结构松散。高校里的这两类不同组织因其价值观和工作方式不同，必然会产生矛盾和冲突。

（3）行动逻辑

行动具有名词（action）与动词（act）两种形式，为了区别于简单的生物性的对于刺激的反应行为（behavior），在社会学上特指具有针对他人的主观动机并以他人为取向的行为。当行动者采取行动的目的在于影响另外一个人或更多的人的行动时，这种行动就是社会行动。社会行动的社会学意义在于它包含了行为意图、行为意识与行为目标。

在社会学中，马克斯·韦伯第一次明确使用"社会行动"这一术语并强调它是构建社会理论的基础。他指出，社会学意义上的"行动"是指"带有行动者赋予的主观意向"，"根据行动者所附加的意向而与他人行动有关，并在其过程中针对他人行动的一类行动"。[①] 这种行动的核心含义是具有"意向性"，即它具有指向他人的主观意义。按照影响行动的要素的不同，韦伯将社会行动分为四种理想类型，价值合理型、目的合理型、传统型和情感型。他在分析社会—经济体系时主要关心的是目的合理性的行动。帕森斯对韦伯的社会行动理论进行了扩展，将行动看作社会学分析的基本单位，并提出了一个非常经典的要素模型（见图2-3）。

按照图2-3所示，每个行动者都具有主观能动性，能动性表现了个体的自由意志，个体对行动目的与行动手段的选择性使用就是这种自由意志的体现。但社会行动并不是个人努力就能够自发地实现他们的目标的，仅有行动者的目的与努力是不够的，行动者的行动还要受到所处情景环境的制约。当情景环境中的要素可以被行动者所用时，则成为行动者的行动手段；不可以被行动者所用的要素，则构成了行动者行动的基本"背景"与"条件"。而规范则是行动者行动所表现出来的取向与标准，与行动者个人

---

① 马克斯·韦伯：《社会学的基本概念》，胡景北译，上海人民出版社，2000，第1页

"定制式"人才培养的实践逻辑

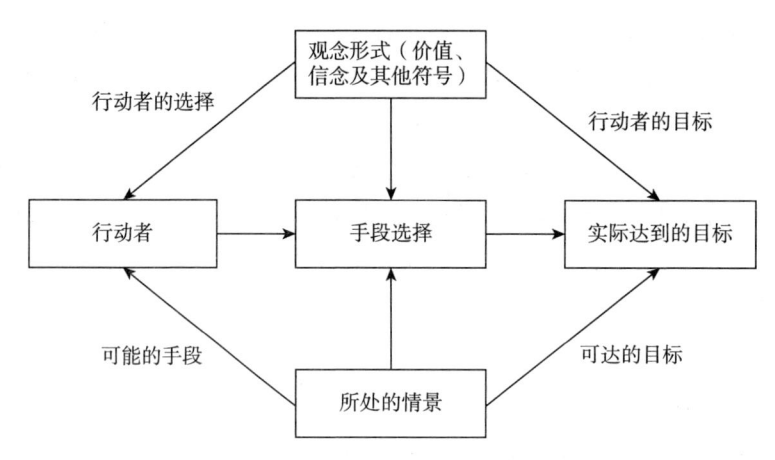

图2-3 帕森斯的社会行动要素模型

的主观价值与社会对其的规范要素有内在的关联。"规范"一词可以指：（1）任何决定选择的因素（行动者用来选择的手段）；（2）对行动者来说是解决消除目的；（3）关于行动的文字描述，包括命令、意愿等，使行动遵守这个描述过程；（4）嵌入的所有价值要素，包括社会的普通价值和各种各样的价值上的态度。① 根据帕森斯的这个行动要素模型我们可以看出，社会行动就是行动者在特定的观念形式影响下，在所处的特定情景中选择、采取合适的手段达到行动目的或目标的过程。在本书中，高校人才培养过程中包括领导层、管理层以及基层教师们在内的行动者，对"试点班"培养方案的实践行动正是在学校这一特定的情景中，基于对利益、价值、制度等的考虑而作出的行动选择。而行动逻辑则是行动者在外在的环境与内在的价值观念的综合考虑下所作出的行动的规律特征。

（4）目的理性

理性是表现人的意识能动性的一个重要概念，在不同的学科领域有不同的内涵。这里的理性概念，遵从社会学传统中对理性的定义，指"思想和行动自觉地附和逻辑规则和经验知识，在这种思想和行动中，种种目的都是前后一致的和彼此影响的，并且运用最适合的手段来达到目的"②。行动者的"目的理性"是行动者对行动目的的追求过程中所体现的实践智

---

① 张岩：《行动的逻辑：意义及限度》，《北京邮电大学学报》（社会科学版）2006年第1期。
② G. 邓肯·米切尔：《新社会学词典》，上海译文出版社，1987，第256~257页。

慧，是行动者对自己所追求行动目的的理性自觉，表现为行动者在行动过程中进行行动选择的能力。目的理性具有行动者行动的动机意味，体现为一种"意义的复合体"，在行动者本人或者研究者看来，这种意义复合体是行动者的态度或行动的充分（有意义的）理由。目的理性表达了对社会行动"整体性"含义的观照，它既指向行动的结果，又包含了追求结果的过程，既体现了行动的功利性目的的追求，又融合了目的追求中所蕴含的机制因素。

同时，目的理性还表达了行动者的稳定偏好与根本动机的含义。美国著名经济学家贝克尔认为，稳定的偏好不随时间的变化而发生根本性的变化，它显示了生活的根本方面，是指选择的实质性目的。我国经济学人张旭坤从根本动机与集体动机的区分角度对社会稳定偏好做了进一步解释，认为稳定的偏好不取决于制度，不随制度的变化而变化，制度只不过使它采取了与该制度相适应的具体形式。

这种具有稳定偏好、根本动机含义的目的理性在本书中主要包括以效率逻辑为基准的追求利益最大化的经济理性，以制度逻辑为基准追求合法化的制度理性，以及以价值逻辑为基准的追求专业价值与信仰的专业理性。对这三种目的理性的偏好与追求，展现了高校人才培养实践背后行动者行动选择的实践逻辑。

三 研究方法

本书试图以案例研究的方法，以 H 大学机械学院的"定制式"试点班为个案，采用学校组织的视角，研究该试点班的人才培养模式改革的实施过程，梳理并分析高校"定制式"人才培养的运作过程，并以此透视高校人才生产的实践逻辑。

研究方法是进行研究与数据收集时所采用的具体手段、工具与策略，在同一个研究中，可以采用多种研究方法。本研究要在短时间内同时考察高校人才培养的过程与其背后的实践逻辑，案例研究是比较好的选择。正如范德芬所说，如果我们以过程的视角看待组织的政策实施，那么采用质性的人类学的方法无疑是有益的。

1. 案例研究

要了解高校人才培养的实践过程需要到学校中去，在实地中观察、访谈、体会。虽然一个或几个学校的情况不等于中国所有学校的情况，但它毕竟是中国的学校。正如费孝通先生再三表明的，研究中国的实践，实证调查是需要的，而且只能这么做。组织研究者斯科特认为，我们对组织和组织成员的了解绝大多数是建立在田野研究的基础上。这种旨趣也是与实施研究相得益彰的。如帕伦博和卡利斯塔认为，实施是植根于地方情境的现象和过程，鉴于案例研究的性质就是探索难以从所处情境中分离出来的现象时采用的研究方法，因此，实施研究总是包含对个案的研究。[1]

随之而来的一个关键问题是，高校组织的特征有别于对一般人群的研究，也有别于对社会集合体如家庭和社会团体的研究，根据前述第一章中对组织理论的探讨，可以大致分析出几点高校组织田野研究的独有特征。

第一，组织层级之间存在嵌套和网络关系，这就要求取样要足够多样和充分，如默顿所说，如果我们的研究对象是独立的个体，研究者在一个研究对象上的困难并不会影响他的研究结果，但如果研究的对象是建立在共同关系基础上的，"一个明显持有恶意的信息提供者将会极大的威胁研究结果"[2]。不过，这种网络关系也可以让研究者受益，如果能把握住组织中的关键的信息提供者，或信息提供者合作意愿非常高，研究者将更有收获。而且，网络关系对组织个体的行为施加了影响，使他们的行为变得稳定化，这使笔者的观察比较容易。

第二，高校组织具有相对较高的正式程度。学校组织具有科层制的外观，日程是富有常规的：管理人员有办公室，教师有教室，他们的活动具有惯例性；特定的时间会举行相应的活动；学校拥有大量的文件和数据；正式化也限定了组织成员的背景、工作环境和行为，学校成员往往需要朝向共同的目标。对研究者来说，如果许多情境中的变量都是固定的，这是有好处的。

第三，不同层级的人员具有不同的决断权和自主权。层级模型中存在

---

[1] Palumbo & Calista, *Implementation and the Policy process*: *Opening up the Black Box* (New York: Greenwood press, 1990), p. 72.

[2] W. R. Scott, "Field Methods in the Study of Organizations," in J. G. March, *Handbook of Organizations* (Chicago: Rand McNally & Company, 1965), pp. 260 – 304.

"质的断裂点",使得组织中的资源和信息控制是分化的,并不意味着权力越高,就能控制所有资源和信息的流通。虽然制度层有更多的发言权决定研究者在哪些领域有权获得哪些资料,但在田野研究过程中,不同层级的人员都有自己的方式来帮助或限制研究者获得信息。因此,即使高层人员已经给予了研究者充分的自由进行组织研究,但当研究者从高层进入较低层级的管理层与技术层体系时,很可能还会碰到有意的阻挠,反之,即使高层人员在某些方面设定了限制,研究者也同样可以从另外的途径获得资料。

2. 个案选择

本书案例选择的是一所地方院校 H 大学机械学院的"定制式"试点班。地方院校是相对于中央直属院校而言的,之所以选择地方院校作为研究对象,主要基于以下几方面考虑。第一,地方院校是高等教育大众化的主要承担力量,高校大众化扩招的"二本""三本"等主要是在地方院校进行培养的,因此地方院校也是高等教育大众化过程中人才培养模式改革的主要思考者与实施者。第二,按照现代大学多元服务的定位次序,地方院校职能的优先顺序应是人才培养、社会服务、科学研究等,与此相适应的,其分类定位的发展方向应以人才培养和社会服务为主要目标,然而由于历史、地位、声誉等传统的影响,地方院校在优质生源选拔、科研经费获取等方面处于不利地位,在知识创新体系中有时也不可避免地处于边缘位置。因此,地方院校为了获得更好的发展条件,争取更大的资源支持,纷纷效仿中央直属重点院校的办学模式与人才培养方案,以升格为研究型大学作为美好的愿望。但是地方院校办学历史较短、基础相对较差的显性条件又制约了其科研创新与培养精英人才的能力的发展,这一方面使得地方院校在同中央直属院校的同位竞争中很被动,同时也导致其毕业生在就业市场中缺乏相对优势而加剧就业难的局面。第三,地方高校不是"挂在天上"的,而是要落脚在一个地方,高校体制改革过程中,地方院校的资源与资金支持主要来自地方政府,地方高校的生存与发展离不开地方的支持。因此,地方高校必须思考为所在地区作出更大的贡献,学校的教学和科研主要应为本地区的经济和社会发展服务,重视立足所在区域经济社会发展的需求来培养人才,重视所在区域经济社会发展对学校以及人才培养的实际需要,注重从人才培养的各方面、全过程积极改革与探索人才培养模式,为地方发展培养适销对路的人才,科研重点聚焦在与地方经济社会发展紧密相关的应用性学科领域，为地方发展主动献策献智。而国家实施的一系列区域性发展战略，如西部大开发、中部崛起、东北老工业基地振兴、海峡西岸经济区建设等区域性发展战略的实施，为地方院校的定位与发展提供了诸多机会。我们有理由说，与中央直属院校相比，在高校改革中，地方院校有更大的动力和需求积极面向市场，为适应社会的需求而调整。

另外，案例研究的另一个突出问题是案例的代表性与结论的推论问题，任何从个案出发针对高校、教师、人才培养等所做的整体性概括和判断都将是局限的，尤其在中国这样一个超大型的非均衡社会中，高校、教师、人才培养活动等深受千差万别的地方教育生态的影响。不过推论并不是案例研究要思考的首要问题，案例研究的逻辑推演方式与大型的量化研究不同，它是一种归纳研究，其方法背后有类型学上的逻辑意义。本研究认为，任何一个个体都不可能代表整体，但个案可以代表一个类型，可以归纳建构一种理论。同时，我国高校的同质性让案例研究视角更为"省力"，考虑到我国高校的一般状态，案例研究将是一种较为省力的方式，研究者指出我国的高校存在大量同质性的运作方式和实施措施。这种同质性也极有利于我们通过典型案例深入考察我国高校人才培养的实际过程，从而认识更广泛意义上的人才培养结果与目标偏离的生产机制。

H大学机械学院的"定制式"试点班是本研究的关键案例（critical case）。鉴于时间和精力有限，本研究只选择了一个案例。H大学是一所H省省属地方性大学，位于H省的省会城市H市。截至2008年，H省的生产总值在全国各省（区、市）中仍属中等水平，但其增长速度却位列最后，与曾经辉煌一时的中国"重工业基地"相比，发展确实需要提升。也正是在这样的背景下，国家一再发出振兴东北老工业基地的号召。[①] 而振

---

① 2002年党的十六大报告中的"支持东北地区等老工业基地加快调整和改造"19个字拉开了振兴东北老工业基地的帷幕；同年10月，以中央下发11号文件为标志，东北振兴战略正式实施；2003年10月5日，中共中央、国务院出台的《中共中央、国务院关于实施东北地区等老工业基地振兴战略的若干意见》；2005年，国办印发《国务院办公厅关于促进东北老工业基地进一步扩大对外开放的实施意见》（国办发〔2005〕36号）；党的十七大报告提出"全面振兴东北地区等老工业基地"，即从重点领域振兴，转向经济、社会、文化等方面的全面振兴，为振兴发展指明了方向。新阶段带来了新任务，对振兴工作也提出了新的要求。2009年11月，《国务院关于进一步实施东北地区等老工业基地振兴战略的若干意见》（国发〔2009〕33号）。

第二章 实践理论：整合结构与行动的分析范式

兴东北，亟须突破人才瓶颈问题。

作为培养人才的高等学校，至2007年，H省有68所省属普通高等学校，在校本专科以及研究生共634902人。H大学作为一所省属最大规模的理工院校，全日制在校本科生、研究生常年稳定在26000人左右。近年来，该校努力申报国家级科技园，力争跨入"211"大学行列。H大学的机械专业，在业内也算小有名气，这不仅因为现在的机械学院拥有价值不菲的"数控训练中心"，更是由于合并学校前的三校在机械方面都有较强的实力，特别是"H科学技术大学"与"H电工学院"，不仅有较强的装备与高水平的师资，而且为机械行业培养了一批响当当的领军人物。在这样的背景下，合并后的H大学的机械学科必定是一个不平凡的学科，而也是正因为它的不平凡，在合并后相关学科的整合重建过程中面临着一系列的问题。院系所的组合、划分与建立，人员的调配等方面着实引起不少的争论与冲突，对这些矛盾与冲突的处理结果也并不尽如人意，正如I-ZQ所言："……机电不分家，别的学校的'机'与'电'合并时，我们却背道而驰，本来一家的机电却要另起灶炉……"机电一体的机电学院分割成了"机械动力学院"与"电气与电子学院"。

经历了合并与分裂的机械学院，积极寻求革新人才培养模式，这种革新的动力一方面来自上层学校在合并转制后归属的改变，以及合并后学校定位的重新调整与归属改变引起的服务转向的压力，另一方面来自整合院系、发展学科的动机，还有就是摸索解决扩招后适应"一本""二本""三本"不同批次的学生的培养模式，对解决学生就业问题的考虑。

恰逢其时，在国家"振兴东北老工业基地"的号召下，地方政府出台多项优惠政策，机械行业企业也积极响应，筹划从"模拟"向"数控"的转型与提升。2003年，同亚集团率先进口数控机床引起了人们的关注，更引起人们热议的是：招聘不到合格的编程与操作操控人员，原本计划新增80名数控机床的操作与编程人员的问题，历时半年没有得到解决。人才问题再次成为地方政府关注的议题，与此形成鲜明对比的是同年H省的高校毕业生的就业情况并不乐观，对比之下再次凸显了高校毕业生的"学用偏离"的结构性矛盾。

2003年由省教育厅、劳动和社会保障厅等部门牵线，促成30多家企业与H大学见面，共议培养人才的事宜，其结果是在H大学确立三个"定制式"试点班，为企业"量身定制"其需要的人才。本研究选择的案例就是这三个试点班之一的"机械学院'定制式'试点班"。机械学院的"定制式"试点班从2003年开办，由于采取"2+2"的模式，截至2008年，共有4批毕业生，本书选择的即是2008年毕业的试点班。之所以选择"定制式"试点班作为分析高校人才培养结果偏离目标这一问题的样本，是考虑到"定制式"试点班作为一种"量体裁衣"的人才培养模式，可以认为该模式的制定是完全考虑了用人单位的需求，并且按照用人单位的需求而进行的人才生产，如果有所偏离，那必定是生产过程中实践环节的问题。出于这样的考虑，本书认为"定制式"试点班为本书的研究提供了一种"理想类型"，它可以控制外界市场需求不确定的因素。样本班共有64人，毕业后任职于签约企业的有17人，这不足三分之一的约定达成比例，也从另一个方面反映出高校为企业"量身定制"的人才培养模式的实践结果与预设目标之间的"偏离"。

3. 收集数据与方法

从研究目的来看，本书属于描述性与探究性研究。这一类型的研究，更关注一个特定情境的总体，关注形成这一总体的多种因素，并试图去展示其间的互动作用。因此，比较适宜的收集数据方法是采用持续的互动方式，收集更多的数据类型。本研究的调查与数据收集工作从2007年9月开始，与用人单位初步接触，从2008年8月开始，集中访谈用人单位的负责人与毕业生，历时3个月，收集到用人单位对人才需求的规格、数量等情况，以及对录用毕业生的评价；2008年10月到2009年3月，陆续对H大学机械学院的"试点班"进行田野调查，访谈负责人与基层教师，收集有关"试点班"生产运行的相关资料；2009年10月对学校进行了第二次调查，补充了关于"试点班"运行过程中的一些资料。在这持续3年的关注与调查中，本研究的数据来源有四类。

（1）文本。学校中有多种多样的文件和记录：图表、官方文件、会议记录、规章制度、程序说明、学期小结、个人小结、小组报告等。但是，研究者并不能纯粹依赖文献，诸如行事历、工作报告这样的文献记录，是在高度政治化的情境中书写的，最好要将其还原到最初产生这些文献的情境中去理解，而不能仅看其字面上的意义，这样也可以考察文本生产的合法化机制。

（2）研究者的观察。对研究群体的观察是田野研究中不可或缺的一部分。这一方法的主要优势在于，研究者能记录发生的行为，而不必依赖信息提供者。观察分为系统观察和非系统的观察，参与性和非参与性的观察。由于时间与其他方面的原因，本研究主要采用非系统、非参与性的观察。这种观察虽然不能提供身临其境的情景性资料，但鉴于学校工作的日常性与常规性，本书认为可以由非系统的观察推知全景的情境。

（3）访谈关键的信息提供者。本研究的访谈对象主要有五类，包括H大学校领导中"面向东北老工业基地'定制式'人才培养模式改革试点班"项目负责人2名，机械学院的教学负责人[①]2名，试点班教师[②]5名，企业负责人与车间主任等23人，试点班2008年毕业生17人。他们主要提供了如下几方面的信息：第一，有关试点班的设立初衷、过程、结果以及规则、规范、事件等；第二，被访谈者对试点班的态度、行为、关系、判断等；第三，用人单位的人才需求情况与对毕业生的评价，以及校企合作意向等。这些信息使研究者得以对试点班从设立到结束的整个生产过程有深入的了解，并明确在这个过程中相关行动者的行为、态度、判断与理念。访谈对象与获取资料情况见表2-1。

表2-1 访谈对象与获取资料情况

被访者来源	H大学			用人单位	
	校领导（制度层）	院领导（管理层）	教师代表（技术层）	负责人	毕业生
访谈人数	2	2	5	23	17
获取信息	试点班（高校人才培养）的整个生产过程；这个过程中各行动者的行为、态度、判断、理念；合作意向等			人才需求情况；对毕业生的评价；合作意向等	

[①] 对这两位教师的归类颇费了些心思，按照理论，院领导等中层领导应该归入管理层，但这两位教师除了有行政上的职务外，也确实给试点班上课，从这个意义上，又可以归入技术层。但在本书中，对这两位院领导的访谈主要针对是试点班方案的设计与认知的问题，对资源的争取与调配等管理行政层面的问题，而且实际上，他们的角色与所起的作用也更属于管理部门，因而将其归于管理层，在"定制式"试点班人才培养模式的改革过程中，他们实际上承担了贯彻上层领导意志、执行政策的职责。

[②] 这五位教师均为专任教师，是指全力教课而没有任何行政或事务性工作的人员，但他们并非只试点班上课，也给其他班级上课。他们没有任何行政上的职务，如校长、院系主任、教研室组长等，因而可以划入技术层，如校长、级部主任。

（4）资料类型与分析。案例研究要特别注意资料的收集以保证研究资料的信度和效度，本研究特别注意资料收集的三大原则：使用多种证据来源，建立案例研究数据库，组成一系列数据链。

根据上文的理论框架，高校人才培养实践过程的四个阶段，笔者追踪了实践过程中若干关键的节点，以再现高校人才培养过程的轨迹。为了理清各阶段的考察要点以及数据来源，特将各阶段所收集的资料列入表2-2。

表2-2 各阶段的考察要点与数据来源

主要目的	考察要点	数据来源
阶段1：按照市场需求确定试点班的培养目标（需求—目标）	分析试点班的设立初衷； 用人单位的人才需求； 试点班培养目标的确定过程； 学校制度层与企业领导人对试点班的真实期许	学校文件，会议纪要，访谈学校制度层领导2人，访谈企业负责人23人
阶段2：按照试点班的培养目标设计培养方案（目标—方案）	分析院系领导对试点班培养目标的认知和态度； 如何把目标操作化为具体的实践方案； 分析院系领导如何以试点班为契机争取、调配和处理资源性与非资源性活动； 试点班的设立引致院里发生的变化	学校文档记录，院系文档，工作报告，会议记录，访谈关键人物2人
阶段3：对培养方案的实践（方案—实践）	教师如何实践试点班的培养； 教师的认知、态度如何； 行为选择有什么样的变化	观察、访谈基层教师5人，文档，工作总结，课程计划等
阶段4：对试点班培养结果——毕业生的检验（实践—结果）	目标达成情况； 试点班的实施引起的变化	相关文档记录，访谈企业不同层级的负责人23人、毕业生17人

在案例研究中，资料和理论之间应该进行持续的相互激荡。资料收集、分析、理论之间的互动是非常紧密的。陈向明认为，关于质的研究主要存在两种资料分析的模式：一种是线性的，自下而上对资料进行抽象的模式；另一种是循环往复的互动模式。① 本书的数据来源极为多样，在处理时颇费时间，在分析中更多是采用循环往复的模式，用资料与问题之间的互动来凸显研究主题。

---

① 陈向明：《质的研究方法与社会科学研究》，教育科学出版社，2000，第273页。

第二章 实践理论：整合结构与行动的分析范式

四 内容结构

本研究试图通过对社会变革大背景下，具有结构嵌套性特征的高校场域中应用型人才培养实践过程的追述，分析变革对高校人才培养实践的影响机制，高校场域中各行动者对培养目标的能动性行动，从而揭示变革背景下高校人才培养的实践逻辑。在行文上，主要包括三部分，第一部分为研究缘起与分析框架，包括两章。第一章为导论，介绍研究的背景，及对高校人才培养实践关注的缘起，并对高校毕业生就业中的学用错位原因研究进行探讨，厘清本研究的空间，并定位研究视角与切入点；第二章回顾了社会学中解释社会发展的结构与行动两大范式，在结构与行动的范式下解释高校毕业生就业难受到了结构和行动的双重限制。但不能否认的是，结构范式或行动范式在就业难解释中扮演着不同的角色，其提出的策略措施也各有侧重与局限。在理论比较与梳理的基础上，本研究搭建了超越结构与行动的整合范式，作为分析框架，将高校看作行动者来研究高校人才培养模式的改革与实施过程。将学校看作行动者具有两方面的含义：一是将学校组织看作行动者，其有自己独特的组织理性与行动方式，并以场域嵌套性的特征进行各种有目的的、以他者为对象的社会行动；二是指学校的行动归根结底是由学校场域内部嵌套的各场域中的个体行动者来进行与完成的，学校场域行动的生成、变化都要受到其内部嵌套场域中个体行动者的影响与制约。这一研究趋向也暗合了上文所讲的本研究将结合"自上而下"的目标执行模式与"自下而上"的目标实践模式，来揭示高校人才培养实践路径的分析思路。

本书的第二部分为主体部分，包括第三、四、五、六章，分别阐述高校场域内，制度层、管理层与技术层等各层级围绕人才培养展开的日常实践，以及用人单位与毕业生对培养结果的反馈，重点追溯高校人才培养过程中的目标确定、方案设计、培养实践以及结果反馈等环节中的重要实践，解决高校人才培养"在哪些环节产生了移位"以及"为什么产生移位"的问题，揭示高校人才培养的实践逻辑。第三、四章分析高校人才培养实践过程中的目标确定与方案设计环节，重点分析高校制度层与管理层在对人才培养目标的确定与方案设计过程中，出于各种现实考虑而的在体现与反映社会需求的目标确定中的权宜与决断，并揭示其行动的深层逻辑：制度层在实践过程中有合法性建构的思考，同时还有争取资源等的考虑，管理层的协调遵循制度逻辑与效率逻辑共同作用的目的理性。第五章展现高校技术层实践人才培养方案的过程，在这一过程中，管理层的激励、监督与控制，教师对培养目标与方案的判断与认知态度，自身的技术素养与专业精神，用人单位的参与以及与学校实践者的互动，都对技术层的实践选择有关键影响，通过对这一实践过程中关键人物的态度行为进行解读，分析技术层面教师在实践人才培养方案时，并非仅仅遵循效率逻辑的指引，而是受到自身专业价值的影响，感受到现实生存环境的压力，因而其实践并非单纯的价值理性或利益理性，而是受多方面影响共同决定的"目的理性"的左右。第六章从用人单位与毕业生的视角，对人才培养结果的反馈进行分析，阐述"供需移位"的表现形式。并进一步揭示按照社会需求进行的人才培养的最终走向，及参与高校人才培养的各行动者的行动逻辑。

第三部分是理论提升与本研究总结部分，包括两章。第七章主要从理论上探讨了高校人才培养过程中具体行动的不同实践逻辑，以及整体行动中的"目的理性"。第八章为总结部分，回应研究主题，总结研究发现，并讨论研究发现可能的延伸意义，最后总结研究中所存在的不足以及一些未尽的任务。

第三章 社会转型背景下高校人才培养目标实践

大学是研究学问、传递知识、培育人才、服务社区的殿堂，其创发、传递的知识要为社会所用，其培育的人才应为社会所需；因要为其所服务的社区以及学术社群提供适切的服务，对社区的需求、学术社群的发展动向，亦应能够适时地掌握。大学的运作与发展与社会息息相关，大学发展不能自外于社会，大学中学生的培养目标也随着社会需求的变化而调整。

大学人才培养目标是人才培养的顶层设计，是人才培养的蓝图，只有确立了一定的目标之后，才能建构和实施相应的人才培养模式。所谓高校的人才培养目标，即学校所规定的毕业生应该达到的思想境界、道德水平、知识储备、素质状况和能力水平。其中既有软性的目标，如思想境界、道德水平；也有硬性的目标，如知识、能力；还有的目标既包括软性的内容，又包括硬性的内容，如素质。在确立高校的人才培养目标时，软性的或者隐性的目标常常被忽视，而硬性指标常常被作为高校人才培养的中心和重点。这实际上反映了不同的人才观以及不同的社会要求。

一 不同历史场域中机械专业培养目标的形塑

新中国成立以来，经过不断地调整与改革，我国高等学校的人才培养目标渐趋合理和完善，逐步从单纯的政治目标转向学术目标，进而转向多元目标，为我国的社会事业提供了一批批建设者和接班人。

（一）机械专业发展的历程与培养目标的变迁

大学的培养目标并不是依照先验的规划设定的，而是在发展过程中，随着社会需求的变化，对以往培养目标的调整与扬弃，因而总是无法脱离社会发展所刻画的痕迹，与国民经济发展息息相关的机械专业更是如此。机械制造专业作为工程教育的一个分支，其培养目标的变迁始终是以社会需求为导向，紧跟社会的需求。

1. 新中国成立至"文化大革命"前夕：培养工程师与技术人才，大力发展我国重工业

新中国成立后，国家的工业发展处于百废待兴的状态，我国为促进国民经济的发展，改变工业极端落后的状况，从一开始进行建设便仿效苏联，将战略方针确定为优先发展重工业和基础工业，以快速建立起国家工业化的坚实基础，从客观来讲，这与当时保障国防军事安全的指导思想是分不开的。为了尽快改变当时工业极端落后的状况，国家开始大规模引进先进技术，集中力量进行苏联帮助设计的多项工业建设，以建立社会主义工业化的初步基础。20世纪60年代，中苏关系交恶，中国的技术改为从英、法、日等国引进，但总的来说，主要是通过自力更生建立自己的工业体系，虽然历经波折，却也为日后的发展提供了必要的基础。在这种大力发展工业的背景下，工程人才严重短缺的现象显得尤其突出。

为了适应国家发展的需要，培养工业建设人才和师资，从1951年底起，高校先后进行了两次大规模院系调整。工科院校形成以单科性工学院为主的模式，开始了全盘"学苏"的时代。1953年高等教育部提出学校的人才培养目标应该是"以培养工业建设人才和师资为重点，发展专门学院，整顿和加强综合性大学"，调整之后我国工学教育发生了深刻的变化。本科生以培养工程师为目标，二年制的专科生以培养"高级技术人员"为目标，注重实践环节，使得毕业生更能适应实际工作的需要，对我国高等工程教育的发展起到了极大的促进作用，工程教育有了飞速的发展。

1958年，"大跃进"之风席卷中国，高等教育也未能幸免，一度过快发展。1960年，全国工科院校猛增到472所，在校生达388769人，分别是1957年工科院校数和在校生数的10.7倍和2.4倍。高校随国家律动，1961年，开始贯彻"调整、巩固、充实、提高"的方针，合并了一些划分过细的专业，撤销了设置过多的专业点，调整了布局。高等工科学校的人才培养开始注重"厚基础、宽口径"的模式。随后执行"高教六十条"，

1962年教育部明确了我国高等工科学校对学生的培养目标："高等工科学校的毕业生，在学业上必须完成工程师的基本训练，即具有本专业所需要的比较宽厚的基础理论知识；掌握运算、试验、制图等基本技能；掌握一种外国语，能够阅读本专业的书刊；具有一定的专业技术和组织管理生产的知识，对本专业范围内科学技术的新发展有一般的了解；具有解决一般工程问题的初步能力，获得科学研究方法的初步训练。"[1] 接下来两年国家对高等工业学校人才培养目标改变的趋势是减少教学内容，增加实践训练。1964年人才培养目标是"大力提高学生在德育、智育和体育三方面素质，全面提高培养干部的质量，更好地适应阶级斗争、生产斗争和科学实验三大革命运动的需要"。[2] 此时的培养目标在加强实践训练的基础上强调人的全面素质发展，首次提出德、智、体三方面要求，将德育放在首位，为当时的社会斗争和革命运动服务、满足国家的政治需求埋下了伏笔。截至1965年，工科教育中本科教育逐渐稳定，起伏过大的专科教育也得到了调整，研究生教育也有了明确规定，得到了一定的发展，所有这些措施对完善工科教育都起到了积极的作用。

这一阶段的工科人才培养目标可以概括为：为满足新中国发展工业的需要，满足国家在阶级斗争、生产斗争和科学实验方面的需要，要求工程人才在基本素质方面德、智、体全面发展；在基础知识方面，对专业知识和技术的要求降低，对应用实践能力的要求提高。

2."文化大革命"时期："按产品设专业"培养工农兵学员，实现无产阶级挂帅

十年浩劫，中国工业再度深受重创，工业生产总值全面下降。1967年和1968年，工业产值分别比上年下降了13.8%和5.9%。[3] 工业产品产量也出现下降。70年代初期，我国工业连年下降的局势有所缓和，特别是1975年邓小平主持中央领导工作，大刀阔斧地对国民经济进行全面整顿，当年经济形势明显好转，工业总产值比上年度增长15%。但是1976年，

---

[1] 《教育部关于直属高等工业学校修订本科教学计划的规定（草案）》，1962年6月。
[2] 高等教育部：关于发出《关于高等教育部直属高等工业学校积极进行教学改革的基点意见（初稿）的通知》，1964年10月。
[3] 吕政：《总量赶超基本完成，提高素质任重道远》，《人民论坛》1999年第11期。

"四人帮"全面否定邓小平领导整顿工作取得的成绩，这一年国民经济又出现了停滞和倒退。总的来说，这一时期我国国民经济遭受了重大损失，持续的政治动乱，严重阻碍了社会生产力的发展，工业增长率忽高忽低，经济比例严重失调，整个工业化发展基本处于停滞状态。

值得一提的是，1975年1月在四届全国人大一次会议上，周恩来总理重申了他在1964年三届全国人大上提出的"分两步走"在我国实现四个现代化的目标："第一步，用十五年时间，即在1985年以前，建成一个独立的比较完整的工业体系和国民经济体系；第二步，在21世纪内，全面实现农业、工业、国防和科学技术的现代化，使我国国民经济走在世界的前列。"该计划为"文革"之后我国工业经济飞速发展奠定了理论基础。

1970年6月，中央在集中大学意见的基础上，基本形成了此后办大学的方针。这个方针就是：恢复开办的大专院校，学制要缩短，要从工农兵中选拔、推荐学生，向工农兵学员提供"按产品设专业"的教育。从此，全国各地高校开始普遍招收工农兵学员，高校进入了一个由工农兵学员"上大学、管大学、用毛泽东思想改造旧大学"的时期。从某种意义上说，这种从工人农民中选学生，学习后又回到生产中的"从实践中来，到实践中去"的人才培养模式，开启了产学合作的先例，此后，实践成为工科培养学生的必修之一。

3. 改革开放到1998年：培养具有实践能力的工程人才，争夺制造业市场

从新中国成立后到改革开放前的中国工业化进程来看，尽管经历风雨，但总的说来，农业份额较快下降，工业份额不断上升，成为主导产业群，第二产业产值所占比重从1970年开始持续稳定地超过第一产业。从全国来看，已经打下了有一定深度和广度的工业基础，现代工业体系基本形成，存在明显的产业突变，基本完成了工业化初期的繁重任务。此期间虽有短期衰退、中断，但扩张和赶超是主流，基本上沿着工业化的主轴前进。与美国等发达国家不同，此阶段中国工业化进程不是由市场而是由行政推动，显示出了极为明显的人为痕迹。20世纪70年代以后，第二产业处于主体地位，工业成为主导产业，中国从农业社会跨入了广义的工业社会。

粉碎"四人帮"以后，十一届三中全会作出了实行改革开放的新决策，开始了中国从"以阶级斗争为纲"到"以经济建设为中心"的转变，从僵化、半僵化到全面改革，从封闭、半封闭到对外开放的历史性转变，此后，中国的社会经济得到了迅速的恢复和发展。

1984年10月，中央下发的《关于经济体制改革的决定》认为，过去实行严格的计划经济体制"形成了一种同社会生产力发展要求不相适应的僵化的模式"，必须对它进行改革以增强企业活力，促进社会生产力的发展。[1] 这个决定的发布，不仅标志着我国经济体制改革的开始，也标志着我国社会逐渐进入一个新的历史发展阶段。随着经济体制从严格的计划经济转向有计划的商品经济后，社会迅猛发展。据统计，1988年，全国国民生产总值达13853亿元，比上年增长11.2%；国民收入达11533亿元，比上年增长11.4%；农业生产总值达5618亿元，比上年增长3.2%；工业总产值达18100亿元，比上年增长20.7%，其中，全民所有制工业增长12.7%，集体所有制工业增长28.8%（其中乡村工业增长35%），个体工业增长46%，中外合资、中外合作和外商独资经营的工业增长97%；城镇新型集体企业达23.5万家，私营企业达22.5万家。[2]

经济快速稳定的增长，把中国推上了世界最大经济体的行列，加之中国还是世界上人口最多的国家，尽管人均收入仍然很低，但作为经济大国所拥有的足以赶超西方国家的潜力是无人能及的。中国充分利用自己成本低和人力资源丰富的优势，积极为充当"世界工厂"的角色而寻找与准备更多更好的机会与发展。在这种背景下，社会经济发展对工程人才的需求越来越大，同时也越来越实际。

自十一届三中全会以来，教育行政部门对高等工业学校进行了局部调整。1978年8月《关于进行高等学校专业调查和调整工作的通知》要求所有高等院校"培养又红又专的专门人才，迅速改变'四人帮'破坏所造成的教育与社会主义事业发展严重不相适应的状况"。这一时期的人才培养

---

[1] 中共中央文献研究室编《十二大以来重要文献选编（中）》，人民出版社，1986，第561~562页。
[2] 《中华人民共和国国家统计局关于1988年国民经济和社会发展的统计公报》，1989年2月28日，http://www.stats.gov.cn/tjsj/tjgb/ndtjgb/qgndtjgb/200203/t20020331_30001.html，最后访问日期：2020年9月10日。

比较重视全面发展。工科本科教育在恢复、重建正常教学秩序的基础上得到较大的发展,专科也改变了过去只是作为满足急需的一种临时性措施而出现的大起大落的状况。

1980年1月,教育部提出了新的培养目标:"高等工业学校应当培养德、智、体全面发展的高级工程技术人才。"值得注意的是,工科在确定其培养目标要求时降低了标准,因为在学制四年的情况下,"完成工程师的基本训练要求太高,因而改为获得工程师的基本训练"[1]。这也突出了扎实基础,专业内容少而精的思想。

随着我国工业化进程的发展,工程设计和技术学科的交叉越来越多,要求高等工业人才有广阔的知识面和专业知识。而且在同时期,已经有很多毕业生在从事与自身专业不太相关的工作,这时候毕业生专业口径窄的弱点就很明显地暴露出来了。高校必须彻底解决专业划分过细问题,拓宽专业业务范围,加强学科基础建设,着重培养学生能力。同时期,教育部在其下发的《关于高等工程教育层次、规格和学习年限调整改革问题的几点意见》中认为,研究生、本科生、专科生"各层次规格比较单一,层次间界线不够清楚,专科的地位作用不够明确,培养上向本科看齐,没有形成自己的特色。实际上是用单一规格的本科生去承担社会主义建设中应由不同层次和多种规格的人才所担负的任务"。

1985年5月,中央作出了《中共中央关于教育体制改革的决定》,指出要"大规模地准备新的能够坚持社会主义方向的各级各类合格人才"[2]。自此,工科人才培养目标开始了它的适应性调整。1986年11月,《普通高等学校工科四年制本科教育的培养目标和本科教育的基本规格(征求意见稿)》中也提到工科四年本科教育的培养目标,"培养适应社会主义建设需要的,德、智、体、美全面发展的,获得工程师基本训练的高级工程技术人才。学生毕业后主要去工业生产第一线从事设计、制造、运行、研究和管理等工作",并明确规定了本科生在政治思想、基础和专业知识、能力、技能、身体素质以及文化素质等方面的要求。

为了满足中国社会经济发展的需要,高等教育开始了新一轮全面而深

---

[1] 刘英杰:《中国教育大事典(1949—1990)》,浙江教育出版社,1993,第196页。
[2] 中共中央文献研究室编《十二大以来重要文献选编(中)》,人民出版社,1986,第721页。

入的体制改革。这一时期，工科大专教育一度发展很快，一些热门系科大幅度膨胀，然而随着人才市场需求矛盾的凸显，大学毕业生的分配就业困难，工科本科教育和研究生教育在提高教学质量方面越来越受到重视，数量也得到了相应的扩展。

扩招后的高校为了突出优势，在竞争中赢得地位，按照社会人才需求的种类与规格进行了分类与定位。中共十六大报告提出的"教育应造就数以亿计的高素质劳动者，数以千万计的专门人才和一大批拔尖创新人才"的思想，给了高校适应市场要求的分类定位的宏观指导。为了拓展人才培养的类型和规格，加快培养社会急需的复合型、应用型高层次专门人才，针对经济建设和社会发展对不同行业背景、不同类型、不同规格高级专门人才的需要，国务院学位委员会批准设置工程硕士等12个专业学位。工程硕士等专业学位培养已经成为当前和今后我国培养复合型、应用型高层次专门人才的重要渠道。

这一时期的人才培养目标在人才能力培养上与以往有明显的不同：在继承了以前德、智、体全面发展，知识面拓宽的基础上，提出了自学和创新能力的培养。从宏观上来说，也严格限制各高校在新的环境中对工科本科人才培养的要求，使本科与大专、研究生的培养目标明显区分开来，防止学校盲目升级攀比。与之相同的，中国科学院技术科学部的院士、教授在《改革我国高等工程教育增强我国国力和国际竞争力》一文中认为，应根据我国的条件并在已经建立的层次结构的基础上进行适当的调整，明确各层次、各类型教育的培养目标，进行优化结构的试验，探索我国培养工程师的最有效可行的办法。[1]

4.1999年至今：培养具有综合知识与创新能力的工程人才，建设创新型国家

20世纪末的最后几年，党中央、国务院在总结历史经验的基础上，于1995年5月在中共中央、国务院《关于加速科学技术进步的决定》中，根据我国社会主义现代化建设的现实情况提出了科教兴国的战略。战略指示要全面落实科学技术是第一生产力的思想，坚持教育为本，把科技和教育

---

[1] 中国科学院技术科学部：《改革我国高等工程教育增强我国国力和国际竞争力》，《中国科学院院刊》1995年第1期。

摆在经济、社会发展的重要位置,增强国家的科技实力以及向现实生产力转化的能力,提高全民族的科学文化素质,把经济建设转移到依靠科技进步和提高劳动者素质的轨道上来,加速实现国家的繁荣昌盛。事实上,早在1977年的科学和教育工作座谈会上邓小平同志就提出"实现四个现代化,科学技术是关键"的思想,其核心即科教兴国思想。这一思想在近20年之后重被提上日程,与当时的中国经济与社会发展有密切的关系。

1997年以来,我国政府采取了积极的财政政策,迅速摆脱了东南亚金融危机的影响,经济一直保持较高的增长速度。在我国经济高速发展的同时,经济结构也在不断调整,产业结构进一步优化,能源、交通和高新技术产业发展迅速,非公有制经济日益壮大。这一时期我国的经济虽然快速发展,但是中国的工业,特别是机械制造业饱受"进口—消化—再进口"的恶性循环之苦,缺乏技术专利与创新设计成为中国工业发展的瓶颈。据调查,2003年,有83.3%企业没有自己的技术专利,有69.2%的企业没有自己设计的产品,甚至有64.8%的企业产品没有经过质量认证(如ISO9000系列、UL、长城、CE等)。时至今日,这种技术上严重对外依赖的状况仍然制约着中国机械装备制造行业的发展,质量与技术成为我国机械制造行业企业发展的软肋,也成为中国经济发展的障碍。

在这样的背景下,国家十分重视工科人才创新能力的培养,相继出台了一系列相关文件。2000年《教育部关于实施"新世纪高等教育教学改革工程"的通知》中提出,教育教学改革要培养适应21世纪我国现代化建设需要的具有创新精神、实践能力和创业精神的高素质人才。[1] 同时,很多高等学校在人才培养方面进行了大量的改革实践,拓宽专业口径、加强基础知识、提高综合素质的复合人才培养模式成为改革的主流。2001年10月,在《关于做好普通高等学校本科学科专业结构调整工作的若干原则意见》中特别指出,国家未来发展急需的高新技术类专业人才、高层次经营管理人才供给不足,面向地方经济建设的应用型人才培养薄弱,进一步指明高校专业调整、课程设置、人才培养定位的方向。

2006年1月,胡锦涛同志在全国科技大会上提出了走中国特色自主创新之路、建设创新型国家的目标。这是未来15年我国教育界、科技界的首

---

[1] 教育部:《关于实施"新世纪高等教育教学改革工程"的通知》,2000。

要任务，我国高等工程教育应以国家战略需求为主进行改革，为建设创新型国家服务。从经济发展战略看，全面建设小康社会的头20年（2001~2020年），是我国经济发展的关键时期。这期间经济发展的主要矛盾是：如何应对经济全球化的挑战，抓住世界产业梯度转移的机遇，顺利完成新一轮的经济结构调整；如何实现经济发展向以依靠科技进步和提高劳动者素质为主的发展模式转变，成功摆脱资源相对贫乏、生态环境相对脆弱等条件制约下的新型工业化道路；如何走上确保国家安全、社会稳定条件下的经济、社会、环境协调可持续发展的良性循环轨道。同年2月，国务院发布了《国务院关于加快振兴装备制造业的若干意见》，其核心内容之一就是提高我国企业的核心竞争力与自主创新能力。

科技发展模式要从以跟踪模仿为主转变为以自主创新为主，其中最主要的制约因素是优秀顶尖人才的严重匮乏。我国科技人才资源总量虽然已经多达3200万，位居世界第一，但是科技领军人物、战略科学家资源稀缺，使我国在激烈的国际竞争中难以把握科学前沿和重大发展方向。科技人才是提高自主创新能力的关键所在，自主创新的实现，最终要落脚于人的创新活动之中，尤其需要创新型科技人才。在这样的背景下，高校进行了培养目标调整等相应改革，以适应创新型国家建设的需求。

（二）反思与发展

新中国成立以后，我国高等教育经历了初期的院系调整和"大跃进"时期的高等学校教育改革，到后来"文化大革命"时期中国教育发展的停滞以及"文革"以后我国教育的重新恢复发展，走过的道路曲折不平。高等教育也在不断摸索自己的发展道路，进行了一系列调整与改革，培养了大批人才，为中国工业、农业科技、国防现代化事业作出了重大贡献，但仍然存在诸多问题，值得我们深刻反思。

1. 培养目标模糊

通过对20世纪后半叶以来我国高等工程教育发展和人才培养目标变迁的梳理，可以看出，我国工程人才培养目标是根据社会的需求而调整的。在这期间，国家相关部门出台了许多根据社会发展和经济需求而制定的关于教育改革的相关政策，这些政策针对性强、时效性高，对于人才培养目标具有很好的指导作用。但遗憾的是，高校在实际操作过程中，基于各种原因，常常不能将政策落到实处，因此造成工程人才的培养目标定位模糊、培养模式趋同等问题，导致高等工程教育培养出来的人才偏离国家建设的需求。

我国高等工程教育的绝对规模在世界上位居前列，但是从工程教育满足社会需求的程度来看，却十分令人担忧。目前我国工程人才培养目标单一，使得人才培养路径、人才培养模式单一，工程教育无法满足社会的多样化需求，所培养出来的人才千人一面，无法适应不同层次的岗位和工作。

在高校盲目追求高层次的心理驱动下，更加缺乏的是能够胜任生产一线要求的工程师和高级技术工人。以下是一组不同省市、地区工程技术人员的数字，在一定程度上反映这一问题已经到了相当严重的地步：上海有关部门对60家企业进行的调查表明，在企业的技术工人中，高级技师仅占0.1%，而且年龄偏大，平均在52岁以上；在南京市当时的56.2万名职业技术工人中，高级技工占7%，技师占1%，而高级技师只有99人，占不到0.02%，且大多已经退居二线或退休①；湖南共需要技工、技师2.29万人，可是求职者只有1.32万人，缺口近1万人；江西统计局的数字显示，南昌市44家工业企业中，63%以上高级技术工人短缺，39%以上中级以上的技术工人短缺；广州也声称，技能人才缺口达33万，汽车、石油化工、信息产业等行业技能人才奇缺。据有关部门测算，今后几年，我国企业对技术工人的需求将增长25%，其中技师、高级技师的需求量将翻一番。②

根据盛颂恩教授的调查，当时用人单位对人才需求的类型分布如下：技术管理复合型占52%，技术复合型占20%，机电通才型占15%，对口专业性占13%。③可见，社会系统是一个复杂的系统，为了生存发展，为了在竞争中获胜，用人单位需要各种各样的人才，既需要科研型的，也需要复合型的，既需要知识型的，也需要能力型的，并且随着市场的变化，这种需求也会不断变化并且呈现差异性、多样化的特点。这种多

---

① 谢锐先：《"技工荒"带来的思考》，《中国教育报》2003年10月15日，第1版。
② 吕贤如：《中国需要大批现代技工》，《光明日报》2003年6月17日，第1版。
③ 盛颂恩：《工科本科专业教育发展趋势之思考》，《高等工程教育研究》2005年第5期，第53~55页。

样化的人才需求,为不同层次的高校的人才培养目标的定位提供了现实依据。

2. 培养目标缺乏主动适应的长效机制

新中国成立以前,中国高等工程教育主要学习美国的所谓"通才教育",只设系科,不分专业,着重打好学科基础。新中国成立以后,中国高等工程教育又主要学习苏联的所谓"专才教育",培养工业建设急需的人才,这一时期的工程教育为当时的计划经济提供了发展需要的人才,促进了中国社会经济的发展,功不可没。但改革开放以来,随着工业结构的调整和工业经济的发展,劳动力需求结构发生了很大的变化,工程教育的社会宏观环境也发生了很大的变化,工程教育培养目标的一些隐性问题逐渐暴露。

从总体来看,新中国成立以后我国的工程教育经历了不同的历史场域,工程人才培养目标也相应地进行了调整,虽然每次调整后的培养目标各有特色,但大都是承接性或适应性调整,对社会需求亦步亦趋,缺乏具有长远眼光的战略调整或改革。

就现状而言,我国的第二产业,尤其是制造业,还处在以引进加工为主、传统工业体系正在改造、现代工业体系尚未成形的历史阶段,加之我国正在进行经济体制转型,激烈的市场竞争也使许多工业企业时刻感受到生存压力而不遑他顾,因而对工程教育的需求表现出急功近利的心态是在所难免的。譬如,一方面,对支持学生工程实践、培养学生创新能力缺乏热情,引进外国先进技术只重使用而忽视消化、吸收和改造;另一方面,却又要求工科毕业生的上岗适应期越短越好,要求高校开发的科技成果转产低风险甚至零风险。凡此种种,都意味着我国的高等工程教育所面临的社会需求极为复杂多变,既要考虑工业发展的近期需求,又要对我国工业发展的长远需求做战略规划。

以历史的眼光来看,我国的工程人才培养目标更多的是被动地跟在国家经济、科技发展目标之后提出的,很少是根据预测国家的发展未来需求制定培养目标,缺乏主动适应需求机制。而合适的工程人才培养目标,应该站在国家利益的高度来规划,不仅满足目前国家经济、科技发展的需要,更重要的是能够适应未来更加激烈的竞争,满足以国家利益为主的战略要求,以培养目标设计的前瞻性来弥补高等教育的滞后性,形成工程教育主动适应需求（社会的近期需求和长期需求）的机制。为此，应该从国家发展战略和经济科技在世界性竞争中取得优势的长远利益出发，对工程人才培养目标进行战略调整，要特别强调多样性，不同层次、不同类型工程人才培养目标应体现不同特色，使其具有全局性、方向性、前瞻性和创新性。

3. 整合经济建设需求与科技创新，提升国家的自主创新能力

我国已经从新中国成立初期工业极端落后的状况迈进经济长期保持高速增长的新时代。正在探索一条科技含量高、经济效益好、资源消耗低、环境污染少、人力资源优势得到充分发挥的新型工业化道路。我国工程教育的发展主要以满足国家经济建设需求为主。工业企业为了社会经济迅猛发展，从追逐超额利润的立场和实用观念的近期需求出发，以技术引进为主，对技术的消化、吸收、创新重视不够，缺乏自主创新的核心竞争力。突飞猛进的科学技术发展，使国家之间的竞争变成了在科学技术领域创新的竞争，各国都纷纷拿出了相应的科研规划，以期在核心技术方面占领制高点。科技发展已经成为国家未来竞争的决定性因素。而我国的科技水平与工业化国家相比，还存在较大差距。由此看来，我国工程教育应加强对科技发展需求的关注。

大中型工业企业是中国工业科技开发活动的中坚力量，许多关系国民经济整体和工业全局利益的技术项目都是以大中型工业企业为策源地诞生的。我们应当充分发挥工程科技人员的作用，加强大中型工业企业的技术开发力度，将大中型工业企业建设成中国工业科技活动强有力的中心，这对提高中国工业整体的竞争力水平具有重要的战略意义。

综上所述，在全球经济一体化发展进程中，中国作为世界工业产业基地的地位日益突出，制造业以及由此带动的高附加值科技产业将是我国经济持续发展的主要驱动力。中国工业企业在提升竞争力方面的关键是人才。当前中国工业企业自主开发能力不够、创新能力不够等弱点都是工业界所关心的主要问题，而对这些承担提高中国工业竞争力任务的工程技术人员的培养与中国工程教育紧密相关。高等工程教育培养出来的工程人才是否合格，是否适应国家工业化的需要，是否满足科技发展的需求，正是工程教育改革需要解决的问题。

二 校企合作在应用型人才培育中的发展沿革

校企合作是培养应用型人才的主要途径之一，通过学校和企业的合作，将学生在学校所学的知识理论，转化为企业所需的技术技能。因而，校企合作的发展很难抽离它所在的历史环境与社会脉络，或避免身处其间的政治经济纠结。在此过程中，必须注意国家在其中的重要性，莫罗与托雷斯主张，国家和权力的批判理论，是研究教育的必要起点，这也提醒笔者，"国家"在我国应用型人才培养的校企合作发展研究中不能缺席。鉴于我国应用型人才的培养长期以来都是高职教育阶段的主要目标，对校企合作发展变革脉络的回溯，应以高职教育为依托来进行。

基本上，国家负担两种角色，一是建立资本积累的条件；二是担负道德规训与建构意识形态。通常，教育被视为兼而承担这两项使命的国家治理工具之一。因此，在分析我国高等职业教育校企合作发展变迁的结构性因素时，不仅要探讨我国社会的政治、经济和文化等维度，说明造成社会转型的条件，以及在什么条件下促成结构的转变；还要从各阶段所呈现的社会图像中，解读其间"国家—社会"权力关系的转变，透过教育社会学的观点，将校企合作这一高等职业教育中的重要内容重新嵌入我国社会历史的脉络中。按此视角分析改革开放以来我国高等职业教育中校企合作的发展，大致可以分为三个阶段：为适应经济发展，依附于其他教育形式之下的功能上的适应与形式上的依附期，这个时期的价值导向为经济取向；配合经济体制与社会转型的深化与独立，并蓬勃发展的功能上的配合期与形式上的超常规扩张期，市场导向是此阶段的主要价值追求；以及办好人民满意的教育的功能上的民生取向与形式上的精耕内涵期，民生导向是此阶段的主导价值取向。

（一）高等职业教育的经济导向与依附期（1978～1992 年）

新中国成立以来，在"以阶级斗争为纲"思想指导下，中国共产党成功维护了新生政权的内外合法性。时至 20 世纪 70 年代末期，中国社会积贫积弱，政治上缺乏民主，经济上过度贫困。1978 年，中国的国民生产总值为3645亿元，人均GDP仅379元；就产业结构与从业人员来看，三大产业在国民生产总值构成中的比重分别是28.2%、47.9%与23.9%；三产从业人口的比例则是70.5:17.3:12.2。① 这些数据显示的不仅是当时中国农业机械化程度低、效率低，而且也反映出产业结构的不合理。在这样的社会经济背景下中国开始了改革开放。

经济改革拉开了中国改革开放的历史巨幕。体制的改革为经济的发展释放出了巨大的能量，一些发展起来的地区对技术应用型人才需求日益增多，可当时我国职业教育特别是高层次职业教育十分薄弱，培养的技术应用型人才极其匮乏，"是我国整个教育事业最薄弱的环节"②。为了解决经济发达地区当时急需人才的问题，国家教委响应经济发达地区提出的创办地方职业大学的构想，逐年批准成立短期职业大学，提出为社会经济发展培养更多高级技术人才，高等职业教育的发展就在社会经济发展的呼唤下启程了。其任务是"造就数以千万计的具有现代科学技术和经营管理知识，具有开拓能力的厂长、经理、工程师、农艺师、经济师、会计师、统计师和其他经济、技术人员"③。

1985年中共中央政治局颁布了《中共中央关于教育体制改革的决定》，提出"根据大力发展职业技术教育的要求，高中毕业生一部分升入普通大学，一部分接受高等职业技术教育"。"高等职业教育"的概念首次规范性地出现在官方政策中。在实践中，发展高等职业教育的探索早已开始，1978年天津、无锡等城市试办为地方服务的高等职业技术学校；1980年政府在对中专进行评估的基础上，将一部分办过大专的院校和本科院校的中专升格为大专，同时调整高等教育的结构、层次和比例，积极提倡大城市、经济发展较快的中等城市以及大型企业举办高等专科学校和职业大学，同年成立13所短期大学。1983年，原国家教委又批准成立33所职业大学。其间以面向经济、服务地方、培养高等技术应用型人才为宗旨的职业大学或职业技术学校在中国各地相继举办，规模不断扩大。由此可见，中国高等职业教育的发展，正如经济改革的模式，是在对社会发展需求的

---

① 中华人民共和国国家统计局编《中国统计年鉴1996》。
② 《中共中央关于教育体制改革的决定》，1985。
③ 《中共中央关于教育体制改革的决定》，1985。

不断回应中自下突破与自上引导中进行的。

1985年国家教委重申了加强专科教育与中等职业教育衔接的思想，提请避免专科教育本科化倾向。为响应这项决议，上海机电制造学校、西安航空工业学校、国家地震局学校等3所国家重点中专升格为技术高等专科学校，实行"四五套办"的办学模式，但对升入大专的名额有不超过30%的限制，为后来打通中高职教育的道路埋下了路障。

时任国家教委主任的李鹏在1986年"全国职业教育工作会议"的讲话中提出："高等职业学校、一部分广播电视大学以及高等专科学校应划入高等职业教育。"会后成立"职业技术教育委员会"指导职业技术教育发展。1987年颁发的《国家教育委员会关于改革和发展成人教育的决定》提出"职工大学、职工业余大学、管理干部学院应当利用自己同企业、行业关系密切的有利条件，结合需要，举办高等职业教育"。

但是，由于当时中国社会的产业结构特点以及农村机械化水平严重落后，对技术人才需求不大等因素使得对是否需要发展高等职业技术教育，以及技术教育体系是否需要与普通教育分流另建轨道争议时起，未形成定论与共识，因而若干试点方案的推行并没有积极进展。

总的来说，这一时期的高职在不断摸索中逐渐展开，在形式上多以（短期）职业大学、寄居中专的大专，或者依附普通大学的专科形式存在，处于依附期。截至1992年底，全国依然没有一所独立建制的高等职业学院。这一时期初具轮廓的高等职业教育政策显示出独有的特征，那就是强调教育必须为社会主义建设服务，主动适应经济和社会发展的要求；教育必须同国民经济发展的要求相适应，成为教育改革与发展的探索方向；强调行业、企业办高职，并认为与行业企业的密切联系是办高职的有利条件。

也正因如此，使得校企合作在高职教育中没有被当作一个问题凸显出来，第一，寄居的性质使得高职教育的培养模式"模仿"其具体的模式；第二，由于职业大学与职工大学的生源往往是在职的工人职员，加之强调行业企业办高职，这种"半工半读"的学习方式，以及行业企业得天独厚的实践环境，也使得校企合作的功能隐而不显；第三，不得不说"文革"对文化教育的荒废，对劳动改造的强调，也造成高级职业教育矫枉过正，对理论学习过度重视。

中共中央提出以经济建设为中心，把工作重心转移到经济建设上来，高等教育的内涵继"以阶级斗争为纲"时代被高度政治化后，又受到经济的高度引领，成为服务经济发展的工具，此后经济取向就成为政府制定各项有关高职政策的依据。

（二）高等职业教育发展的市场导向与超常规扩大时期（1993～2002年）

改革进入20世纪80年代末90年代初，经济快速发展，人民生活水平提高显著，但是也出现了一些新问题。如社会风气不好、农村改革停顿、城市改革进展缓慢。1988年短暂的价格改革闯关后，出台"治理经济环境，整顿经济秩序，全面深化改革"方针。治理整顿抑制了通货膨胀，同时也造成了连续两年的市场疲软。经济增长率由1988年的11.3%下降到1989年的4.1%，1990年继续下降到3.8%。[①] 企业停产，职工下岗，社会上普遍情绪不满。1991年邓小平发表"计划与市场都是经济手段"的论断，以图突破保守派的思想禁锢；但接踵而来的苏联"八一九事件"，使得意识形态再度向保守回转，"反和平演变"成为中国意识形态的主调子。1992年，邓小平通过重新界定社会主义的本质继续推动改革向市场经济发展。

至于中国的经济与产业结构，在20世纪80年代后期也出现了重要变化，1988年，国内生产总值达15042.8亿元，三大产业在国内生产总值的构成中分别占25.7%、43.8%与30.5%。服务业的兴起带动了新一波的就业机会。从就业结构的变化上来看，三大产业的从业人口比例为59.3:22.4:18.3。[②]

探讨20世纪90年代以来中国经济的发展环境，不能忽视全球化的影响。经过15年漫长的谈判，中国在2001年加入WTO，这意味着国际社会将用世界通行的规则来约束中国政府和企业的行为。之前，利弊分析者认为，由于中国商品竞争力低，头几年出口会大幅下降。但是，入世第二年，中国的出口额比上一年增长了24.7%，贸易顺差增长了34.7%。[③] 这

---

① 中华人民共和国国家统计局编《中国统计年鉴1996》。
② 中华人民共和国国家统计局编《中国统计年鉴1996》。
③ 中华人民共和国国家统计局编《中国统计年鉴1996》。

时人们才发现，过去看轻了一个重要优势：中国劳动力平均成本只相当于欧洲的十分之一，美国的五十分之一。这种"养在深闺人未识"的优势，加入 WTO 以后在国际比较中得到了显现。

然而也正是低廉充足的劳动力，阻碍了中国社会的创新并影响了产业结构的升级，面对产品附加值低与产业结构提升缓慢的阻碍，政府对教育界发起了自上而下的"创新"推动，创新自此成为国家对高等教育的期许与要求。

这一时期高等职业教育的发展比以往任何时期都更加受到国内外经济、政治发展形势的影响，经济的发展以及富裕起来的人们对高等教育有强烈的需求和愿望，加之中国经济改革的深化转型以及亚洲金融风暴对中国"拉动内需"经济政策的催生，一系列的因缘际会下，兴起于 20 世纪 60 年代的教育商品化、市场化的理念在中国大陆推行，具体表现为高职规模的超常规扩展。这个时期，也是高等教育制度配合中国社会改革转型深化改革的关键时期。

1993 年，深圳职业技术学院成立，作为一所独立设置的高职学院，它的建立标志着高职的发展迈上了一个新的台阶。第二年，在全国第二次教育工作会以上，江泽民同志指示"要大力发展各种层次的职业教育和成人教育"，李鹏同志也指出"扩大规模的重点是高等专科教育和高职教育"。1994 国务院《关于中国教育改革和发展纲要》宣示，通过改革现有高等专科学校、职业大学和成人高校以及举办灵活多样的高等职业班等途径，积极发展高职。1995 年国家教委成立"高等职业教育协调组"，负责处理高职办学过程中的相关行政问题。在高层领导的关注下，高职的发展出现了新的曙光，进入了发展的快车道。

1996 年《中华人民共和国职业教育法》颁布，以法的形式明确了职业教育的根本任务、办学体制和管理体制，提出了发展职业教育的方法途径，制定了职业教育的标准与进入条件。1998 年《中华人民共和国高等教育法》出台，高职依法成为高等教育的一环。1996 年，李岚清同志在全国职业教育工作会议上提出发展高职的"三改一补"方针，许多县市的职业学校通过合办、挂靠（附属）等形式举办高等职业班，部分中专升格为高等职业学校，特别是《中华人民共和国民办教育促进法》出台后，民办学校也积极探索高等职业学校的发展之路。

受20世纪90年代后期亚洲金融危机的影响，中国的出口型加工工业发展受阻，拉动内需成为此一时期推动经济发展的主要策略，这扭转了长期以来高等教育是否大规模扩招争论的局势。1998年，教育部提出"多渠道、多规格、多模式发展高等职业教育"，1999年更扩招高校招生名额10万，用于20个省（区、市）发展高职。为了适应高职的扩招，教育部发布《试行按新的管理模式和运行机制举办高等职业技术教育的实施意见》，促成了"六路大军办高职"的局面。

在各方条件的联动下，这一时期的高职得到了空前的发展。到2003年，高职高专有908所，占普通高校的58.5%；同年普通高校招生382.17万人，其中专科招生199.64万人，毕业生有187.75万人，其中专科生94.79万，比例均超过50%。[①] 高职教育首先从规模上成为高等教育的"半壁江山"。

这一时期，高职经过前面二十多年"摸着石头过河"的探索，并借鉴经济体制改革的经验，配合中国社会改革的纵深发展，形成了比较明确的改革与发展目标，即初步建立起与社会主义市场经济、政治体制、科技体制相适应的"教育新体制"[②]。为此，高等教育的宏观管理体制进行了管理重心下移、办学主体多元化、部门办学体制改造等一系列改革，这对高职的审批权限、办学主体、人才培养模式等都产生了举足轻重的影响。然而社会力量、"六路大军"的办学经验与实力的参差不齐影响了高职的质量，"三不一高"的新模式因"不转户口与高收费"把高等职业教育与普通高教相区隔，为后来的职业教育人才培养的学用结合与社会认同留下了隐患。

其次，对于中国的社会转型来说，20世纪90年代是关键的时期，高职也在这个特殊时期发挥了特殊作用，从以往以培养人才为中介间接发展经济，转变为在教育市场化与商品化的理念指导下直接创造经济价值，提高GDP。中国独特的人口结构、文凭主义传统以及上学作为社会流动主渠道的社会体制，共同汇聚在转型的特殊时代，促成了高职的超常规发展，并直接拉动了经济发展。结合高职生源80%以上来自农村的现实，可以

[①] 中华人民共和国国家统计局编《中国统计年鉴2004》。
[②] 《中国教育改革和发展纲要》，1993年2月13日。

说，以高职的扩张为主的高教扩展，造成了继新中国初期农村支援城市建设的第二次剪刀差。

这是高职教育大发展的时代，无论从学校数量还是从招生数量来看，在这样一个大规模扩展的时期，高职教育内部的人才培养的细节问题往往得不到重视，管理中心的下移、办学主体的多元等改革也使得高职教育内部的校企合作形式、质量和内容都多元多样，低成本的劳动力与低技术含量的产业对就业者技能要求的低门槛也使得高职院校人才培养对学校的动手能力和技能技术的强调没有得到彰显，校企合作处于可有可无，形式胜于实质的状态中。这一时期江泽民同志在全国科技大会上指出：要形成"高等学校与企业相结合，研究开发与生产相结合的机制"（1995年5月）。1999年《中共中央 国务院关于深化教育改革全面推进素质教育的决定》中强调：高等教育要加强产学研结合，大力推进高等学校和产业界以及科研院所的合作。但这些政策极大地推动了普通高等学校采取多种形式进入企业，与企业合作，促进科研成果的转化与市场化。高职教育中对校企合作的强调是从其毕业生在就业市场上的劣势渐现，且高职院校在发展中不断探索人才培养的定位过程中逐渐发展的。

（三）高等职业教育的民生取向与精耕内涵时期（2003年以后）

经过多年的改革开放和大力发展生产力，经济建设为中心的基本国策引领中国经济社会突飞猛进发展。以"十一五"初期的2005年为例，当年的国民总收入达184088.6亿元，国内生产总值达182321亿元。产业结构更趋合理，三大产业增加值占GDP的比重分别是12.4%、47.3%、40.3%，就业人口在三产中的组成比例为44.8∶23.8∶31.4，城市化水平也迈上了一个新台阶。[①]

经济的发展为中国社会的全面进步奠定了基础，也为兑现"在发展生产的基础上逐步改善人民的生活"的承诺创造了条件。2002年党的十六大通过了《全面建设小康社会，开创中国特色社会主义事业新局面》的报告，提出了全面建设小康社会的奋斗目标：社会保障体系比较健全，社会就业比较充分，家庭财产普遍增加，人民过上更加富足的生活。以胡锦涛

---

① 中华人民共和国国家统计局编《中国统计年鉴2006》。

同志为总书记的政府施政的主要特色是以关注民生为核心，构建社会主义和谐社会。教育界提出了"努力办人民满意的教育"的口号。

这一时期的高职的发展，主要体现在以下几个方面。

在质量评估方面，2003年，教育部发出《关于开展高职高专院校人才培养工作水平评估试点工作的通知》，启动了高职高专评估试点工作，对25个省（区、市）的26所高职院校进行评估。在对试点工作总结的基础上，2004年试点工作全面展开，正式建立起5年一轮的高职高专评估制度。2008年，在教育部《高等职业院校人才培养工作评估方案》的指导下，各省级教育行政部门制定省级评估工作的总体规划和年度计划，保证5年内完成对各省内所有高职院校的第一轮评估。

在示范建设方面，2004年，教育部与财政部联合发布《教育部、财政部关于推进职业教育若干工作的意见》，决定采用中央财政资金引导的方式，以奖代补，主要用于设备购置等，扶持与推动符合条件的各级各类职业院校的实训基地的建设。2006年，教育部与财政部联合推进"国家示范性高等职业院校建设计划"，以"地方为主、中央引导、突出重点、协调发展"为原则，重点建设100所高等职业院校，被称为高职的"211"工程。

各种志在探索与改革人才培养模式的试验在全国很多地方相继开展，规模最大的当数2004年天津市政府与教育部共建的"国家职业教育改革试验区"，以"坚持改革创新、突破发展瓶颈、创造新鲜经验、提升服务能力"为宗旨，发挥"先行先试"功能。

2010年国务院经全国教育工作会议发布《国家中长期教育改革和发展规划纲要（2010—2020年）》明确要大力发展职业教育。增强职业教育的吸引力，完善以企业为主体、职业院校为基础，学校教育与企业培养密切联系，政府推动与社会支援相结合的高技能人才培养培训体系。

这一阶段高职的改革与发展目标也从配合经济、拉动经济回归到以人为本的定位，立足受教育者的职业规划和生涯发展，对民生的关注所引起的制度和观念上的转变不亚于20世纪70年代末期的经济体制改革。从21世纪的最初几年开始，中国的高职开始追求以就业为导向的提高质量的改革探索，其改革的动因不仅仅是为了提高职业教育的效率和增加其适应经济的主动性，更是配合国家"民生计划"的纵深发展，培养学生的就业能力,解决就业成为改革的首要目标。2006年2月6日教育部印发的《教育部2006年职业教育工作要点》明确指出,当年度职业教育要以就业为导向,强化职业院校学生实践能力和职业技能的培养,大力推动各地和职业院校实行校企合作、工学结合的培养模式。并把实现"工学结合、校企合作"作为示范院校创建的主要任务。

也正是在这样的社会背景与一系列政策指引与推动下,高职院校的校企合作在组织机构、合作模式、合作成效等方面的发展已初见成效。

(四) 高职校企合作的现状

我国高等职业教育中校企合作的实践在一系列制度安排的引导下实践出了多样的合作模式,取得了显著的成效。在推动高职院校深入开展校企合作的过程中各地因地制宜,在合作时间、资金支持、质量保证等方面均提出了睿智的策略,使不同地区高职教育的校企合作呈现各异的风景。

1. 合作成效

在"2010年高职院校数据提取"资料中,表现基于人才培养的高等职业教育校企合作成效的主要变量有15个之多。通过因素分析,可大致归入三个类别,第一个类别(不包括毕业生总数)关注的是对学生的技能培养;第二个类别中除"专任教师数"外,表现的是对学校师资和课程的建设;第三部分针对的主要是学校的收益与对企业的贡献(见表3-1)。

表3-1 高职院校校企合作的成效

单位:个,人

变量	观察值	均值	标准差	最小值	最大值
合作企业数	1219	44.24	50.50	0	720
订单式培养人数	1218	335.71	512.47	0	7483
接收实习生数	1219	756.74	868.65	0	9972
接收毕业生数	1219	298.76	433.75	0	6213
毕业生总数	1219	1800.72	1217.52	0	6834
共同开发课程数	1217	22.93	42.21	0	880
共同开发教材数	1218	14.54	42.11	0	1143

续表

变量	观察值	均值	标准差	最小值	最大值
支持学校兼教数	1218	54.31	80.54	0	971
"双师型"教师数	1219	125.40	101.74	0	714
校外兼职教师数	1219	94.65	137.02	0	1915
校外兼课教师数	1211	34.66	39.74	0	321
专任教师数	1219	257.94	146.89	0	1000
为学校捐赠值	1218	2290.76	28971.46	0	666317.3
为企业服务收入	1218	2256.30	34950.28	0	800272.8
为企业培训员工	1218	1059.22	2346.79	0	25930

表3-1充分显示，我国高职院校的校企合作发展成效显著。2010年订单式培养的学生占毕业生总数的18.6%，实现顶岗实习的学生数占毕业生数的42%，而签约实习企业就业的学生人数也占到毕业生总数的16.6%。

校企合作更显著的成效则体现在对学校建设的促进方面，从师资结构来看，"双师型"教师已经占到专任教师比例的大约一半，而校外兼职与兼课的教师数也占比显著，更有意义的是支持学校的兼职教师数也很可观，校均拥有五十多人。具有实质意义的是，双方合作开发的课程和教材数目也分别达到校均23课与15本。

2. 合作策略

合作策略主要体现在合作时间的安排、资金支持、质量保证措施等多个方面，以下分别阐述。

（1）校企合作时间安排策略

校企合作的时间安排主要包括合作的时长、时段以及与专业、行业的技能需求特点相对的几个方面。数据显示高达88.8%的高职院校学生都能保证至少半年的顶岗实习时间，但是如果考虑到2009年校外合作企业与校内实训基地接受顶岗实习学生规模的比例（1:0.8），那么学生真正接受校企合作顶岗实习的时长就会大打折扣。若假定所有高职院校毕业生均参加顶岗实习，那么2009年毕业生接受顶岗实习的总时长大约是两个半月，其中校外顶岗实习的时长均值为1.45个月，接受校内顶岗实习的时长为1.19个月。如果按半年时长折算，2009年接受半年校外顶岗实习的学生占毕业生总数的24%，而按照同样的折算方法，接受校内顶岗实习的学生占毕业生总数的20%。再考虑到主要合作企业的数量问题，则2009年平均合作企业接受半年顶岗实习的学生数不足4人，这样的校企合作无论是顶岗实习时长还是人数规模，均不适合订单式人才培养。

进行校企合作的时段，是与合作模式密切相关的，其背后有一定的理论与实践相互促进的哲学指导意义，但主要还是依据企业的生产便利性来安排的。具体来说，订单式培养根据订单签订的时间分为"学前订单"、"学中订单"及"学末订单"三种形式，不同形式的订单班其校企合作的时间也有差异，校企合作顶岗实习的时段一般安排在订单签订之后。工学交替，顾名思义是工作与学习轮流进行，在具体的学校与具体专业，又可以根据自身的学校条件、专业特征以及合作企业的生产性周期等发展出多种方法，如旅游与酒店管理等专业的"旺进淡出"、弹性学期、顶岗实习、分段式工学交替、"2+1"、"5+1"、分批轮岗实训、生产性实训等。现场教学与仿真模拟根据专业与工作场所环境的条件，有些专业可以做到现场教学，如医学护理等专业的床边教学、教学做一体化、教学工场、真实案例等；对于一些专业或者院校由于条件的限制则通过科技或者建立实训基地，从而模仿真实工作场景，让学生在具有现场感的情境中学习职业技术所需要的技能与素质，如仿真模拟、仿真训练、工作情境引入、"课堂—工作间"、3D演练、实景穿插、校内实训基地等；另外，项目导向与任务导向是根据工作场域与工作岗位的项目或者任务来进行课程改革与教学方式转变的一种方式，近年来在高职教学改革中也被大力推广，其目的也是改造传统的课程与教学方式，营造适合工作的场域或要求来进行教学。这些专业的顶岗实习主要在校内的实训基地进行，因而在时间安排上较能按照学校的常规教学计划进行。另外，对于实施课证融合、课证岗直通定向培养模式的专业或者学生来说，如城市管理与监察、国际商务等专业的教学过程中将全国信息化工程师GIS、资料员（管网数据）、报关员、国际商务单证员等证书的考取纳入教学目标中。有的学校实行校内生产性实训与双证书制：每个专业按人才培养方案要求都有3~5个第一岗位目标，校内的生产性实训基地已具备培养这种能力的条件，每位学生在校内基地中按每一岗位进行 1~8 周的训练。

由此看来，校企合作时长与时段的安排，主要考虑合作企业的性质、意向、生产需求、行业特征等，而学生的专业特征、人才培养的理论与实践交互促进的规律则常常让位于企业的需求与便利性。

（2）政府、企业与学校对校企合作的资金支持

职业教育有非常重要的溢出效应，包括工作场所训练，因此，这些利益就不仅仅是面向合作企业和学生的，概括来说，对于其他企业和社会也有好处。政府使用直接津贴、减税优惠、征税制度以及实物偿还安排等一种或者多种并举的方式支持职业教育中的校企合作。但是在这个过程中，企业和学校的行为却相对被动。更主要的问题是谁应该承担校企合作的费用，对此的争论毫不亚于对职业教育的投入问题的争论。

（3）质量控制措施

近年来，特别是高校毕业生的就业越来越成为一个受到社会高度关注的问题之后，高等教育的质量问题也就越来越受到教育者的重视，从 20 世纪最初的几年开始，中国的高等职业教育开始追求以就业为导向的提高质量的改革探索，这期间，教育部出台了一系列的提高职业教育的文件，在上层制度安排和毕业生就业瓶颈的双重压力下，各地政府和高职院校在实践过程中也发展出了多种增强高职教育质量的机制，具体到校企合作上主要有九个方面（见表 3-2）。

表 3-2　校企合作中的质量控制措施

类目	状态	备注
实习计划	×	
实习指导	√	双导师（黑龙江）
训练内容	×	
实习时段	√	按实习单位的便利性从第 1 学期到第 6 学期
持续时间	√	从 1 周到 3 个学期不等
物质条件/技术条件	×	
实习场所数	×	
质量要求	×	
用人单位的满意度/就业率	√	合作企业接收就业学生数

（五）校企合作在高职教育中的定位：借力抑或本质

从文献上看，中国学者对高职院校校企合作的关注始自20世纪末期，高等学校中所实施的校企合作人才培养模式越来越受到社会各界的普遍关注。2000年以后，随着高等职业教育规模的迅速扩大，毕业生就业问题的凸显，理论界意识到，高等职业教育发展必须从规模扩大转向内涵建设，提高人才培养质量。在这一基本认识下，校企合作人才培养模式成了这一时期研究的焦点。这点可以从检索到的文献中看出：自1999年到2012年7月底这段时间内，以主题为"高职"可检索到的文献为178563条，以主题"高职"并含"校企合作"可检索到9275条文献记录。而且，从表3-3发展趋势可以看出，论述校企合作的文献在高职研究中占比呈现逐渐增加之势头，这足以说明校企合作在高职教育中作为重点、热点和难点的地位。在9275篇论述高职教育中校企合作的文献中，被应用频次与下载频次较高的共计90篇。这些文献大多出自高职院校的负责人、管理者与教师等，他们既是实践者又是研究者的这种身份使得其研究往往是对高职校企合作真实实践案例的再现、总结和反思，但在材料真实翔实的同时也缺了些系统性与宏观整合。

表3-3　"高职"主题文献年度发表情况

年度	"高职"	"高职"+"校企合作"	占比（％）
1999	604	5	0.8
2000	1140	14	1.2
2001	1983	23	1.2
2002	3176	38	1.2
2003	4374	56	1.3
2004	5572	117	2.1
2005	7370	122	1.7
2006	10649	231	2.2
2007	16066	482	3
2008	20838	927	4.4
2009	26211	1416	5.4

续表

年度	"高职"	"高职" + "校企合作"	占比（%）
2010	30234	1908	6.3
2011	33059	2472	7.5
2012（前7个月）	17287	1464	8.5
共计	178563	9275	5.2

对上述90篇重点文献进行细读，分析其中对校企合作的认识与态度、对校企合作存在问题与原因的看法、解决校企合作问题的建议、校企合作功能，以及其中的理论与数据方法等变量。

对校企合作在高职教育中的地位，大致存在三种看法：一是认为高等职业教育中的应有之义，是高职教育的本质要求，是遵循教育规律的需要，校企合作是经济发展对高职教育提出的客观要求，是高职院校生存发展的内在需要。持此种观点的研究者主要有赵秀荣[1]、刘晓明[2]、邓志新[3]等。二是认为由于高职教育要求的投入较高，鉴于当前财政投入有限，需要借助企业的设施设备等来培养高技能应用型人才，因而把校企合作作为高职教育在财政投入不足条件下的权宜之计，如黎文生认为"高职投入经费少，所以要借力企业的资源"[4]，无独有偶，吴结也认为"囿于经费、资源等各种办学条件和办学功能，单凭一己之力肯定无法完成人才培养目标。为此，高职教育人才培养过程具有鲜明的外向性，即不可避免地与其他社会组织或个人发生着千丝万缕的联系"[5]。除上述两种观点之外，包括李瑜芳、丁金昌、赵云霞等在内的大部分研究者的看法是对上述两种态度的整合，认为校企合作既是高职教育的本质要求，同时也是对高职教育投入有限导致的设施设备不能紧跟社会发展要求，不能及时更新换代的一种

---

[1] 赵秀荣：《高职院校实行"校企合作、工学交替、半工半读"人才培养模式的思考》，《中国成人教育》2017年第15期，第79～80页。

[2] 刘晓明、杨如顺：《高职院校校企合作的现状问题模式》，《中国职业技术教育》2003年第23期，第32～33页。

[3] 邓志新：《中国高职校企合作模式研究》，《继续教育》2012年第1期，第48～50页。

[4] 黎文生：《探寻"用工荒"与"就业难"现象并存下的高职校企合作》，《科技信息》2011年第33期，第225、246页。

[5] 吴结：《我国高职教育现代性演进及增长路径》，《职业技术教育》2014年第7期，第5～9页。

替代措施。一方面,高职教育的本质属性决定了高职教育必须以实践教学为中心,必须产学相结合,必须校企合作。另一方面,由于国家对高职教育投入不足,又决定了高职教育必须走融入社会开放办学的新道路,必须开拓校企合作培养人才的新途径。为此研究校企合作机制就显得特别重要。

对于校企合作在高职教育中的作用,黎文生与赵秀荣的观点较具有普遍性:开展校企合作,既能使高职院校清楚地了解企业对人才的具体要求,明确人才培养规格、提升人才培养水平,还能使企业为自己"量体裁衣"地培养员工,从而解决企业"用工荒"和大学生"就业难"的现实矛盾。[①] 同时能够充分发挥企业在人才培养方面的优势,解决学校自身不能解决的问题;也为企业的人才储备,为企业紧密结合职业教育、加强与职业教育的技术合作奠定了基础。学生可以从"校企合作、工学交替、半工半读"中获得部分报酬,以弥补教育成本之不足,帮助他们完成学业。学生还可以自由选择学习与工作时间。加强校企合作能够实现双方的互利共赢,也是依靠企业,充分发挥行业、企业作用,从根本上解决职业教育与企业需求"两张皮"的必然选择。[②]

高职教育中的学校与企业不能有机结合,校企合作不能深入,从而影响到高技能应用型人才的培养,影响到高职院校学生从学校到职场的顺利过渡,影响到毕业生就业率与对口率,并影响到高职院校的发展;同时也影响企业的人力资本储备与进一步发展,并最终影响产业的进步和经济社会的发展。校企合作的人才培养不仅对高职院校及其学生有重大影响,也对经济社会发展进步有深远影响,因而,分析校企合作目前存在的问题,并探讨其产生的问题与不能深入推进的原因,便成了实践者和研究者分析的焦点,归纳其存的问题和问题产生的原因,大致有几种。

第一,企业动力不足,在这方面丁金昌的分析比较全面且具体,他指出校企合作不能深入,在企业方面存在的问题与原因主要是:企业缺乏成熟的合作意识,大多数企业认为培养人才是职业院校的责任和义务,导致

---

① 黎文生:《探寻"用工荒"与"就业难"现象并存下的高职校企合作》,《科技信息》2011年第33期,第225、246页。
② 赵秀荣:《高职院校实行"校企合作、工学交替、半工半读"人才培养模式的思考》,《中国成人教育》2017年第15期,第79~80页。

校企合作只单纯停留在选择人才的层面，要么就是被动地捐资助学，不参与或很少参与人才培养，真正的工学结合无法进行。企业的教育和培训仍是薄弱环节，国家虽然出台了"一般中小企业应确保按照职工工资总额的1.5%足额提取教育培训经费，从业人员技术要求高、培训任务重、经济效益较好的中小企业应按2.5%提取"[1]的规定，但执行效果并不理想，企业职工特别是一线职工到高职院校接受教育和培训的机会很少。同时企业参与校企合作的动力和能力不足，企业作为市场主体，往往片面追求经济利益最大化，只对能立即带来利益的成熟技术感兴趣，没有把职业教育的育人功能融入企业价值链中，不能主动承担为社会培养高技能应用型人才的任务；企业内部研发能力不足，在校企合作中只能充当技术的消极接受者，而不是积极的参与者，这不利于校企合作的深化及新技术的开发；企业特别是中小企业缺乏资金，无力或不愿与高职院校开展合作。再则，企业对工学结合的积极性不高，企业接受高职学生会产生一系列的问题，要求企业给予学生合理的报酬更是难上加难。这主要是因为：(1)大多数高职学生不具备顶岗实习的能力，只能进行一些低层次的跟岗实习，学生的不规范操作还会影响正常的生产活动，增加企业的生产成本。(2)企业出于知识产权和自我保护的需要，不愿意让实习学生知道企业的核心技术和核心机密。(3)部分企业把学生当作廉价劳动力，让学生去跑推销，做业务。[2] 赵秀荣认为校企合作的最主要瓶颈是"难以得到企业的支持"[3]，黎文生在其文章中也提到"企业的热情不高"是当前校企合作难以推进的一大障碍[4]。在刘晓明的案例中，目前已形成的校企合作中，大多都是学校为求生存、求发展和适应市场经济的要求，主动在企业界寻求合作伙伴，而主动来寻求与学校合作办学的企业少而又少，多数企业给予学校的资

---

[1] 《工业和信息化部关于指导工业领域中小企业加强安全生产培训工作的通知》，2010年9月27日。
[2] 丁金昌、童卫军、黄兆信：《高职校企合作运行机制的创新》，《教育发展研究》2008年第17期；第67~70页。
[3] 赵秀荣：《高职院校实行"校企合作、工学交替、半工半读"人才培养模式的思考》，《中国成人教育》2017年第15期，第79~80页。
[4] 黎文生：《探寻"用工荒"与"就业难"现象并存下的高职校企合作》，《科技信息》2011年第33期，第225、246页。

助,亦都停留在项目支持、实习基地提供、员工培训的合作。①

第二,高职院校自身的问题,这方面的问题较多,几乎涉及学校的各个方面,包括高职院校传统的教学管理体系不能适应需要,高职院校自身的优势不明显,高职院校负担过重,专业设置不能配合市场需求调整等。也有一些研究认为高职院校在人事制度、财务制度方面僵化等阻碍了"双师型"教师的引进与培养,继而影响校企合作。另外,高职院校的科研能力弱,声望不如普通高校也影响到企业对合作学校的选择。

第三,还有学者提及对职业教育的偏见以及对理论与实践两者的观念,也是影响校企合作深入推进的一大因素。刘晓明认为校企合作的客观性、必然性、必要性的理论认识与实践之间,无论从政府、行业、企业,还是学校本身,都还处于"叶公好龙"阶段。政府缺乏有力的财政和政策支持,企业行为短期,学校偏重利益,没有形成长远的人才培养目标和校企合作机制。② 黎文生认为个人及社会认识层面的旧观念,使得校企合作多年来"叫好不叫座"。③

第四,也有学者认为教育与行业剥离,使学校的内部资源外在化,斩断了高职院校与行业企业的联系与合作,这是高职院校中校企合作不能有机深入、呈现"两张皮"状态的最主要原因。持这种观点的人甚至不在少数,他们认为要想建构高职院校深入有机的校企合作人才培养模式,须有行业企业的参与,因而呼吁行业企业以新的方式重新介入高职教育。④ 刘晓明等也认为现行的高职高专应该借鉴"过去的中等专业学校"的办学模式,即"行业(企业)自主办学或政府将原有学校划归行业(企业)来管理的校企合作"办学模式。⑤

---

① 刘晓明、杨如顺:《高职院校校企合作的现状问题模式》,《中国职业技术教育》2003年第23期,第32~33页。
② 刘晓明、杨如顺:《高职院校校企合作的现状问题模式》,《中国职业技术教育》2003年第23期,第32~33页。
③ 黎文生:《探寻"用工荒"与"就业难"现象并存下的高职校企合作》,《科技信息》2011年第33期,第225、246页。
④ 于长东、韩晓伟、孙舟:《高职高专教育产学研结合运行机制的研究》,《黑龙江高教研究》2005年第11期,第38~39页。
⑤ 刘晓明、杨如顺:《高职院校校企合作的现状问题模式》,《中国职业技术教育》2003年第23期,第32~33页。

此外，目前，我国高职校企合作实效欠缺的重要原因是没有对高职校企合作利益相关者进行识别与分类，或者在各种利益相关者之间，还没有寻找到利益平衡点和持续合作激励点，没有形成一个有机的利益整体，造成合作氛围不够浓厚，合作形式不够丰富，合作内容不够深度，合作监控不够完善等。从利益主体上看，高职校企合作及其实效评价必须遵循利益相关者的价值取向，否则，很容易产生诸如"玻璃门现象""弹簧门现象""石头门现象"。部分企业没有真正把校企合作作为自己应尽的社会责任，参与其中也只是迫于社会压力，有的企业甚至直接拒绝高职院校的合作要求[①]；也有学者注意到法规不健全，国家对高职投入不足等对高职校企合作的制约。

基于上面的分析，提出的应对办法分别是：对于企业，提供诱因，加大并落实支持校企合作力度，强调企业对人才培养的社会责任。如具体化与落实相关税收优惠政策，以法律的形式规定企业对半工半读教育所承担的义务，以政策的形式为参与企业提供某种优惠，引导企业积极主动参与高职院校的人才培养。对于学校，进一步深化面向市场的专业设置，办学思想的调整，进一步配合企业弹性化设置学期、学科、学习等安排；如"改革教学，适应顶岗需要"，"进行全面改革，适应工学交替"，即对课程设置和教学计划进行调整和改革，最大限度地满足企业需要和学校开展"工学交替"教学模式的需要。对于制度，一方面松绑，赋予高职院校在办学、人事、职称评定等方面的自主权，另一方面健全有关法规，规范校企合作；在具体执行方面，建立沟通机制，消除资讯障碍，加强沟通交流，改革高考制度，出台校企合作促进法，配套改革，建立指导（顾问）委员会，建立评价体系等。

整体而言，国内的研究资料丰富多样，对当前高职教育中的校企合作现状的分析描述反映真实实践，对高职教育校企合作中所有问题的分析也几乎穷尽了各个方面，且细致入微。但也存在一些问题，首先是由于高职教育的研究者多数是高职院校的一线工作者，身临其中，他们的研究在反映真实实践的同时，往往囿于对一校或一地区的具体情况的描述与分析，

---

① 吴结：《我国高职教育现代性演进及增长路径》，《职业技术教育》2014年第7期，第5~9页。

缺少系统性与全面的把握。在看问题的视角和提出的观点上也存在一些局限：一是不能用发展的眼光看问题，希望退回到老路上去；二是全面否定高职院校的教学活动，一味要求学校教学迎合企业生产，违背教育的规律；三是经济霸权思想，认为一切问题都可以在金钱面前迎刃而解，只要给予足够的投入，给予足够的利益，便能吸引企业与学校合作，培养人才。但企业有其自身的元使命，不可能因培养人才而冲淡或动摇其本职使命。对经济的偏好同样表现在理论运用方面，即使在大多数研究缺乏对理论的自觉运用的情况下，人力资本、交易成本核算、资源依赖等是国内校企合作研究中运用最多的理论，而对社会学、组织方面的理论鲜有提及。教育是社会系统的主要子系统之一，学校与企业分属不同性质的组织，校企合作是两个或多个组织动作的执行，因而在研究校企合作时，社会学的、组织学的甚至执行理论的视角或许能够提供别样的"攻玉之石"。因而本研究试图以发展的视角从社会学与组织运行的角度对校企合作进行探讨，以期用别出心裁的方式为校企合作的研究提供另类的视角。

三　制度层在人才培养目标定订中的实践

高校制度层是学校和外界环境联系最密切的群体，也是学校组织对外界环境和技术压力感触最敏感的层级。就功能上说，这一层级主要是应对外界环境并具备相应的权力维持内部稳定。① 制度层对人才培养模式变革的决策往往决定人才培养模式变革在学校的实施程度，而他们处理资源和非资源的活动也会影响其他层级。

根据我们的假设，要了解 H 大学制度层实施人才培养模式变革的实际路径，首先应了解制度层的一般运作情况。根据前述的理论框架，"我们应该在一个组织的正式结构和它每天的实际工作活动之间作出鲜明的区分"②。在这一部分，我们将通过对正式组织和行动实践的考察，来分析在

---

① T. 帕森斯：《现代社会的结构与过程》，梁向阳译，光明日报出版社，1988，第 24~32 页。
② John W. Meyer, and Brian Rowan, "Institutionalized Organizations: Formal Structure as Myth and Ceremony," in W. W. Powell, and Dimaggio, eds., *The New Institutionalism in Organization* (Chicago: The University of Chicago Press, 1991), pp. 42-43.

正式结构和行动结构的作用下，关于资源和非资源等方面的重大决策是如何作出的。

（一） 正式结构

正式的结构是活动的框架，它首先包括一系列的部门、职位、计划等。这些要素是和明晰的目标以及政策联系在一起的。现代科层组织的本质在于这些结构性要素的理性化和非人性化的品质，以及与之相连的目标。在1985年《中共中央关于教育体制改革的决定》中有这样的规定："学校逐步实行校长负责制……学校中的党组织要发挥政治核心作用和监督保证作用。"对于H大学来说，尽管是在1995年由三所始建于20世纪50年代的学校组建而成的，但是在这所颇具历史而又簇新的学校中，其制度层的正式结构模式一开始就秉承了当时高校普遍运行的较为成熟的组织模式。

这一结构主要有几点特征：首先，结构复杂，功能高度分化和细化。据H大学的ZQ老师介绍，制度层"以往主要是与教育行政主管部门接触，随着高校逐步的市场化改革，就对外这一块来说便分化为与各种媒体，各类参观人员，上级主管部门，地方政府等多种部门和人员接触"（I-ZQ）。其次，制度层与管理层的界限模糊，有时候甚至渗入技术层。一些部门和人员往往介于制度层和管理层之间，比如学校办公室，虽然这一部门整体的功能是属于制度层，但其内部人员所做的事情更多的属于管理层范围。再比如某副校长，虽然主管教学，有时候参与重大决策的制定，但很多时候也负责日常的管理活动，而且还是某院的授课教师，如果从活动上来划分，他们的角色是分离的。这种角色的分离反映在作出重大决策的时候，这一类人员和部门往往要同时兼顾自己作为制度层和管理层甚至技术层的利益。另外，制度层拥有的权力越来越大，以往不属于制度层的功能，尤其是人事、资金等资源的分配这两个本来属于管理层的职能现在被制度层收归己有，资源分配的权力不断往制度层汇聚。学校中基本上所有的重要资源分配权力都集中的制度层。

不管结构如何变化，制度层的正式功能主要体现为两点：第一，对重大事件作出决策；第二，对组织域的各种压力和信息作出回应。

（二）行动结构

正式结构仅仅表明一种文本规定的制度要求，实践中的行动结构只有通过考察制度层和个体的有规律的、类似的活动才会显现出来。

在制度层的实践中，非常清晰的行为表现是，制度层在正式结构中被分散的权力，呈现聚集的倾向，强烈凸显正校长的关键和核心地位。在 H 大学"定制式"试点班设立的过程中，虽然其他人有提议、决定怎样做的权力，但是做与不做还得校长来落锤定音。

制度层内隐性的交换行为显然要多于制度层与其他层级诸如管理层级以及技术层的一般教师之间的交换行为。社会行为是一种商品的交换，按照布劳的社会交换理论，这种交换包括有形的物质交换，还包括赞同、威信等无形的交换，而且，越是无形的东西价值越大。在制度层的内部，更需要通过这种交换来达成平衡，因此，虽然制度层的功能比较分化，但整合并不显得十分困难。整合并不依赖正式的行政会议，往往是在正式的行政会议开始之前就已经订出了行政会议的主要结果。这一点有别于管理层与技术层的整合。

制度层的行为要比其他层级更具有外倾性。他们经常开会、打电话、请客吃饭、出席社会活动；他们一周总有一半甚至更多时间不在学校内，而有时候校长办公室的人也往往不知道他们的行踪，他们与技术层的关系就更加遥远，甚至有些教师说"没有见过校长"；他们有更多的机会接触企业家、政府官员、记者、同行业国内外人员等各类群体，在与这些群体接触的过程中，他们获取并输出大量的信息，这些信息对他们作出相关决策具有重要的参照作用。

在与环境打交道的过程中，制度层的主要成员需要为学校的发展谋取必要的资源。这是组织的生存和发展所必要的，是履行这一职位的职责所必要的，也是学校中人对制度层成员的预期。在前面的理论溯源中我们已经讲到，充满竞争意味的环境需要制度层有能力获取更多的资源。因此有经验的制度层成员深谙并擅长建立各种渠道的公共关系，如和省市政府部门、教育行政部门以及企业等的公共关系，和本地区兄弟院校的友好关系，和外界大学以及高名望人员的合作关系，等等，这些关系增强了学校抵御外界压力的能力。

> 当你遇到什么困难、什么问题的时候，要信任领导、依靠领导，包括及时汇报，你不要藏着掖着，到时候出了事就是你的事，反正有什么事，我第一时间向上面汇报，多汇报，多沟通，多争取。……这样你做的事情上级也知道，……是依靠不是依赖。(I-ZQ)

在这样做的过程中，制度层往往面临一个难以解决的矛盾：虽然依靠外界，但他们总是希望减少对外界环境和其他组织的依赖，保持自身的独立。因此，在依赖环境和独立组织内部事务之间寻求平衡，并利用环境为自己争取更多的平衡是制度层孜孜以求的。[1]

制度层可以有意图、策略性地掌握或者控制组织域环境的变化，使二者保持一致。信息是一个很好的工具。制度层通过影响外界对组织的观感以及提供和组织相关的知识来控制环境。通过信息沟通、做广告，制度层可以有效地塑造学校的积极形象，影响环境对组织的判断。"定制式"试点班的设立，虽然是一次人才培养模式的改革，但对制度层的意义却不仅仅停留在这个层次上。

制度层要比其他层级更加关注组织的生存目标，与组织的生存目标相联系的是制度层的生存。在一定程度上，"定制式"试点班的设立是制度层为学校和教师谋福利而不是为了他们自己，或者更准确地说，他们要让这一说法获得教师们的认同。太突出的个体往往很难在制度层中立足，一旦被学校成员看作是为了制度层的利益，制度层在学校的威信就会动摇。因此，一个好的领导会被看作这样一种人：他会毫不动摇、无限光荣并始终如一地为自己的单位争取到更多的资金、设备，更大的福利，更多的学生等。H大学的制度层很重视让教师们同时享受到改革或发展的成果，在发展中谋取利益，在自己获得利益的同时也让教师们分享利益。

---

[1] E. B. Goldring, "School Administrators as Boundary Spanners: Striking a Balance: Boundary Spanning and Environmental Management in Schools," In Bacharach, S. B. & Mundell, B., eds., *Images of Schools: Structures and Roles in Organizational Behavior* (California: Corwin press, 1995), pp. 283-314.

（三）决策权限

不管在正式结构还是行动结构中，制度层不可避免地要综合各种信息作出重大问题的决策。重大问题的决策总是涉及资源的分配，并且大多与个体和学校的利益相关。考察重大问题的决策体系基本上就抓住了制度层的核心。关于人才培养模式变革的决策，在 H 大学虽然算不上什么大事，但一旦与地方政府的"突破经济发展的人才瓶颈"挂上钩，就有了非凡的意义，尤其是在国家对解决大学毕业生就业问题三令五申的大背景，振兴东北老工业基地的大环境，以及学校自身转制的现实处境之下。

从行动结构的分析来看，权力向制度层中心的汇聚是显而易见的，这些非常鲜明地体现在资金、人事等重大问题的决策上，是典型的金字塔模型。就学校内部的管理和教学的重大决策来说，制度层核心同样拥有绝对的权力，但这些决策受到其他各层级相关利益的影响，也受到他自身对问题看法的影响。

制度层将采取怎样的决策很大程度上取决于对学校在整体环境中地位的对比，以及他们对环境的感知。达夫特和维克认为，利益互动间的复杂作用关系只有通过制度层感知或者理解到的环境，才能真正发生作用。[①] 特赖斯和贝耶也认为，"组织成员回应并对之采取一定行动的环境必然是他们感知到的环境"[②]。在本研究案例中，可以看到，制度层对"定制式"试点班培养目标的定订是与他们对环境的看法有很大关联的。同时，决策也是一种政治过程，决策中所涉及的各种利益群体之间的力量对比关系，对决策过程也施加了一定的影响。

因此，如果粗略概括一下制度层在人才培养模式变革上的决策，总体上受其对整体环境的识读的影响。但是，决策实践过程中又充满协商和不确定性、偶然性。各个层级的因素都有可能相互作用，并对制度层的决策造成影响。

---

① R. L. Daft, and K. E Weick, "Toward a Model of Organizations as Interpretation Systems," *Academy of Management Review* 2 (1984): 284–295

② H. M. Trice, and J. M. Beyer, *The Cultures of Work Organizations* (Englewood Cliffs, NJ: Prentice Hall, 1993), p. 303.

四 "定制式"试点班培养目标定订实践

随着社会需求的变化与多样化,大学在发展的过程中也产生了分化,教学研究型大学是大学角色分化的结果,它是介于研究型大学和教学型大学之间的高校,主要任务是培养有研究潜力,有一定的复合知识,以技术应用、技术开发为主的高级应用人才。

培养目标是人才培养的最顶层设计,科学合理、理念先进的培养目标是培养优秀人才的纲领。H大学机械制造与自动化专业的人才培养目标是培养能够从事机械设计制造及其自动化领域内的研究、设计、制造运行、科技开发及营销等方面工作的高级工程技术人才,特别是在计算机辅助设计及制造、机械与电子相结合、车辆工程研发等方面具有较强综合创新能力的复合型高级工程技术人才。

这一目标的确定,用院长SL的话说,"是对以往(培养目标)的回顾总结,经过市场调查,对企业的了解的基础上进行的,同时也参考了国内外其他大学他们的(培养目标)"(M-SL)。由此也可以看出,这个培养目标的定位是以社会需求为导向的,顺应了高等教育服务社会建设的主导思想。同时表明,以企业需求为导向的"定制式"试点班的培养目标的确定,并不是只考虑企业的需求,还考虑了本学科人才培养的历史目标沿袭与其他同类院校的目标,是多种因素综合考虑与作用的结果。

> 我们的试点班所在的这个专业很早就被列入省重点专业与学科,拥有省级重点实验室,具有硕士学位、博士学位授予权,我们培养出的人才不仅仅是适应企业所需求的高级应用型人才,我们这个试点班培养的是以企业的需求为基础的,但适应面又比较广的全面发展的人才,是比企业的要求还要高的复合型、高级技术工程人才。我们的人才不应该让企业的需求束缚住,而是要超越……(M-SL)

H大学机械学院"定制式"试点班的培养目标的确定大致经历了三个阶段。第一阶段,启动人才培养模式改革的议题,成立人才培养模式改革的专门指导机构——教育改革指导委员会（以下简称"教指委"），展开市场调研，对人才培养模式的改革进行分析与论证。第二阶段，由政府主导校企接触，企业初步反映人才需求情况，学校在收集整理企业需求的基础上，确定合作企业；在确定了合作目标之后，对目标合作企业开展深入的市场调研，以了解合作企业的人才需求数量、质量、规格等信息。第三阶段，在整理分析需求人才信息的基础上，对国家人才培养要求精神进行研究，结合地方政策的发展导向和人才战略，以及本校的定位与优势，归纳市场人才需求信息，将其上升为学校人才培养目标。从对企业需求的体现来看，这是一个从具体到抽象的归纳过程；从对国家精神、地方政策、本校定位的体现来看，这又是一个从抽象到具体的演绎路径。在此过程中，由于加入了多种因素，其最后的结果不仅是市场人才需求的宏观概括，更体现出了国家对高校人才培养的要求、地方政策的导向、学校定位的规范。

"定制式"试点班人才培养目标确定的实践路径，应按照人才培养模式改革议题，收集整理需求信息，在对人才需求信息整理分析的基础上，结合国家的指导、地方的号召、本校的定位、院系的优势与特色等，确定"定制式"试点班的人才培养目标这一事件发展的顺序，对培养目标的确定过程做描述与分析，并在分析的基础上凸显目标与需求偏离的深层逻辑。

（一）人才培养模式改革议题的提出

由于中国特有的社会背景，政府的政策导向功能和规范作用在高校的改革与调整中的影响极为明显。作为大学人才培养蓝图的人才培养目标，其设计和修订，也很难摆脱对上层主导意见的路径依赖，上层政策导向是培养目标修订的主要指导精神。H大学机械学院"定制式"试点班的设立及其培养目标的确定之所以进入制度层的视野，有其制度安排与现实原因。

上文对机械专业的发展历程与培养目标变迁的梳理可以看出，社会发展的需要是机械专业培养目标修订的根本原因，而培养目标的修订往往又是通过反映社会需求的政策等文本推动的。H大学机械学院"定制式"试点班的设立及其培养目标的确定，也是在上层政策的指导下对社会需求的回应。

1. 社会需求变化与上层政策导向

实际上，自 20 世纪末期以来，对于高等教育的改革，特别是高校毕业生就业的结构性错位问题，国家相关部委就屡次发文，明确了高校有权选择培养目标，但要遵照培养人才适应社会发展需要的大原则。

早在 1986 年，《高等教育管理职责暂行规定》（国发〔1986〕32 号）的出台就开始有意识地扭转计划经济时代"（按照工作/职业岗位上对劳动者的需求）定制计划—实施教学计划—就业"的三段式高校人才培养模式，这为高校自主设计培养目标、制定培养方案增加了制度的合法性。扩大高等学校管理权限，增强高等学校适应经济和社会发展需要的能力，该规定明确指出高校"根据党和国家的教育方针政策及修业年限、培养规格，可以按社会需要调整专业服务方向，制订教学计划（培养方案）、教学大纲，选用教材，进行教学内容和方法的改革"[①]。其后，在工程教育领域，再次发文指示高校应该立足自身，以社会需求作为培养人才的出发点，设计培养目标，修订培养方案。[②]

随着我国经济社会发展和高等教育大众化阶段的到来并向普及化大步迈进，社会对高级专门人才的需求呈多样化的特点日趋明显；企事业单位经济体制的迅速分化，使得高校毕业生的就业选择日益多样化；同时高等院校的生源现状，使得学生基础知识掌握程度和能力发展水平，接受教育的目的、态度以及价值取向等，分化日益明显。为了适应社会变迁与生源改变的新形势，H 大学积极探索人才培养模式改革。

随着大学毕业生就业难，学用结构性错位问题的凸显，提高高等教育质量的问题一再受到国家的关注与强调。1999 年 6 月 13 日颁布的《中共

---

① 《高等教育管理职责暂行规定》，国发〔1986〕32 号，1986 年 3 月 12 日。
② 1994 年，在《国务院关于〈中国教育改革和发展纲要〉的实施意见》中，在国家政策层面提出了高层次应用型和复合型人才的培养问题；1999 年，颁布的《中共中央 国务院关于深化教育改革，全面推进素质教育的决定》指出，"高等教育要以培养学生的创新精神和实践能力为重点"；2001 年教育部印发《关于做好普通高等学校本科学科专业结构调整工作的若干原则意见》的通知，通知指出，要通过新一轮学科专业结构调整的全局性、战略性调整"形成高校人才培养多样化的新格局"；2004 年颁布的《2003～2007 年教育振兴行动计划》中提出，"造就数以亿计的高素质劳动者、数以千万计的专门人才和一大批拔尖创新人才"。这些政策措施不仅从目标上给高校的人才培养目标提出了新的要求，而且给出了高校自行定位与确定人才目标的空间。面对外部社会的要求，越来越多的高等学校也开始改革自己的教育教学工作，提出了各自的培养目标，并改革教学内容和方法。

中央国务院关于深化教育改革,全面推进素质教育的决定》中指出,要切实把高等教育发展的重点放到提高质量上,着力培养学生的创新精神和创新思维,增强学生的实践能力、创造能力、就业能力与创业能力。2001年,教育部根据我国高等学校本科教学的实际情况和社会发展对人才培养的要求,制定了《关于加强高等学校本科教学工作提高教学质量的若干意见》(教高〔2001〕4号),意见指出,随着社会主义市场经济体制的完善和经济结构的战略性调整,社会各方面都对高等教育人才培养的质量提出了新的更高要求。高等学校的根本任务是培养人才,教学工作始终是学校的中心工作。各级教育行政部门要把教育质量特别是本科教育质量作为评价和衡量高等学校工作的重要依据。

在高校扩招的背景下,高等学校要处理好新形势下规模与质量、发展与投入、教学与科研、改革与建设的关系,牢固树立人才培养的质量是高等学校生命线的观念,将本科教育质量提高到一个新水平。意见进一步强调了高校人才培养要加强实践教学,注重学生创新精神和实践能力的培养。强调实践教学对于提高学生的综合素质、培养学生的创新精神与实践能力具有特殊作用。高等学校要重视本科教学的实验环节,保证实验课的开课率达到本科教学合格评估标准,并开出一批新的综合性、设计性实验课。要根据科技进步的要求,注重更新实验教学内容,提倡实验教学与科研课题相结合,创造条件使学生较早地参与科学研究和创新活动。着力提高高等教育质量,努力增强高校创新与服务能力。实施高等学校本科教学质量与教学改革工程,高校要把教学作为中心工作,加大教学投入,改善教学条件特别是实验实习条件。推动新一轮课程体系和教学内容改革,继续做好精品课程建设工作。加强教学研究,改进教学方法和手段,探索创新型人才的培养模式,倡导研究性学习和本科生科研活动,建立学生到企业和科研院所实习的长效机制。要以社会需求为导向,积极调整学科布局和专业设置,加快培养经济、社会、文化、国防等方面的高素质人才,优化人才培养结构。

在《2003~2007年教育振兴行动计划》中提出的"造就数以亿计的高素质劳动者,数以千万计的专门人才和一大批拔尖创新人才"的思想,是关于当前我国人才培养结构的科学解说,即建议我国应规划不同类型的高等教育机构,以避免资源的浪费,应对经济社会发展的需要。这些政策文本的精神,作为人才培养目标的指导,均被贯彻在人才培养目标修订的实践中。

2. 地方振兴东北老工业基地战略

在地方上，振兴东北老工业基地是党的十六届三中全会作出的重大战略决策，为贯彻落实《国务院关于进一步实施东北地区等老工业基地振兴战略的若干意见》（国发〔2003〕33号）精神，大力推动地方经济，特别是振兴装备制造业，H省委、省政府出台了一系列的政策与措施。在这些措施中，装备制造业人才队伍的建设被作为振兴地方经济的一项战略任务提上了日程，对高校提出了高度重视基础教育和人才培养，特别是要加强技术创新人才的培养等方面的要求。[1] 而且就高校与企业合作，联合培养具有创造性的中青年科技人才、管理人才和高级技工等方面专门发文。[2] 因为，人才短缺已经成为制约H省经济发展的主要因素，据统计，2003年，H省共有技术工人268万人，高级技工不到20万人，高级技师不到600人。按照人力资源和社会保障部提出的高级技工占技术工人的30%的总体目标，H省高级技工尚有60万的缺口。改造落后的生产技术和设备，承接先进生产能力向本地转移，是H省制定的未来几年的工作重点，缺乏充足合适的人才成为其实现目标的短板。

培养应用型创新人才是振兴东北老工业基地的迫切需要。东北老工业基地曾是新中国工业的摇篮，20世纪50年代起曾经是我国装备制造业的重要基地，在能源、材料、化工等领域闻名全国，为新中国的建设与发展作出过突出的贡献。改革开放之后，在由计划经济向市场经济转变的过程中，各种制约因素限制了东北地区经济发展。再加上地处塞北边陲，科技人才流失严重。H省在迎来东北老工业基地调整改造机遇的同时，紧缺掌握现代科学技术的创新型科技人才，这也成为影响东北老工业经济发展的瓶颈。

振兴东北战略的实施对东北老工业基地的经济、科技、教育等各项事业的改革和发展提供了一个历史机遇，同时也为东北地区的高校提供了一个服务社会、发展自我的机会。目前，高校在人才培养方面的结构性矛盾比较突出，一方面，一些专业比较陈旧，培养的学生不能"适销对路"，部分毕业生"积压"，另一方面，学校对市场急需人才的培养数

---

[1] 《H省人民政府关于加快振兴装备制造业的实施意见》，《H省政报》2007年第3期。
[2] 《L省振兴东北老工业基地的人才战略计划》，《人民日报》2004年9月11日，第6版。

量不足，培养规格不能适应工作岗位的需求。针对这种情况，"地方理工科院校必须实现人才培养模式的转变，以满足东北老工业基地对人才的需求"（I-MW）。

3. 高等教育产学研结合的国际发展趋势

深化产学研结合是世界各国高等工程教育改革与发展的主要趋势。20世纪初，美国威斯康星大学校长率先提出了大学的社会服务功能，从而开启了大学的产学研合作新风。产学研结合，克服以理论教学为主要特征的传统教育的弊端，打破了传统的封闭式办学模式，形成开放式的办学体制，使得高校与企业双向进入、互助双赢，加强对学生实践能力的培养。

我国政府历来高度重视产学研联合工作，原国家经贸委、教育部、中国科学院于1992年4月共同组织实施了"产学研联合开发工程"，旨在建立企业、大学、科研院所之间密切而稳定的交流合作制度，加速科研成果向现实生产力的转化，加快企业技术创新和高技术产业化的步伐，逐步形成产学研共同发展的运行机制，探索适合中国国情的科技与经济相互促进的道路。1999年8月20日《中共中央、国务院关于加强技术创新，发展高科技，实现产业化的决定》中明确提出"要加强企业与高等学校、科研机构的联合协作。根据优势互补、利益共享的原则，建立双边、多边技术协作机制，通过相互兼职、培训等形式加强不同单位科技人员的交流。企业研究开发经费要有一定比例用于产学研合作。要强化技术引进与消化吸收的有效衔接，提高技术配套和自主开发能力"，把我国产学研结合提到了国家战略高度，成为国家创新体系的重要组成成分。1999年，原国家经贸委开通了"中国技术创新信息网"（www.ctiin.com.cn）和"中国产学研联合网"（www.iurpp.net.cn），为广大企业技术创新提供实时、开放、有利的支撑和服务。24个省（区、市）已建立了技术创新信息网或产学研联合网并与总站联网，网上拥有科技成果32000多项，企业技术难题8800多项，技术人才供求信息5200多条，产学研合作的典型案例100多个，各类名牌产品4200多个。2006年12月28日，科技部、财政部、教育部、国务院国资委、全国总工会和国家开发银行在科技部召开会议，成立了"推进产学研结合工作协调指导小组"，决定按照《国家中长期科学和技术发展规划纲要（2006—2020年）》配套政策的要求，加强统筹协调，共同开创产学研结合工作的新局面。

在政府的引导下，在信息技术、生物工程、新材料、先进制造技术等领域，通过产学研联合，加快了科技成果产业化的进程，有力地推动了传统产业改造，增强企业技术创新和竞争力，促进产业结构优化升级，取得了显著的经济社会效益。据初步统计，自1992年至2005年十多年的时间里，"产学研联合开发工程"共实施了520多项国家级重点产学研高技术产业化项目，实现新增销售收入1020多亿元，利税210多亿元，创汇、节汇36亿美元。产学研联合开发了国家级新产品11600多项，新产品利润率达到859亿元，节汇、创汇累计达460亿美元。通过"产学研联合开发工程"的引导，全国共建产学研联合研究开发机构和经济实体8200多个。2001年参加产学研合作的单位有38.6万个次，参加人数达420多万人（次），合作开发项目达22万多项。1992年至2005年，全国每年参与产学研合作的企业近10万家，大学8000余所，合作开发或转让的成果达17万多项。[①] 这些产学研合作机构在行业共性关键技术开发、用高新技术改造传统产业、促进经济与产业结构战略性调整和行业技术进步方面成绩显著。

虽然我国产学研合作发展较快，取得了一定成绩。但是不可否认的是，产学研问题是一个全球范围内的难题，各国都存在不同的困惑。立足于特定的时空背景下，中国作为经济快速增长的发展中大国，在建设创新型国家和全面建设小康社会过程中，产学研合作的美好前景虽然已得到广泛的认同，但合作绩效仍不尽如人意。

产学研合作诚然有多种形式，H大学的"定制式"试点班作为合作形式之一，其目的是为了促进学校面向市场办学，以企业的需求作为人才培养的目标，满足企业发展对高素质的应用型技术人才的需求，为高校毕业生从学校向企业实现"零过渡"开辟一条密切学校与企业联系的人才培养之路。

4. H大学自身的变革：积极探索多样化人才培养模式

随着我国经济社会发展和高等教育大众化阶段的到来，社会对高级专门人才需求的多样化特点日趋明显。不同领域、行业、企事业单位，对所需人才的知识、技能和素质的要求各不相同；企事业单位经济体制的迅速

---

① 张米尔、武春友：《产学研合作创新的交易费用》，《科学学研究》2001年第3期，第89~92页。

分化，使得高校毕业生的就业选择和趋向日益多样化，高等院校的生源亦日趋多样化。高等教育大众化发展阶段入校的学生，其文化基础知识掌握程度和能力发展水平，接受教育的目的、态度以及价值取向等，都存在明显的差异性和多样性。为适应新的形势，高校进行了多样化人才培养的研究和实践。

而对 H 大学"定制式"试点班的设置及其培养目标议题的确定的直接推动力则是来自其学校的现实情况。H 大学是 1995 年在国家"调整、改革、深化、整顿"的号召下，由原机械工业部所属的 H 科学技术大学（建于 1952 年）、H 电工学院（建于 1950 年）和 H 工业高等专科学校（1950 年）三校合并组建而成，1998 年划转 H 省，实行中央与地方共建，以地方为主的管理体制。管理体制划转后，学校适时调整了经营方略，明确了为地方经济建设培养人才和提供服务的理念。用 ZQ 先生的话说：

> 过去我校具有行业特色，学校在划归地方后行业特色在淡化，同时由于扩招以及对素质教育和拓宽专业口径的片面理解，也使过去已有的特色有所削弱。更为不利的是，与 L 大学、H 中医药大学、H 医科大学不同，我校所有的学科全被 H 工大、H 工程大覆盖。当然在不同的办学层面，比如说坚持工程教育，真正把学校办成现代工程师的摇篮，我们会确立一定的特色。但仅满足于此，我们会在各类高级别竞争中处于绝对的下风。（I－ZQ）

"定制式"试点班是 H 大学制度层对办学特色进行冷静思考后寻找到的一项扎根现实、办出特色的策略。

> 地方大学没有重点院校的文化积淀与名誉优势，怎么服务社会，怎么吸引人才？全靠与市场的接轨，因此我们就必须把学校的发展与社会的需要紧密结合在一起……（I－ZQ）

另外，由于 90 年代的高校扩招，特别是"三本"的招生，H 大学也得到了极大的发展。然而，发展的同时也带来一些问题，首先是"三本"学生的培养问题,"三本"学生大部分是家庭条件好但学习成绩相对差的学生,对于这些以经济资本兑换文化资本入场券的学生的培养,着实令校院领导大费脑筋。H大学机械学院的"三本"并非如通常被提及的"公有民办的二级学院",而是与"一本""二本"一同放在母体学校中进行培养的学院。

> 把"三本"学生与"一本""二本"放在一起进行培养,对"三本"学生是有很好的影响作用的,最起码在享受教育的权利上给了他们与其他学生同样的公平的条件……① (M-SL)

其实这背后还有一个没有言说的"有利于继续扩大招生"的目的,因为很多"三本"的家长与学生就是看中了自己的孩子或自己能够与"一本""二本"的学生接受同样的教育,享用同样的环境。其时当地一家重型机械集团公司改制后正进行从模拟机床向数控机床的技术改造,引进了两条高端数控机床设备,可历时2个月却没有招聘到懂相关技术和操作的员工,这一事件被H省甚至全国都作为高校培养人才与市场需求脱节与偏离的一个案例而传讲。也正是以此事件为导火线,H省政府开始出面促成"校企"共议人才培养的事宜。

在这样的背景下,国家号召提高高等教育质量,重视人才培养的层次性、应用性与创新性,地方政府提出振兴经济,突破人才瓶颈。处于虚席以待的困境的用人单位"巧遇"了改制后正在寻求为地方经济建设提供服务和改革人才培养方式的H大学。由省政府和教育厅牵线,促成学校与企

---

① 这里的"其他学生"主要指"一本""二本"的学生。在另一次谈话中了解到,把"三本"学生与"一本""二本"学生放在一起进行培养其实主要是出于两方面的考虑,第一,"三本"学生对享有平等权利的"争取",他们认为自己一年花几万(学费具体到每个学生又不一样,"三本"平均在3万~4万元之间;"二本"16500元左右,"一本"3000~5000元不等)的学费,就应该享受更好的条件,而他们认为的好条件就是与"一本""二本"一样的待遇。这样争取平等的斗争,笔者在进行调查的过程中就遇到过:2008年9月的一个周二上午,笔者在SL办公室整理文件,伴随着几声叮当的敲门声随即就冲进来三名身着迷彩的学生,他们一开始说自己上学期某门课的成绩被代课老师整丢了,随后又说,班上的同学派他们来跟SL交涉多项事情,磨磨蹭蹭一个多小时才离开办公室,SL的态度自始至终都很好。据SL说,他们以"要成绩"的名义来争取与"一本""二本"学生同在一个教室上课的权利,而且经常会有这样的情况发生。这些事情使她头疼,但又"深深不得,浅浅不得"。

业的接触，共同探讨人才培养的议题。H大学适时抓住了这一机遇，如前述ZQ校长所言，H大学的专业基本为本市另外两所著名高校覆盖，而H大学能够争取到这一设置试点班的机会，除了与学校的定位有关之外，也与制度层的人脉和运作不无关系。

2003年，在省政府、省教育厅的倡导和协调下，H大学开始对东北老工业基地的人才需求状况进行调研。在调研对象的选择上遵循了三个方面的原则：一是选择老工业基地的骨干企业；二是对人才需求比较迫切的企业；三是所需的毕业生与该校专业对口的企业。遵循这三条原则，H大学先后对H电站集团等30多家老工业基地改造的重点企业做了调研，主要是了解这些企业对毕业生的专业要求、从事的技术岗位群、人才特点、需求数量、合作意向等方面的情况，为后续的"定制式"试点班的设立工作打下了基础。H省是重型工业基地，机械制造与装备业在其工业中占很大的比例，与H大学共商人才培养问题的30多家企业中，有19家本省企业，而这19家本省企业中有8家机械制造行业企业与机械学院签订了"'定制式'试点班人才培养模式改革协议"，用人单位对机械方面的专业人才提出了旺盛的需求。

对于与企业共商人才培养的问题，机械学院的领导认为，一方面，"这是一条加强人才培养针对性，解决毕业生就业的好路子"，"可以摸索一条人才培养的路子以改变以前教学滞后、学用脱节、学生动手能力差等缺陷"，"特别是对于'三本'的学生，这样的培养方式更适合他们"（M-SL）。除了对人才的培养与学生出路的考虑之外，制度层还藏着自己的"小九九"，机械学院是H大学的"王牌学院"，而且在三校合并之前，三所学校的机械相关专业都非常强，合并以后无论在系所专业的划分上，还是训练中心与院之间的人员配备上，磨合得都不是很顺利，在学校合并的大背景下，学院与专业的走向，几度分裂。曾经占有机械学院半壁江山的"电气"在"机电不分家"的现代机械行业发展的背景下"独立出去"，自行成立学院，且在学校这次的"定制式"试点班的设立中也有所动作。经历了学校的合并与院系的重新划分后，机械动力学院的负责人也在思考并寻找契机对学院进行一次调整与整合。而且，对这次活动，学院高层领导也寄予了利益诉求："我们的数控机床训练中心就是这个项目中建立的，……总不能只让马儿跑，不让马儿吃草，……而且我院是学院的王牌学院，机械专业是学校的王牌专业,这种事情肯定会有所动静,培养学生的动手能力,离开实践肯定是纸上谈兵,试训环境方面我们当时确实存在困难……"① (M-SP)

在外力与内因的作用下,机械学院主动争取到一个"定制式"试点班。开始了与企业的接触,共同探讨人才培养规格,确定"定制式"试点班的人才培养目标。

人才培养模式改革提上议事日程以来,以教学研究型大学的定位为基本原则,以满足社会的需求为指导思想,学校专门成立人才培养模式探讨小组——教学改革指导委员会,负责与企业的对接,深入一线了解用人单位人才需求的真实情况,收集企业人才需求信息。结合国家教改精神,学校的指导意见,经过对企业需求信息的整理归纳,确定了试点班的人才培养目标,设有试点班的各院系在此基础上进一步明确本院系试点班的培养目标与业务能力要求。接下来,按照事件发展的逻辑,分别从对企业人才需求信息进行识读,在识读的基础上,结合国家精神、地方政策与学校定位、本学院的专业特色与实际情况,形成"定制式"试点班的培养目标的顺序来展开,以求达到对行动实践过程的真实再现。

(二) 市场需求信息的识读

在我国的国民经济体系中,工业占据极其重要的地位,而装备制造业又是"工业之母",装备制造业能否"上水平",在很大程度上决定了整个国民经济能否"上水平"。经过多年的发展,目前我国机械制造业的整体实力虽然有很大的提升,但与发达国家相比还有明显的差距,尤其是在大型石化通用设备、高档数控机床、大型工程机械等领域,技术力量还是比较薄弱的。而且由于机械制造业是现代工业的核心,不但关系到国家经济的安全,更关系到国防安全,所以对于一些高精尖的技术装备,发达国家往往有出口限制,我国无法引进。

由于高技术含量产品的关键技术常要受制于人,很多企业都只能生产一些低附加值产品,因此机械工业存在的另一个结构性问题是基础不牢。

---

① SP老师所说的"这种事情"是指教改过程中的各种改革,以及试点;"动静"指的是政策与资金等方面的支持。事实上,在试点班设立后不久,省政府就拨款2000多万元为机械学院建立了"机械加工与数控技术中心"。

中国机械工业联合会执行会长蔡惟慈说,大型铸锻件、基础零部件、加工辅具和特种原材料等依然是我国机械工业的软肋。以风电设备为例,虽然我国总装能力已经过剩,但轴承等关键零部件依然不能完全自主生产。[①]

要实现中国装备制造业转型升级,就必须鼓励自主创新,加大技术改造投入,提高国内相关企业的技术水平,加快产品更新换代。因此,2006年2月,国务院公布的《装备制造业调整和振兴规划》提出一系列促进装备制造业发展的政策措施。其中的两大亮点一是高度装备自主化,二是提升基础零部件等配套产品的制造水平。无论是推进装备自主化还是改进配套产品,都需要增强自主创新能力,提高装备制造业的生产水平。业内人士认为,振兴装备制造业,关键在于按照《装备制造业调整和振兴规划》的要求加强自主创新,而自主创新,人才是关键。

H省正处于工业化的重要阶段,作为中国重要的老工业基地之一,强大的机械制造业正是H省经济发展的巨大推动力。但细观H省制造业的现状,大而不强却是不争的事实。H省机械制造业表现出两个基本特征:一是在国际制造业产业分工中的地位是靠产业内的垂直分工体系来维持的,处于世界制造业产业链的底端。制造业的增长主要靠劳动密集型和资本密集型产品来推动;二是区域内制造业的整体产业结构偏低,产业升级主要依靠外资来启动,国有企业和占全部工业总产值比重30%以上的非国有内资企业只是被动地适应产业结构的升级。制约H省制造业发展的因素除了产业结构层次偏低外,技术水平落后是一个关键因素,产业升级也受到技术发展、创新能力的影响而较为缓慢。企业创新能力不强是软肋,技术依赖是硬伤,要实现H省机械制造业转型升级,就必须自主创新,加大技术改造投入,提高相关企业的技术水平,加快产品更新换代。提高技术水平,实现自主创新,必须突破人才瓶颈这个关键因素,拥有优秀的人才,就意味着拥有提升企业的核心竞争力,重视人才被重新提上了企业发展的日程。

在这样的背景下,H省的机械制造业需要什么样的人才,行业对高校有怎样的期许?深入了解这些情况,不仅能洞悉行业发展人才瓶颈的主要症结,而且能为高校的培养活动的调整改进提供参考,从某种意义上使高

---

① 原国锋:《装备业迎来三利好》,人民网,2009年2月6日,http://news.sohu.com/20090206/n262079690.shtml。

校的人才培养目标暗合于市场需求，缓解高校毕业生的就业压力与学用偏离的矛盾，并为行业的发展提供实用高效的人才。

当时人们对人才的认识尚不够全面，也没有形成明确的衡量标准。政府部门曾将人才定义为具有中专以上学历者或具有技术员以上专业技术职务者，受此影响，社会上普遍出现了以学历、职称、资历论人才的现象，忽略了人才的创造性特征，在一定程度上影响人才的选拔和使用。2003 年《中共中央、国务院关于进一步加强人才工作的决定》[①] 中指出："只要具备一定的知识或技能，能够进行创造性劳动，为推进社会主义物质文明、政治文明、精神文明建设，在建设中国特色社会主义伟大事业中作出积极贡献，都是党和国家需要的人才。"这种人才观为制造业的人才管理指明了方向，它强调衡量人才的标准不是学历、职称和资历，而是品德、知识、能力和业绩。认识到这一点，有利于人才的不断涌现和广泛使用，减少人才浪费。

制造业企业中有许多种职位，按性质大体划分为两大类：通用型职位和专业职位。通用职位是指经营管理、营销、财务、行政后勤等职位，通用型人才的知识和技能通用性强，可适应不同类型企业的要求，来源较广；专业职位是指从事产品研发、设计、生产的职位，专业型人才培养周期长、专业性强，人才就业范围较小，来源有限，对企业核心竞争力影响大。因此本书把制造业人才的范围界定为专业技术人才，并将其定义为：具有良好的内在素质和丰富的制造业专业知识和经验，能够通过创造性劳动满足顾客需求，为企业和社会创造较高价值的人。概括起来，制造业的人才包括以下几类：一是产品研发人员，运用知识、智慧和经验从事产品的研究、设计等工作；二是工程技术人员，负责将设计理念、图纸与设备、工艺结合，从而转换为具体产品；三是中、高级操作人员，运用熟练技术制造出顾客需要的产品。

在展示企业提出的人才需求的规格、数量、质量等信息之前，简单交代一下这些企业的大致情况（见表 3-4）。

---

① 科技部：《中共中央、国务院关于进一步加强人才工作的决定》，中华人民共和国科学技术部网站，2003 年 12 月 26 日，http://www.most.gov.cn/kjrcgz/rczc/200411/t20041116_17260.htm。

表3-4 与机械学院签订"定制式"人才培养试点班的企业情况概要

资料编号	名称	主营业务	人员规模与技术人员数量
R01	H工程机械制造有限公司	起重机运输设备、大型钢结构（在取得相应的资质证书后，方可在核准的范围内从事"大型钢结构"经营）、液压件制造、工程机械维修	员工500多人，各类专业技术人员200多人，其中拥有高级职称者70多人
R02、R03、R04、R05	Q重数控装备股份有限公司（Q第一机床厂）	开发、制造、加工各类重型、数控型、精密型机床和各种专机及生产线	现有员工4000余人，技术人员2300余人
R06、R07	L华安工业（集团）公司	无缝金属气瓶、铸锻件、冲压件、通用零部件、汽车零部件、专用工具、金属包装容器制造等	现有职工8882人，其中技术工人3885人。在技术工人中，高级技师118人，技师2027人
R08	G工程机械质量监督检测中心	各类工程机械、军用改装车、专用与特种汽车、工业车辆、航空地面设备、专用机械与特种设备等产品的试验研究基地与检验测试中心	
R09、R10	H第一工具有限公司	齿轮刀具、拉削刀具、铣削刀具、螺纹刀具、孔加工刀具、锯削刀具、车削刀具	企业职工5270人，其中技术工人2416人。在技术工人中，高级技师80人，技师927人
R11	H航空工业（集团）有限公司	制造涡扇支线飞机、直升机和三角翼飞行器，汽车、汽车发动机	共有职工25000人，技术人员11000人
R12、R13	H汽车工业集团有限公司	汽车及汽车发动机骨干生产企业和研发基地	现有职工9700余人，其中有中高级技术管理人员1000余人，技术人员5000人左右
R14	H加藤起重机维修中心	工程起重机维修，普通机械零部件制造、销售	从业人员104人，技术人员88人。其中工程技术人员22人，高级工程师8人，工程师14人，助工2人，高级技师8人，技师34人

根据对这8家机械行业企业的调查统计，共有职工48186人，其中技术人员24889人，占总数的51.65%。

接下来，本书将通过整理企业与H大学机械学院"定制式"试点班的相关负责人的商谈资料、会议纪要以及访谈资料等文本，对其比较、分析与归纳，将这些用人单位对毕业生的专业要求、从事的技术岗位群、人才特点、需求数量、合作意向等一一呈现。

1. 技术岗位群

在这些企业中，不同企业由于各自的生产与经营的产品与方向的不同，对人才的需求也有所不同，但概括起来主要有以下几类需求人才的岗位：工程师（包括测试工程师、技术开发工程师、销售工程师、设计工程师等），工艺员（包括总装工艺员、焊接工艺员、设计工艺员等），在销售方面的销售与售后技术支持、销售管理、营销管理等岗位；此外对产品辅助设计、工程技术员等方面的需求也相对旺盛，特别是技术开发与销售方面，被认为是最缺人需人的岗位。这一点与以往的研究认为企业一线岗位缺少人员的"技工荒"与"用工难"不相符合。企业代表认为，目前机械行业人员结构是"两头小、中间大"，也就是说产品的开发与销售方面的岗位人才紧缺，而中间的产品生产环节岗位，人员相对充足。因此企业认为，要增加引进开发和销售岗位的人才；对现存的庞大的中间生产环节的人员，则考虑其技术的培训与素质的提升，而不考虑引进。

而在中间生产过程中，大部分企业均已进行现代生产技术 CIMS（计算机集成制造系统）方面的技术更新与改造，都已经或者正在实现从模拟机向数控机的过渡，数控机床加工中心等先进设备逐步替代原有的生产设备，从国外引进先进的数控机床，却没多少人会操作。企业生产一线的原有技术工人已不能满足数字化设备操作与维护的要求，急需数控技术应用方面的高级技术人才，但鉴于目前一线工人很充裕，且裁员要付出经济代价并伴有文化的冲突，因此企业首先考虑的是对原有人员进行相关方面的培训。此外，很多企业的一些车、钳、铣、电等岗位也需要补充技术工人。

其实从岗位角度对需求人才进行描述，用 SP 老师的话来说，已经是对企业提出的人才需求进行了加工的，因为：

> 他们并没有针对性地提出要什么样的人才，……一般认为最需要的（是）既懂得技术，又懂得管理，还得懂得经济，能考虑成本与市场进行产品的设计与开发（的人才）……大部分情况下，这样的人不

是学校培养出来的，现在的学校专业设置限制了培养全面发展的人才，而且没有专业的限制也不可能（培养出这样的人才），……不过（从企业提出的需求）看来，虽然有岗位之分，但主要还是设计制造、机械设备控制、维护、操作和管理等一线工程师，是高级复合型的（人才）。(T-SP)

2. 人才特点

在人才特点方面，企业主要从基本素质、专业素质与特殊素质等方面提出了对人才的期许。

第一，"机械机械，坚持不懈"。在基本素质方面，用人单位主要强调了吃苦耐劳、持之以恒、勤奋踏实等精神以及工作热情与责任感。用人单位认为，机械制造行业的现状是传统技术与现代技术并存，虽然有现代的模拟甚至数控机床，但大部分还是没有完全摆脱累、脏、黑的生产环境，因此对人才的需求既要求其具备先进的技术和工艺，又要有吃苦耐劳、踏实勤勉、持之以恒的精神。

> 首先要敬业，努力去把事儿干好，热爱专业，这样，你才能做好最基本的本职工作。如果没有这些，即使给你再高的工资，再好的条件，你也有很强的本领，但可能也不会取得太好的效果，……我说的这个意思是爱这行，才能做好它。(D-I-12)

> 主要还是踏实，不管你在学校学得有多好，如果你态度不行，肯定干不好工作，据了解有些毕业生从上大学起就不喜欢这个专业，所以干着干着就想干别的了。在这种情况下，那肯定是干不好的。(D-I-19)

> 对专业基础的需要都差不多，你大学都毕业了，专业应该说是没有问题的了，关键看你能不能吃苦肯干。(D-I-3)

> 像我们这个行业，要想干出点成绩来，需要很长时间的积累。你要在我们这种企业里出成绩，得有个积累，起码得干个十来年。……没有

捷径，就是一个接着一个地干活，只有接触到更多的产品，更多不同的设计，才能有这个经验的积累。（D-M-8）

一个专业的技术没有个三五年，你掌握不了，没有个七八年你精通不了，要想在三两年内出个头是不能的，除非你××××，所以说，这个需要一个过程，不踏实、不努力、不热爱这行的根本不行。（D-M-16）

搞设计这个是很艰苦的，常常要加班，尤其是遇上赶工期，有时候就得干通宵，只能自己刻苦，没有别的捷径，设计这东西就是一笔一笔画出来的，材料、配料、承压，甚至要考虑到应用范围等全得表现出来，有的图整个有好几米，要是画错一个（部分），就得全部擦掉，重新来！（D-M-21）

吃苦、坚持、勤奋、踏实这些素质在机械行业对人才的要求中得到特别地强调，一方面与机械行业的行业特征有关系，如一位企业领导说：

机械机械，坚持不懈。（D-I-3）

……这个重工业的重，有多方面的意思，一方面是对国家的发展重要，其次也有沉重的意思，我们要的是能静下心来踏实肯干的人，是能吃苦不怕累的人。（D-I-2）

同时也与近年来高校毕业生在这些方面的表现不够令人满意有关。

我已经带了好几年毕业生了，从他们的成长过程我归纳出应届毕业生能不能带出来的关键是：踏实、耐心、努力这些素质是否具备，即使不是某些方面的天才，靠着踏实的积累，最终也能凭经验获得自己的空间。（D-M-16）

第二，"站起来能说，坐下来会写"。在表达沟通能力方面，"站起来能说，坐下来会写"是用人单位对高校毕业生的要求之一。机械制造行业企业对人才的表达能力的要求一方面是基于对协调合作的考虑，另一方面是出于对产品说明书的撰写、产品设计的解读等的要求。D-M-7就认为：

> 无论你是搞设计的、制造的，还是现场技术员，站起来能说，坐下来能写，能把你的想法清楚地说出来、写出来，才能让别人明白，你要是说也说不清楚（自己的意思），怎么让别人理解（你的想法），怎么跟别人沟通，更谈不上合作了。（D-M-7）

沟通在待人接物的日常人际关系中非常重要，有的人会处事，和他打交道就很顺，大家工作中也很和气、顺心、关系融洽。有的人不会与人相处，话也不会说，跟同事吵架、闹矛盾，工作很难展开。也有的虽然不吵架，但总是闷着，用现在流行的话说就是"社恐"，这也不利于团结协作，顺利开展工作。

工程师除了本身部门同仁之间的合作之外，还要懂得跨部门之间的协调。如同企业代表中的某位主管所反映的现象，他深深觉得：

> 我或许在自己的专业领域内是个专家，但是跨越这个领域，就是其他工程师的天下，没有一个技术人员会觉得自己的专业程度差，但是也没有人敢自认为自己什么都懂。几乎所有的项目都必须整合各种专长才能达成目标，也因此学校教的与公司训练的专业知识，是干工作的前提，想要绩效被发现，还要懂得团队合作的知识、技巧与态度才可以，要懂得了解别人也要懂得表达。（D-M-16）

> 从事技术的活儿，不要以为自己干好了就万事大吉，看起来是纯技术性的问题，处理人与人之间的问题相对较少，但不是没有，人与人之间的关系的问题处理好了，能帮助你更快更好地发展，处理得不好，会给你带来很多的麻烦。（D-M-8）

沟通不只在经营人际关系中起作用，在工作中、专业中也发挥着重要的影响。随着科技复杂程度、工作困难程度的增加,组织对员工的要求已经不再是单打独斗,取而代之的是团队合作的习惯与态度;企业对高校毕业生的要求不只是技术上的专业与不断进步,因为随着工作复杂程度的加深,不可能有人可以独立完成一件完整的工程,不同的专业持续升级与区别化,同时拥有多种专业知识与技术的人才将越来越少,因此一个专案的完成,势必要通过学科的整合与不同专业间的沟通与协调,才得以合作创造出具有竞争力的产品。

某位企业代表把沟通放在一个生产链的中间,阐述了它的重要性:

> 你摸索出来了,但你得跟别人说明白,再找别人去做。现在是个合作才能出成果的时代,流水线嘛,创新、沟通、合作,最后出成果。沟通很重要,没有沟通,你的创新就只能是你自己的想法,没有人知道,没有人了解,得不到别人得认可与协作把它变成产品,就没有实现的机会。(D-M-8)

> 不善于跟别人打交道的工程师永远也当不了好工程师。(D-M-16)

> 口才要好,把自己的观念、想法表达出来很重要。(D-I-19)

如果说强调口头沟通的目的是为了融洽关系,增加协作,那么书面表达与沟通的意义则在于对设计的准确表达,对产品说明书的清晰表述,以及能够进行公文的写作,这些从某种意义上说是纯工作性质的内容。

> 写作能力很重要,我们这儿写的基本都是公文,有人写出来一看就很清楚,有的人对同一件事就表达得很啰唆,只有他自己能看明白,这样肯定不行。你写的公文,报上去(是)要让领导决策的,一定要用最简练的语言把事情说清楚。所以,要写好公文,应用文的写作能力很重要。(D-I-12)

由上述企业代表所表述的对人才规格和表现的评价和期许的资料中可知,要成为一个绩效优良的技术工作人员,团队沟通与合作的技能是必须具备的，公文写作也不可忽视。

现代社会是一个知识、技术不断更新的社会，从个人适应社会的角度而言，现代社会又是一个学习型的社会。彼得·圣吉指出"未来唯一持久的优势是能比你的竞争对手学习得更快"[①]。因此，学习和掌握新知识和新技术的能力成为人才适应竞争的一项基本素质和能力。这一能力在企业代表的谈论中得到了普遍而强烈的重视。

> 工程变化很大，材料、规范、设计、施工手段和技术等等，需要天天都在学……（D-I-17）

> 要不断地积累，积累工作经验和工作方法。我说的工作经验，比如一些问题在一些项目中是怎么处理的，如果出现同样的事情你就知道怎么解决了，你干的事情越多，经验也就越多，解决问题就越容易。（D-I-3）

> 工作实际中的问题，往往涉及一些比较重要的技能、知识，你得自己去找理论上的支持，要自己去动脑筋，要想办法解决。（D-M-12）

> 方法和手段要不断地摸索，师傅告诉你的只是一种方法和手段，你自己还要在工作中去摸索多种方法和技巧。比如我刚参加工作那会儿，跟着老师傅们学，看老同志怎么做，他怎么做，我跟着做，他再教我，这是一个理解的过程，是一个悟的过程，由此形成自己的一套工作方法，再融入你（我）的一些思考和改进，这就是创新。（D-M-16）

> 要有悟性，就是碰到一些问题，知道从哪些方面解决，解决了，还能学到一些东西，掌握相关的原则。有些人，事情过去了就过去了，不当回事，这样根本不能进步。（D-M-8）

> 技术水平不单要看学历，如果思路正确，不墨守成规，这就很好。

[①] 彼得·圣吉：《第五项修炼》，郭进隆译，上海三联书店，2003，第17页。

在学校上学，如果认为老师都是对的，那是有问题的。有怀疑态度，不满足于现状，才是有创新精神的人，才会有好的发展。(D-M-21)

第三，"基础扎实，功夫到家"。专业素质和能力是社会劳动分工对就业者产生的特殊要求，不同行业、不同性质、不同等级、不同类型的用人单位及其不同部门和职位，由于工作目标、工作任务、工作对象和工作环境不同，对就业者的要求也不一样。

机械制造行业由于本身的技术密集性决定了其对需求人员的专业素养的要求较高。对表3-4中8家企业代表的交流资料进行整理后，本书重点摘选了对机械制造与自动化专业人才岗位的有关岗位知识结构与能力方面的需求，将资料归纳整理后可以把对专业素质与能力的要求大致区分为通用专业素质能力与专项专业素质能力两个方面。

通用知识，即机械制造与自动化专业人才的基本知识。被访的专业技术人员认为机械制造岗位人才应知应会且经常用到的专业知识中排在前面的主要有英语、数学、机械制图、公差与技术测量、液压传动、机械原理与零件、工程力学、金属材料与热处理、计算机基础、电工电子技术等。机械制图和公差与技术测量被认为虽然不是常用的，但却是最必备的专业知识，而计算机基础、电工电子技术与英语等作为基本知识与技能的基础专业知识却被认为是最常用的。由此我们可以看出，专业的理论知识是要通过基础知识与基本技能体现出来，并通过实际的技能落实在操作实践中，根据这样的逻辑，也就不难理解为什么机械行业对人才的选择不仅强调操作技能与实践经验，而且要扎实的专业知识了。

在知识结构中，基础性的专业知识应该掌握。(D-M-8)

搞工程这一行的，离不开扎实的专业知识，如果在学校的专业知识掌握得不够，老师讲的，你把它忘记了，那你在实践中肯定会遇到问题。实际上，很多实践需要（专业）知识。(D-M-16)

肯定要先把基础知识学好，基本知识学好了，就是说，有了底子了，工作之后，你才能不断发展，搞那些比较深的研究，你还得用到以前的那些理论知识，虽然常规的东西不一定用，你要想深化，要想接一些大的、难的项目，还是要有一些理论知识的。(D-M-13)

当然，在学校的成绩也不能轻视，成绩好，说明他的理论功底还是扎实的。(D-I-3)

大学要提供学习和思维的方法，提供力学基本概念，要从基本概念出发，做好知识铺垫，基础要打牢。(D-I-19)

我觉得最有用的科目还是那些基础科目，比如说技术测量、机械制图这一类，当然数学、物理就更基础了，因为你在每个地方都能用得到。(D-M-21)

通用技能方面，识读图能力、绘图能力以及零件测量、检测能力被多数受访者认为是关键能力，除此之外的测绘能力、专业软件应用能力、获取信息能力也是为用人单位所重视的。

机械工程师，工作范围一般是现场实体测绘、画图，有器械的，也有工艺的。(D-M-21)

我们有很多（产品）是按照人家的要求来生产的，你要是连人家的图纸也看不懂，怎么来设计，怎么组织生产？(D-M-16)

你说测量这个活简单？不是那么回事，就说这个精度，咱们的人就是把握不好，一人差一点，差下来（差距）就大了。(D-M-21)

这说明企业对于能力的认知是宏观的，企业需要的人才首先要具备一定的专业技能，来即能用，而且各方面能力都应具备，应是有突出特长且没有"短腿"的综合能力较高的人才。

第四，"看好自家门，了解天下事"。对于机械专业人才需求的专业知识结构部分，调查结果显示了与通用知识类似的情况。对资料的整理发现机械制造技术与机械制造设计被认为是最必要的专业知识，而常用的专业知识则是数控机床、CAD技术、机床与刀具、夹具设计、电机与拖动等，而对单片机原理与系统、自动控制原理等专业大部分被访者认为在实际工作中较少用到或者基本不用，但要求对其基本原理有所掌握。另外，对于机电产品的设计技术、精密加工、机械优化、检测与诊断技术等也要求有一定的基础。甚至还希望对邻近与相关专业有一定程度的了解，由此我们可以大致认为，参加人才定制商谈的企业所需要的人才，应该是那种在具备熟练机械制造工艺的基础上对其他知识也有较好掌握的综合性人才，说明企业希望员工有较广泛的知识面，并能融会贯通。

> 知识面要广泛，本专业知识要精通。工程设计是多专业配合的，首先你要干好本专业，同时也要与其他专业配合好，不懂人家的东西怎么跟人家配合？（D-M-8）

> 不但要精通你自己的专业，还要懂别人的专业，当然，跟别人懂得一样多你就神了，但起码要懂得别人的规范、要求、简单的工艺。现在我们的人犯很多的错误，往往不是本专业的问题，而是由于不了解别人的知识。（D-M-21）

> 首先要搞好自己的本职工作，然后多总结、多接触其他专业。有时候做项目，不可能只有你一个专业，各个专业之间的衔接和配合也很重要，所以要尽量对别人的专业有所了解，知道每个专业都有它的不同特点。（D-M-16）

在对基础能力与技能的综合全面的要求之上，用人单位对机械制造方面人才的专项技能有着相对明确的要求，资料显示，以下几方面的能力是受到用人单位重视并被认为是录取到的高校毕业生在这些方面有很大提升空间的能力，包括机加工工艺能力、设备安装调试能力、设备维护维修能力、故障排查能力、普通加工设备操作能力。相较于前述几方面的能力而言，现有人才的数控加工设备操作能力被认为比较好，但也需要加强。

由此可见，在企业现在的人才结构中，设备安装调试、维修维护的专业人才比较欠缺，且现有人才在这些方面的能力有待提高。

第五，"身体健康，性格开朗"。员工的特殊素质与能力被用人单位认为具有"附加值"和"升值"的潜力，甚至有些企业代表认为，有这种特殊素质与能力的员工是"可遇不可求"的。用人单位所说的具备特殊素质与能力的人才，主要包括两种，一种是指性格活泼，思维活跃，同时具有发散甚至反逆思维且具有较强的创新与创造能力的人。

> 如果一个人（指机械专业毕业的大学生）好动，很活跃，我就希望他来当工程师，我喜欢这种性格的大学生，这样的人将来一定会有大作为的……（D-I-3）

> 性格越活跃越好，性格活跃，思维就发散，就能不受束缚，这样的人的创新能力强，新点子多。（D-I-2）

> 我们每年招进来几十人的大学生，在五到十年里如果在这些学生中能给我冒出来那么三个五个的人才，可以研究出新的东西，我觉得就行啦。……要会发明的人一定是不"老实的人"，所以我们还是鼓励他们（指招聘进来的大学生）敢想多想，不要被框框限制住。（D-I-19）

众所周知，中国的机械工业面临的最大的发展瓶颈是创新，没有自己的核心技术，甚至对有些引进的先进仪器不能操作使用，严重地影响中国工业的发展，行业科技的进步离不开行业中具有创新素质与能力的人才，企业代表们对拥有核心技术与创新科技是渴望的，但行动上又是消极甚至被动的。

> 创新肯定是我们这个行业最需要的，你别听他们说我们公司拥有多少专利，自主研制了什么节能汽车，大部分都是人家的东西，核心的都是人家的。前几年有一款车上市，人们说，前面看像奔驰，后面看像宝马，……设计上的创新都搞不了，别说核心技术了……（D-I-19）

我们也给他们（指录用的高校毕业生）尽量提供条件，希望他们能在这些方面有所作为。（D-I-15）

悟性很重要，发明创造一定要有悟性，没有悟性，别说发明了，连别人的发明也实现（落实到产品）不了……（D-I-23）

企业代表认为具备特殊素质和能力的人才，另一种指既具有较高人文社会科学素养又有精湛技术的工程人员，或者综合知识丰富，不仅懂工学，而且对经济也很熟悉，甚至对艺术也有相当的研究的"全才"。

看书多了，知识多了，思路就打开了，人家一说，你就能联想到很多相关的东西，你的思维空间、思维创造力就不一样了。（D-I-19）

突破有时候要靠外界来实现，如果你只知道本行业的这点东西，你就容易被束缚住，打不开思路。（D-I-3）

机械设计、产品设计，不仅要设计出来，更重要的是把你的设计落到实处，能见到利润，如果你不考虑成本，不考虑现有的基础，原材料、配件都不具备，那你设计出来的那个（产品）要不就是比现在的成本还大（高），不划算，要不就是根本没有办法实现。所以，搞设计的人（的知识）得是面面俱到。（D-I-20）

设计师很重要，不要以为就是那个简单，得全面考虑，比如材料、现有的工艺，以及现有的工人技术水平，现在的人对美观的要求也提高了，还有实现成本等各个方面要面面俱到。我们的设计师也能设计出很好的曲面，但是实现不了，……有的时候是工人的问题，素质太差，连个门把手都有很高的返修率。（D-M-8）

第六，热情、抱负与理想。创新能力与综合知识水平是对员工知识能力的要求，而对于热情、进取心与理想抱负的强调则反映了用人单位对员工"软素质"的期许。

热情是指强度较高但持续时间较短的情感,它是一种强有力、稳定而深厚的情感。这种强劲的激动情绪,是一种对人、对工作和信仰的强烈感情,它能促使人对目标孜孜不倦地追求。

一个没有工作热情的员工,不可能高质量地完成自己的工作,更别说创造辉煌的业绩了。只有那种对自己的愿望有真正热情的人,才有可能把自己的愿望变成美好的现实。喜欢做,才能甘愿受(苦)。(D-I-12)

根据词源,热情的英文"enthusiasm"是古老的希腊文字"神"(theos)与"内心"(entos)的结合,代表"内心的神灵",说穿了就是一种对生命的信仰。因为信仰可以激发正面的思考,在遭遇困难时,不是转头逃避,而是像个勇士般正面迎击,也正因为相信自己的价值,这样的信仰不容易向环境妥协,当被困在工作中而抱怨时,他能转换一个角度看待,并相信自己。

"全球两百大企业CEO特质"的调查发现,在十个重要的特质中,排名第一的也是热情。有了热情就能在工作上找到乐趣(D-I-19),就能从工作中找到价值感(D-I-3),就能从工作中找到自己最擅长的部分(D-I-12)。

其次是理想抱负、进取心。进取心也称上进心,是指不满足于现状,坚持不懈地向新的目标追求的蓬勃向上的心理状态。人类如果没有进取心,社会就会永远停留在一个水平上,正如鲁迅先生所说:"不满是向上的车轮。"社会之所以能够不断发展进步,一个重要的推动力量就是拥有这只"向上的车轮"。

正是将进取心作为向上的动力,企业代表提出希望所需的人才能够具有进取心,"为自己设定较高的工作目标,勇于迎接挑战,时刻想着提高和进步,要求自己工作成绩出色";"激发他们充分地挖掘自己的潜能,激发他们的创新能力、创造能力";而一个没有抱负的员工,"很难养成好的工作习惯,他要是不想进步,即使拿鞭子抽他,他也不可能有出色的表现,更不用说他能够付出更多的努力培养自己的良好习惯了"。

抱负、进取心是人类智慧的源泉，它好像从一个人的灵魂里竖起在这个世界上的天线，通过它可以不断地接收和了解来自各方面的信息。它是动力强大的引擎，是决定人们成就的标杆，是生命的活力之源，是创造创新之源。

微软全球高级副总裁、前微软中国研究院院长李开复曾经说过："三十年前，一个工程师梦寐以求的目标就是进入科技最领先的 IBM。那时 IBM 对人才的定义是一个有专业知识的、埋头苦干的人。斗转星移，事物发展到今天，人们对人才的看法已经逐步发生了变化。现在，很多公司所渴求的人才是积极主动、充满热情、有抱负、有进取心的人。"[①] 这个总结，也适用于中国机械制造行业企业需求人才的特质。

就像本研究汇集到的资料显示的那样，多数企业代表皆表示：公司的发展太快，工程专业人员的工作内容并非一成不变，正因为如此，对他们的控制与管理显得更加困难；一个口令一个动作的时代已经过去了，现在企业界需要的是弹性与快速的回应，而要达到上述理想的境界，除了组织结构、企业流程等制度性的建构之外，尚需要员工个体主动的付出与参与。一个优秀的工程人员除了必备的专业知识与技术之外，更需要能够主动将这些专业知识与技术用在工作上，并且能时时加强与进步。因此，要成为一个有用于企业的优秀工程专业人才，理应具备主动进取的工作态度。

再者，由于制造业企业面临的产业环境变化快速，竞争者众多，为贯彻自己的经营理念，需要建立能作出快速反应的组织。因此，主动进取这项职能需求，正好反映了企业的组织价值观与策略需求，而具备该项职能的专业人员自然可以在企业中脱颖而出。

热情、抱负与进取心，被访者需要人才具有这样的特质，是基于这些特质对于创造力、创新力的贡献的，因为，无论是前文所述的有关人才的基本素质的"经年累月的积累"，还是对专业知识的"精钻"，还是创造力之源的"悟性"，都离不开对工作的热情、执着的追求以及强烈的个人抱负与不倦的进取精神。由此可见，用人单位需要的是既懂专业

[①] 李开复：《给中国学生的第一封信——从诚信谈起》，http://hrbeu.cuepa.cn/show_more.php? tkey = &bkey = &doc_id = 329743，最后访问日期：2020 年 9 月 11 日。

知识，又有社会情怀的，抬头可仰望星空，低头能脚踏实地解决实际问题的人。

3. 人才数量

虽然各行业企业一再抱怨"难找到合适的人选""人才紧缺""人才瓶颈"等问题影响发展，但是对于人才需求的数量方面，各企业因其本身的条件与发展的需求仅提出了2~15人不等的人才需求数量。根据统计，有10份人才"订单"共"定制"64件"人才产品"。8家大型重量级企业的64人次的人才需求，实在很难对应"人才瓶颈"的突破。不过也有的企业没有对人才需求数量提出具体的要求，但对其他方面的校企合作提出了自己的合作意向。

通过对H汽车集团等8家老工业基地改造的重点企业人才需求进行深入调研，并在归纳分析的基础上，H大学机械学院形成对用人单位人才需求的如下基本判断：

第一，市场对工程技术人员的需求，必然与相关产业或行业的目标进程密切相关，老工业基地改造很大程度上决定对工程技术人员的层次结构、就业取向、能力与素质等方面的具体要求。

第二，工程类人才培养应是金字塔结构，与企业人才需求的金字塔结构相匹配，才能满足人才的供需衔接。目前工程类专业毕业生出现就业困难的主要原因，不是数量太多或质量太差而是满足需求的针对性不明确，导致了结构的不合理。

第三，企业技术改造变化快，对实用性技术要求非常高，虽然工程理论也需研究新理论和新方法，但只需一定数量的研究人才，大量需要的是和从事领域应用结合紧密的实用性的应用型人才。[①]

从全局看，产生这些现象的原因很复杂，但从学校角度重新审视教育系统，发现这些现象产生的原因与高教现有教育模式的不足有关，主要表现在以下几个方面：

第一，人才培养的目标和规格不清晰、不准确。

[①] H大学机械学院：《工作简报》，2003年10月17日。

第二，高校存在一定的封闭办学现象，对产业或行业了解不足，人才培养方案滞后于业界发展实际需求。

第三，高校在工程实践能力培养上存在结构性缺陷，学校不能提供企业的实际工作环境、真实案例、实用技术等，不了解业界的非技术知识。

第四，由于高校教师队伍普遍缺乏工程经历，在讲授基础理论课时，没有将理论与实际相结合的方法与手段传授给学生。

因此，院长SP认为，用传统的"学科专业"方式培养面向老工业基地改造的人才是行不通的，必须采用"定制式"人才培养模式有针对性地培养工程型、应用型人才，以解决上述问题。在对"定制式"人才培养目标的确定上，"应该考虑两个方面，第一是同的方面，立足学校作为一所地方性理工大学的分类定位，第二是考虑异的方面，以有别于其他常规班级，而为'试点班'"（M-SP）。在对同与异的考虑中，H大学机械学院的教指委（教育改革指导委员会）在确定"定制式"试点班培养目标的过程中，一方面归纳总结了业界的人才需求，一方面研究探讨了国家、地方与学校的相关文件与指导精神，最终明确了其试点班的培养目标。

（三）试点班培养目标的确定

自20世纪90年代末高校扩招以来，中国的高校无论从数量还是规模上都得到了相当的发展，加之高校合并、升格的风潮，一时间引起了人们对高校千校一面、培养出的人才千人一面的批评，也由此引发了对高校分类定位讨论与研究的热潮。此时，相对于三校合并初期而言，H大学对于定位为教学研究型的地方性院校人才培养目标已经有了较为成熟的看法。概括起来就是复合型人才、应用型人才、高级工程技术人才，以及少量的精英。而机械学院对人才培养目标与规格的定位，一方面要承上，要符合学校的要求，在学校规定的框架下寻找坐标，另一方面又要接下，要体现出"定制式"试点班的特色，充分对接用人单位的需求。在这承上与接下，符合与体现的空间中找寻目标的空间位点。以下用列表的方式，展现这个过程中对企业需求的归纳体现，以及对学校目标的关照承接（见表3-5）。

表3-5　企业需求、学校目标与院系目标的对照

企业需求	学校目标	院系目标
素质要素：敬业、努力、热爱专业、踏实、吃苦肯干、积累、认真、耐心、热情、进取心、抱负理想 能力要求："站起来能说，坐下来能写"，会工艺，懂图纸，能操作，悟性高，有分析、创新能力 知识结构：知识面要广，本专业知识要精通，还要懂别人的专业，多接触其他专业，基础知识扎实，专业精通，了解本行业发展前沿，学校的成绩好 总结：企业对工科学生的创新精神、实践能力和综合素质的要求不断提高，希望机械专业的毕业生就业后上手快，适应性强，并希望有一定的技术专长。① 需要掌握现代科学知识的，既懂得机电，又熟悉计算机，会外语的应用型创新人才，也需要涉足边缘学科的紧缺人才②……	下得去、留得住、用得上、有后劲、有潜力的复合型、应用型人才	能够从事机械设计制造及自动化领域内的设计、制造、科技开发、研究及营销等方面工作的高级工程技术人才，特别是在计算机辅助设计及制造、机械与电子相结合等方面具有较强工程实践能力的应用型高级工程技术人才

表3-5明白地显示出，机械动力学院对企业的需求进行了高度的概括，把企业对毕业生的动手操作能力的需求概括为"应用型"，企业综合多方面的要求则上升为"高级"。对于这种高度的概括，"'定制式'人才培养模式改革课题组"的负责人有自己的解释：

> ……你也看到，他们（指用人单位企业）提出的需求无论是质量上还是数量上都不具体，没有标准，……好，一项一项地说，就说素质吧，诚信、努力、爱岗、敬业，还有踏实等，这些跟我们（指学校）一贯的要求和提法是一致的，这也是我们高等教育，甚至广义的教育的分内之事，我们一直（是）这么要求的，也是这么做的，但是这个看不见、摸不着的，你说要具体落实在课堂上吧，这个好像也很难操作，怎么教，其实是一个潜移默化的过程，而且是教育的分内之

---

① 机械动力学院：《工作总结（2003～2004年度第一学期）》。
② SP等：《东北老工业基地人才需求分析》，载《面向东北老工业基地的"定制式"人才培养模式成果总结》，未公开。

事，应有之义，这个大家都知道，我觉得提不提意义不大，提了还容易给人说大话、唱高调的印象，净整些虚头巴脑的……（M-SP）

对于素质要素，SP老师认为既是教育的应有之义，同时又有"虚头巴脑"之嫌，因而为了体现踏实实在的机械作风，还是聚精会神狠抓能力，一心一意教知识。那么在能力与知识方面"定制式"试点班的培养目标能否充分体现和反映用人单位的期许呢？SP老师认为用人单位提出的要求概括的太抽象，具体的又太琐碎，离高校的人才培养目标还是有一定的距离，需要"加工改造"。

比如说，一重的W提出的"知识面"的问题，也是大家都提到的（问题），这个当然是越宽越好，但他们也说是要在专业知识精通的条件下，这就存在一个"专"和"宽"的问题，其实说到底就是素质教育与专业教育的问题，这个一直是大学讨论的问题，现在也还在讨论，悬而未决。因为学生四年的时间有限，你要想基础宽一些厚一些，那么肯定要影响到你在专业方面的精通程度，专才与通才在本科教育阶段很难兼顾。我们也在思考这个问题，虽然"定制式"试点班主要是强调毕业生与企业岗位的"零过渡"，要强调应用性、操作性能力，但企业自己就把这个要求拔高了，既要基础好、专业强，又要动手能力强、有实践经验、上手快，这其实给我们出了一个难题，我们得动脑子思考这个问题，因为我们的试点就是特色，特色在哪里，就是在与企业的对接上。但这个对接不是简单的对接，因此我们还是得将企业的需求结合我们的理解与条件做具体的分析与消化，再实实在在的教学。（M-SP）

在知识要求方面，近年来大多数企业都模拟换数控了，因此他们想要员工懂得这方面的知识，熟练操控机床的、编程等，还有就是一些新的设计绘图软件，比如UG、Auto CAD、SOLIGWORKS、Pro/E等，企业也提出了要求，不管用不用得上，先要你懂，先要你把这些东西储备起来；……各个企业的生产产品不同，经营业务不同，他们提出的具体要求也不同，模具加工的有模具厂的要求，起重机有起重机的要求，造汽车的要求也有，但咱这是大学，不是培训班，我不能说你要什么我赶紧给你培训什么，你知道，大学对人才进行的是规模培养，不能因为你要三个五个学生这样，我就这样培养这三个五个，他又要三个两个学生那样，我再按照那样培养这三个两个，咱也没有那个条件，但是我们还是会考虑把用人单位提出的这些要求纳入我们的培养计划中的，比如我们会利用上面在我们这儿设的训练中心的便利，引导学生在上学的期间多拿一些认证，而且我们也会考虑把一些认证的内容穿插在试点班的教学中进行。（M-SP）

很显然，SP认为，按照企业提出的人才需求而确定"定制式"试点班的人才培养目标，存在一些问题。一方面，企业提出的要求不是太抽象没有办法操作，或者已经体现在教育的应有之义中；要么就是太具体没有办法归纳到高校这样的"规模"性人才培养的模式中。再者，H大学，在三校合并后，将自己定位为教学研究型大学，而且正在申请国家重点科技园，并力争向"211"挺进，这样的学校定位与行动取向，也让机械学院的负责人认为：

我们是"定制式"试点班，而不是"订单培养"，这二者还是有很大区别的，"定制式"试点班不是职业教育，更不是培训班，我们院是学校的王牌院，有重点学科，重点专业和重点实验室，也有博士授予点，因此，我们在"定制式"培养的同时，在培养高级应用型人才的同时，还要注意培养精英，我们每年考研的也不少，"一本""二本"都有，"三本"的也有……（M-SL）

无论是从字面的理解，还是从设计组负责人的访谈资料中，都明确表示，这个"应用型高级工程技术人才"的培养目标：

不仅是考虑到当前高校毕业生就业结构性偏离的严峻形势下，国家提出的人才培养层次性的体现，同时也立足学校的教学科研型定位，而且还主要是照顾企业的需求……在充分考虑到学校的定位、声誉，社会的需求，并参考兄弟院系（的培养方案）后，结合本院的实

际情况，最终把目标定位为：具有较强工程实践能力的应用型高级工程技术人才。①（M-SL）

在这样"指导思想"下，其目标很难只是从需求中直接归纳概括得来，事实上，我们可以看到，最终确定的培养目标并非一个如其"定制式"试点班设计初衷所言的"改善毕业生学用偏离，解决企业发展的人才瓶颈"的直接从企业用人需求中长出来的草根目标，而是糅合了国家高等教育发展指导精神、学校定位、地方的人才规划原则的策略性目标。这种策略性选择也体现了负责人"同的方面与异的方面"的全面考虑。

对于归纳企业的人才需求，校方也提出了自己的看法：

你可以看出，他们提出的那些要求很不具体，很不明确，而且有一些还没有说到点子上，没有把他们需要什么样的人才说清楚，……具体的太具体，高校的人才培养活动不是师傅教徒弟，就项目一个环节一个环节，一个步骤一个步骤的来手把手地教，而是一个群体性的活动，我们不能为了你需要一个这样的人就为这一个人配备一整套的教师、设备、课程等；……还有的太概括了，说了等于没有说，就比如说吧，大部分企业都提出了需要工程师，至于具体点的规格要求则没有划个"一二三"，这也是很难办的……（T-SL）。

一方面太具体，没有办法落实到高校规模性的人才培养活动中，另一方面是太概括，没有办法体现在对人才的规格规定上。对于如何把企业的真实需求转变为高校的人才培养目标，高校也着实费了一番工夫，对企业的需求进行了解读，但其结果是"抽象对应概括，具体简单体现"。最后对人才培养目标的确定，学校也进行了高度的概括，那就是"复合型、应用型、高技能工程技术人才"。

从上面的分析中我们可以看出，H大学机械学院"定制式"试点班人才培养目标的确定，是在综合考虑了以下三方面的因素后作出的。

第一是用人单位的需求，这一点在正式文件表述中是确定目标的主要

---

① H大学："'定制式'试点班人才培养模式改革工程"教学研讨会材料之四。

参考依据，但并非完全地体现与反映这些需求。因为，企业提出的这些需求太抽象，或者太具体，要把这些需求上升为高校人才培养的目标，就需要对这些需求进行归纳整理"去粗存精"，进行"再加工"，这个归纳整理、再加工的过程势必会使得需求与目标之间产生位移。这种位移集中体现了学校的行为偏好、利益逻辑与价值取向。

第二是对大学本质与学校定位的考虑，SP老师对大学是教书育人、培养人才的场所，素质教育是大学的应有之义，专才与通才的矛盾，规模性人才培养等见解，对试点班的培养目标的定订有不可忽略的影响；而H大学自身的定位与发展目标取向也形塑了该目标。作为教学研究型的大学，H大学虽然要致力于培养应用型、复合型的高级人才，但也不能放弃对精英人才的培养，这种对精英人才的培养的理想背后是学校对成为精英学校的追求，申报国家重点科技园，向"211"挺进等学校行为取向，都彰显出H大学要培养高级的人才，"是与职业教育不同的，更不同于培训班"。也正是在这样的学校定位下，"定制式"试点班的培养目标被拔高，而远离其最初的市场期许、行业需求与企业要求。

第三是对国家的高等多元化发展、差异性定位的引导政策的响应。培养社会发展需要的人才是国家确定的高等教育的人才培养目标，在这个概括性的目标下，各级各类学校根据自身的分类与定位，设计培养目标。提高教育质量，培养学生的创新精神与创新思维，增强学生的实践能力、创造能力和就业能力，这些精神在"定制式"试点班的培养目标中也有所体现。而以"应用型高级工程技术人才"为目标的试点班培养更体现了地方大学在落实"造就数以亿计的高素质劳动者，数以千万计的专门人才和一大批拔尖创新人才"上层描绘的高校人才培养的坐标中寻找的人才培养定位。

"振兴东北老工业基地，突破人才瓶颈"是此次"试点班"设立的最直接原因，对这一地方政府发展经济战略号召的响应，直接表现在对市场需求的识读过程中，对政府发展规划的强调。以培养地方经济发展需要的人才为导向，积极调整和改革人才培养模式，加快培养用得上的高素质人才，在"定制式"试点班的人才培养目标的确定过程中一再得到重申。

由上述分析我们也可以看出，这一以培养市场需求的人才为设立初衷的"定制式"试点班，在其培养目标中，市场需求究竟占有多大的影响？

"定制式"人才培养的实践逻辑

在此阶段中,我们可以看到,H大学机械学院"定制式"试点班人才培养目标的定订议题的产生,既有自下而上的院系领导诉求的体现与推动,更是一个自上而下由学校领导根据中央精神、学校定位、社会需求和自身状况的分析而作出决策的应对过程。此案例中,校领导的语言是耐人寻味的,"落实人才强省战略,适应社会建设和经济发展的需要,突出学校定位特色"等用语无疑为这次"'定制式'试点班人才培养模式改革工程"的启动做了重要注脚。① 然而,此次人才培养模式改革的真正意图并没有被明确提及,那就是配合上层"办出特色、合理定位、不断调整"的改革要求,结合市场化、与市场接轨的要求,而这种结合与接轨是与上层的支持不能分开的。"训练基地的有着落","研究课题的申请,审批与经费","认证培训的设立"等,这些与改善毕业生就业中结构性偏离的问题几乎可以说没有实质相关的议题,都在"定制式"试点班的运行背后默默进行。随后的数控训练中心、正版UG等"硬件"设备,充分表明了"试点班"的实质成果,企业与学校教师共同立项,申请课题,更是为教师们搞"第二职业"提供了便利的条件和正当的理由,有人说"名义上是学生的第二课堂,实质上是教师的第二职业"。

这个培养目标确定的实践过程体现了学校的制度理性与经济理性的综合。首先,学校承接国家高等教育发展规划的相关要求,体现本学校的分类定位目标,其目的是为在高等教育人才培养目标的空间中选择自己的发

---

① 对"定制式"试点班的相关文本资料的检索,以及对访谈资料的整理后发现,这次人才培养模式改革的教改实践,其合法性的追溯主要有以下几种提法:教育要面向现代化、面向世界、面向未来,是邓小平同志对我国社会主义教育事业提出的伟大的战略思想,也是对新世纪机械类人才培养模式以及教学改革的指导方针;新世纪工程教育的一个基本特征就是"适应性",即适应社会需要,由原来狭窄的对口型专业向宽口径适应型专业教育进行转变;尤其对省属机械类专业来说更为重要,因为省属院校机械类人才培养模式主要是培养为地方工业服务的复合型工程技术人员(YL);结合企业的需求、学校特色和地域特点(WF);我国高校扩招,出现高等工程教育人才培养与企业人才需求相脱节,毕业生工程实践能力薄弱,尤其是工程技术创新能力不足等问题,贯彻落实《中共中央、国务院实施东北地区等老工业基地振兴战略的若干意见》的文件精神(MW);全面推进素质教育(SL);坚持社会主义办学方向,全面贯彻落实《高等教育法》,主动适应当代社会、经济、科技发展对高等教育人才培养的需求,与学校的办学指导思想保持高度一致,按照科学的人才质量观和我校生源多样化的实际情况(SL、SP);市场经济体制的建立,我国高等教育大众化,振兴东北老工业区经济发展特点,结合学校的特点和发展趋势(SL、WP)等。

展"地盘"提供制度上的合法性；其次，对企业的调查、对用人单位人才需求的摸底，一则为其"定制式"试点班的培养目标提供了定订依据，二则也配合了地方"振兴东北老工业基地"、发展经济、突破人才瓶颈的发展规划，从而也在制度上为其提供了合法性与正当性；再次，这种对地方经济的配合与支撑，不仅能够为其提供正当性与合法性，而且满足了它背后的利益诉求：2000万元的专项资金和土地、招生政策、校企合作方式等方面的特殊待遇，是继续扩大招生的资本。与以往不同的是，在这个案例中，制度理性与经济理性是互相关照，你中有我、我中有你的关系，而不是相互分裂、各自践行自己逻辑的，如制度理性遵循合法化逻辑，而经济理性实现利益逻辑。由于在从市场需求的具体到试点班人才培养目标的抽象的过程中，添加了对制度合法性的建构与经济利益的诉求的考虑，导致在该实践过程中初衷目的与最终目标的偏离。然而，对初衷目标的界定，人们仅仅是从其"定制式"试点班的发起议题的相关文本中找寻，是一种"文本目标"，也许它本身就与其发起者心目中的"意义目标"有距离。我们也可以看出，在"定制式"试点班的设立与培养目标的确定的实践过程中，市场仅仅是作为一种措辞被用于建构合法性。

本章小结：合法性建构中目的理性的践行

人才培养目标应该在学校的人才培养过程中充当指挥棒的作用。然而，通过对H大学机械学院"定制式"试点班从提议、对企业需求的调研，到培养目标的确定的整个过程的追溯，可以看出，培养人才目标的要求既有对上层"适应社会的需要，为社会建设培养合格的建设者"以及学校对自身"教学研究型大学"的定位的承接，对"振兴东北老工业基地"的人才瓶颈突破的要求的体现，也有对下层作为市场的企业的用人需求的考虑。整个实践过程一方面建构合法性来源，一方面又以此为契机争取利益，合法性的建构与利益的争取在市场转型之下张弛有度、互为推进。

通过对H大学机械学院"定制式"试点班培养目标确定过程的描述和分析，可以清楚地看到，在对企业人才需求的具体内容进行抽象、提升为培养目标的归纳过程中，并不是只纯粹考虑解决"人才偏离"问题的，而是结合了国家政策、学校定位、地方指导精神、企业人才需求与培训等合作意向,以及院系实际师资、设备等的实际情况而作出的策略性变通。既是对上层精神和原则的体现,也是对外界环境要求的应对,同时还是出于对自身实际情况的考虑。而这些来自上层的以及自身因素的"干扰",使得原本为解决毕业生就业中的"偏离"问题的议题,应对外部环境变化对人才需求的改变而设置的试点班,变得复杂,而且具有了"合法化"建构与"效率机制"的实践逻辑。

"定制式"试点班的设置,其本身属于积极参与和实施上级要求的行动。在这项行动中,院系进行试点班的行动,显在的起因是在学校倡导下对解决地方经济发展中人才问题的响应,解决大学毕业生的就业结构性错位;而潜在的动力则是整合院系的师资与设备资源,同时借此机会争取上层的支持,建立现代化的实训中心,扩大实力,推动发展。另外出于对"三本"学生出路的考虑,有助于扩大招生。院领导"高度重视这次教学改革",亲自担任院教指委主任,并加入校教指委……可以看出,院系领导对此项活动获得制度合法性的主动、自觉。而在培养目标的确定上又主动要求向"教学研究型""地方性理工院校"靠拢,可以看出上级对院系行动的影响与约束。而在培养目标的设计过程中,"要体现出拓宽专业、加强基础、提高素质、面向工程"的原则,也是对学校教改工作的指导精神(这个原则出自一次校长接受采访时的发言)的积极响应,最终获得"领导大为赞赏"。这些都充分展现了机械学院试点班的设立在领会上级的精神、贯彻上级的原则时,为取得合法性所采取的有效策略。

总之,由于高校人才培养目标的模糊性、毕业生质量的难以测量性、现阶段大众对高等教育的旺盛需求、诸如机械等专业的就业市场的乐观性等多种因素引起的毕业生质量对学校的存续发展的影响,以及试点班设立与目标定订过程中的"复杂需求体现",导致试点班培养目标与市场需求之间存在部分偏移。

在以市场需求为目标的"定制式"试点班的培养目标定订实践中,由于受到国家政策、地方环境、学校定位、院系现状等因素的影响,冲淡了市场需求在其中的权重,我们可以看出,市场被当作建构合法性、争取资源的手段。

第四章 目标指向与供给基础的调适实践

学校的管理层在分配教师和学生、决定时间、物资等资源时，发展起来一套严密的规章制度来保障物资和人员的调配能够最有利于完成任务。人才培养模式改革的实施取决于管理层能够调配人员、课程与设备等培养人才所需要的资源，并将其整合进日常工作中，同时也取决于管理层突破角色的固着，创造性地实施方案。

一 管理层的人才培养实践

与制度层的分析流程相似，首先分析在学校文件和相关规定中呈现的正式管理结构，然后转移到对行动中的管理部门内的交流、权力分配等行动结构的考察，进一步分析管理层所拥有的决策权限，并以此来解释管理层在"定制式"试点班的人才培养模式变革中，设置培养方案及背后深层行为的逻辑。

（一）正式结构

20世纪90年代之前，高校组织在管理体制上一直是党政管理机构和教学教辅管理机构两条线。党政管理机构一般设党委办、办公室、组织人事处（科）、总务处（科）、财务处（科）、安全保卫处（科）等；教学教辅管理机构的设置因学校类型和规模的不同差异较大，一般设有学生处（科）、教务处（科）、招生就业处（科）等几个机构。20世纪90年代末期，在国家"为了进一步转换运行机制，增强学校办学活力，提高办学效益，适应教育改革和发展的要求，迎接新世纪国际竞争的挑战，高等学校抓住当前有利时机，以积极创新的姿态，加快高校人事分配制度改革的步伐，大力推进新一轮的高校内部管理体制改革"① 的精神指导下，各高校结合自己的实际，进行了管理体制的改革。H 大学本着"有利于促进学科发展、提高教学科研的整体实力水平、充分利用教育资源、增强学校社会服务功能的原则，以学科建设为龙头进行校、院、系管理体制改革"②。

在以"降低管理中心，调整管理跨度，规范管理行为，激发各级组织的活力"为原则的管理体制改革后，H 大学机械学院的机构改为了学校党政班子、学院办公室、学术委员会、学位委员会、教学指导委员会、教辅办公室等几个部门（M‐SL）。

"教学指导委员会"是院内教学方面的指导、咨询和评审机构，由学院分管教学的副院长任教学指导委员会的主任，九名"优秀骨干教师"为委员。教指委的工作职责主要包括审定专业人才培养方案、教学计划、教学大纲和教材，并负责监督教学计划的执行情况；审议学院教学基本建设（包括专业建设、课程建设、教材建设、教研教改及学分建设）规划；对学院日常教学过程进行检查、监督和指导，对违反教学秩序的行为有权提出批评、建议和改正意见等。本次"定制式"试点班的培养方案的设计与监督执行曾"一度成为教指委的重点工作之一"。

（二）行动结构

理论上讲，高校作为一种松散组织，加之学校中管理重心下移的改革赋权于院系，院系中权力层次的增加会带来人员之间协调、沟通的成本的增多，但机械学院多套班子一套人马的"精兵简政"避免了权力分散引起的内耗。从机械学院的部门设置以及人员配备上可以看出，学院党政班子、学术委员会、学位委员会、教学指导委员会，这四个部门享有一套班子，只是其中的正副职务稍有不同。学院办公室、教辅办公室这两个办公室也是享有了大体一致的人员配备，这种配备与各部门之间存在职能交叉有关，从而使得各部门在进行活动时，省去了"借权"之不便。

管理层在院系内表现出一种紧密高效的状态，但当与学校的相应管理

---

① 教育部：《关于当前深化高等学校人事分配制度改革的若干意见》（教人〔1999〕16 号），1999 年 9 月 15 日。
② H 大学：《H 大学教职工编制管理暂行办法》（H 校〔2003〕64 号）。

层对接时，需要协商、协调、沟通的地方就多了起来。在这个时候，往往依靠部门的负责人之间的私人关系来协调，部门的地位、负责人的风格、部门的职责、任务特征等都在其中起到作用。

管理层总是给人以墨守成规、难以突破、循规蹈矩的印象，但这并不是事实。首先与这个部门处理的工作性质有关，其次也与这个部门一把手的办事风格有关。在劳伦斯和洛尔施的理论中提到，部门负责人的性格应该和部门的要求相适应，只有当部门更好地满足个体的成功和能力的需求时，部门和个体才能达到双赢的结果。比如教指委主任的职位，需要协调和管理能力强的老师而非教学科研搞得好的教师来担任，而院系中各部门的管理层的挑选很少考虑到部门特征和个体个性之间的关系。

研究者发现管理层的"专业"和"科层"双重的特征要比制度层突出得多，要同时兼顾上级和下级教师的反应。一方面，管理层的官本位的气息可能比较浓。教师希望身兼行政职务，进入"官员"行列，地位比较高，比较有权力，但这种"官"最好只是一种身份形式。另一方面，绝大多数管理层知道向上晋升的困难性，所以他们希望最好不要做任何的实际行政事务，而是带班上课，行政和教学两不误。而当我们引入升迁动机这一变量时，情况又复杂了些。普雷斯图斯将影响变革进程的职业动机模式分成三类：升迁性流动、冷漠、矛盾心理。"希望升迁者感到自己与组织是一致的；态度冷漠者则拒绝参与变革；持矛盾心理者既不会拒绝组织对成功和权力的承诺，也不会扮演为赢得成功和权力所需要的角色。"[1] 对希望升迁者来说，他们渴望担当领导角色，他们尽量使自己的行为与学院的哲学、目标、规范、奖励制度保持一致，他们会根据制度层的意愿去促进或抵制变革的启动。而对那些认为晋升无望的人来说，他们对事业已经丧失了激情。持矛盾心理者则会左右摇摆，没有看到制度层适时的补偿，将会停止自己对核心职能的投入。

但是，在机械学院，大多数管理层与普雷斯图斯所认为的这种情况并不一致，他们更多的是持一种中间态度：做好上面吩咐的，做好本职工作应该做的，不要节外生枝。对教师来说，当管理者热衷于履行制度层的意

---

[1] R. Presthus, *The Organizational Society: An Analysis and a Theory* (NY: Vintage Books, 1962), p. 257.

志时，往往意味着教师会有更多的额外工作或是某部分教师的利益将受到威胁。由于所掌握的正式资源有限，管理层更需要教师的配合。而且作为学科教师，他们还是要花费相当的时间在教学上，要参与教师们的教学圈子。在克罗齐埃的经典著作《科层现象》中也描述了类似的现象，相较于高高在上与员工少有接触的董事会，管理人员与职工往往有更直接而频繁的互动，而那些更善于"从员工的利益"出发的管理层更容易被员工所接纳。① 因此，管理层不仅需要不另外给教师加任务，同时还需要在适当的时机违背或转换制度层的意愿，以使得他们更容易被教师所接受。

（三）决策权限

虽然学校中的决策权力主要集中在制度层，但管理层仍具有相当大的裁定空间，这些权限的存在一方面是缘于高校组织的特殊性、院系的相对独立性特征，同时也是帕森斯所谓的"质的断裂点"，也是维克等人认为的松散结构之所以成立的理由。

就决策内容来看，汉森在研究了美国西尔弗伍德各校后得出五种决策类型：（1）分配决策，在学校中分配人力和物力资源；（2）安全决策，保护师生的生理和心理安全；（3）界限决策，决定由谁控制物质和信息的流通以及校内、校际、社区间的人员互动；（4）评价决策，鉴定（教师或学生的）绩效质量；（5）教学决策，确定课堂上教与学的进程及其内容。在美国，前四类决策基本上被董事会、校长和行政人员所控制，教师则牢牢控制了第五类决策。就 H 大学的情况来说，分配、界限、评价决策都有一部分是被教育行政部门和外界环境所控制的，尤其是评价的决策，而关键的资源分配权是被制度层控制的。但管理层仍在决策、评价和教学上拥有一定的权限。

这部分权限模糊不清，很难给出具体的规律，只能在具体的例子中感受其互动作用。在很多问题上，往往是制度层先有倾向性，比如，制度层提出"要与地方经济发展接轨，要把解决学生就业问题与解决地方经济发展中人才缺乏问题结合起来考虑学校教学的改革"。这个时候，管理层就要

---

① 米歇尔·克罗齐埃：《科层现象：论现代组织体系的科层倾向及其与法国社会和文化体系的关系》，刘汉全译，上海人民出版社，2002，第 3 页。

思考具体化的操作，对怎么执行、怎么落实、上什么课、谁来上等问题进行协调。即使是处理这些技术性的事宜，管理层也拥有很大的裁量权。带有政治意味的"给谁课上、不给谁课上、什么时候给安排课程"等都是很微妙的。

就在田野调查中观察到的情况来看，管理层热衷于制定各种文件。文件是最保险的一种方式，文件可以创新，可以打磨。同时，文件又是有案可查、可长期保留的材料。文件的制定既是一种可证明成绩的方式，同时又可免除琐碎的实践。制定文件可以向领导争取更多的资源。而当中层的创意和革新符合当前制度层的需要和制度环境的需要时，这一创意与革新就能收到最佳的效果。

因此，管理层在文件管理上出现了一种奇怪的现象，他们积极要求制定文件，但是文件一旦形成和公布，他们的努力几乎就停滞了，似乎制定文件本身就是他们的最终目的，而执行就成了相关教师的事情。这就导致职能部门在文件管理上仅仅限于制定和传达文件。文件的象征意义显然大过实际意义。

二　培养方案的出笼

"培养什么样的人"与"怎样培养这样的人"是我国高等教育教学改革的两个问题，也就是人才培养模式向哪里改的问题。人才培养模式中有以下要素：专业设置、培养目标、培养规格、培养方案、培养途径。其中培养方案是人才培养目标与培养规格的具体化、可操作形式，是实现专业培养目标和培养规格的中心环节，是人才培养的实施蓝图。构建科学、合理的人才培养方案，必须具备三个基本要素：一是要选择构建培养方案的主线；二是要根据不同的学科专业，选择课程体系的结构模式；三是选择适当的技术路线对教学计划进行具体修订。[1]

H大学针对东北老工业基地建设中的行业特点和企业用人单位的

---

[1] 曾冬梅、席鸿建、黄国勋：《专业人才培养方案的建构》，《清华大学教育研究》2005年第5期。

实际需求,依托学校的学科专业优势和特色,按照高等教育的人才培养规律,与企业共同制定出以培养"应用创新人才"为主线的培养方案。在教育部本科专业规范的要求下,基础课与学科基础课程按照"教指委"的要求设定,在专业方向模块中,通过"主流工作岗位需求目标导向"方法,嵌入企业实际需要的课程,并多数选用案例教学方式,在专业实践环节(毕业设计、实习)强调学生进入企业实习,校企共同指导毕业设计,形成理论、实验、实习、毕设、就业相互关联一体的培养模式,且重新赋予这五个环节新的内涵,此模式可以实现校企之间在师资、技术、设备等办学条件方面的互补。校企共同参与教学与管理,学生毕业后直接到"订单"单位就业。在教育教学过程中充分体现面向市场、注重实践、强化创新能力培养、构建产学研结合教育教学的人才培养模式。[①]

这是一个实现"定制式"人才培养的完美的方案设计,然而它的完美决定了它只能是个理想模式,只是"理论文本"指导,在实际的培养方案中,需要遵循的原则远远不止东北老工业基地建设的行业特征、企业用人单位的实际需求、高等教育规律、教育部本科专业规范等;而且还有本院师资的水平结构、类型结构、关系结构,设备的现状与可能争取到的情况,以及学生生源特征等实际情况。而正是后者才是培养方案设计者首要考虑与难以"摆平"的费力之处。对市场需求的体现,对教育规律的遵循,对师资结构的调配与整合,对学院学科发展的规划,对设施设备的考虑,以及对扩招后参差不齐的学生现状的兼顾,都集中体现在了培养方案的设计实践过程中。

(一)培养方案主线的选择

培养方案主线也是制订专业课程体系的主线。恰当地确定这条主线是科学地、规范地构建一个整体优化的人才培养方案的第一个环节。所谓培养方案主线是指旨在让学生形成合理的知识、能力、素质结构而设计的一

---

① H省高校新世纪教育教学改革工程重点项目组:"面向东北老工业基地'定制式'人才培养模式的研究与实践"课题,2004。

种发展线路或者路径。选择以什么样的主线设计培养方案会造成不同的人才培养结果。

过去，我国普通高等学校的本科教育（包括专科教育）在相当长一段时期内，基本是沿袭苏联的人才培养模式。不论是高等教育理论界或者是高等教育主管部门以及高等学校，虽然没有明确提出以"学科本位"为主线，但实际上普遍认可了以"学科本位"（或称"学科教育本位"）为主线来构建本科专业培养方案。如过去的机械专业，以机械学、力学、电工学三个二级学科教育为主线，构建课程体系。

按照这条主线构建的人才培养方案，强调专业的专、深、尖，在当时计划经济时代，工业化程度相对较低，社会需要大量同类型、同层次人才的背景下，具有其合理性，为社会输送众多高级专业人才起到了积极的作用。但在市场经济时期，伴随经济产业结构由劳动和资源密集型向技术和知识密集型转变，工业经济和知识经济并存，社会变革复杂剧烈，社会对人才的需求不再单一，而是呈现多规格、多类型、多层次的态势，对人才素质要求也相应提高。如果再沿袭单一以"学科知识"为主线构建人才培养方案，忽视学科专业发展的广度与交叉融合性，必然会导致培养的人才知识面过窄，适应性不够强，与社会需求相脱节。

笔者认为，高等教育本科人才培养，从20世纪50年代强调学科知识的系统性与完整性的知识型教育，到20世纪90年代初中期转变为既重视学科知识传授也重视专业技能培养的知识能力型教育，到目前又逐步转变为"融传授知识、培养能力和提高素质为一体"的素质型教育，是人才培养模式改革的巨大进步，是社会发展的必然要求。21世纪，人类将进入"大科学"与"大综合"时代。在这种发展趋势下，社会对人才的需求发生了根本性变化，要求人才知识面宽、应变能力好、开拓能力强，并具备多种素质特征。高等学校必须从学科发展的综合化、整体化高度来重新审视人才培养过程，所培养的人才既要具有共性，又要具有个性，同时具有较强的创新精神和实践能力。因此，构建人才培养方案应当从以"学科本位"为主线转变到以"三位一体"为主线，即应当以"融传授知识、培养能力和提高素质为一体"作为构建本科专业培养方案的主线。

就目前高校实施的宽口径人才培养模式改革实践而言，确立构建培养方案的主线，总体上应体现上述"三位一体"的共性，但同时也应该体现多样性和个性：不同层次、不同类型、不同规格的高等学校，人才培养所要求的理论深度和能力不同。每一所大学的专业都有自身的特点和优势，有自身专业人才培养的重点和针对性。因此，不同科类的专业究竟是选择"以设计能力为主线"，还是"以创新设计为主线"、以"培养综合设计能力为主线"设计人才培养方案，应根据各自学校特定的办学类型、办学层次、人才培养目标、专业布局、师资条件、学生特点等来设计，并有所侧重，以形成百花竞放的多样化人才培养模式。

H大学机械学院本着"拓宽专业、加强基础、提高素质、面向工程"[①]的原则，结合行业企业需求，学校特色和地域特点，学校和企业共同确定详细的专业人才供求计划及人才规格，并制定详细的人才培养方案。具体做法是：以订单方式培养的学生单独成立试点班，基础课、技术基础课按照教育部要求统一授课，专业课与企业对接，按企业的要求搭建专业平台，吸纳企业工程技术人才授课，毕业设计等实践环节直接到企业面向岗位进行。

H大学机械学院"定制式"试点班"具有较强工程实践能力的应用型高级工程技术人才"的培养目标决定了其培养方案应当以技能培养为主线，但同时要考虑到"学院学科"的发展，并配合学校"向'211'挺进""申请国家重点科技园"的活动，因此在实际上还是选择了"融知识传授、能力培养与素质提高三位一体"的多重培养主线，这种多重性在培养方案的结构模式中体现得更为明显。

    对我们确定培养方案的主线的影响因素比较多，比如，受学科、专业自身学术发展需要的影响，社会经济建设对人才需求规格的影响，学校未来发展方向的影响，等等。相对地说，社会经济发展对人才规格要求的变化对我们培养方案的主线的选择影响更大，特别是对我们这个试点班，你知道，我们的培养目标就是要与用人单位对接，不仅让这部分学生找到工作，也让用人单位满意，因此主要还是考虑企业的要求。这样的选择主要出于三个方面的原因：一是人们普遍认为高等教育的目的是为社会培育人才；二是学校也希望学生毕业后能

---

① H大学：教改工程教学研讨会材料之三。

够学有所用，适才适所，有个好的出路；三是增加专业的吸引力以及学校的影响力。(M-SL)

但是，实际上培养方案主线选择的影响因素要复杂得多，远远不止 SL 老师的三因素说。主线的选择受学术的影响非常之大，因为近年来在名噪一时的大学升格升级的运动中，即便是原属于职业教育体系的科技大学、技术学院和专科学校，都有紧锣密鼓地向学术靠近和漂移的倾向，以便在升格改制中提升自己的档次与地位，作为三校合并且被本省定为"地方性重点院校"的 H 大学当然也不甘仅为"职业型"，因而在自己的定位中明确指出"教学研究性"，而且人才培养的定位也指出了其向学术靠拢的倾向："兼顾培养精英型人才。"拥有 H 大学王牌专业的机械学院，更是不甘仅为"职业型"，因而特别强调"我们的学生每年考研的占相当部分，'一本''二本'的有，'三本'的也有"。这样情感上的追求与行动上的倾向性自然会在培养方案主线的选择上有所表达，那就是"应用"与"创新"的统合，"知识基础"与"操作技能"的兼顾，并且要求"高素质"，实际上，这仍然是一条"融知识、能力与素质为一体的"路径，这种复合性与复杂性在培养方案的结构模式设计中得到了更充分地表达。

（二）培养方案结构模式的选择

专业培养方案的结构模式，既指专业课程体系的结构模式，也指教学计划的结构模式，即指按照什么样纵向关系及横向联系排列组合各类课程，是构建培养方案的重要问题。我国传统本科教育模仿苏联，为适应专才教育培养模式，课程设置以"学科本位"为主线构建，一般采用"楼层式"（基础课—技术基础课—专业课—专业方向课）或者"平台式"（公共基础平台—专业大类基础平台—专业课程平台）结构模式。

20 世纪 90 年代初，为适应经济与社会发展对人才知识、技能要求的需要，不少大学把课程按一级学科、二级学科分类或按业务工作需要的专业技能分类，组成各种学科知识模块与各种专业技能模块，然后按模块之间的相互关系组成专业的课程体系，推出了"模块式结构"。随后，随着素质教育的发展，又推出了"平台—模块式结构"。

目前高校正在实施"按学科大类招生、宽口径分流培养""融传授知识、培养能力与提高素质为一体"的课程体系结构模式。这种将普通教育课程、专业教育课程、学科和跨学科教育课程整合在一起的结构模式，我们称为"一体化"课程结构模式（见表4-1）。

表4-1 "一体化"课程结构模式

知识平台		教学模块	
		理论教学	实践教学
专业方向平台		专业方向模块群	毕业实习与设计（论文）
		专业选修课模块群	
学科基础平台	本学科基础	一级学科基础模块	综合设计（论文）
		二级学科基础模块	实验、实习、课程设计或论文
	跨学科基础	相关学科基础模块	
专业通识教育平台		人文社会科学基础模块	社会调查
		自然科学基础模块	实验、实习
		工具性学科基础模块	上机训练、听力训练
		军事与体育学科基础模块	体育训练

该模式具有以下特点：其一，具有系统综合的知识结构，理论教学基本上是"平台—模块式结构"。其中的平台包括专业通识教育平台、学科基础平台（包括组成学科专业的大基础教育两级平台）与专业方向平台共三级；其中的模块是专业知识体系的内容分解，并按其结构与功能组合而成各种课程群。这种设置体现了"拓宽知识，夯实基础"的原则。其二，理论联系实际。每一个课程模块大都有与之相应的实践教学环节，包括实验、实习、课程设计。而实践教学环节贯穿整个培养过程，直至毕业实习与毕业设计（论文）。其三，在专业通识教育平台，设置人文社会科学基础与自然科学基础、工具性学科基础、军事与体育学科基础等模块，加强思想政治素质、文化素质与身体心理素质的教育与培养；而在学科基础平台、专业方向平台上，除继续上述三方面的素质教育与培养外，在理论教学，特别是在实践教学中更要重视专业素质、职业道德的教育与培养。其四，专业方向平台构建了专业方向模块群和专业选修课模块群两个模块群。既能够让学生根据自己的兴趣、爱好、个性选择专业分流方向，又能够根据分流时经济和社会发展需要灵活自主选课，既体现了专业设置的灵

活性和适应性又体现了分流培养的个性,不失为一种优化的结构模式。

H大学机械学院的"定制式"试点班的培养目标虽然是为企业"量体裁衣"地培养其需求的人才,但在结构模式上,选择的课程模式类似上述这种"一体化"的课程结构模式,主要包括公共基础课,人文、社科、经管类素质课,学科基础课,专业平台课与专业方向课,课程体系依旧沿用五级平台,对于主流的按工程型或应用型人才培养的学生预期的能力结构目标以如下的T型图来描述(见图4-1、图4-2)。

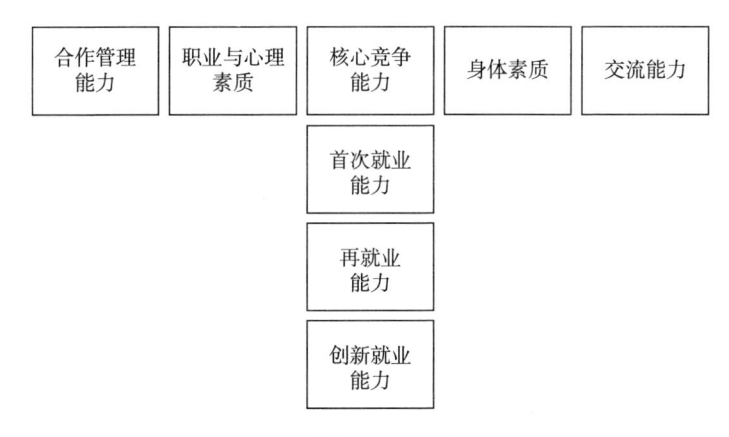

图4-1 人才培养的能力结构

资料来源:《贯彻十六届五中全会精神 积极推进教育创新 努力提高教学质量》,2006年6月,内部资料。

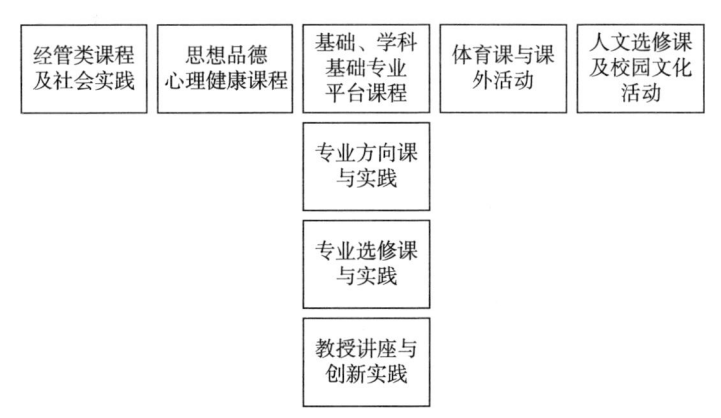

图4-2 相应的T型模式课程体系

资料来源:《贯彻十六届五中全会精神 积极推进教育创新 努力提高教学质量》,2006年6月,内部资料。

上面的"—"表示学生基本能力和素质的横向拓宽,以增强毕业生对社会的适应性;下面的"丨"表示专业能力的纵向深化,以加强毕业生就业的针对性。两者是密切联系、互为支撑的,基本能力和素质是学生发展的基础;专业能力是由前者发展而来,学生专业能力的发展水平受基本能力和素质发展水平的制约,而专业能力的发展又有利于提升其基本能力和素质。其重合部分是学生的核心竞争力,对横向拓宽和纵向深化起基础和支撑作用。

其中对横向拓宽与纵向深化比例的把握是难点,课程体系的优化与课程内容的整合是关键,重在处理好四个关系:理论课与实践环节、基础与专业、必修与选修、课内教学与课外活动之间的关系。

这种课程模式与非实验班的课程模式并无区别,这种与普通班共享一套培养方案结构模式的事实,被 SL 称为是该试点班的特色之一。

> 我们的试点班与订单式培养是不同的,我们虽然也是按照企业的需要来培养的,但实际培养过程中,是按照这样的流程进行操作的:前两年试点班与普通班一样,学习公共基础课、素质课、学科基础课,以及专业平台课,这些与普通班一样,是为了给试点班的学生打下一个扎实的基础,到了第三年,才开始分流上课,这时试点班的学生就有了更多的选择自由,我们给他们开了很多的选修课,这些选修课大都是按照企业的要求而开设的,是企业认为学生入职上岗必须要用到的,试点班的学生可以根据自己的实际情况自行选择,建构自己的知识体系……(M-SL)

可以看出,SL 所谓的特色是与通常认为的"订单式"人才培养模式相比较的,与普通班共享一套培养模式,因而也共享一套师资与教育方式,被称为是试点班的"特色"。那么试点班与非试点班相比其特色又是什么呢?这应是该试点班作为"定制式"人才培养模式改革的灵魂与精髓,却被共享所取代。深入分析试点班的特色"被共享"的原因,发现对现有师资的调配与整合不够完善,教师们对试点班的态度不够积极,以及现有教师结构与设备水平对达成"技能型"人才培养的技术路线的限制才是真正的原因。

要突出对学生技能的培养，就必须增加应用性强的课程，学生的四年八个学期的时间是固定的，增加就必须删减，这个倒还容易。问题是对于一些老师来说，企业要求的课程他没有相应的知识结构和准备，如果除掉以前的课，工作量又会受到影响，而且对于试点班来说不开设的课程，普通班还是必须（开设）的，这就存在一个问题，要对（给）试点班的学生专门配备一些专职教师。这样很划不来，从学校来说（主要指人事编制等方面的限制）也不允许我们这样。(M-SL)

SL老师认为课程的编排主要还是要考虑现有教师能教授的课程结构与能力方向结构，在某种意义上，这仍然是因人设课，因没人而不设课的局面。但这背后也凸显了教师的自主性与权力，为什么教师不随学校的调整、院系培养目标的变化而调整自己的知识结构与能力结构呢？对机械学院合并与分殊的历史考察中，找出了其中的一些"玄机"。

一山不能容二虎，合并之前三校的机械相关院系均处于分校的王牌地位，在学校强强联合的整合下，机械学院的教师们却因为"人多肉少"在经历了三年多的磨合后，最终导致以某一分校的教师们为主体另立门户，在机电一体的行业与专业背景下，另起灶炉。过往的经历使得院领导非常珍视眼前的"和谐与稳定"，因而即使在"定制式"试点班这样的人才培养目标发生很大变化的改革要求下，对改动运行了"多年"的"一体化"模式仍然心有余悸。修改不如维持，既然现行的模式没出现太大的问题，那么就没有必要冒险修改以追求"理想中的更佳"，那只是一种理想而已，现实才是最重要的。这样的逻辑同样支配了培养方案的设计者对实现培养目标的技术路径的选择。

（三）培养方案技术路线的选择

人才培养方案改革，在选择好构建培养方案的主线，根据不同的学科专业。选择好课程体系的结构模式后，下一步就是选择适当的技术路线，搭建专业的课程体系与作为实施方案的教学计划。

技术路线的选择应该以专业培养目标与培养规格为基点，遵循一定原则，实施一定环节。以"融传授知识、培养能力和提高素质为一体"为主线，构建出整体优化的"三位一体"培养方案、课程体系或教学计划。该技术路线如图4-3所示。

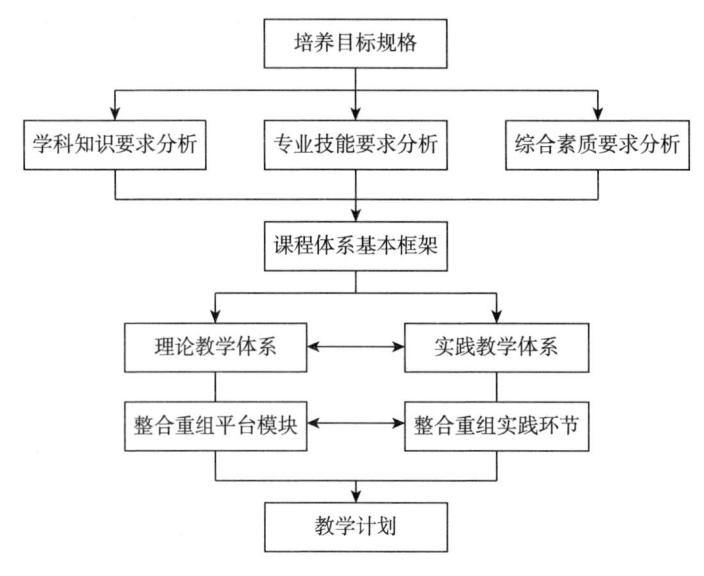

图4-3 培养方案的技术路线选择

在这条技术路线中，从形式上看，只有以传授知识为主的理论教学体系与以培养能力为主的实践教学体系，而没有以提高素质为主的通识教育体系，这并不是"口头上重视素质教育，行动上漠视素质教育"。我们认为，加强素质教育，并不等于在培养方案中必须设置大量的所谓"素质教育课程"，而是应当针对当前大学生普遍存在的综合素质有待提高的具体情况，在专业通识教育平台加强学生的基本素质培养，包括思想政治素质、文化科学素质、身体心理素质的培养，并把包括业务素质的综合素质的培养贯穿于整个人才培养过程中。

综合素质培养的主要渠道是教学，也包括实践教学。因而主要是通过对教学内容的选择与教学方法的改进来实施素质教育。在专业通识教育平台上的人文社会科学基础模块与自然科学基础模块中增加若干门学时少的课程，对学生进行有针对性的美育、文化素质教育、科学素质教育以提高学生的美德和文化素质、科学素质，也是必要的。因此，在上述技术路径中，从实质上看，已经把以提高素质为目标的素质教育融入理论教学体系与实践教学体系。加强理论教学体系与实践教学体系的紧密联系，使知识的传授与能力的培养相辅相成，把素质教育贯穿到理论教育与实践教学的全过程。这就是构建整体优化的"一体化"课程体系的技术路径的关键所在。

H大学机械学院"定制式"试点班为执行培养方案的结构模式，以便实现其确定的培养目标，选择了以理论教学体系为基础，突出实践教学系统，同时将素质教育渗透在理论教学与实践教学中的技术路径。这条路径包括四个方面，一是加强实验教学，提高动手能力和创新能力，机械学院为此增设了开放及创新性实验，设置综合设计训练；二是改进课程设计，提高技术综合运用能力，设置了先进制造技术、机械结构有限元分析—ANSYS应用软件等实践性较强的课程设计内容；三是加强实训实习，增强工程意识和工程实践能力，增加了机械拆装实训；四是面向企业，加强毕业设计的综合训练，提高工程技术应用能力。

然而方案的设计不能不考虑到实际的可执行性与效果的达成程度，鉴于长期形成的高校人才培育过程中重理论轻实践，重知识传授、轻技能培养的惯习，普遍缺乏实践型、"双师型"教师，在这种情况下，要加强实践教学环节，强化学生的动手能力就不仅仅是增设实验环节，增加实践学时的问题，而且要考虑到对实验实践的落实，技能型教师必不可少。而理论授课教师多，技能实验教师缺乏的现实情况使得方案设计者必须另辟蹊径，通过"校企合作"，利用企业中工程师、技术员的实践性来帮助和指导试点班的实践教学，于是有了"走出去、请进来"的培养学生实践能力的策略。"走出去"是指学生走出学校进入与学校合作的企业进行实践，"请进来"即把企业中的工程师、技术员请到学校来为学生讲授操作性、实践性强的技能型课程。然而，这个完美的设计在现实的执行过程中遇到了障碍，迫使不断调整并延伸出始料未及的后果。

障碍最初来自校企合作中的教师与专家的工作、时间、报酬等方面的调配问题，一方面，请进校外的专家，校内的教师的工作量和工作时数必然受到影响，为了弥补被专家替代后的工作空缺，教师们更加倾向于科研活动，在争取科研、申请课题的压力下，部分教师们走出校门寻求与企业的合作，搞开发，搞攻关，在这个过程中部分教师在对比"学校授课"与"企业攻关"的利害得失之后，渐渐把工作重心转移到企业方面，这种从学校向企业的转身，使得学校优秀的授课教师有效供给不足，不得不出现"替补队员演主角"的现象，这也就是学生们所抱怨的"教课老师都出去拉项目、搞攻关了，只能让实验室的工作人员来教学生"，不过从教师群体的角度来看，这种转变对于优秀的授课教师来说，进企业、拉项目、搞攻关实现了文化资本向经济资本的兑换，同时也没有失去光荣的、专业的高校教师的身份地位；而对于新教师、实验室管理人员等来说，也得到了一次地位提升的机会，从这个意义上，正合了设计者"双赢"的初衷，虽然这种双赢也是他始料未及的。另一方面，专家们进校也面临一系列问题，首先是专家们在企业中长期锻炼出来的项目执行与任务执行的思维与行为方式与高校的教学逻辑的冲突，用 D-I-19 的话说就是"就那点玩意儿，我一个小时讲完了，接下来的时间呢，我是去还是不去，去了没有东西讲了，而且还又搭时间搭人的……"D-I-19 的话其实还暴露出第二个方面的冲突，就是请进来的专家的酬劳计算问题，大部分被请进来的专家一开始觉得登上大学的讲台给大学生授课这种"荣耀"和"谈资"让他们从心理上得到了极大的满足。但时间一长，次数一多，"荣耀"的边际收益不断下降，他们对于每次"百八十块钱"的讲课费却又是"非常看不上眼"的，但他们也有对学校的诉求，那就是"解决自己子女的上学问题"、"提升自己及其企业员工的文凭"等。虽然实行校企合作，但学校和企业毕竟是两个不同的经营个体，双方的合作需要有对等的交换条件，出于多方面的考虑与权衡，最终实现了技术路径的大转变：从"走出去学生，请进来专家"的设计转变为"走出去教师，请进来学生"[①]，这就是本院的师生说的"送文凭下乡运动"。

至此，我们已经可以清楚地看出，出于实现"具有较强工程实践能力的应用型高级工程技术人才"培养目标的机械学院的"定制式"试点班，其培养方案的设计是怎样在权衡多方面因素的情况下被迫作出偏离性选择的。

[①] 请进来的学生指两种人，第一种是为解决企业中中高层子女入学问题而利用学校部分的招生自主权限而招生进来的学生；第二种指提升文凭而进行工程硕士培训的培训班的学生。

三 培养方案模式的选择特征

H大学机械学院本着"拓宽专业、加强基础、提高素质、面向工程"[①]的原则,结合企业的需求、学校特色和地域特点,学校和企业共同确定详细的专业人才供求计划及人才规格,并制定详细的人才培养方案。具体做法是:以订单方式培养的学生单独成立试点班。基础课、技术基础课按照教育部要求统一授课,专业课与企业对接,按企业的要求搭建专业平台,吸纳企业工程技术人才授课,毕业设计等实践环节直接到企业面向岗位进行。

H大学以"培养规格分类+专业方向分类+主流技术平台分类"的多样化人才培养思想为指导,以"教指委"公布的专业规范为基础,考虑到东北老工业基地的人才需求规格,采取校企合作方式,通过"主流工作岗位需求目标导向"方法制定"基础理论教育+校企联合专业方向培养+校企联合实践培养"的"定制式"人才培养方案。这个方案的特征体现在如下几个方面。

1. 人才培养目标和规格定位

目标定位:面向东北老工业基地行业或企业需求,培养具有实用性的工程型或应用型工程技术人员。

规格定位:对工程型人才要求能运用科学原理进行工程或产品设计、工作规划与运行决策,具有一定的理论基础、较宽的知识面和设计开发能力、解决实际问题的能力,以及对多目标、多方案的折中决策能力;对应用型人才要求能够使设计、规划、决策变成物质形态,要求具有一定的理论基础和专业知识,并具有能够综合运用知识解决具体问题以及处理现场实际发生问题的应变能力。

两种类型人才的培养,都要与企业密切合作,通过校企互动促进学科专业结构与产业结构匹配。

[①] H大学:教改工程教学研讨会材料之三。

2. 改革课程体系和课程内容

（1）以专业规范规定的核心知识体系为基础，在强调专业的根本性和永久性原则保持稳定的前提下，以企业主流工作岗位需求及其地域性为导向，合理设置专业方向，以适应学科的发展和企业需求的变化。

（2）根据人才培养目标和专业方向，优化课程体系，提高课程之间的知识集成性，定制班理论学时减少。同时增设沟通产业或行业的实用化"桥梁型"课程，以缩短学校育人和企业用人之间的距离。

（3）调整课程内容，使自由课程向模块化课程转移，实施案例驱动下的CDIO工程教育，提高学生的工程意识和综合运用知识解决问题的能力。

3. 校企合作完善的工程实践教学体系

试点专业与东北老工业基地重点企业建立长期合作关系，建立校内外实践教学基地，形成了特色鲜明的两段式工程实践教学体系。

（1）建立校内实践教学基地，培养学生基础工程实践能力。

该阶段重点有两个层次的考虑，一是营造真实的工业化工程环境；二是形成每一个专业方向的真实工程案例库。进一步完善课程实验的教学规范与技能要求，保证单元实验之间的连贯性，增强学生对实验的设计、分析和总结能力；改进课程设计，使其内容融入来自企业的真实项目成分，涵盖课程核心知识点的综合运用，形成课程设计教学规范，提高学生工程设计与实践能力；增设开放性创新试验，鼓励和吸引优秀学生与教师共同参与实验教学改革、前沿学科的研究以及创新技术的应用开发；增加学年综合设计环节，根据每学年所学课程，设计横跨多门课程的综合设计性实践活动，以定制企业实际项目案例为依托，充分贯彻工程化思想，提高学生的分析设计能力、工程实施能力、团队协作能力。

（2）建立校外（企业）工程实训基地，培养学生综合运用知识解决工程问题的能力和工业化素质。

以校外（企业）工程实训基地为依托，以学生到企业参与实际生产及项目开发为主，实施双导师制，进行生产实习、企业实训及毕业设计，提高综合运用知识解决工程问题的能力、团队协作能力和工业化素质，掌握学校无法传授的非技术性知识，使毕业生满足企业对人才能力和素质的要求。

通过采用上述方法，实现了"学科基础扎实化、专业基础工程化、专业方向社会需求化"的专业人才培养格局。[①]

按照这样的思路，与普通班相比，试点班的培养方案着重从以下方面进行调整。第一，有所为有所不为，合理制定课程系统，突出知识的应用性，增加应用性较强的课程。然而，学生四年八个学期的时间是固定的，增加就必须删减，如何进行合理的推陈出新，是方案设计者必须认真思考的问题，因为这个问题一头连着的是学生的知识结构与企业要求的接轨；另一头连着的是教师课程的安排、利益的协调。第二，加大实践环节的比例，培养学生的动手能力。增加实验课学时，注意理论与实践的密切结合。可是，注重实习，就要合理安排理论与实践的关系，处理教学与练习的关系；培养学生的实际操作能力，培养上手快、适应强的毕业生，就必须加强实地生产实习，进入企业到岗见习或参与工程项目得到训练。这一切又涉及理论教学与实践教学在课时与教师配置等方面的问题；而且企业的实训也关系到与企业的合作与沟通等。

以上提到的这些新改革，均是培养方案的"合理"设置需要考虑的因素，要求设置既能体现"定制式"试点班人才培养的应用性、复合性与衔接性；同时又能合理调配教职员在不同环节中的安排与衔接。这无疑是对方案设计者的挑战。而在最后的设计与落实上，则可以看出设计者煞费心思的大局观与全局观：既凸显了试点班的实用性、操作性与复合性，又照顾了与新旧课程的更替，以及更替中教师的配置。其最终的执行方案在文本上体现了一系列改变，而在实际的操作落实中又对这种改变进行了调整，这些改变与调整的达成是基于设计者对如下几方面关系的预设。

（一）目标层层传递过程中的柔性化实践

在课程调整上，培养方案采用了压缩学分/学时数的方式（通过计算，该试点班的学分学时数为 16 点多，而同类学校同类专业的其他院校为 17

[①] H 省高校新世纪教育教学改革工程重点项目组："面向东北老工业基地'定制式'人才培养模式的研究与实践"课题，2004。

点多）。设计者认为，要培养应用型人才，突出人才的应用能力，就需要增设特色鲜明，应用性强的专业方向课，如数控加工、网络化制造、机械结构有限元分析、模具CAD/CAM等。选择这些课程的依据是：在东北老工业基地改造中，先进的数控加工、现代化的网络制造技术是每个企业所面临或将要面临的两项关键技术，机械结构有限元分析是现代机械设计不可缺少的重要部分，模具CAD/CAM等课程则是针对企业目前对该项技术的迫切需求而设置的。对传统课程进行了学时删减，以引导教师对课程内容进行适当的选择。同时增加实验学时，凸显"订单式"培养教育特色。删减部分理论推导的内容，在课程讲解中注重以应用实例的形式授课，引领学生在专业课程中学会应用，同时注意理论与实践的密切结合。

然而这些课程安排是否能实现培养的目标呢？具体的课程的目标与总体培养目标之间存在什么样的关系？我们可以从培养方案设置的不同课程入手来分析这一"部分"与"整体"的关系。"工程热力学"课程作为一门学科基础课，是一门试点班与普通班共享的课程（其实几乎所有的课程都存在不同班级的共享），课程目标中提到："本课程的主要教学目的是使学生理解和掌握有关能量转换（主要是热能与其他形式能量之间转换）、热能的合理利用的基本规律，并能正确运用这些规律解决热工过程和热力循环等工程实际问题。通过对课程的学习，培养学生的科技开发能力和综合分析创新能力。"[①] "机械系统设计"课程作为试点班的专业平台课，也是一门与普通班共享的课程，对这门课的教学要求是："使学生学会机械系统的基本分析方法，掌握机械产品的基本设计技能，通过该课程的学习为在今后工作中完成机电产品的综合设计打下扎实的基础。"[②] 作为专业方向课的"UG三维设计"，它的目标是："通过该门课程的学习，使学生学会正确的设计思想和设计方法，提高学生工程设计、计算、制图能力，为学生们毕业后更好地适应实际工作需要。"[③]

表面来看，这些具体课程的任务和目的正如大纲中提及的"为学生毕业后的工作之需"，是尽量往方案的培养目标上搭的，但具体往目标的哪

---

① H大学机械学院：《"工程热力学"教学大纲》，2006~2007年度第一学期。
② H大学机械学院：《"机械系统设计"教学大纲》，2006~2007年度第二学期。
③ H大学机械学院：《"UG三维设计"教学大纲》，2006~2007年度第二学期。

一点上搭，却又是不确定的。但实际上这些课程的开设能否实现最后的培养目标，匡正毕业生与市场对接中的"学用偏离"，达到"零过渡"，对此并无论证，而且方案的设计者们认为，这是一个很荒唐的问题。具体课程目标与整体培养目标被理所当然地看作是一回事，其实反映了两个问题，一方面是市场需求的模糊与矛盾，另一方面是对教育的"无用之用"的情结。市场的模糊和矛盾性使得按需求设计的方案也具有很大的模糊性，而要把这一具有模糊性的目标转化为具体的课程与知识点的时候就有了很大的随意性，而对课程教育的价值理念又加强了这种随意性，从而导致课程目标与培养目标之间紧密而又松散的不确定性联系。

（二）资源的挪借与循环使用

"定制式"试点班作为 H 大学为地方经济发展而进行的教学改革的重点项目，得到了政府的重点资助。为了培养学生的应用能力，加强学生的实践性与动手能力，政府拨专款改善"工程训练中心"的条件。

作为重点项目，机械学院按照市场的需求为试点班新增设了一些应用性强、比较前沿的课程，而且在教师的配备上，也充分考虑了对既懂得理论又擅于实践的"双师型"教师的侧重安排。"校企合作""走出去、引进来"都是为达成此目的而实施的策略措施。

然而从田野调查的观察中了解到，这些为了培养学生应用性能力而"增设"的课程，在以往被包含在相关的课程设置中了，比如"模具 CAD/CAM"以前是放在"现代工程制图"与"机械 CAD 技术"中作为这两门课程的一部分的；有些课程则是把原有的一门课程掰开了分作几门，如"先进制造工艺"与"数控加工工艺及设备"，则是"现代制造工艺"一个主体中的两个部分；有的则是采取了"一鱼多吃"的方法，把给普通班上的课程改头换面，另起个看起来很"应用"的名字，来培养试点班学生的应用实操能力。

试点班在课程设置中采取的是模块化的结构模式，具体方法上是教指委负责人在原来的培养方案的基础上定下大框架，由教师们上报在这个大框架下能开什么课，用这样的方式进行第一轮的课程确定，然后再将必需的但又没有被教师们主动申报的课程按研究方向相关性原理分配给相应教师。这样的方式给了教师们很大的自由度，而"试点班"的资源优势又激发了管理层对技术层动员的热情以及技术层回应的积极性，因而便展开了一场对以往课程资源的重新发掘、组合与编排。这样的调整一方面应对了企业对应用技术、现代技术的要求，另一方面与自有的资源相衔接，同时还对同一门课程的不同老师进行了调配，可谓一举三得。

在这一点上，教师的配备与课程的设置有很大的相似之处。典型的是，机械学院为了突出对试点班的重视，也为了利用名师的宣传效应，特别给试点班配置了一些名师。但调查了解到，为名师设置的课程其实并没有由名师来讲授，而是由别的教师替代；更有一些则是以选修课的方式设置，后来由于"选课人数太少"而被取消。从正常的逻辑来看，名师不会没有吸引学生上课的魅力的，如果因为"选课人数少"成为没有开设这门课程的理由，实在是对名师的不敬，同时应质疑学生选课的"理性"。

在实践与教学的关系上，将专业技能认证培训贯穿在教学环节中，在专业平台课、专业方向课、选修课、课程设计及综合实训等教学环节中包含了数控加工技术、大型工程软件应用等专业技能认证培训的部分内容，将企业实际经验及实例经过加工提炼渗透到专业课的理论教学中，使专业课程与专业技能认证密切结合起来。这样做不但把对企业员工与社会人员的认证培训拓展到了学生群体，同时也拓展了培训教师知识的应用范围，不仅用在了对社会人员的培训上，也用在了对院系学生的教授上，同时承担了双重的任务，当然也就应该获得双重的功绩。在这样的激励与支持下，教师们尝试了从教授理论向指导实践的转变，从陈旧课程向前沿发展的转变。而这种转变的结果如何，且待在下一章培养方案的执行过程介绍中进行分析论述。

有关借资源，"走出去、请进来"的策略也是最明白的体现，"走出去"是借企业实地训练的机会，请进来是借企业专家的实践经验。至于这些借来的资源在试点班的人才培养过程中到底起到了什么样的作用，这个问题留到对培养方案的实践过程的描述时再做具体分析。

（三）保证目标达成的内功

至于如何保证达成试点班的人才培养目标这个问题，SL显得很有自信，她说："内功。"

第四章　目标指向与供给基础的调适实践

> 我们（学院）是学校的王牌学院，这个专业（试点班的机械制造及其自动化）是我们的老专业了。而且在合并之前就是了，三个学校都是响当当的。这是因为我们有多年的积累，有一些这个领域中很有声望的老师，有一些王牌的课程，有多年形成的教学模式和氛围。而且我们这里毕业出去的学生也不错，他们中的很多在工作岗位上（表现）都很优秀，这些都能证明。(M-SL)

SL所谓的"内功"其实是一个学院或专业在多年发展过程中的积淀与修为，这种从内部一点点成长起来的"内功"，远远不是经由"招兵买马"的"拔苗助长"可以比及的。[①] 她所说的那种"内功"确实在人才培养的过程中起着潜移默化的形塑与影响作用。这种满满的自信与这么深厚的"内功"在人才培养的实践过程中发挥了怎样的作用呢？

从培养目标到培养方案的体现，是从抽象到具体的过程。在这个演绎过程中，也不完全是对抽象目标的逐步具体操作，这中间有对现实条件的考虑，有对各种场域关系的权衡。这一过程，既体现了设计者对培养目标的忠诚，也体现了场域制约的屈从，同时对高校学科建设与培养目标的柔性也起到了很大的影响，是经济理性、专业理性、制度理性多方面妥协的目的理性的体现。"增加实践，培养学生的动手操作能力，体现应用型人才"，"增加新课程、新内容，体现对前沿的瞻望，对复合型人才培养的措施"，而"技能认证"也体现了学生实践与操作能力的提升。对学科发展的责任，理论与实践的结合，不抛弃理论、不放弃实践的设计，"出新"的同时兼顾"陈"的地位与生存空间的布局，不仅体现了设计者对教师安置与配备的考虑，也体现了设计者对系统性知识的学科责任，借用SL的话说，就是："在优先考虑企业的需求的同时，尽量拓宽学生的知识面，让学生掌握更多的东西，尽量兼顾学科的发展，照顾教师们的调配……"然而虽然在考虑上，企业的需求被放置在了优先考虑的地位，但是在实际执行过程中，由于教师是试点班以及学院日常运作的实践者，因此，对教

---

① 这句话的背景是：如文中所述的人才培养模式改革的试点班在H大学共在三个院系中设置，其中的一个学院是刚刚组建起来的学院，对这样的学院，SL颇有微词，她认为这种没有历史的院系在人才培养上有很大的缺陷，没有精神内核，（知识）就显得苍白。

师配备的考虑实际上在企业需求之前,是设计者特别关注的方面。设计者"尽量"的努力,兼顾各方面利益。

在对资料的整理过程中,有个意外的发现,无论是企业还是学校,当遇到新技术的障碍,现有成员的技能不能适应发展的需求,而需要"推陈出新"时,他们首先选择的方式是对已有成员的改造,使其不断适应新的需要,而不是选择真正的推陈出新。在企业与学校的合作中,企业首先要求对其员工进行培训的意向,以及学校的课程改革的过程中对课程新陈代谢的处理上,都表现出了对现有成员的庇护。而当笔者问及"为什么不考虑新招聘人员"时,大部分的反应是"现有的已经冗余了,再招收就是添加负担,更调配不过来了"。而当问及"为什么不推陈出新,进行人员的正常新陈代谢"时,他们首先对我的问题感到不可思议:怎么能解聘呢?"……他在你这儿干这么长时间了(尽管有的加入时间很短),再说,再进来的人也不一定就合适……"这样的回答虽然是不假思索的,但反映出了当事人在"招聘新人还是培训旧人"的选择上的行为逻辑。第一就是对经济利益的考虑,招聘新人要冒一定的风险,新人不见得就适合,如果不适合还是免不了要培训;第二就是文化的逻辑,不能轻易解聘,"给你干了这么长时间了",尽管对干多长时间就"怎么能开除"没有明确的界定,但是"一旦进入了这个组织,那么你就永远是组织的人了"。这种只把竞争设置在入口处的文化模式深深影响并左右无论是学校还是企业的用人机制,这一方面制约了成员的积极发展与竞争意识的培养,但另一方面也使其内部成员有归属感,利于忠诚度的培养。

本章小结:不同理性之间的平衡

人才培养方案应该对学校的人才培养过程充当指挥棒的作用,其中的培养目标与要求是灵魂,而学分要求、课程设置与进程安排则是为实现这一目标而设置的手段。通过对 H 大学机械学院"定制式"试点班的培养方案从目标确定到培养方案设置整个过程的梳理,可以看出,方案的设计过程一方面是其建构合法性的来源,另一方面是对学校现有资源在课程设置、人员配备上的整合,是一种利益平衡的选择,同时体现了"入口竞争"文化的用人哲学。

在 H 大学机械学院"定制式"试点班的培养方案的制定过程中，由于要处理不同的利益团体之间的利益关系，而使得这个"从目标到操作化的培养方案的修订显出了平衡的困难"。因为 H 大学是由三校合并而来的，机械专业更是原来三校都有的专业，且是强势专业，按 SL 的说法是强强联合，合并后的机械动力工程学院实力大增，但在整合后三系变一院的过程中，在机械专业的课程设置和代课教师的选择上，实际上形成了几个基本的利益集团。对这些集团的利益的平衡与整合使得培养方案显示出了明显的拼凑痕迹。虽然在培养目标上有上层约束，但是在对于实现这个目标的手段的课程安排上，则照顾到了各方的利益，在其中寻找微妙的平衡。为弥合大学生就业学用脱节的"定制式"试点班，其培养目标与培养方案之间出现张力。

在对"定制式"人才培养模式的看法上，学院教指委主动争取设置试点班，这样的行为并非仅仅处于对教学的改革，对毕业生出路的思考，对地方经济发展中人才问题的考量，而是有对学校发展更重要的意义在里面。试点班的设置，对院长、教师虽然不一致，但试点班一上马，"配套设备就有了着落"，况且因设置试点班而产生的教改示范的名声效应，也可以为院系带来潜在的收益。"各种考察团"参观来访，"'三本'的招生情况更加可观"，在业界也引起了人们的关注，"都知道 H 大学有个机械学院，教师们也跟着声名远扬"，为了这些潜在的利益，学院全力动员教师等对试点班工作的配合，表现出了极强的目的理性。

从"定制式"试点班的培养方案的设计来看，这个过程，使得原来演绎后的具体已经偏离了原初的具体，这种偏离过程一方面是为了向社会展示本专业按照社会需求积极调整人才培养模式，乐于改革的精神风貌，以此赢得学校以及用人单位的认同，以便增强其合法性，并争取更多的资源；另一方面通过培养方案的修订也平衡与整合了不同教师的利益，同时满足了学院以及学院成员的利益诉求。

第五章 技术层的理解转向与实践逻辑

依据帕森斯、汤普森的定义,组织为完成工作而做的安排(包括从事这些工作的人员的技能)成为组织的核心技术。[①] 与一般组织不同的是,学校组织往往被认为是缺乏广泛接受和认可的工作技术。[②] 既往谈到的技术体系的变革,都会指向课堂,课堂作为展示技术体系的最后一个环节,教什么、怎么教的技术和社会化过程都是在课堂上完成的。

一 技术层的实践

学校的绝大多数教师都属于技术层级,在大学院系这样复杂的组织中,在按固定节奏流逝的时光中,既没有动人心魄的事件,也缺乏令人企慕的奇遇。从某种意义上来说,技术层实际上是被封锁的,外界的新观念并不容易渗透到技术层。

(一)正式结构场域

管理层和技术层的划分并不十分清晰。院长、副院长一方面享有协调与管理的权力,因而属于管理层,但由于其自身在教学实践中的身份因而也兼具技术人员的特征,属于技术层。在本案例中,技术层在试点班中呈现"传授知识"和"培养技能"两条线,最终在课堂上合流。

传授知识这一条线主要是传统的教师在传统的课堂上进行的,在试点班中,需要开设的课程是由培养方案严格设定的,教师没有决定开设什么

[①] 帕森斯:《现代社会的结构与过程》,梁向阳译,光明日报出版社,1988,第24~32页。

[②] D. J. Willower, "School Organizations: Perspectives in Juxtaposition," *Educational Administration Quarterly* 3 (1982): 89–110.

课的权利，但是在接受了开设某门课的任务后，教师具有组织教学内容和选择教学方法的自主权，是负责本课程教学的单位。教师在对教学内容的组织过程中，对"这门课重要的知识点有哪些""知识点之间怎样联系起来""采用什么方法将这些知识点教给学生""应该教到何种程度"等问题有按照自己的理解和专业价值而自行裁决的权力。从一定程度上说，教师其实承担了筛选、组织知识的功能，在管理层的课程规定下，对知识的传授有较大的策略空间。而且，高校中课程效果的评价方式（自行测试）以及知识的特征，也使得对教师的教学效果很难进行科学及时的监控与反馈。因而高校教师的工作具有很大的自由与独立性，恰似罗蒂赛泽等人对学校、教师状态"孤独的英雄"的描述。

在重学术、轻技能的高校传统人才培养模式下，技能隐藏于知识传授的背后，作为知识传授的一种副产品而被教授，是一种连带性的产出。"定制式"试点班对应用性、实践能力的强调，使得对技能的培养处于与知识传授同等重要甚至更高的地位，从而将技能培养从知识传授的大树荫中提领出来，凸显了技能培养的重要地位。但是由于对技能培养的长期忽视，专门的部门和行动者匮乏，很少体现在正式的结构中。对技能培养的另一条路径是通过"借来的资源"来实现的，借来的资源一方面是借企业的现实场景作为学生的实训实践基地，另一方面则是借企业的专家担任技能型教师，以补充学校中"双师型"教师的不足。

（二）行动结构场域

"学科部门化"（Departmentalization）是大学区别于中学、小学的一个鲜明特征。[1] 高校中以院系来组织学科，其严密性与形式化程度大大高于其他层次，学科之间的界限和壁垒也更加森严。传授知识这一条主线往往涉及的是同院系中承担不同课程的授课教师。教师们之间很少互通往来，教师之间的联系比较松散，每个月召开一次会议，主要是一些行政事宜，由于各自课程的独立性，教师之间很少探讨和交流课程教学中的相关问题和经验。而每周一次的教研组会议，更由于形式大于实质而在缺勤人数越

---

[1] L. S. Siskin, *Realms of Knowledge: Academic Departments in Secondary Schools* (Washington: The Falmer Press, 1994), pp. 2–10.

来越多的情况下不得不改为"议事会",即随机的有事召集,后来慢慢演变为对"课程教学计划"等文本文件催缴收集的行政性会议。从而,教师与教师之间出现了没有正式交流机制的状态。

> 这是 T1 老师的课,我不太清楚……我不知道,这门课一直是 T2 老师负责……有时候也想知道,比如我这个课是要在他的课的基础上来进行,因此他讲了些什么内容我也想了解一下,但没有机会,很多情况下其实是从学生那里了解。

大多数授课教师的绝大多数时间是不在教研室或办公室的,他们对彼此的日常生活都不甚了解,教师之间很少联系。这种状况制约了大学院系中整体组织的合作性文化的形成,院系课程呈现明显的巴尔干化(Balkanization),即一个课程的孤岛状态。

> 大家平时都不坐班,也没有什么非要沟通的事情,有些事情找学生也可以了解到,有些事情也没有了解的必要,各自有自己的研究方向,不是合作的话很少有交流,而且有时候谈也是谈一些工作外的话题,实质性的很少,这个大家都敏感。(T-LJ)

> 我也不太清楚他们的情况,平常也不怎么和他们打交道,学校也规定上班时间不要随便串岗。不过他们来上课的时候多数还是会来打个照面,问问有什么事情没有。(M-CY)

很有趣的一个现象是,虽然教师之间信息不通,交流很少,而且课程性质各有不同,但各门课程的授课教师对课程目标、教学计划等的准备与教学活动似乎具有共同的脚本(common script)、结构、格式,甚至内容都极为雷同,呈现出惊人的类似性。比如在教学目标上,QG 老师教的是"液压与气压传动",他的教学目标是要求学生通过对本课程的学习"能够正确获取和理解的液压与气压的概念,掌握液压与气压传动的工作原理与应用领域;能够综合运用液压与气压传动的基本概念、工作原理和方法对传动系统进行分析和评价;能够综合运用液压与气压传动领域的相关知识,初步具备开发设计产品的能力,培养学生的应用能力和认真的态度"(T-QG)[①]。

YX老师讲的是"机械系统控制",他的教学目标是要求学生通过对本课程的学习"能够正确获取和理解机械系统的整体概念及各功能部分的有机组合,掌握机械系统组成、基本要求、工作原理、设计方法和理论计算的能力;能够综合运用机械设计和制造领域的基本概念、设计要求、原理和方法对机械系统的整体进行分析和评价;能够综合运用机械设计和制造领域的相关知识,初步具备开发设计性能良好且具有市场竞争力的机电产品的能力;了解机电产品项目开发的过程、组织、计划和管理等,培养学生具备个人工作与团队协作的能力"(T-YX)[②]。

单从格式上看,这些目标像是一份填空题试卷的不同答案,就像一位教师所说"教师们提交的文本都差不多"。

行政管理上的统一要求造成了这种形式的类同性,制度层和管理层规定了所有开课教师都要在上课之前提交一份"教学计划",这份教学计划中要写清楚该门课程的教学目的、教学内容和教学方法,但对教师教学的评价并非以此"教学计划"为准则,因此,教师们便选择了"省力模式","往往是借鉴以往开课老师写的计划","都大同小异,无非就是要让学生掌握知识,学会应用,培养能力和提高素质",这种对目标"全面的而形式正确"的描述,迎合着试点班培养目标中规定的精神,也迎合着学校指导原则,甚至整个教育的指导原则的诉求。

一旦某位教师要标新立异一下,除非在"正确"上下功夫而使其更加正确,否则要冒着极大的变革风险,尽管试点班就是变革的产物而且鼓励变革。而且因为课程目标、教学计划是"虚头巴脑"的文本,大家也懒得在上面花费功夫,不会自投罗网做破坏群体规范的"鲇鱼"。

(三)决策权限

西斯金从学科部门的角度对美国学校的研究指出,学科部门有如下的关键特征:第一是部门将教师分到不同的世界中,部门之间的相互交流极

---

① 摘自T-QG的"'液压与气压传动'课程计划"。
② 摘自T-YX的"'机械系统控制'教学计划"。

少；第二是部门拥有不同的文化，各部门的政策和实践有很大的差异，在回应外界的变革上也显著不同；第三是部门控制了关于资源、专业活动和职业生涯的关键决策。① 这些特征与我国的院系非常类似，但由于行政力量的影响，也呈现了一些差异。

就教学决策来说，主要是确定课堂上教与学的进度及其内容，并评价学生在这些方面的表现。为了完成这些事情，所作的主要教学决策大致如下：（1）选择并分配合格的教师；（2）选择教材；（3）选择教学内容；（4）确定教学目标（尽管这是一个模式化的面向上层的应付性行动）；（5）选择要教授的内容主体和技能并加以调整；（6）选择教学方法；（7）确定评价标准。其中，只有（1）是制度层和管理层所规定的，在人才引进时，管理层虽然也有参考意见，但最后的决定权还在制度层，而在分配已有的教师时，学院有主要的几乎是全权的决策权。其余的事情，就成了被分配到课程的教师自由发挥的舞台，在不越规矩的原则下自行裁决。然而，即使有很大的决断空间，大部分教师还是受到"传统而统一"的模式的影响，其决断的半径并不会有太大的范围，甚至在处理教学内容的更替与教法的革新上，都表现出了"保守"的一面。

技术层、管理层与制度层作出决策的出发点是很不一样的，制度层思考的是全校性的事务，更多考虑的是提升声誉、争取资源等方面的情况，而管理层则更多是从本院系的角度出发，考虑本院系中的人员配备、学科发展、凸显学校的王牌地位等因素；技术层则更多关注课堂、教学事务等变量，当然也把利益的追求与价值的秉承渗透在日常的课堂教学事务中。这些决策出发点的不同使得在同一件事情上，有可能产生复杂的冲突。这也让我们思考现在流行的"赋权""教师参与学校决策"等口号。在什么领域赋权，教师参与怎样的决策是需要审慎思考的。如果号召教师承担各种他们以前没有承担过的工作，要求教师花费大量的时间，会让很多教师不认为这是一种尊重，反而觉得浪费时间，他们宁愿把时间花在搞研究、出成果上。

在汉森对美国学校的研究中，即使学校的管理层、教师已经存在非常

---

① L. S. Siskin, "Departments as Different Worlds: Subject Subcultures in Secondary Schools," *Educational Administration Quarterly* 27（1991）: 134 – 160.

明显的和固定的势力范围，学校的专业和行政之间还存在争夺和磋商的领域，当一个突发事件出现时，磋商、讨价还价、得与失的复杂过程就开始了。当"定制式"试点班人才培养模式的改革项目进入院系时，这种磋商是怎样在实践中推进的呢？

二 试点班培养方案实施实践

技术层实施人才培养方案的过程一方面体现了高校一贯的包容性，新目标与新课程很快就被化解在了常规的教学实践中，像一粒投入湖水中的石子，激起的水花很快消失，湖面又归于平静，表现得波澜不惊；另一方面又显示了按照预定方向不平滑的非线性推进的路径。促成这种矛盾状况的原因主要有两点：一是学校教学强大的惯性与包容性，以及教师秉承的专业价值理念；二是在试点班人才培养方案的实施过程中引进的"校企合作"培养模式。学校与企业在互动过程中，各自寻找并实现自己的目的理性，像童话中的天鹅、梭子鱼和虾一样，把制度层订立的目标向各方期待的结果推进。

（一）教师的专业价值理念

"定制式"试点班前两年的基础课程与教学安排与普通班是一致的，在后两年中，则要根据新的培养方案做调整，增加相应的应用性科目、前沿发展科目与实践环节。两年四个学期这个总时间量是固定的，安排给每个教师的学时数也是相对固定的，按照方案设计者认为的重要程度配置20~108个学时。技术层教师们争取时数上的改变是很难的，安排好的方案除非有特殊的情况几乎不可能变更。但是如何分配这些时间，完全是技术层的授课教师说了算，这种完全说了算的权力给了教师在行动上很大的决断空间，使得教师能够以不变应万变，把新的方案要求顺利化解在自己的实践框架中。

1. 试点班培养目标的领会

"定制式"试点班的目标是培养学生的动手能力和应用性，以避免毕业生与用人单位"学用偏离"的尴尬，因而其培养目标不但强调原有工程基础学科的训练,而且注重发展学生的沟通协调、团队合作以及解决实际问题的能力。学生必须跨领域学习,并且在课程中了解各个知识的关联性。换言之,与普通班(没有被定为定制式培养的试点班的其他班级)相比,对试点班的要求更聚焦于学生的学习成果,其精神在于依据学生的学习成果调整课程目标、教学内容等活动。而学习成果以"业务培养要求"所包含的四项能力与两种知识呈现,是其最核心的内容。学生毕业应具备的核心能力和知识结构如下:

A. 具有较扎实的自然科学基础,较好的人文、艺术和社会科学基础,较好的语言和文字表达能力;

B. 具有本专业必需的制图、计算、实验、测试、文献检索等基本技能和较强的计算机应用能力;

C. 具有初步的学科研究、科技开发及组织管理能力;

D. 具有较强的自学能力、分析能力和综合创新能力;

E. 系统地掌握本专业领域宽广的技术基础知识,主要包括工程力学、机械学、电工学、机械工程材料、计算机技术、测试与控制技术、数控技术、自动化技术、机械制造技术、市场经济及企业管理等基础知识;

F. 具有本专业领域内某个专业方向所必需的专业知识,了解其学科前沿及发展趋势。

在实践过程中,许多教师认为学生的学习目标仅为获得工程领域的一般性知识,因而核心专业科目的训练,也仅限于学生以书写与口头报告的方式习得基础知识。但也有教师认为,除了专业基础知识的获得之外,教师应注重培养学生高层次的认知技巧及批判性思考能力。

但是,对"定制式"试点班的培养目标,教师们心存一些质疑,认为"定制式"培养方案提供给学生的是就业能力,未必是教育;培养的是工人,而未必是人才;"定制式"这种订单培养是职业教育或培训,而非大学教育。

也有些教师认为这种人才培养模式会削弱或者取消一些以往被认为较边缘性的课程,而这些课程对"教育"来说又是必不可少的,因而要尽量穿插在自己的课程中作为背景知识来讲授,使学生对学科知识体系有系统的了解,而且认为这对增强学生专业素质必不可少。

2. 试点班培养方案的体味

按照对培养方案的了解程度，可以将该院的教师划为界限分明的两类。一类是对培养目标与方案非常了解与熟悉，甚至可以说是烂熟于心的。比如 SL 老师就不耐烦地说：

> 这个就没有必要了，我们这个被省里，去年甚至被教育部列为本科教学质量与教学改革工程人才培养模式创新实验区了，大小报告做了多少了，别说培养目标了，现在可能连方案里的每一门课程都能说出来。我们这个确实是个典型……（M-SL）

无独有偶，MW 说起来也是一套一套的，从他的谈话中足以见出他对教学改革的思考与培养方案设置的用心，用他的话说："这可能是我的第二职业了，除了上课做研究，就是想这个问题了，有的时候想它（的时间）比做研究（的时间）还多。"（I-MW）

与对培养目标与方案如此熟悉的"烂熟派"相比，另一派教师则认为，了解培养目标与方案是浪费时间的事情。

> 还真没有人提及过这个问题呢，方案的设置是领导们的事情啊，……我还从来没有想过这个问题呢，但也没有影响我好好上课啊，况且，那也不是咱该管的事啊。(T-LJ)

> 你说的（试点班）培养目标，这个还要学习吗？想想也知道是要突出动手能力，什么实践啦，实验的，其实不就是想要培养学生的操作能力的么。为这个，省里还专门拨钱建了实训中心。但是我认为，那些文件（指的是培养目标与培养方案的文本）整的玄玄乎乎的，不就是两句话的事么。其实知不知道并不重要，关键还是要落实到教学上面。学生的素质、智商、学习意愿，教师的教学内容、教学技巧，才是（影响目标达成的）关键。(T-YX)

> 这个了解一些，但是要准确地说出来还是不能很清楚地说出来，我个人认为，我只要做好我的分内事情就妥了，……在培养学生方

面，我的分内事当然是上好我的课。(T-XC)

有意思的是，上述两类教师虽然都承担了该试点班的一些课程，但在职务上的角色却非常不同，SL作为院里的副院长，主要负责教学，而且当该试点班得到社会的报道与认同，并被教育部树立为人才培养模式改革的重点示范单位后，SL老师更是忙于大小的经验介绍会议，对试点班的培养目标与设置方案的烂熟于心自然也就不足为怪了。而对于广大教师来说，了不了解并无大碍，因为他们每天践行的培养人才的行动就是"上好自己的课"。

3. 课程功能的理念

如果说试点班的培养目标与方案是管理层领导们的事，那么对于认为自己的职责是"上好自己的课"的教师，他们对自己所教授课程的授课目标应该的认知如何？

带着这个问题，笔者与授课教师进行了深入交流，教师们不知道自己要生产什么样的产品，而只是自顾自地生产分配给自己的那个零件。问到"您这门课的课程目标是什么"的时候，大部分教师虽然没有明确表示，但暗示"写在课程计划里了"。在受访的5位技术层专业教师中，有4位教师认为当时填写的课程目标中只有上课进程是"死的"，得到了完全的落实。

> 上课之前要交课程计划，这是必须的，院里有相关的规定，每门课都必须有……课程目标就是上课的目的，无非就是要学生掌握相关的知识，理论联系实际，培养动手能力、创新思维等，这个可能跟你们社会科学又不一样，我们还有实验目标，这个主要就是（培养）实际操作能力了。(T-YX)

事实上，调查发现教师们也很少用自己制定出来的课程目标来指导自己的教学实践，而且为检验教学成果而进行的考核，似乎也跟这个目标联系不密切。

> 考试现在都题库化了，在各部分中随机选择（或许应该是抽取）

你想要的，然后组合起来。这样也便于学生们有针对性地复习。翻来覆去的也就是那些，我自己出也会是那些。(T-FM)

从这个意义上讲，目标的制定仅仅是让这门课"看起来是合理合法"，为了给这门课赋予一个正当意义，起到的是程序合法化的作用。

《H大学教学工作规范》第三条规定：教师应熟悉教学计划，了解本门课程在专业培养中所起的作用，以及在课程设置中的地位。同时还要了解课程的教学总时数、周学时数及学期分配等。只有熟悉教学计划，才能掌握授课的深度和广度，适当调整教学内容。第四条、第五条分别规定了教学大纲的制定审核以及在任课教师要吃透大纲等方面做了明确的要求。

然而，通过调查发现，被访的教师对工作规范的执行进行了"有原则"的选择，对于教学大纲中规定的培养目标、人才培养规格、自己教授的课程在专业培养中的作用、在课程设置中的地位表现出"不是很清楚"的态度；然而对于课程的教学总时数、周学时数以及学期的分配、时间的安排上则记得"很清楚"。这种对规定的"不是很清楚"与"很清楚"之间，体现出了教师们对于学校要求的"选择性接受"的特点。其选择的原则是：认为涉及集体的、文件性的规范和要求是给上面、给外面看的，供检查用的；而自己所要教授的课程的教学总时数、周学时数以及学期周次的分配等，是自己个人的事情，是要由自己执行落实的，因而是不能含糊的，必须记得"很清楚"。

若是深入剖析其深层逻辑，实际上体现了教师们趋利避害的权益策略，工作和生活就已经够忙碌的了，当然要把关注点投放在直接影响自己的最切身的事务上，而且怀有"集体会处理好的"这种"搭便车"心理。

4. 学生需求的知晓

无论什么样的教学目标与计划，最终还是要落实到学生身上，拓展学生的知识，培养学生的能力，把学生塑造成社会需要的人才，才是教育教学的根本目标。鉴于就业的压力，学生的需求实际上反映了社会的需求。对学生需求的了解，要求学生与教师进行互动，实现沟通，对教师的工作作出反馈。

对学生的需求的了解要学生告诉我，他想学到什么，想让我怎做，……我总不能一个个去问他们，……事实上，课程要改，讲实话这个很容易，可是怎么改，我得不到学生们的意见？包括我早上在上"机械系统控制"，从第一堂课到第三堂课，我总共问了十二次有没有问题，没有学生举手。这也不是今天才这样，从这门课开始到学期结束，我也不敢拍着胸脯保证没有人会提问。那这个部分怎么去谈回（反）馈？……好，我想做，可是没有一个学生给我回（反）馈，怎么办？我怎么来判断？那你要我按照学生的实际需求来选择性地给学生讲授知识，我也只能闭口不谈了，要等他们提出要求课程进行不下去了嘛。(T - YX)

造成此现状的主要原因有两点。

第一，高校功能的多重性，教师相应地担负多种任务。教师们自己的"分内之事"已经是忙得不可开交了，要备课上课、批改作业、答疑学生；还要做研究、写论文，现在校企合作又忙于企业的技术开发、科技攻关，根本无暇顾及与自己关系不大的事情，即使是很重要的。

经历几个世纪的发展演变，大学不论机构、课程还是功能方面都打破了过去的单一体系，朝向多元化的方向发展，大学的功能也从单一的神职人员的培养发展到了人才培养、科学研究与社会服务等多元功能并重。因为高校的多重功能，高校的教师们也相应地担负起了多重任务。

近年来，在日益增大的全球市场的竞争压力下，社会大众对高等教育有深切期望，比如在如何提升学术成就、研究生产力、进行有效教学、提升学生满意度以及大众对于大学教师的信任与评价等方面，越来越受到重视。大学教师除了本身在学术上要不断地精益求精外，在教学上也要达到一定的成效，以期成为一个既积极研究也积极教学的角色。然而这样的期望对于教师来说，是一项非常大的挑战，因为教师聘用、晋升与薪资的决定性因素在于"研究"，就算教师们喜爱教学或是社会大众普遍重视教师的教学成效，"教学"在学术奖励系统中所占的比重仍然相对偏低，再加上时间有限，想要同时兼顾多方面的任务是相当困难的。所以怀恩菲尔德整理全球针对大学教职员压力所进行的研究后，发现大学教师工作压力的问题正以惊人的速度扩散与增加。

第二，这一状况还与教师们的认知有关系，访谈资料也显示，教师们认为方案、目标、课程计划这些文本性的东西仅仅为了"看起来是那么回事",为了给教学活动赋予一个正当的意义,是程序合法化的一部分,因而"制定出来就发射出去了",等待着上级的检阅。与真正的教学实践并没有实质的紧密联系,因而这些为指导教学实践的文本与实际的教学实践的"两张皮"的现象就成了自然而然的结果。

5. 结构与行动:方案制定与执行之间的关系

被访者对培养目标、培养方案、教学大纲与课程目标等文本的态度也是这些文本作为文件的一种形式,其制定的目的是对相应的教学活动进行指导和规范,是学校里的规范性文本,可以被称为广义的政策,然而被访的教师们却分别用了"官样文章""上面的要求""领导的事情""摆设"等字样来形容本来是要作为指导和规范的结构。而且,有一位教师甚至形象地把向院系领导提交课程计划说成是"发射出去了"。这些深刻而形象的比喻不仅揭示了学校现实运行中的政策文本体系与行动实践"两张皮",政策对实践指导的无力,也间接地折射出高校学生培养实践中政策的制定和执行之间的脱节关系:制定目标、方案、大纲、计划等规范性文本的过程其实就是一个研制卫星的过程,制造出来了,就把它发射出去,送上轨道,就很少过问,全然不关心它是否按照预定的轨道运行,而大家关心的是研制下一颗卫星。

多年来,传统的教科书和政策理论向我们展示的是,政治是多数人为了整个社会的利益而进行协商,进而作出决定的过程,是"社会赖以统治的规则",是"对价值的权威分配"。[①] 他们认为政策是作为对公众需要的反映而产生的,是对来自公民舆论和争论的大众利益的反映与权威分配,是行政权威借助规章等工具来完成目的的过程。而在此过程中,公众知道从方式到结果的关系,即工具、计划如何满足政策的目的。传统观点认为,政策过程相当的线性和直接,因而被称为"理性工程(rationality project)"[②]。毋庸置疑,传统的政策理论是基于"理性人"的假设之上的,它们认为"理性"是人们分析问题、作出决策的基础。当一个亟待解决的

---

① Mary Lee Smith, et al., *Political Spectacle and the Fate of American Schools* (New York: Routledge Falmer, 2004), p. viii.

② Deborah A. Stone, *Policy Paradox and Political Reason* (New York: HarperCollins, 1988), p. 152.

政策问题出现在公众面前时，作为"理性人"的公众首先澄清自己的目的、价值或者目标，然后在头脑中加以组织和排列；进而列出所有可能实现目标的手段；审查各种手段的成本和可能带来的一系列后果；选择最佳政策方案。确实如斯通所描述的，经由这种经典的理性决策模式所逐项推进的政策过程，其政策手段与政策目的、意图之间是线性的、直接相关的。然而，这一模式所阐释的过程是不现实的，是与历史和经验不相符的。[①]

19世纪末20世纪初，格雷厄姆·沃拉斯首先注意到了人的非理性要素在政治活动中的影响，并且批判了前人基于理性解释人的行为的倾向。20世纪后半叶，马瑞·埃德曼提出了政策界的经典问题"为什么不平等的政策能够被认同和接纳？"并将政治区分为追求实体利益的"斗争政治"和以利益分配正常化为目标、以象征为媒介的"秩序政治"。从而对公众所熟悉的"政策"概念进行了重新阐发，进一步解释了政策的内涵，他认为政策是对政治利益的一系列易变及自相矛盾的反应。政策这个名字提供了忽略不统一的事件的平台，这个名字让人确信：如若人们将注意力集中于不统一和差异事件，这将会是一件非常令人烦恼的事。

书本和流行的神话向我们展示的是这样一种形象——民主参与的公民自由和理智地商讨他们生活中的中心议题。然而，埃德曼提醒公众注意，这些形象早已经不再是当今政策的特征了。他根据对美国社会的考察，发现现代社会已经出现了分岔，公民已经分裂为两个截然不同的群体，一方面是一个很小的群体很积极地争夺现象背后的真正利益；另一方面就是存在一个大得多的群体，即政策的受众（spectators），他们仅仅对强势群体所建构的政策作出消极、被动的反应，而并不真正参与秘密的物质交换。由此他指出，所有的政策界都是一个剧院，有导演、舞台、角色、叙事情节和幕布，该幕布能分隔开舞台和后台，舞台是领导者们借以建构和维持良好形象的平台，而后台才是真正进行"价值分配"的地方。他强调，对政策制定者来说，真正重要的并不是所实施的政策带来的实际效应，而是领导者们采取了什么行动的表象（appearance）。

---

① Deborah A. Stone, *Policy Paradox and Political Reason* (New York: HarperCollins, 1988), p. 158.

进而，埃德曼区分了象征性政策和实体性政策（也称为象征性政策和工具性政策）。从其描述中我们可以总结出，当一项政策的手段与目标具有非关联性或者关联性不强的时候，它就不会带来真正的物质利益的分配与改变，这时，它所呈现的仅仅是一种价值上的倾向，是一种看起来似乎很美好很理想的政策愿望，它会给公众带来一种决策者具有良好初衷的幻象，这种政策即是象征性政策。通常，象征性政策的对象是广大民众。与此相反，有一些政策，具有强有力的政策实施资源与工具，他们可以保证政策目标和意图按照预期的理想而实现，这即是工具性政策。通常这类政策所分配的才是实体性的可触摸的物质利益，但其政策对象通常不会被建构为普通民众，其真实的政策目标和细节都是在幕后被策划和商定的，它们会为少数人带来真正的利益，而这些利益的实现通常是在某种"幕布"的掩盖下秘密地完成的。

在"定制式"试点班这项议题中，学校通过对试点班的培养过程以及实践过程中遇到的困难的总结，向省里提交了相关的议案，出于对振兴东北老工业基地培养人才的考虑，省政府向学校下发专项资金3000万元，用于建立训练中心以及购买数控机床等设备，为培养学生的动手操作能力而建设硬件基础。

硬件设施得以配套改善，在获得实际利益的同时，学校的试点班也因此举正值"提高高等教育质量，促进大学毕业生就业"的风口浪尖，而得到了教育部的认可并被树为典型，校领导以及试点班所在院系的领导也应邀到各地交流"经验"，学校也随之声名鹊起。

这样看来，这无疑是一件利国利民的政策，并且产生了很丰硕的实际成果。无论如何都应该算是一项工具性政策。然而倘若从这项政策的实际运行以及对实践的指导和规范所起的功能来看，无疑又可以被看作是一项象征性政策了，因为，在学校的实际教学实践过程中，包括培养目标、培养方案、课程大纲等规章政策并没有为实现其目标提供多少实质的规范约束和指导作用。

因此，对于包括培养目标、培养方案、课程大纲等在内的一系列政策，如果说是象征性政策，的确带来了实际利益，如果说是工具性政策，却不能保证政策的目标和意图按照预期的理想而实现。因而，不是有些政策是象征性的，有些是工具性的，而是一项政策，或者说为了一个目标的一系列政策中，有一部分具有象征的意义，而有些部分则具有工具性意义，不能全然以象征或工具的标准对政策进行二元划分。这样的样貌才是一项政策的真实面目。只是对于政策的制定者与受众，其关注的重点不同而已，对于制定者，在政策制定出来的同时，已经实现了其工具性的价值，而对于受众，大概就是一种惯性的无意识跟随。这也就造就了"政策的制定好比制造卫星，造好了发射出去，接着造下一个"的校园政策的生态过程。

实际上，政策不仅仅是一项项被公布的文本，还是一系列目标、理解、行为和因时间改变的结果。政策的结果既是显性的也是隐性的，既是有意的也是无意的。政策也会产生成本、费用和机会。在理想的政策世界里，所有的这些结果都会被评估和报告。然而，由于政策的主观建构性特征，公众所参与的仅仅是政策的形式而不是其实质。而政策制定者们所关心的永远是制定新政策，而不是实施既有政策实际耗费的成本和带来的影响。正是由于这两个方面的原因，在现实的政策世界里，很少有人会关注到政策的实际影响和后果，因此，当我们衡量一项政策时，不应该只关注政策的文本，我们还应该关注政策的实际意图和决策者们对公众的引导，更应该关注上层用来实施政策的分配价值的工具。

（二）教学的惯性与对变革的化解

汤普森提出组织存在"核心技术"。他认为："在理性的规范下，组织试图将其核心技术封闭起来，使其不受环境的影响，组织会将那种试图破坏、影响核心技术的外来力量减到最少。"[1] 而这种核心技术在学校中体现为一套难以更改的行为规范，这种行为规范体现在教师所教课程的知识、日常教学中的师生关系、所使用的教学方法中，埃尔默尔将其称为"核心技术"。在H大学机械学院的"定制式"试点班，也能看到这种核心技术是在教师长期的专业学习过程中形成的。

1. 讲义的推陈与出新

各门课程的教师都具备一个知识点体系。这一课程重要的知识点有哪些？这些知识点之间有怎样的联系？应该怎样将这些知识点教给学生？应该

---

[1] W. 理查德·斯格特：《组织理论》，黄洋等译，华夏出版社，2002，第182页。

教到怎样的程度？教师需要不断琢磨这些问题，只有将这些问题琢磨透了，他才能从一个新教师变成一个有经验的教师。各门课的有经验的教师对本课程的知识点、技能点的观念是根深蒂固的。教师用这样的知识体系来筛选新知识，而不在这一体系范围内的新知识对教师来说显得难以接受。

> 我们现在讲还是按照知识点来讲，知识点是最重要的，一个学期要学那么多知识总量，然后来分解，每节课大概要讲些什么内容，讲到哪些知识点，然后再配上题目。(T‐YX)

这是一个有经验的教师形成的教学知识的组织经验，然而在实际的教学过程中，教师们对什么不该教，什么该教，该怎样教，有着类似的假设，而且这种假设具有"徒承师业"的色彩，因而虽然高校对教师的专业授课没有规定的教材限制，给予其充分的选择自主权，但受到自身求学经历，以及徒承师业的影响，大部分教师采取了安全省力的规避风险模式，在教材的选用、知识点的选取、教学方法的选择上秉承了一脉相承的作风。

"定制式"试点班的精神所在也是出于解决学生的所学与用人单位的所用之间的衔接不紧密，实现毕业生的"学以致用"的需求，从而提高教学效率，更好地实现高校培育人才，服务社会建设功能。这就需要教师们及时更新讲义，以便更好地体现社会的需求，将社会需求的新知识、新方法及时融入，同时要密切注意学科发展的新动向，行业领域中的新技术的发明、应用与推广的情况，并把它们整合在自己的讲义中，通过授课的方式传送给学生，变为学生的知识和能力的一部分。

对教师讲义的调整情况的分析，在必修课与选修课之间存在明显的区别。因为学校设置公共课的目的是"实现学生的全面发展"，培养学生"健全的心智""健康的体魄""人文关怀"的社会主义事业建设者与接班人的素质。这方面的课程设置，在我国的高校中大致相同。具有特色的是，H大学的公共课划分为"公共基础课"与"人文、社科、经管类素质课"，显然对人文、社会、经管类被划分出来自成一个类型，体现了学校因应用人单位对学生"人文素养差""不懂设计与生产成本"的评价，及时调整课程设置的做法。但从课程设置的情况也可以看出，语文与写作，这个培养人才基本功的科目被忽略，这也为后来用人单位认为学生不能

"明确表达自己的想法"埋下了隐患,离用人单位"站起来能说,坐下来会写"的要求有较大距离。

在专业课领域,机械学院设置了"学科基础课""专业平台课""专业方向课"等三个模块。从学期的安排可以看出,专业方向课大都放在了第五学期之后。这样的安排一方面依据学生接受知识、规划生涯的规律,另一方面也照应了"定制式"试点班的特点:H大学的"定制式"试点班是从三年级开始的,这也是XL老师所说的"我们的试点班有点像订单培养,但是还是不一样"。从三年级开始,试点班开设的课程主要是以用人单位的要求为指导而进行的,而这些课程也主要是在培养方案中新增设的课程,如"UG应用技术""Solid works软件基础""CATIZA三维曲面以及实体造型技术""模具CAD/CAE/CAM""网络协同设计技术",甚至开设了"汽车销售"等应用性极强的选修课。

由于这部分按用人单位的要求而开设的课程大部分是新增设的,授课老师认为自己的讲义"肯定融进了最新的材料,而且这个(学科)方面的东西几乎也都是新的,没办法不新"(T-FM)。然而,没有办法不新,也并不是都新,FM老师的想法是:"这个对我来说也是比较新的东西,我这方面的知识也只是些知识点,不够系统,而且也不够讲一个学期,因此我还是得按照以前的体系来讲,把这些穿插进去……"(T-FM)

当问及学校有没有更新教师知识的培训活动或资助时,FM对这个问题很惊讶,随即表示很赞同。显见,在增设新的课程时,学校并没有考虑到技术层教师的知识储备,而是对教师做了全能的预设。但是教师们对于讲授"新知识"还是心存不安的。

其实,对于增设新课程,上层也并非没有考虑到课程开发的问题,国家实施多年的"精品课程"工程就是对开发课程的鼓励与资助,只是,惠及的范围较小,没有办法扩及像"定制式"试点班这样需要大幅度调整的课程的所有要求。

学科基础课方面,教师们对修改讲义提出了自己的看法:认为都是那些东西,要能写进基础课的新进展也不是那么容易发明创新的,基础的东西就是基础,科技在发展,技术在更新,基础还是基础,必不可少,变化不大。这样的认知确实道出了基础之所以被称为基础的原因,同时也减少了自己对改进工作的动力。认识是行动的指导,有什么样的认识就有什么样的行动，除非有外来因素介入，导致认知失调。这样的认知阻碍了老师对讲义的更新、知识的更替。

然而事情也不全然如此，外力对教师们更新讲义方面也起到了一定的作用。自2005年起，学校硬性要求教师们授课在有条件的情况下尽量实现多媒体教学，而且以物质奖励的形式来推动教学的多媒体化。

在这项政策的推动下，院里作出相应的规定，其具体措施是以门均2000~5000元不等的资金动员教师制作多媒体课件。这样的鼓励无疑激发了教师们对多媒体课件的热情，在将传统讲义"转译"为多媒体课件的过程中，出于种种考虑，写进了一些新的东西。不过这些"写"进去的新的东西如何与传统的东西整合在一起，"确实费了"老师们的"一番周折"，因为要在多媒体课件中体现出"新"这个倒是不难，难的是这些新东西如何穿插在以前的讲义中，把它传授给学生，进行知识的推陈出新，确实是需要仔细思考的。YX老师的话，最能体现其中的难处。

> 你知道，（每一门课都有）一些东西是必须要（向学生）交代清楚的，不管你的课时再怎么压缩。现在时间就已经够紧的了，……我上学的那会儿，这门课是一周四学时的，上了一个学期，现在减到一周两个小时了，也要求讲完，又不能删减，还要加新的，有时候真是觉得没处加了……再说学生们也不一定能接受的了。
>
> 不过也不一定，这个随机性也是有的，有时候课上得顺利，（多出来的时间）就能多讲点（新的东西）。准备了肯定比没有准备好……（T - YX）

YX老师反映的这个关于如何对知识进行"推陈出新"，将新的东西有机地糅合进讲义，在课堂上教给学生的问题，其实是一个普遍的问题。也因此有学者专门就此进行探讨，大有形成一个研究领域的趋势，有的探讨"推什么出什么"的问题，还有的探讨"怎么推怎么出"的问题。曾经学习教育的背景令笔者觉得可以在这方面跟YX进行一下深入的交流，以平衡笔者一味作为信息接收者的角色。不过，YX老师认为，这些研究也许说得有道理，但他并不关注这些问题，这些研究最多就是经验交流，没有什么理论内涵，有时候具体问题还是要具体对待的。况且，YX老师认为，最主要的是研究这个跟他的本行没有太多关系,在这个问题上投注那些精力不如做做研究(他说的研究可能是仅仅指自己专业领域中的课题)。

对于技术层存在的这些问题,管理层与制度层也是了然于胸的。

> 课程体系与教学内容的更新是我们教学改革的最大难点,因为它涉及每一个教学单位乃至每一个教师的切身利益。在教学内容的精简与整合上,我们面临三大阻力:教学工作量属于"皇粮",教学单位从自身的经济利益出发不愿意对教学内容精简;有的教师嫌麻烦,教学大纲多年一贯制,将教科书上的章节罗列,不明确教学定位和能力培养目标,知识点不突出;一些课程的"教指委"从局部的角度片面地强调自身课程的系统性和重要性,提出的内容和学时偏多,在客观上成为前两个阻力的挡箭牌。(I-MW)

2. 授课方法的坚持与改变

YX 的陈述不仅阐明了一位教师关于讲义推陈出新的逻辑,也说出了对教学方法坚持还是改变的抉择心路,下面是从某位教师的教学日历中摘取的各堂课的授课方式,其暗含的信息是该教师教学方法的相对传统以及对传统方法的坚持(见表 5-1)。

表 5-1　某教师的教学日历中的授课方式

课目	讲授方法
机械系统设计的相关概念和发展历程(2 学时)	讲授
机械系统总体设计(2 学时)	讲授,举例讲解
传动系统设计(10 学时)	实例讲解,比较讲解,讲授中充分利用多媒体课件
实验一:传动系统分析(2 学时)	实验
执行系统设计(11 学时)	讲授
实验二:执行系统静刚度检测与分析(2 学时)	实验
支承系统设计(4 学时)	讲授
实验三:机械系统的振动、温升检测与分析(2 学时)	实验

续表

课目	讲授方法
控制系统设计（1学时）	讲授
操纵系统设计（1学时）	举例讲解，讲授中充分利用多媒体课件
共计38课时（31学时的理论课时，1学时的机动课时，6学时的实验课时）	讲授，举例讲解，实例讲解，比较讲解，实验

从上面的这张表中我们看到，一共38学时的课程中，有31学时是教师讲授，6学时是实验，没有当前广为推崇的培养学生团队精神与合作意识、开发学生创造思维的研讨会、小组讨论等新型教学方式。

承接上述，从YX对讲义以及讲义的转译与修改的态度和做法可以看出，教师们对讲义的看法，是不改有不改的道理，改有改的原因的，而深入分析这道理和原因，其背后体现的对利益的追求是永恒不变的。

对于不改，认为理论的东西，几乎是固定的，更新周期比较长；再则，课时少，必须讲的多，加不进去新东西。认为都是那些东西，要能写进基础课的新进展也不是那么容易发明创新的，基础的东西就是基础，科技在发展，技术在更新，基础还是基础，必不可少，变化不大。

而当这种具有如此多合理理由的"不改"遇上了门均2000~5000元不等的资金的动员时，便开启了教师对新东西的认同与趋向，完成从旧到新的转译或者改写。

对研究问题的关怀也体现出了教师们的这种利益趋避心理，那就是对能解决他上课的困惑和难题的教学方法与技巧的研究的冷漠，以及对专业课题的研究的倾心。因为，教学方法与技巧虽然能解决他在上课过程中的难题和困惑，但这种收获无疑是不能带来意外的收入的，而且即使他不懂得那些教学方法，甚至被他视为"淫巧"的教学方法并没有影响到他正常的上课，一周2个小时，毫无影响。但是，专业的课题就不一样了，不仅可以带来收入，而且重要的是积累晋升职称的资质，甚至做得好还能"树立自己在圈子中的地位"。

教师们对这种收获与收入的算计完全出于现实的考虑，只要设身处地地站在他的立场上算算这笔账，是非得失自然显露。

多年来，我们采用的是传统的教育方式，注重知识灌输，忽视能力培养；注重理论教育，忽视实践锻炼；以考试为手段，追求高分，使学生知其然而不知其所以然，缺乏质疑能力和创新精神。其部分原因也由于现有教师就是在这种教育方式下成长起来的，注重教书而不重视指导学生学习；满足于学生学会，而不是引导学生会学；注意传授知识，而忽视激励思维，不能充分启发学生善于学习、勤于思考、勇于创造。与此同时，生产力中科技含量与日俱增，要求高校学生有创造性思维，不仅要善于吸收，更要善于创新。这些都迫切要求教师应迅速提高自身的创新能力，指导学生学会创新思维，并通过各种实践活动，加强创新能力的培养，使教育质量能有一个明显的提高，真正培养出一批创新性的优秀人才。

"定制式"试点班培养目标，对学生动手能力的培养、创新思维的养成有明确要求。这一方面反映了以往的毕业生在实际操作能力与创造思维训练方面存在局限，同时也是新的历史条件和企业发展提出的对人才的期许。如何培养这些能力，或者从广义上说，如何培养合适的学生，是需要执行培养方案的授课教师们认真思考的问题。

对这一问题，受访的老师有的认为能力的养成是"水到渠成"，自然而然的过程；有的怀疑"能力是否能培养出来的"。比如，YX老师就认为，教师教了，学生学了，能力自然也就有了。

> 我只要把我这门课规定的内容讲授到位，让大部分学生理解了，明白是怎么回事，或者说他们对这门学科有个系统的了解，至于能力，那就是积累的过程，学得多了，见得多了，做得多了，自然也就有了。(T‑YX)

YX老师虽然认为能力"自然也就有了"，但还是提出了这个自然的生成过程，那就是"积累"，是"学得多了，见得多了，做得多了"。那么教师的教学能不能保证为学生提供这个"三多"的积累过程呢？

事实上，通过前面一章对学分学时的推算，我们可以看出，为了增加实用性强的应用性科目，学分学时数已经受到了一次大幅度的压缩，在相对短的教学时间中要实现"三多"的积累，有难度。这也提出了宽口径与厚基础之间的一个悖论。为了增强高校毕业生的社会适应性，或者适应不同的工作岗位，学校变换不同的策略，结果是专业越来越抽象，正如一位业界工程师所言，"都成工程了"，学生所学科目也越来越多越杂，机械系要开经济学、法律等科目。上述这位工程师的话有着很强的代表性:"现在的学生都成了万金油了,什么都懂点,就是专业不精通,甚至没有个主业。"

如果说认为"能力的培养在于'积累'"的说法为教师们培养能力的一种方法或者哲学,尚可作为指导教师教学、培养学生能力的理念。还有一部分教师认为"能力要靠悟性",这个"悟"实在是玄妙得让教师不能掌握其要领,揭不开能力培养的神秘面纱。

怎么教?讲解理论,动手演示,然后让大家做作业。难点重点突出讲,详细讲。做实验的时候要求学生独立完成。不懂的、不会的地方,大家反映比较多的地方,就在后面上课的时候再返回来解释……教学就是这个样子的,还有谁怎么教?况且,教学生技能,教学生理论,教学生做作业,这些都不难,可是你说教能力,能力是能教出来的吗?我觉得主要还是看学生自己的悟性了,有的学生聪明,就能想出很多的办法,这因人而异,得靠自己……至于操作能力,课堂上很难讲透彻,学了,做了,又忘了,做时又要重新学习……(T-XC)

教师对能力的培养的理念,听上去似乎有道理,但若输入"如何培养学生能力"的字样,在中国期刊网上搜索,则有上千篇文章是讨论如何培养学生的动手能力和创新能力的。这种情形可以解释为,一方面能力的培养确实是教学过程中的一大疑难问题,困扰着众多的教师、研究者、学者,吸引他们在这个领域进行探讨;另一方面也说明,能力培养的方法尽管各家有各家之言,但还是有人摸索出了出路,并且拿出来供大家交流探讨,或者试验、运用的。

调查中了解到,教师们感觉这样的交流意义不大,学生的情况不一样,专业课目的特性也不同,很难借鉴作为"他山之石"。

一方面是对院系的培养方案不清楚,对自己的课程目标"记不住";另一方面是对能力培养的无力。而这种情况发生在三分之二的被访者身上,如此普遍,令人感觉这不仅仅是某个教师的责任心问题,也许是学校中某种结构性功能缺失的结果。

从 SL 老师处笔者了解到,学校每年对新入职的教师进行一次综合培训。"综合"是从人员的角度来讲的,包括本年度招聘进来的或者以其他方式引进的新教师,而"培训",XC 老师认为,说"讲座"更合适。

> 那个培训班一共讲了三次讲座,其中一次是关于学校的整体情况的,相当于企业文化一样的教育,是一个学校宣传处的老师讲的,主要是个欢迎以及学校的概况;第二个是关于先进事迹的报告,讲的是 XX 大学的 XXX 老师,也许是(出于)培养老师的爱岗敬业的精神(的考虑)吧;第三个是一个教育心理学讲座,具体内容记不起来啦……最后交一篇上培训班感受的论文,我是在学期末交的,当时学校给我打电话说,交了就能给教师上岗证,不交得重修……(T - XC)

事实上,在 XC 拿到教师上岗证之前已经教授了一个学期的电子测量技术了。

在这个对入职培训会议的简短介绍中,我们可以看到,XC 把党委宣传统战部说成是"宣传处",可见他对学校的机构设置并不是十分熟悉,是在以一个新教师的身份逐渐地适应新的环境,包括他讲授的课程。这次培训对实际教学也许是最具有工具意义的一次讲座,那次有关教育心理学的讲座给 XC 带来的影响也仅仅是一个"皮囊",甚至仅仅是在记忆中画下一道"有这么一回事"的痕迹。

在学院中,对新老师的指导和带领工作被交由教研室进行。

> 指定 XX 老师做我的导师,让我有时间去听听老教师们的课。……导师也没有什么实质性的指导,可能关键还是我没有向他请教……一开始听过几次老教师的课,后来时间紧,就不去听了,……其实,说到底谁讲课都那样讲,我已经听了二十多年了……(T - XC)

仔细分析 XC 老师的话至少包含了这么几层意思,第一,给新进教师配备导师形同虚设(后来了解发现,这种导师制其实意义深远,XC 老师就跟这个配备导师成功合作,共同申请课题,完成项目),没有给新老师提供实质的指导,如 XC 老师自省认为,也许是自己没有问的原因。导师制实际上还是一种规训制,只有当学生有问题时才行使责任,而常规运转中，导师是不能出马的。第二，每位教师的教学方法都差不多，接受了二十多年教育的新教师自然也就没有什么要再学习的。

如果如 XC 老师所揭示的导师制形同虚设，那为什么还要有这么一种配备呢？如果说因为接受了二十多年的教育就对教学（通俗地说就是上课）胸有成竹，那教学的创新就很难有跨越式的发展与进步了。

这里其实是有个假设：认为老师对自己的分内之事，比如教学应该有充分的自觉，有很强的自主性。

这种暗喻也被教师充分用在学生的身上，认为学生应该对自己做到充分的自律。调查发现若从不同的视角了解学生与教师的关系，你会听到不同的声音。

教师们认为，学校和教师应尊重学生学习上的自由选择，教师只需要提供宏观上的指导就可以了。其实这种宽松的环境，一方面给了学生发挥的自由，另一方面也给了学生迷失的机会，其前提是对人的自律性提出了很高的要求。事实上，学生们却自认为，很难自律。不过，好在学生对自律有模糊的体认，以免于沉迷于网络游戏而不能自已。毕业后的学生回忆，"大学生还是要被管着"，S-12 认为学生需要严格的指导和约束。

3. *课程表上体现的工作量*

课程表是大学教师实践教学计划的指挥棒，教师们按照课程表的安排来进行自己的教学活动。在某种意义上，可以说，课程表是其教学活动的指示器。

大学教师专业素养深厚，面对教学工作，大多是孤军奋战，拥有对自己所教授的课程从内容搭配到方法的所有自主决定与选择权。

从贴在 FM 老师办公室墙上的课程表中，可以看出，只填了一个格子使得整个课程表显得空旷单调。细看每张办公桌上的课表，都是只有自己课程的那个格子被填写，有的甚至没有课表而仅仅是用便利贴记录并随意贴在墙上或者办公桌的一角，那么的不正式，似乎只是提醒其记录者："嗨，该上课了。"把这所有老师的课程表叠起来，组成的是该院系一学期所有的课程。由课程表可以看出，教师们之间的合作与独立之间的辩证关系，也对应着人才培养的结构与行动之间互相建构的关系。

受访者表示，同事们之间甚少讨论教学问题，即使在"定制式"试点班，情形也差不多是这种状况。

　　这个班的老师其实在教学上花的时间很多，其实蛮认真的。(T-QG)

　　不会，老师之间很少谈教学的事情。除了在开会的时候，开会的时候主题是这个，大家会谈，下来之后不会谈教学。因为，我认为原因是老师的脑子里面，认为这个是自己的私人的事情，有的时候可能与一个人的水平有关，比较隐秘，所以一般大家不会谈的，有时候可以说是有意在避免。(T-XC)

　　这个问题就不清楚，因为这涉及个人的部分，然后……我想大家也不方便去谈这样的事情，那……当然这个是在我们学界不是很好的一个文化，这是事实。(T-YX)

　　大家平时都不坐班，也没有什么非要沟通的事情，有些事情找学生也可以了解到，有些事情也没有了解的必要，各自有自己的研究方向，不是合作的话很少有交流，而且有时候谈也是谈一些工作外的话题，实质性的很少，这个大家都敏感。(T-LJ)

老师们因为认为教学是自己的事情，一般不拿出来讨论。不谈教学，几乎是大学教师们相处的常态，然而，这并不代表教师们不在意教学，而是反映出大学教师的自主性。教师 XC 说：

　　关键在这里，就是说大家不太当一回事的原因，可能会是类似我刚才讲给你的，他们还是相信自己的一套方法，跟他们自己相信的一套教学理念，他们不见得会愿意为了谁的建议或者批评而去调整，因为他们这样做很可能我们有属于自己的一个完整的过程（大意为教师们都有自己的一套完整的教学方式）。(T-XC)

大学教师们常因研究而组成合作团队，但很少合作教学。一般而言，少有教师认为团队教学（team teaching）的方式在其教学之中是重要的。团队教学最常见的形态是两位或两位以上的教师共同教授一门课。但此种方式可能造成教师授课的学时不足，而且在学校实施"课时费"（调查当时已经又另改名目为"岗位津贴"了，但基本内容差不同，只是把补助一次性按课程量计算，而非按课时计算，另外"课时费"制的补助发放是学校直接进行的，而另改名目后，补助是统一下放到院系，再由院系按照教师们的授课情况进行分配）补助后，教师的上课时数是与其直接的经济利益挂钩的，因此，团队授课还面临一个利益分割的问题，所以教师们一般会避免利益的冲突而审慎考虑。虽然，教师TY表示，他会跟同事进行协同教学，而他说的协同只是"换课"或调课。但即使如此，也可知教师们在教学讨论上的关系是薄弱的。

作为高校教师，互相较少关注对方的事情，较少进行教学方面的讨论和探讨，是因为教相同学科的老师比较少，很多的课程，在该学院就一个老师讲。比如"机械系统控制"这门课，在机械学院就两个老师，而且还兼职非教学事务，还有一些新增加开设的课程，就只有一个老师，很难和其他老师进行交流。其他课程的老师也无法在教学策略和方法上给出什么中肯的意见。而与其他学校的同课程的老师进行交流，又被看作"机会很少，时间也不允许"。

不过教师们对这种合作授课的方式还是相当的"憧憬"。

> 只是说大家针对自己比较专长的部分来授课，对自己也比较方便然后对学生来讲可能也比较好，这种合作的模式其实蛮多的，每个学期大概有不少课是这样的一个模式。……属于我的部分就由我来上，属于他们的部分就由他们来上，整体规划是都在做，那其他课我就不清楚，因为大家是够忙的，没有时间，我还管到你怎么上课，除非是大家合作，我们两个合作那我们可以讨论一下，那别人合作怎么合作我们可能就管不着。（T-QG）[①]

[①] 进一步地交谈后了解到，QG说的这种合作授课其实是讲座课，而在老师中更常见的合作则是"换课"。

我国的高新技术迅速发展，高层次人才竞争日益激烈。这对高校教师的授课内容与方法产生很大冲击，有许多教师把提高自己的学历层次和专业水平摆在个人发展的中心位置。这个问题应该从两个方面看：一方面从积极的方面看，这也是高等教育工作的需要；但另一方面也使高校教师形成家庭、课堂、实验室的轨道模式，使他们之间正常的学术交流减少，协同作战的机会减少。有些人在学术成果和荣誉面前居功自满、沾沾自喜、孤芳自赏，甚至出现了互相封锁、划分学术禁区的现象。事实上，当代的学术研究是一种群体性的劳动，已经很难出现"爱迪生"式人物，一项大的科研课题通常需要多方面人员合作，一个理论的形成需要借鉴前人的经验教训，一位科学家说的好，"我之所以看得远，是因为我站在巨人的肩膀上"，集体的智慧是无穷的。

促进教师的交流合作，提高教师的专业发展，有必要从方法和方式上进行策略考虑。

（三）领导对改革的体认

为配合"定制式"试点班的培养方案不断推进，部分教师在自省用人单位要求的人才规格与自己所教授的课程内容的匹配程度的时候，主动修正教材教法；而新进教师和资浅教师若能够下大力气从一开始就按照培养方案的要求把课备好，这样成效自然可以提升。

> 可令人困惑的是有的老师跟我讲，他们开的课好像跟培养方案上的那六项核心能力不太有关系。当然，你对这些资深的、元老级教师，不好意思说叫他改，他自己觉得，嗳，我是不是应该改一改了？那这样的话就造成一个风气，学生对他说："你的课上有点陈旧了，不合时宜。"他后来想想，觉得从这个角度看起来好像有点怪怪的，那就顺水推舟改一下。（M-SL）

> 那新进的老师基本上他可塑性高，那重点在推动新进老师能够进到这个项目里头，我想是他们从年轻的时候开始就有学的东西过时的这种体验，对于改进，他会容易接受。另外一个，他也真的把它引进来做了，这样时间慢慢地（过去），老的退休的退休了，我想制度的

建立可能这是一个方式。如果说是一个命令下去所有的老师都遵循，在大学有时候是办不到的。(M-SL)

可是她没有考虑到的是，老的退休了，新的又变成老的了，这些新变老的教师能否保持不断地调整呢？因此，在参与这项"定制式"人才培养活动的过程中，不论是新教师还是老教师，也不论这种参与给教师们带来何种影响，主管在成员自主性强的组织中推动一项创新活动，原本就是艰巨的任务。在"积极推展"与"不扰民"之间维持一个平衡点，是对主事者的考验，也是"定制式"人才培养模式能够在院系持续开展下去的基础。因此，教师们的自主性特质在"定制式"人才培养模式下推动其进行课程调整和教法改革的过程中，扮演重要的角色。教师SL就是如此体认的。

因为这是一个文化的形成，不是那么容易，文化要开始也难，就像一个轮子要转，从不动到动总是要一个我们叫"inertia"，因为它惯性很大要动，那它转了以后就要转得快，就是要持续，持续给一些力量，你断掉那个轮子就停掉了，所以还要持续给。所以我觉得现在不管是院长还是主任，他们想要些什么东西，一方面又不要老师太累，花太多时间，一方面又不是说是什么都没有，所以这是需要一些智慧的。(M-SL)

如何说服老师放弃成见，深入了解"定制式"培养的精神将是参与培养积极调整教案的首要任务。然而，"认同"与"参与"并不能混为一谈，校方是否具备推动的决心、明确的政策、足够的行政支援以及实质性的奖励措施，也是影响培养模式实践过程的关键性因素。

三　不同类型资本在实践中的转换

试点班人才培养模式改革的主旨在技术层实践中变通，可从前面的分析看到试点班的培养方案寄希望于能够引导教师重视对学生应用知识的传授，突出对学生的技能培养，而不是在培养方案与课程目标上做"理论知识的减少，应用知识的增加"的物理运动。

但是，知识传授与技能培养这两条主线在学校并没有得到相辅相成、互相促进。鉴于技术层教师们的教育理念与技术局限，对技能的培养需要另觅他途。

对于技术层的教师而言，试点班培养方案的实践是与一系列新的课程安排、教学调整相连的。这些安排与调整，特别是为技能培养开辟的路径在一定的程度上改变了教师的行为取向，在某种意义上推动试点班培养目标在实践中位移。特别是校企合作培养学生技能的"走出去、请进来"措施。

（一）教师的转变：文化资本换取经济资本

就技术层的教师来看，由于受到中国高校长期形成的人才培养实践的重视理论、轻视实践，重视知识传授、轻视技能培养惯习的影响，教师们一方面接受实用型人才培养模式观念，另一方面又深受观念的影响，因而"双师型"教师少之又少，在"定制式"试点班把培养技能提到突出地位的要求下，就不得不考虑技能培养的技术环境与条件。

"走出去、请进来"是试点班人才培养的一项举措，其实质是实行"校企合作"，利用企业中具有实践经验和操作技能的专家、师傅、技术员的优势来弥补学校中技术层"双师型"教师缺乏的局限，实现学生实操技能培养。"走出去"是指学生走出学校进入与学校合作的企业进行实地实践，上岗体验，为了更好地实现"零过渡"而提前准备；"请进来"即把企业中的工程师、专家、技术员请到学校来为学生讲授操作性、实践性强的技能型课程，培养学生的动手能力，提升学生的操作技能。从理论上讲，这一措施可以说是很完美的设计。然而，在实践过程中却经历一次次的调整修正。

调整最初来自校企合作中的学校教师与企业专家工作、时间、报酬等方面的调配问题，一方面，请进校外的师傅，校内教师的工作量和工作时数必然受到影响，为了弥补被专家替代后的工作空缺，教师们更加倾向于科研活动，在科研的压力下，更在"校企合作"理念引导下，部分教师走出校门寻求与企业的合作，搞开发、搞攻关。在这个过程中有些教师在对比“学校授课”与“企业攻关”的利害得失之后，渐渐把工作重心转移到企业方面，这种从学校向企业的转身，使得学校中优秀的授课教师有效供给不足，学校教学的元气与功力大受伤害，高校中出现了一批“代课教师”。不过从教师群体的角度来看，这种转变对于优秀的授课老师来说，进企业、拉项目、搞攻关实现了文化资本向经济资本的兑换，同时也不会失去拥有文化资本的光荣的高校教师身份象征。

教师们走出校门拉项目、搞攻关，是高校服务社会发展功能的体现，更是高校教师应对实际生存环境压力使然。下面的工资单透露出教师们为什么不能安分向教的生存抉择（见图 5－1、图 5－2）。

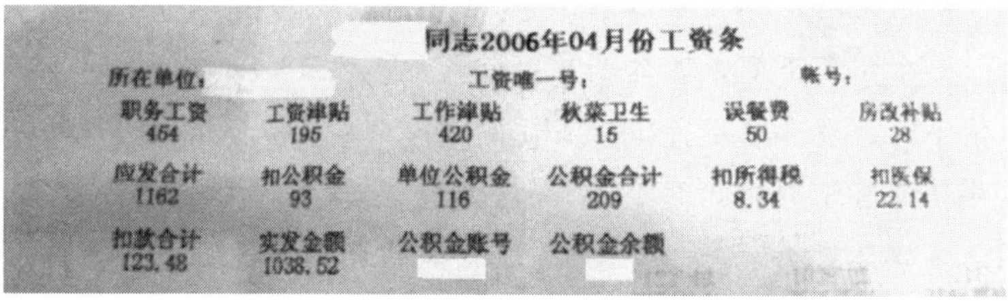
同志2006年04月份工资条

所在单位：　工资唯一号：　帐号：

职务工资	工资津贴	工作津贴	秋菜卫生	误餐费	房改补贴
454	195	420	15	50	28
应发合计	扣公积金	单位公积金	公积金合计	扣所得税	扣医保
1162	93	116	209	8.34	22.14
扣款合计	实发金额	公积金账号	公积金余额		
123.48	1038.52				

图 5－1　H 大学机械学院为“定制式”试点班授课的某教龄为 10 个月的教师工资单

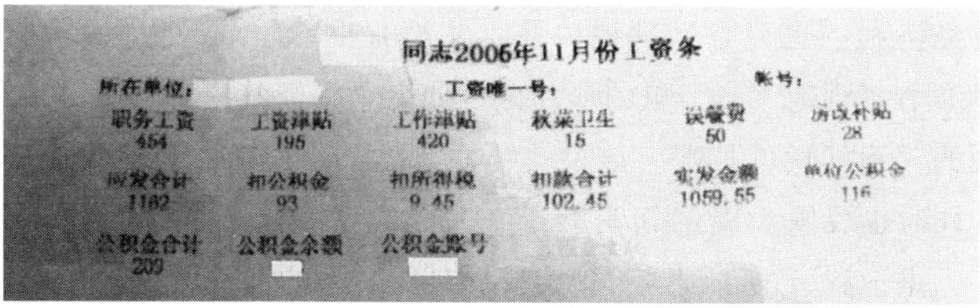
同志2006年11月份工资条

所在单位：　工资唯一号：　帐号：

职务工资	工资津贴	工作津贴	秋菜卫生	误餐费	房改补贴
454	195	420	15	50	28
应发合计	扣公积金	扣所得税	扣款合计	实发金额	单位公积金
1162	93	9.45	102.45	1059.55	116
公积金合计	公积金余额	公积金账号			
209					

图 5－2　H 大学机械学院为“定制式”试点班授课的某教龄为 22 个月的教师工资单

图 5－1 是一学期带两门专业课的老师的工资单，拿到这个工资单，我颇费了些周折，“倒不是说有多少秘密”，而是拥有者说他“实在不好意思让人知道，自己就挣这么点钱”。

这些小小的数字传达的是学校或者说社会对一位高校教师的“价值判断”，如果将这个数目做一个横向的比较，这个数字大致不如一名同学校同专业的博士生一个月的补助（据 XC 老师讲“全下来”1300 元左右，

"再接点私活的话就没法算了")多。但是博士生作为学生,有学校便宜的食堂,有校医院的公费医疗,还有社会对一个学生"穷酸"的宽容。而收入尚不如博士生的青年教师却没有这样的优越待遇。XC 也感叹,说自己"倒退式发展"(当了老师,经济状况反倒不如自己的学生时代)。

H 大学现行的教师工资制度主要是国家财政拨发的基本工资加上学校发放的岗位津贴,而岗位津贴因学校的不同而有别。像 XC 这样的教学年资不足 5 年的青年教师,学校的津贴是不会贴在他们身上的。他说如果按几年前算,他的实际收入应该比这个高,因为:

> 以前是基本工资加上上课课时费,像我这样上两门课,68 个学时,一个学期下来,怎么也能拿个五千、六千的不成问题……我赶的时候不好,现在就不行了,实行了津贴制,据说是按级别给的,像我这样还没有级别的就贴不上了……听说学校有一部分资金资助教师们制作多媒体课件,一直也没人通知我,估计是也没有我们的份……(T - XC)

从他的话语中分析,XC 可能对高校现行的工资制度并不是很了解,对各种经济利益也只是默默地关注,并没有主动争取,他只是"任劳任怨"地拿着打到他工资卡里的那部分,如果要深究其原因的话,或许如同上面说的"不好意思"吧。这个"不好意思",一方面可能有性格的成分使然,同时也反映出新的知识分子在文化理念上仍然固守着"君子重于义,小人重于利"的古训。但他也暗自进行转型的准备。

的确,目前这样的收入水平,有时候让 XC 老师觉得非常尴尬,他曾经开玩笑说,"要想找到老婆,除非她要我这两书架书做聘礼"。

从 XC 老师处了解到,当初他留校的时候其实是有两个岗位可以选择的,一个是机械学院,一个是工程训练中心。当时他觉得学术高大上,工程训练说到底还是工人,因而选择了学院。"现在回过头来想想,如果选择中心的话可能境况会好一些。"(T - XC)

不过他认为自己还有机会,因为工程训练中心承担省里的一些认证的培训,他们院的老师就有被请去搞培训的。而且还有一些在外面企业兼职的,收入也不错,直接开公司的,就更不用说了。这样"事业有成"的老师现在都成了曾经一心向学的 XC 对未来职业生涯规划的榜样。"……不过我现在还不行（资格不够），正'攒人品'呢（在这里主要指修炼资格的意思，并非流行的做好事等待'人品'爆发）。"（T‐XC）

可以想见，一旦有机会，这位曾经明志要搞学术的老师也会因为出于对经济资本的考虑而去"搞搞培训""兼兼职"的，也可以看出，虽然现在的"处境艰难"，但是 XC 老师还是觉得光明就在眼前——作为高校的教师，这种身份使得他对未来充满了乐观。

布迪厄在对"资本"[①]（capital）与"场域"（field）的论述中，认为不同类型的资本只有在特定的"场域"中才是有效的，但是各类资本之间又是可以转换的。进一步来说，场域是各种资本提供相互竞争、比较与转换的一个必要场所；反过来说，场域本身的存在与运作，也只能靠其中的各种资本的交换以及竞争才能维持，也就是说，场域是各种资本竞争的结果。因此，任何一个场域始终都是行动者用其所有的各项资本进行比较、交换和竞争的一个斗争场所，是这些行动者相互维持或改变其本身所具有的资本再分配的场所。

一个场域可以被定义为在各种位置之间存在的客观关系的一个"关系网络"。决定这些位置的因素主要有两个方面：一方面是在不同类型的权力或资本分配结构中，各种位置"实际"与"潜在"的处境地位；另一方面是这些位置彼此之间的客观关系，这两个方面是密切交织在一起的。行动者借助自己所拥有的资本，去争取更多的权力或者资本，从而在场域内部占据支配性的地位。在不同的场域中，不同类型的资本（经济资本、文化资本、社会资本等）的价值与等级有所不同。在一种特定的场域中显示

[①] Pierre Bourdieu, "The Forms of Capital," in John G. Richardson, ed., *Handbook of Theory and Research for the Sociology of Education* (Connecticut: Green Press, 1985), pp. 248-294. 布迪厄将资本的形式界定为"经济资本""文化资本""社会资本""象征资本"。经济资本依附于有价值的经济资源，在市场行为中，所付出的经济资源与所获得的回报成正比，因此物质资本越多、越稀有，所能获得的回报也就越高；文化资本是指个人所拥有的知识与技术，传统上，文化资本需要透过教育或者训练来获得，文化资本的作用取决于市场的需求程度，知识与技术的稀缺性越高，文化资本的报酬越高；社会资本为具有具体或者潜在的资源的集合，这些资源来自人与人之间的熟悉或者认同所带来的持续性的网络关系，或者可以说是来自成员身份；象征性资本，是用来表示礼仪活动、声誉或者威信资本累积的策略性现象的重要概念。

较高价值与有效性的资本可以称为"强势资本",而其余的则可以被称为"弱势资本"。在特定时期两个同样数量资本的个体,其地位可能不同,一个拥有大量的经济资本、少量的文化资本的人,与一个拥有大量的文化资本、少量的经济资本的人,所处的社会地位与空间位置就不尽相同。所以,决定一个人在游戏空间中的地位与游戏策略的,不仅仅是他的资本拥有量,而且还要看他所拥有的是何种类型的资本,以及各种资本之间在特定时间中的比值,即这一资本的数量和结构随时间而演进的函数。①

作为高校的教师,其拥有的"强势资本"当属文化资本,这种文化资本的形成,要经过长期的训练培养,比较系统的专业学习,至少也得经过二十年以上才能取得要求的学历和掌握高层次的知识。在文化资本的形成过程中,无论是国家还是家庭和个人都投注了大量的资本与心血。而且要随着社会发展、科技进步不断改善更新。可是当他们在资本的市场上进行交换,换取生活必需的经济资本时,却发现其"强势资本"的比值低到了令人尴尬的地步。文化资本在高校的场域中大幅贬值,也就无怪这些拥有文化资本作为"强势资本"的教师们另辟蹊径去寻求一个好的兑换比率。

其实提供给老师们转化资本的"蹊径"毕竟还是有限的,而这些"蹊径"也因各有用途而着实让老师们大费脑筋地在教学与科研之间权衡抉择。

由于科研在"出成果"、"申请经费"、"评职称"以及"声誉"等方面占有较大的权重,因而使得教师们把权衡的天平向着"研究"的方向倾斜。但现在"校企合作"的平台,正好给了他们"倾斜"取向的合理性落脚点。因为在校企合作的企业中搞开发、搞攻关,在形式上是与企业中的工程师、专家进校进行"交换"而实现的,因此,在企业中的工作也是要算作教师教学的业绩的。

(二) 专家:经济资本交换文化资本

在"定制式"试点班人才培养方案实施的过程中,高校教师的"转身"是与企业专家的"进入"同时进行、相互促进的。

---

① Pierre Bourdieu, "The Forms of Capital," in John G. Richardson, ed., *Handbook of Theory and Research for the Sociology of Education* (Connecticut: Green Press, 1985), pp. 250 – 252.

为了培养具有较强实践能力的应用型高级工程技术人才,企业的专家、工程师、技术员被请进学校作为技能型教师,弥补机械学院"双师型"教师的不足,实现技能培养这一目标,不过,工作者在不同场域之间的转化,还需要不断适应磨合。

首先是进校的专家们在企业中长期锻炼出来的项目与任务执行思维与行为方式与高校教学逻辑的冲突,用 D-I-19 的话说就是"就那点玩意儿,我一个小时讲完了,接下来的时间呢,我是去还是不去,去了没有东西讲了,而且还又搭时间搭人的……"在理性的权衡下,选择了上完课就走人,把余下的课时空白留给了学校。学校安排20学时的课程,专家们两次课就上完了,接下来大量的空闲时间留待学校进行填补,这是另外的问题,当下要解决的是两次课与20学时的酬劳之间的兑换问题。两次课拿20学时的酬劳,从知识传授的总量角度来讲似乎也说得过去,教授一定量的知识,获取一定量的报酬。然而从工作的分解计量上来讲,却给学校留下了棘手的问题,两次课拿走了20学时的费用,剩下的学时还要填补,这填补的学时还要计酬,对学校来说,这等于20个学时需要付出双倍的费用。这样理性计算和思考后,学校发展出了"标准化"的控制办法,那就是把20学时的技能培训知识进行"点化"处理,即按照知识传授教师的课程内容组织路径,把技能培训知识分解为一个个知识点,然后按照知识点的相关性排列,组合成20个知识群,并给每一个知识群进行命名,最后以讲座的形式逐个展开。这样的"点化"处理后,专家们的教学内容、教学进度与教学形式都得到了控制,实现了与学校的步调一致。这是继"走出去、请进来"之后的又一举措。

讲座制的实施确实起到了控制专家的教学行为的作用,但接下来又引出了新的问题。20学时的技能课,10次讲座,使得学校有机会聘请更多的专家,发展更多的合作企业,也使更多的专家能走进学校分享传授知识的快乐,这种利益共沾的模式拓展了学校的"校企合作"面,但对于专家们来说,利益的分散与分割也使得他们对被"请进来"实现培养学生的技能活动有了新的想法:"我折腾上一天,又是搭车又是赶路,百八十块钱值得我折腾吗?"这位专家的话其实反映了被请进来的大部分专家的心声,确实对他们来说折腾一次百八十块钱的报酬真的是"非常看不上眼"的。尽管在被请进来的当初,大部分被请进来的专家们一开始觉得登上大学的讲台给大学生授课这种"荣耀"和"谈资"让他们从心理上得到了极大的满足。但时间一长,次数一多,"荣耀"的边际效应下降,专家们进学校、进课堂的积极性就受到了影响。

实行"校企合作",可学校和企业毕竟是两个不同的经营个体,双方的合作需要有对等的交换条件,不平衡的心理驱使他们进行"理性的计算和思考"。

其实在中国社会中,进入高等学校作为一种身份象征与社会地位提升的符号价值观念,使得高校从来就不缺少交换资源。加之在近年来的社会转型过程中,高校自主权限的逐渐扩大更使得高校拥有了以自身符号资本进行交换的自主权。与"非常看不上眼"的经济酬劳相比,专家们把目光转向了高校的象征性资本,以"工程硕士"的形式"提升内部员工的素质","解决自己子女上学的问题"等成为专家们更加看重的利益诉求。而专家们的这些利益诉求对学校来说,只是"举手之劳",况且还有专家的代表方企业的资金、场地、"优先合作"的承诺。在双方的协商下,最终实现了"校企合作"技术路径的大转变:从"走出去学生,请进来工程师"演变为"走出去教师,请进来学生"[①]。

(三) 试点班的实践转向

"定制式"试点班设立的初衷是为了"改善毕业生学用偏离,解决企业发展的人才瓶颈",实现高校毕业生从学校向岗位的"零过渡"。这一预设在经历了高校不断寻求新定位、新资源与新发展的变革场域中的人才培养实践,最终走向了与预设有偏差的结局。"定制式"试点班的64名定制签约学生,毕业时也只有17名走上了定制的工作岗位,而且工作单位与毕业生的自我评价,似乎与各自最初的目标均有些距离。然而"定制式"的"校企合作"这一举措,却获得了旺盛的生命力,"定制式模式"被评为"教学模式改革"示范,作为H大学重要的办学经验,在高校人才培养模式改革中被交流、传播与学习。

[①] "请进来"的学生指两种人,第一种是为解决企业中中高层子女入学问题而利用学校部分招生自主权限而招收进来的学生;第二种指为提升文凭而进行的工程硕士培训的培训班的学生。

本章小结：高校场域中教师专业价值实践

高等学校对人才的培养，依赖于教师对教学的实践，而在实践过程中，教师对人才生产目的的认识、意义的看法、过程的践行对生产出的人才的品质与规格具有至关重要的影响。在本章中，笔者实际考察了人才生产过程中的主要生产者——试点班教师们对试点班的认知，对自己所教授课程的目的在形成试点班学生能力要求中的作用的认识，以及对学生要求的了解等方面，通过对教师教学过程中几个重要事件的描述，展现了"定制式"试点班人才培养的实践过程，再现了"定制式"试点班人才培养所经历的真实轨迹，及其过程中各相关人员的心路历程。

从相关资料中我们可以看出，一方面教师们对自己所从事的专业领域有自己的想法，而且认为这种专业素养不是能为外人所理解和认识的。教师们对自己专业和课程的认识有些时候与培养方案的要求是有偏差的，比如，培养方案中为了培养学生的科技开发能力，而增加实践课程的学时，但教师们却认为，科技开发的能力是要在扎实的理论基础之上开发的，培养方案要求减少理论学习课时，增加实习实训机会，其结果不但不会培养出具有科技开发能力的学生，而且还会削弱学生的自学能力以及发展后劲。但是，在实际的教学实践过程中，教师们遵循的是自己对人才培养的认识，对课程功能的理解。

在教师们遵照自己内心对专业的理解和对人才培养的认识进行教学实践的过程中，教学行为又受到其对经济资本、文化资本、社会资本等权衡的左右。教师 XC 就后悔留在院里而没有选择去中心，因为中心有"几个王牌培训"，而这些培训主要针对的是企业员工或者社会人士，认证培训的费用较高，培训教师的收入也就相对水涨船高。而 XC 老师现在也正厚积薄发，等待时机用自己的文化资本兑换经济资本，寻找机会使自己的文化资本实现更高的兑换比率。XC 老师的这种想法有现实的环境背景，那就是教课老师与培训老师收入悬殊。这种悬殊反映出的是，在传统高校教学场域中，教师们丰厚的文化资本的兑换率较低。因而促使他们开辟新的路径，实现文化资本兑换经济资本的合理比率。

可以看出，教师对教学过程的践行，一方面受自己对专业理解的影响，另一方面又受到经济利益的驱使，而利益的驱使又是与"试点班"这一校企合作的延伸相联系的。因而，教师对教学的实践是"培养方案"的精神、教师的专业价值，以及利益取向三者合力的结果。

在此过程中"专家"作为外在介入的力量对试点班的教学实践以及学校组织的逻辑都产生了很大的影响，从某种意义上，正是"走出去、请进来"策略中请进企业的专家，使得为培养和提升"定制式"试点班学生实践能力的"校企合作"这一措施成为试点班继续下去的现实动力，不仅影响人才培养结果的走势，也影响了高校教师的教学实践逻辑以及学校中院系组织的运行特征。

第六章 "定制式"试点班的实践转向

我国高校毕业生就业难的问题始于20世纪90年代,对高校毕业生就业难问题的研究认为,其最初原因乃高校的大规模扩招。高校扩招的直接后果是高校毕业生数量短时间内井喷,高校传统培养模式下毕业生不能适应经济社会发展建设需要,从而,高校毕业生供给数量大大超过经济发展所提供的就业岗位,同时毕业生"规格"难以符合职业岗位需求,造成高校毕业生绝对供给过剩与相对供给不足的就业难与用工荒并存局面。

尽管数量是讨论的中心,但真正的问题涉及的不只是统计数据。对高校毕业生数量的认识就忽略了更为重要的问题:我们培养了多少高质量的、受过适当训练的、能够满足目前用人单位需求的人才?如果说大学生就业难问题是高校大规模扩招、高校毕业生数量迅速增加的一个直接结果,那么,在大学毕业生一职难求的同时,用人单位也在抱怨招聘不到合适的可用的人才,这种"一个职位难求"与"合适人才难寻"的矛盾显示的是高校毕业生的供给与用人单位对人才需求之间的张力。2008年,机械制造行业的求人倍率(需求人数/求职人数)是2.92,尽管需求在增长,但是面临一个棘手的问题:当机械制造行业的许多企业都抱怨招聘不到合适的员工时,高校机械专业毕业生的实际未就业率却屡创新高。对这一矛盾基本可以解释为:我国机械制造专业毕业生的总量供大于求,但真正适合企业发展需求的毕业生的供给却不能满足需求。

为了弥合"学用偏离"张力,缓解高校毕业生的就业压力,解决用人单位难觅合适人才的状况,高校进行了一系列的人才培养模式的调整与改革,H大学机械学院的"定制式"试点班就是其中的一个典型案例。H大学机械学院通过识读市场的需求,确定"定制式"试点班的培养目标,设计培养方案,并运用"校企合作"的措施实践了试点班人才培养模式的市场取向改革。那么通过这种方式培养出来的"定制式"试点班的毕业生,是否能实现学校到工作岗位的"零过渡",是否能满足企业的需求?

一 职业岗位的评价

本研究选取了与 H 大学机械学院试点班签订"关于校企合作培养人才协议书",且按约定接收了试点班毕业生的 L 省属或联营的 8 家企业(包括 H 工程机械制造有限公司、Q 重数控装备股份有限公司、L 华安工业〔集团〕公司、G 工程机械质量监督检测中心、H 第一工具有限公司、H 航空工业〔集团〕有限公司、H 汽车工业集团有限公司、H 加藤起重机维修中心),这 8 家企业在 2008 年共接收 H 大学机械学院"定制式"试点班的毕业生 17 人,占到该试点班的总人数(64 人)的 26.56%,略超过四分之一。

在这些企业中,笔者对试点班毕业生所在企业的负责人、所在车间的主任,或所在工段的工段长、帮带导师(师傅)等进行了访谈,共收集 23 人次的访谈资料,从中分析用人单位对试点班毕业生的评价。

为了深入了解用人单位对录用大学生实际工作表现的真实评价,运用行为事件访谈法[1],要求被访者通过具体项目或者工作的过程描述,来展现录用毕业生的实际工作表现。这些被访者把录用的毕业生在工作岗位的表现与企业的理想型人才进行比较,在材料整理过程中,按照基本素质、知识素质、能力素质这三个结构框架,将汇集的资料分类。

资料显示,大学生总体上获得了用人单位的积极评价,但具体到各方面其素质又显示出参差不齐。

(一) 基本素质

基本素质是指作为一个普通人为适应社会生活而应该具有的素养。用

---

[1] 行为事件访谈法,是一种开放式的行为回顾式的调查技术,类似于绩效考核中的关键事件法。它要求被访者列出他们在工作中发生的关键事例,包括成功事件、不成功事件或者负面事件各三项,并且让被访者详尽地描述整个事件的起因、过程、结果、时间、相关人物、涉及的范围以及影响层面等,同时也要求被访者描述自己当时的想法或者感想,例如是什么原因使得被访者产生类似的想法,以及被访者是如何达成自己的目标等,在行为事件访谈结束时让被访谈者自己总结一下事件成功或者不成功的原因,从而了解被访谈者的动机、个性特征、自我认知、态度等冰川模型中冰山以下部分的内容。

人单位要求高校毕业生的基本素质是一个普通大学生为适应社会生活而应该具有的素质和能力。目前，我国高校教育的目的是培养与现代化建设要求相适应的德才兼备的高素质人才，德是重中之重。这充分体现了在用人上注重以"德"为本的制度和舆论。用人单位对录用毕业生的道德素质有积极的评价，毕业生在积极上进、敬业诚信等方面深受被访者的赞赏：

> 很上进，踏实，肯钻研，为了0.0001个毫米的精度，好几宿加班……（D-M-16）

与诚信踏实的态度、积极向上的进取心相比，毕业生的一些工作与生活习惯却受到了批评，认为这种无组织无纪律的习气与自由散漫的习惯是学校生活的延续：

> 从内心讲，我是比较认可毕业生的，毕竟要读到那么高的学历，都是忍受过十年寒窗的。他们具有很强的吃苦耐劳的品质和刻苦求学的精神，他们的学习能力是很强的，这些都是只得肯定的。不过我想，他们很可能把这些优势都留在中学阶段了，上了大学后他们就松懈了。（D-I-3）

> 倒不是说他们人有多差，就是觉得还是没有很好地转变社会角色，调整好自己的心态，甚至还把学校里散漫和无组织无纪律的习气带到了工作上。（D-I-3）

> 我想这毛病与现在大学教育中的一些弊端是分不开的。很多大学生在校园里自由散漫惯了，晚上不睡早上不起是再平常不过的事情了，生活没有规律。学校注重学生的理论学习，忽视实际操作技能和素质的培养。学生们只注重大而泛的理论宏观，却不注意生活中的细枝末节。一心想做大事，却忽视了任何大事的完成都是建立在每一个小事的基础之上的。要补上这一课只能来社会上历练了。（D-I-3）

在吃苦耐劳、勤奋坚持方面，被访者认为毕业生对工作一时冲动的激情大于持之以恒的热情，D-M-16用一件小事表达了对自己带的毕业生的看法：

>刚来的时候，肯干，当时正赶上我这儿调试一台机器，这台（机器）主要是（从）德国（进口）的，为了提高一级精度，S-11很卖力，找资料，翻译资料，主动加班到很晚，去调试（机床），据说还有过通宵，也不怕脏。但这种劲头是一阵一阵的，……就说用CAD吧，（全厂）会的就那么几个，你要是说说他，他就不给画了……（D-M-16）

由于人们对机械制造行业的传统观念与看法，认为这是个苦行业，但要是坚持也很容易出成绩。

>像我们这个行业，要想干出点成绩来，需要很长时间的积累。你要在我们这种企业里出成绩，得有个积累，起码得干个十来年。……没有捷径，就是一个接着一个地干活，只有接触到更多的产品，更多不同的设计，才能有这个经验的积累。（D-I-1）

而多数毕业生缺乏的正是"持之以恒"的坚持。

虽然还有继续努力完善的空间，但毕业生的道德素质得到了正面评价，对工作的态度与观念也得到好评。与基本素质相比，专业知识技能的缺乏可以通过"做中学"改善，但毕业生是否具备正向的人格特质，则无法通过教育训练加以提高，因此受访者认为"人的意识与想法是最重要的。当然这些都具备了，要学习一些东西都没有什么问题，就算是笨一点的人多学几次就可以解决这个问题"。

（二）知识素质

知识素质是指一个人做好本职工作所必须具备的基础知识与专业知识，基础知识是一个人专业知识结构的基础。对一个人知识素质的判断与评价，不仅要看其对专业的基本理论、基本知识和基本方法的掌握程度，而且更要看其注重运用这些理论、知识和方法解决实际工作中具体问题的能力。

以往的研究一般认为,由于高校教育重视理论,轻视实践,从而导致高校毕业生眼高手低,理论知识过剩,动手能力不足。被访者对录用试点班毕业生在实际工作中表现的评价与这种看法相左,认为毕业生基础知识有待夯实。

> 基础那块学的都不扎实,拿不出东西来,学校课程设置开的宽一些,可能为了学生以后的适应能力更强一些,但对我们来说,搞专业,更应该打好基础,到现场可能更容易进入角色,宽了可能就没有前途了。(D-I-12)

专业知识是高校毕业生知识结构的核心,也是区别于其他人员知识结构的主要标志。

> 现在好多学生上了四年大学没有学到啥东西。从学校里出来没有一个专业,专业太大了,都改成工程了,应该有个主专业,其他的专业可以规定辅修。还是有侧重点好,有个强项,对今后发展有好处,不然平平淡淡,给人印象是四年白学了。(D-I-19)

对于毕业生在专业知识方面的缺憾,用人单位认为主要的原因还在于学校课程设置的调整:

> 专业知识也有所欠缺,我现在经常跟某些老师沟通,据了解课程设置有很大的差异,有些最基本的专业课,必须开的课程,有些学校都挤掉了。(D-I-12)

> 现在的大学,都有精简课程的现象。不上这些课,在学校基本上不会有大问题,但是工作起来肯定会有影响。工作中遇到问题,学过的,一说很快就能明白,没有学过的,怎么说都不明白。我认为该学的课程不要剪掉,要对学生负责任。(D-I-19)

201

> 现在的学生很多专业知识都没有，一问才说学校的选修课，可以上也可以不上，按自己的学分修的情况和自己的兴趣来，有些学生在选课方面没有经验，这样会错过一些很基础的课程，应该学的反倒没有学。(D-M-8)

在知识面上，试点班毕业生被认为知识面较窄，对相关专业的知识了解地不够。专业知识单一，能从事的工作岗位受限制，不能很快适应岗位流动和生产技术综合化的要求。多数受访者皆认为提升员工专业技术能力以应付工作所需为当前的要务。

> 这部分对毕业生来说，他们有的专业很专，但是在其他专业上面很弱，只要碰到跟其他行业打交道，或者说跟别的部门搞合作，对他们来说都很难。(D-M-23)

> 我们跟西方工程师的最大差距就是我们大学教育的知识面太窄了，干什么行当吆喝什么，自己本专业的知识当然必须扎实。但我们欠缺的是综合知识，这方面能力很弱，限制了人才的发展(D-I-19)

> 我们国家以前有一个误区，就是培养工程师过专，包括院校、设计单位和一些企业，培养的工程师太专了，工程师不需要这么专。当然，工程师在自己的领域里一定要有一技之长，但我们希望他有全面的综合知识。(D-I-19)

在专业的深度方面，虽然试点班采用的是"定制式"的人才培养模式，但用人单位仍然觉得毕业生没有专业特长，万金油似的知识结构让人摸不清这个专业出来的学生到底能干什么。

> 现在的专业很笼统，好像出来干什么都行，实际上啥都干不了。(D-I-12)

被访者还认为试点班毕业生的知识结构不合理，直接影响他们的工作发展。

  我觉得现在新大学生的知识结构没有原来老大学生的知识结构好，我也搞不清楚现在的学生上课干什么了。来单位一问，这个学了吗？他们说没有学，那个学了吗？他们说没有学。我们专业必须学的一些知识他们都没有学。(D-M-9)

  另外，普遍反映毕业生缺乏与工作紧密相关的一些技术或者产品的知识。被访者指称的与工作相关的知识不仅包括产品、技术方面的，而且也涉及相关的法律知识、工作中的技术技能，以及向他人学习的技巧等。
  总之，试点班毕业生在基础知识方面，需要进一步夯实，在知识的宽度上，知识面还需拓展，在专业的深度上，被访者认为他们"没有突出点"。

（三）能力素质

  能力从广义上来说，是人们认识、改造客观世界和主观世界的本领。从狭义上来说，是指胜任某种工作的主观条件。它表现为顺利完成某项活动且直接影响活动效率所必备的心理特征。能力是顺利完成某种活动的一种心理特征，但活动中的心理特征并不都是能力。机械制造行业的从业者的能力素质是一个综合的概念，它是操作实践能力、技术创新能力，以及沟通协调能力等各种能力的有机结合。就能力的主体而言，不同的职业岗位需要的能力素质不一样，技术型人才主要需要技术创新能力，技能型人才则需要较强的实践操作能力，而沟通协调能力则是无论技术型人才还是技能型人才都需要具备的能力素质。
  沟通协调能力指在日常工作中妥善处理好上下级、同级之间的各种关系，使其减少摩擦，能够调动各方面的工作积极性的能力。没有沟通，没有融洽的人际关系，没有积极向上的感情，个人的工作的效率就会受到影响；没有沟通，就不可能达成协作，也就没有交流与借鉴别人好的经验的机会，学不到新方法、新知识，无法实现工作中所需要的知识与技术等方面的更新，从而故步自封，逐渐落后。
  理解是沟通的前提，人际理解力表示一种想去理解他人的愿望，能够帮助一个人体会他人的感受，通过对他人的语言、动作等的理解，分享他人的观点，把握他人没有表达的疑惑，并采用适当的语言帮助自己和他人建立表达。被访者认为，毕业生有强烈的理解他人的兴趣，并对他人的基本态度、行为模式有正确的理解。

沟通与协调是人们日常生活中必不可少的，也是机械制造行业的从业者所必须具备的素质。沟通协调在人际交往中的重要性自不必多言，在机械行业中，"无论你是搞设计的、制造的，还是现场技术员，站起来能说，坐下来能写，能把你的想法清楚的说出来，写出来，才能让别人明白，你要是说也说不清楚（自己的意思），怎么让别人理解（你的想法），怎么跟别人沟通，更谈不上合作了"（D-M-8）。

被访企业对录用的试点班毕业生的口语与书面沟通能力的评价呈现很大的反差，在对日常沟通与工作沟通的评价上也存在差异。在口头沟通方面，毕业生受到很高的评价，被认为"活泼开朗，能说会道"，而在涉及对设计的解释等工作沟通方面，则被认为"有的时候词不达意，很难让别人明白他的想法"。但在报告有关项目进展信息，或者提供有价值的新信息方面，通常做得比较（令人）满意。

多数被访者认为毕业生"文字表达能力很差"，设计做好了，也写不出来。

> 缺少文科素养，语言表达能力和写作能力都很缺乏。设计文件有固定的格式，但有些人写的就是词不达意，不知道想说什么。看来学生的文科能力应该加强。（D-I-12）

> 写作能力需要大大的加强，一个项目报告，就是个流程的问题，都写的乱七八糟的。（D-M-11）

> 我们中国的工程师，除了科技教育之外，还应该受到更全面的教育。各个院校在工程师的教育方面，应该加重人文和社会科学的分量，至少应该加重三分之一的知识量，强化人文能力培养。（D-I-12）

> 写作方面至少应该有个引导。工科生欠缺写作技能，也许从文理分科的时候就有问题了，所以这不单是大学的过错，而是整个教育的

过错。我接触的工科院校的学生在写作方面、组织材料方面都比较弱，这不利于交流，至少令交流的进程减慢了。这种情况跟过早分科有关系。（D-I-12）

随着国际交流的增多，涉外业务的往来逐渐频繁，特别是对进口设备与器械的操作、说明书的解读、与外国专家的沟通交流学习、出口成品使用说明的撰写等业务增多，外语能力成为被强调的一项重要能力，不仅是书面上的，而且要在实际的交流中使用。在这方面，毕业生对外语资料的翻译，外文信息的收集，以及与外籍专家的交流方面都是被认可的。而且毕业生对计算机这一信息技术时代的交流沟通工具的使用也被认为"相当可以"。

> 计算机水平、外语能力、通用性的专业知识都可以。（D-M-6）

> 电脑水平高，翻译个简单的外语资料也没大问题。（D-M-13）

> 用电脑有能力，CAD等软件也会用。最起码比我强。（D-M-23）

> 计算机水平高，这就不用说了，外语水平也可以。（D-M-21）

> 外语可以，对外国的文化也比较了解，后来被调去做AAA（一位外籍专家）的助理了，……可是进展不太大，不擅于跟人家学习……（D-M-16）

D-M-6说的"不擅于跟人家学习"，主要是说这位学生缺乏虚心请教的技巧，不能很好地利用机会，跟专家沟通交流，多学点东西。

此外，毕业生在请他人提供意见和建议，协助完成特定的任务或者计划方面缺乏技巧，有的时候甚至没有这种意识，这也说明我们的毕业生在虚心求教与协同作业方面缺乏锻炼，这不仅仅是沟通的技巧，也是学习的能力。针对学生不善于在工作中、团队中主动沟通学习的问题，帮带师傅们认为是大学生"清高，瞧不起人"的天之骄子的心态使然。大学教育，授人以渔，对学生终生学习的能力和习惯的培养是责无旁贷的，然而，无论是接受了高等教育的大学生，还是使用高等教育产品的用人单位，都明显感受到高校教育束缚了学生的学习方式的多样化，同样被束缚的还有学生的操作能力，使其"眼高手低"。

在对高校毕业生就业难的反思中，毕业生的动手能力差、操作实践经验的缺乏被普遍认为是制约其顺利就业的主要因素。一些学者更是通过实证研究证实了这一假定。马陆亭在2002年以全国各类用人单位为调查对象，在全国范围内回收有效问卷311份，征集用人单位对近3年来录用毕业生的评价，按照百分制，对工作态度、专业知识、动手能力、创造和开拓能力、合作精神、知识面的评价结果依次为78.6%、79.4%、65.2%、61.6%、69.8%、72.6%。动手能力以微弱的优势略强于创造和开拓能力而位居倒数第二。① 吴绍琪对重庆市100家企事业单位针对"你所在的单位普遍认为当前大学毕业生明显不足的方面"的问卷调查显示，排在前五位的不足依次是：敬业精神（75%）、实际动手能力（68%）、合理知识结构（46%）、为人处世（44%）、工作创新能力（42%）。虽然调查的切入视角不同，但异曲同工，用人单位对大学毕业生的动手能力不满意，呈现一定的共性。②

近年来，用人单位在人才招聘启事中对工作经验提出了明确的要求，希望提高毕业生动手能力。对于被调查的试点班毕业生，进入企业前几个月（3个月到1年不等）一般都在一线，大部分岗位是操作机器。装备信息化、自动化程度的提高，使得对操作技能的要求相对降低了，但是对技术性操作的要求并没有所放松：

> 参数已经由工艺师和技术人员设定好，其他就是机器在操作，你就是在相关的时间做好相关的工作。但是必须懂相关的英语，他们这方面有优势，看个说明啥的没问题。对机器（操作）上手也快，带上走走，问题不太大。（D-M-16）

---

① 马陆亭：《用人单位对高校毕业生的录用与评价》，《高等教育研究》2020年第1期，第43~47页。

② 吴绍琪、贺礼英：《我国知识型员工需求特征与国内外研究结果比较》，《科技管理研究》2007年第2期，第104-106页。

D-M-16所在的车间2005年就实现了信息化、自动化,他认为,这使得操作简单了很多,但在对操作技能要求降低的同时,对人的综合素质的要求提高了,"以前是技术的问题,现在就成了管理的问题了"。的确,高科技、信息化在带来省时、省力、标准化等好处的同时,也给人员的调配、分工合作、统筹兼顾等方面带来了挑战,而后者是比操作技能更高一筹的管理技能。

然而这不是说对操作技能的要求可以放松,恰恰相反,在设备的检修、清洗与调试方面,对精准的要求更加严格,这就使得操作者不能只是满足于对设备原理的熟悉,而应提高其精确度与准确性。D-M-16认为,对设备的熟悉程度是影响毕业生操作技能的重要因素,以往的学生在毕业之前根本没有见过这样的设备,更不用说操作了。

对问题的预见性与敏感性比较差,而且不能够针对问题提出合理可行的处理方案。尤其是在流水线作业的车间,问题发生后需要在极短的时间内解决,这样,分析问题的成因、判断问题核心所在的能力就显得十分重要。这种分析与判断要求具有很强的逻辑分析能力,而毕业生在这方面的表现,还有很大提升空间。

企业为了让毕业生对企业生产的整个流程有通盘的了解,在工作安排中并非完全以岗定职,而是有很大的随机性,这样一方面便于毕业生熟悉业务,同时也便于企业发现毕业生的特长与优势。在这个过程中,大部分毕业生对数控方面的车、铣等操作技能掌握得较好,而对于普通的车、焊与其他设备的操作技能则要弱一些,在焊接方面尤其是对温度参数与具体材料配合的把握上,有很大的问题。

> 这可能与学校的课程设置有关系,都学一些信息化的、数控的、计算机虚拟方面的,对原来的老东西反倒忽略了,但在实际生产中,还是离不开这些(老东西指知识)。(D-M-19)

这么说,不是毕业生的操作技能低,而是毕业生的见识与视野狭小,限制了其实操能力的提高,因而应该着力扩大学生的见识来提高其操作技能。毕业生的动手能力差,关键是现场实践少。

"定制式"人才培养的实践逻辑

> 我们公司找人一般倾向于有经验的"老鸟",所谓"招之即来,来之能战"。

> 对于重要项目,开会一再强调,再指定有经验的老人"一带一"地讲解相关设计技巧。……学校学习4年,比不上毕业后做一个项目的作用大。学校学的东西,当然是没有办法跟实战相比的,实践方面的内容欠缺,这帮小孩也是如此,制作、输出技术上的东西他们都不会,定位、创新他们又不懂,市场、销售他们又没有经验。(D-I-2)

无独有偶,D-M-9也认为:

> 动手操作(能力)太缺,而且缺的还很大(多)。只有去现场,才能知道很多东西,这些东西是书本上教不会的,通过现场实践,回来做设计,马上就提高了,感觉特别明显。必须从实践做起,才能融会贯通,没有实践,就是天天做设计,也永远只能停留在一个水平上。……有些知识,虽然书本上写得很清楚,但是如果不到现场去,根本就不会知道。(D-M-9)

对于毕业生的操作能力问题,被访者认为这与学校老师对实习的不重视以及学校没有能指导学生实习的老师有很大的关系:

> 现在学校安排的实习的针对性跟以前不一样了,比以前差了。有的走形式。其实,实习是很有用的,最好是就实习过程做好实习计划,要有针对性,不要什么都没有明白就去实习,这样老师也不好知道。(D-I-19)

> 现在的实习比不上过去,越来越走过场,甚至直接让学生弄虚作假,可能是实习的经费少,老师也少的缘故吧,扩招后,指导不过来了,质量肯定降下来。另外,老师待遇也该提高,让他们安心带学生,别老搞虚头巴脑的项目。(D-M-21)

第六章 "定制式"试点班的实践转向

　　实验课是非常关键的，但学校恰恰忽视了实践环节，实践当然有，但机会还是少了。(D-M-11)

　　实习最好有老师带，这样，学生也会认真些，让学生自己联系实习，有些学生就会找关系签字糊弄过去。(D-M-19)

　　年轻人有这样的想法很不错，敢闯敢干就是优点，但是你们缺乏的是经验，往往会意气用事，容易出乱子，最好让有经验的老师带一带就好了。(D-M-19)

　　在这些被调查到的毕业生中，由于所在的企业所处的发展阶段的不同，企业经验模式也有差别，虽然都是在一线的流水工，但工作的机械化程度有很大的差别，对技能的要求也就不能一概而论。D-M-6 谈到他带的毕业生 S-6 时说："无所谓技能不技能的，随便马路上抓个人都能干这活。"

　　S-6 在工厂中被称为给料工，主要是开一种小电瓶车用车前身的铲把原料从地上吊起来送到高度一米半左右的机器里加工。这种活是非常简单的，小车的原理也相对"白痴化"，一个控制左右的按钮，一个控制上下的机关，其他的就跟三轮车差不多了。D-M-6 也表示，跟大学一点关系也没有，跟搞设计、搞工程也没有什么关系。像这样的超技能（指实际掌握的技能远远超出实际从事工作中所需要的技能）比比皆是，被调查的大学生中，炉前工、行车工不在少数。

　　如果有时间"百度"一下"机械行业人才"，大量的信息显示，高级技工缺乏，技术工人难寻，给人一种"技术人才"发展前途春光明媚的感觉。但是这些经受了四年正规大学训练的"定制式"试点班的毕业生，却从事跟技术完全没有关系的力气活，是这些毕业生的技能差不能胜任技术工人，还是企业对他们的高技能形不成有效的需求？

　　自主创新能力是国家竞争力的核心。一个国家只有拥有强大的自主创新能力，才能在激烈的国际竞争中把握先机、赢得主动。要振兴我国的机械制造业，装备自主化与基础零部件等配套产品制造水平的提升对自主创新能力提出了要求。

自主创新从内容上包括三方面含义：第一是引进技术，消化、吸收和再创新，在积极引进国外先进技术与设备的基础上，进行充分地消化吸收和再创新；第二是集成创新，即通过各种相关技术成果融合汇聚，形成具有市场竞争力的产品和产业；第三是原始性创新，即通过科研开发，努力获得更多科学发现与技术发明。

三种创新层层递进，但无论哪种创新，人才是主体，是自主创新的第一资源。人才的自主创新能力是人们革旧布新和创造新事物的能力，包括发现问题、分析问题、发现矛盾、提出假设、论证假设、解决问题以及在解决问题过程中进一步发现新问题从而不断推动事物发展变化的能力。

对于创新能力的测评，至今没有发展出一个严格的指标体系，在实际工作中，人们往往根据对作出创新成果的人才的特质进行回顾与分析，而认为具有创新能力的人应具备的基本要素是创新激情（对事物的好奇心）、创新思维（怀疑观念）以及科技素质。创新激情决定了创新的产生，创新思维决定了创新的成功和水平，科技素质则是创新的基础。

H大学机械学院"定制式"试点班的培养方案明确规定：致力于培养"具有较强的自学能力、分析能力与综合创新能力"的人才。那么，该专业的毕业生的实际创新能力如何？

"有一点好，肯钻研，对于现在的状态有不满，想改变。"（D-M-16）[①]身处机械制造行业，对我国的机械制造水平看得更清、体会更深，因而改造的决心也更大。相信有这种对现状的不满，有想改变现状的期望，可能会激发出强大的创新动力。

由于强烈的上进心，主动收集信息，通过努力去获取更多的信息，这一点上毕业生是受到用人单位肯定的。但是不能针对主要矛盾提出解决问题的切实方法，现场感比较差，缺乏对问题的聚焦，这些评价都指出毕业

---

① 这位师傅说的现状，在他所带的那名毕业生（S-11）那里得到了具体的表述与印证："我们通过无数次失败又无数次操作，费了好大的劲加工制造出精度达到预计的0.0001毫米要求的样品的那台加工中心的数控机床是德国制造的，数控计算机部分是德国造的，加工软件是德国造的，就连一把车刀、一个钻头，都是日本造的，除了厂房，没有一样工具是中国制造，就连厂房也是借鉴了外国经验。……我要加工一件精度为0.0001毫米的零件，所需的工具，全都是外国的，这些工具的精度要比产品的精度高好几倍甚至几十倍几百倍，一把用于高精度加工的小小的钻头，咱们就是做不到！"

生不能对问题进行操作化，提不出为实现目标而逐步推进的可行性计划，简而言之，就是操作性不强，不能把想法转化为方案，理论应用不到实践上。能注意到大问题，处理不好小事情，视野比较宏观，但思路比较局限。

我国机械制造水平的这种现状也决定了很多企业采取了"引进—消化—吸收—创新"的战略。在这种战略的逻辑中，创新是建立在对引进技术与产品设备的消化吸收的基础上的，因而对引进技术与产品设备的消化吸收便成了重要的因素。消化吸收的能力便显得很重要。而实际中，"甭说消化吸收了，要做到真正地了解都难。这个也学过，那个也学过，真正用起来，什么也不会"（D-I-3）。

三一重工的易晓刚在谈到中国装备制造业的创新问题时指出，困扰中国技术人员创新的两大技术因素一是技术恐惧，一是技术依赖。二者都缘于知识积累少，技术基础差，与现实的距离远。

（四）总结

几年来，高等学校为了适应不断发展的劳动力市场人才需求的新变化作出了一系列调整与改革，高校的分类与定位，专业的调整与变更，培养方案的修订与设计，以及教学教法的改变，这一系列变迁的根本出发点是为了让毕业生适应市场要求，为社会建设培养更好的适应性人才与建设性人才。

第一，人格特质方面，"定制式"试点班毕业生被认为是诚信、踏实、肯干、积极进取的，但同时又是自由散漫、无纪律的，虽吃苦耐劳，具有很强的学习能力，但同时又被认为激情胜过热情，不善于虚心学习。

第二，知识素养方面，传统扎实的理论知识优势正在逐渐丧失，无论在专业知识还是相关领域的知识方面，毕业生都被认为没有明显优势且需要进一步提高。在知识的宽度上，知识面较狭窄，对相关专业知识的了解不够，知识结构单一，缺乏与工作紧密相关的一些技术或者知识，包括对一系列与工作相关的知识（如产品、技术、法律知识等）的精通了解（有的是技术，有的是职业，有的是管理方面的）以及延伸，不能很快适应岗位流动和生产技术综合化的要求。在专业的深度上，专业特长不明显，知识结构不合理，制约了毕业生的工作发展。

第三，沟通协调能力方面，沟通意识较强，活泼开朗善于沟通，有较好的外语交流、阅读能力与计算机水平，但缺乏相应的书面沟通技巧，写不出高质量设计报告。

二　毕业生对培养过程的自评

"定制式"试点班的培养目标是要"量体裁衣"地为企业培养具有较好的语言和文字表达能力，系统掌握机械专业领域的基础知识，"动手能力强"的高级工程技术人员，以实现毕业生从学校向企业零过渡，从而缓解毕业生"学用偏离"矛盾，减少用人单位的培训成本。

通过两年的实践，试点班培养的毕业生究竟如何，作为"定制式"试点班接受培养的学生，他们如何体认这段经历，如何评价自己在试点班的所学与在企业所用之间的关系，对深入了解"定制式"人才培养模式的效果，有极其重要的价值。

（一）专业知识浅尝辄止

试点班毕业生普遍反映，学过的知识不系统、不深入，蜻蜓点水，浅尝辄止。

> ……最令人郁闷的一个：乱七八糟的什么都学，还只学一点。（S-14）

> ……可以接触到更多的东西，想法也比较不错，缺点是学的东西可能比较片面，不成系统。（S-17）

> 设计是需要大量的知识的，尤其是计算机知识，手册上的许多公式是没有实际意义的，需要采用全新的算法。在国外这些工作做得很不错，在国内，许多人却仍在用这些公式进行计算，然后试制，不成功再试制……，根本谈不上优化。做过对称电缆的人都知道：绞对节距有几人能事先估算出串音指标？有几人能准确计算金属箔绕包时的

转移阻抗？……所以，不要以为机械没有研究的东西，不要以为搞机械的工作（能力）都低，关键看你水平。(S-7)

为了突出试点班毕业生的应用性，在培养方案的设计上，增添了一些应用性强的课程，如 UG、Auto CAD 等。对于这些课程，毕业生认为还是应该"好好看书，好好制图，以后有的是地方要用，那才是机械人吃饭的家伙"。

> 机械专业 Auto CAD 是基础，是必然教的，而且随时都用得着，每学期课程设计基本上都用，所以说只要是机械毕业的都应该精通 Auto CAD。Pro/E 是必修的，但是讲得比较少，平时也没有专门练过，要用的话都是自己又努力学了……UG 是大四的选修课，很多人都选但能学好就不容易了……(S-16)

> 另外，一定要掌握两门以上三维设计软件，这个我们学校虽然开了这方面的课，比如 UG、CATIA 等，但是老师也没怎么讲，我也没怎么听……现在觉得有必要自学一点，例如简单点的 Mastercam，复杂点的 Pro/E、UG、CAXA 等等。这些软件其实每一个拿出来说都有难度，但是起码要有所了解，以后上手也快。(S-16)

综上来看，基础不扎实，知识不系统，是这些毕业生对自己四年大学学习的概括，这个评价与来自企业的访谈资料的结果是相符合的，因而可以说，在对试点班增加应用性科目，培养其宽口径、复合性的同时，对其知识的系统性与基础的夯实也是不可忽略的。

为了增强大学毕业生的社会适应性，高校普遍强调要"宽口径、厚基础"，培养复合型人才。毕业生们认为，"厚基础、宽口径"确实是工作所需要的，不仅是专业知识，如果能具备更广博的知识，对自己以后的发展都会有很大的帮助。

> 知识涉猎不一定专，但一定要广，多看看其他方面的书，金融、财会、进出口、税务、法律等，……工作中都会用到的，现在感觉，

> 知识面方面需要恶补……（S-11）

现在的机械产品基本上都是机电一体的，而懂机又懂电的混合型人才是企业最需要的，虽然已经呼吁多年，真正能达到要求的人并不多。试点班毕业生对这一点也深有体悟。

> 又懂机又懂电控制的人最好混……我觉得电气化这方面的知识太欠缺了，工作起来像少了条腿……（S-8）

S-8了解到，H大学的机械学院本来是有机电这个系的，但在合并学校后不久难以磨合，最后分家了，机电分出去了……但是后来（2007年），"好像是就因为H汽车集团送了理工几个发动机和几台汽车，学校就狠下心直接把一个车辆方向变成一独立专业的，呵呵"。

S-8是要说明为什么他会像"少了条腿"，以及学校对专业设置的利益取向。这件事也反映出学校院系专业合并过程中出现的问题以及处理方式对学生培养的影响。

在学科知识结构方面，毕业生认为也是需要拓宽的，这是"书到用时方恨少"。

> 多接触别的领域的人，千万别死待在机械领域里不和外界沟通，世界很精彩，你要了解的更多一点，才会体会生命的价值。而且往往很多时候都是外界的人给你的忠告是最有用的，同一个行业的人往往因为各种因素给的建议是不准确的。（S-17）

毕业生还反映，工业方面知识的欠缺令他们在工作中很被动。"机械再专业，但是每种机械都有自己的工艺要求，机械是为工艺服务的，你做的机械再多，也是杂而不精，我们要做的是工程师，不是技术员。"

（二）到真实场景中"真枪实弹"实习

校企合作来培养"定制式"试点班学生，就是为了增强毕业生的实际操作能力，减少上岗磨合时间，事实上，企业仍然对"定制式"毕业生进行了与非"定制式"毕业生同样的上岗培训,而且指派特定师傅"带他们"。

> 你的大学资历在你进入企业之后对企业(来说)等于零,你是"人材"而不是"人才",企业还需要花大力气去培训你……(S-14)

> 在大学的课堂上,我们有过多少次设计的经历?我记得只有一次,而且还没有考虑现场因素或成本因素什么的,只是为了毕业的一次设计。……现在,不但要先考虑基本的电气因素,还要结合工厂的生产能力、客户的基本要求、经济因素等。(S-7)

搞设计,就得经常往车间跑,有谁做设计不考虑现场因素吗?只有熟悉生产现场,结合理论知识,才能设计出成本最低、性能最好的产品。学生的模拟实践,而非实操实践,在培养学生应用技能方面还是有局限的,实操能力的培养,需要到真实场景中"真枪实弹"地进行。

本章小结:"定制式"试点班在实践中实现转向

通过对照试点班的设立初衷与用人单位评价和学生自评,可以看出,H大学机械学院"定制式"试点班的毕业生与"培养方案"中"应用性高级技术工程人员"之间存在张力,实现"学校向企业的'零过渡'"方面还有发展空间。

以"定制式"试点班为契机,建立起来的"校企合作"开展得如火如荼,并衍生出工程硕士培训、相关认证培训,以及解决子女就学等多种合作形式。原本为向社会培养输送合格人才的"定制式"试点班,在"校企合作"的推动下,发生了向社会输送文凭、证书与入学机会的位移。

"校企合作"如此富有活力,对企业而言,实现了人员素质提升,优化人才及技术结构,从而提高生产效率,建立良好的培训服务体系,提高企业的声誉,得到合作共建的子女入学福利等,均对企业发展起到促进作用。对于学校,"校企合作"打开了学校发展的一扇窗,特别是在面向社会办学的高校体制改革的背景下；还有企业的各种捐赠、赞助，也在一定程度上解决了学校一些专业、课程的发展困境。对教师来说，"校企合作"在某种意义上打开了用文化资本兑换经济资本的途径。"定制式"试点班，以另一种方式促进了高校发展的"校企合作"。

第七章　变革场域下高校人才培养的实践逻辑

政策的实施与组织的运行都是极其复杂的,正如费埃德博格所说,没有任何一种普适性的规律,没有任何一种总体的决定论,也没有任何一种抽象的原理,能够完全彻底解释一个组织如何运行。① 对高校人才培养模式变革实施过程的研究更应该追求一种局部的解释。当我们将组织实践纳入人才培养模式变革实施的考察视野,就意味着开始寻求一种综合性的方法来研究实践过程,就意味着拒绝任何一种简单的原因,也拒绝仅仅运用技术性手段来干预过程。

在呈现了高校人才培养场域的形塑过程和把握了人才培养目标的实现情况之后,将探讨人才培养的实践逻辑,从而揭开"定制式"人才培养的实践机理。本章从"定制式"人才培养的外部环境、内部逻辑和场域结构展开讨论,并在此基础上探讨人才培养未来发展的可能途径。

一　"定制式"人才培养的过程机制

在本书中,通过回溯"定制式"试点班从产生到人才培养模式改革实施的整个过程,析出人才培养结果与预期目标偏离的关键环节,并分析此过程中,高校不同层级的参与者对待人才培养模式改革的态度与实际行动,探讨"定制式"人才培养的实践机制,从而揭开高校组织的运行逻辑。

"定制式"试点班的人才培养结果正是高校中不同场域中基于"关系

---

① 费埃德博格:《权力与规则——组织行动的动力》,张月等译,上海人民出版社,2005,第316页。

结构"综合平衡下的实践结果（见图 7-1）。

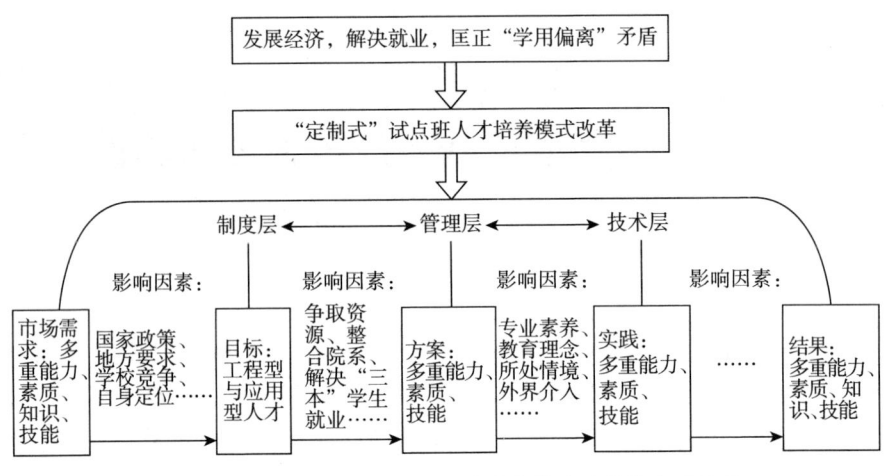

图 7-1 "定制式"试点班人才培养模式改革的实践过程

从上图可以看出，以发展地方经济，解决毕业生就业难与用人单位招聘难的"学用偏离"尴尬问题为目的的"定制式"试点班人才培养模式的改革，本应按照"识读市场需求"——"确定以生产市场需求为标准的人才培养目标"——"按照目标设置培养方案"——"实践方案"——"产出适应市场需求的人才"这样的一个线性路径进行，然而由于学校场域的特殊性，学校组织中不同层级分别有各自的利益诉求与行动逻辑，使得人才培养模式的改革每前进一步都要受到种种因素的影响，从而在实践中不断改变、位移，而这每一步的改变与位移与其说是在实践过程中的偶然因素导致的误差，不如说是实践行动的逻辑。

二 高校场域"外紧内松"耦合的嵌套性特征

（一）"外紧内松"耦合

中国高校的改革发展过程中，自 20 世纪 80 年代后期，制度场域和技术场域与学校之间的关系越来越紧密。市场化机制迫使高校伸出敏锐的触角，洞悉环境的变化，不断进行调整以适应市场变化，以便在竞争中生存和发展。但高校内部各层级之间的关系则呈现松散连接的特征。紧密往往产生于激烈的竞争中,而松散则缘于高校中教师群体的特殊性,以及这种特殊性促成的组织行为逻辑。

这种松散首先表现在对教学过程监控的缺失与对教学结果反馈的不重视,没有采用直接与结果相关的绩效评价,这一方面固然与教育目标的多元性、教育结果的模糊性带来的评价上的困难有关,更与高校教师作为专业群体,对自己的人才培养实践享有的宽泛的自由与自主权不无联系。其次,没有对各种影响教学质量相关活动的资源进行控制,如前所述,制度层、管理层对时间、人力等重要资源并没有进行紧密的监控和分配,而是给予了所有参与教师充分的自主权和决断空间,因而很难保证最重要的资源流通到最有产出价值的群体。

外在的紧密一方面缘于高制度和高技术控制的环境。在市场经济条件下,高校要参与竞争,高校组织场域中半官方半市场化的运作机制让学校走出过去"关起门来办教育"的年代,转而以一种开放组织的形态投入激烈的市场竞争中。其中,技术也发挥一定的影响作用。事实上,不管组织场域的技术竞争多么激烈,它们对学校的要求仍是好的技术表现而无关学校内部的运作。地方社会关于好学校的观念并不要求学校运作的紧密性,对于什么样的学校是好学校,没有评价标准。

在这种情况下,大学并没有动力加强各个层级间的紧密性,发展出精密的自上而下的监控系统和资源分配体系,渗透到每一位教师。那么,为何在外部场域如此紧密的处境下,高校组织却呈现如此松散的状态?这与高校中教师群体作为专业群体的特殊性所带来的相对较大的自主性和自由空间是吻合的。

组织研究已经从实践中摸索出了一个普遍性规律,越是紧密的组织越能控制末端技术层的产出效率。然而高校组织的两头紧中间松的状态,呈现紧密与松散组织结合的特征。这种"紧—松"性在加强了高校对外界的联系,加强了高校对市场的紧追的同时,也增加了高校不同层级的目标和文化分歧,增加了层级之间和内部对资源的争夺,让组织目标、文化和行为处于不一致状态。高校组织中的各层级、个体总是力图保护、甚至增强自己的自主权和行动能力,寻找每一个机会来减少自己对他人的依赖,在一切可能的程度上将自己的功能和他人的功能分离开来,这就在无形中增加了高校组织应对外界高利害技术环境的风险。紧密使得组织对外界环境有敏锐的反应,而松散使得组织中层级之间存在"质的断点",从而使得不同层级具有不同目标,且不同层级的目标不可通约。不能把教育的复杂目标和过程分解为可测量的学习活动,使高校组织目标模糊、不可测量,从而导致教育目标移位。在这种模式下,高校对外的行为已经开始紧密配合市场的律动,对内的一切活动却都不可能演化为追求目的的直线性的模式,而是实践出多种可能性。

(二)"外紧内松"耦合对变革的回应

当具有"外紧内松"耦合结构的高校组织面对人才培养模式变革时,它必然会采用解耦(decoupling)的方式,即将教学核心与学校结构运作分离。在1997年具有里程碑意义的论文中,梅耶和罗恩讨论到,学校将自身的结构或程序化的变革与课堂教学相解耦,以此来缓冲技术核心的压力,使得学校可以同时满足多层次的环境中多样的相互冲突的要求。[1] 这一观点获得了费尔斯通、马朗、奥加瓦等人的实证支撑。[2]

在H大学机械学院的试点班中,我们也同样可以看到这种解耦的状况。从90年代我国社会转型以来,市场化的制度转变让高校的制度环境发生了很大的变化,高校要在除了学科发展之外的更大范围内获得成功,就不得不在对技术要求的关注外拿出另一部分精力来应对。这对追求同时能在"教书育人"和更广大的范围内获得双重成功的学校提出了一个难题:如何能够以一种特定的方式回应政策,使其一方面可以提高对制度控制的迎合度,而又不损害学校的最终成果? 就H大学机械学院的试点班来说,它正是这种试图能够在不同的组织环境层级上获得成功的组织。因此,实施人才培养模式变革,尤其是当它直接威胁到技术核心层的运作时,解耦是很常见的。变革很多时候在制度层和管理层中表现的"惊涛骇浪",技

---

[1] John W. Meyer, and Brian Rowan, "Institutionalized Organizations: Formal Structure as Myth and Ceremony," *American Journal of Sociology* 83 (1997): 63.

[2] William A. Firestone, "The study of loose Coupling: Problems, Progress, and Prospects," *Research in Sociology of Education and Socialization* 5 (1985): 3 - 30; Willis D. Hawley, W. H. Clune, and J. F. Witte, *Choice and Control in American Education* (New York: Falmer press, 1990), pp. 289 - 342; Betty Malen, and Rodney T. Ogawa, "Professional-Patron Influence on Site-Based Governance Councils: A Confounding Case Study," *Educational Evaluation and Policy Analysis* 10 (1998): 251 - 270.

术层则"波澜不惊"。

但试点班对变革的回应又不仅仅是解耦这么简单。长期以来，制度主义者满足于对"解耦"的这种解释，认为在强大的制度压力下，组织和个体都会采用类似的方式来回应，将教学和学校的运作分开，却没有看到，在此以外还存在其他的回应方式。试点班人才培养模式变革的实施中所展现的复杂的回应方式正批驳了制度主义者对解耦的论断，解耦忽视了学校组织中关键个体的作用、教师群体的专业信念和责任，以及外来力量介入的重要影响。

学校与工厂等组织的关键差异在于，教师是专业人员，他们的专业信念和责任使得其在思考政策问题时与制度层、管理层有很大的不同。技术层思考变革问题往往是从是否有利于学生，是否有利于自己的教学等角度出发的。经过4年的试点班人才培养模式变革的实践，一些技术层教师的举措确实说明教师并不是从符合政策的角度，而是从如何利用政策更好地服务于自己的教学与自身的发展来实施政策的，他们会吸纳政策中符合自己的元素加以改造，为我所用，既不盲目追求政策，也不是盲目地批判政策。因而一旦变革能够和教师的命运联系在一起，变革可以获得持续生长的力量，正因为如此，在人才培养模式的改革过程中，要找出与教师命运相关的政策点，才是变革进行下去的关键，这也可以在某种意义上改变解耦的状况。试点班中"校企合作"的方式就起到了这样的效果，尽管试点班人才培养的结果相较于原初设定的目标有所移位，但却能在偏离的轨迹上继续进行下去，其原因也许真是这一方式将变革与教师的命运联系在一起了。

从不同层级对变革的理解和干预教学核心的程度，也可以理解学校组织的运作对人才培养模式变革实施的影响（见表7-1）。

表7-1 各层级干预教学核心与理解变革的关系

		各层级干预教学核心的程度	
		高	低
各层级理解变革的程度	高	深层变革	可能发生局部深层变革
	低	维持既定体系	符号变革

当然，这只是一个粗略的模型，就各层级理解变革的程度来讲，我们还可以在此基础上不断细分出不同类型的高校的运作模式。如 H 大学机械学院的试点班，制度层与管理层对变革的理解程度比较高，而技术层比较低，但干预教学核心的程度较高。在这样的情况下，能够比较多的开展全校范围内的变革，但很难深入开展学科变革。而当制度层理解程度较低，管理层理解程度较高，技术层理解程度也较低的时候，不仅会让管理层难以实施变革，而且可能引起校内微观政治环境的恶化。因此，由上述搭配，我们可以分析出试点班人才培养之所以会有这样的结果，是 H 大学各层级对变革的理解与对教学核心干预程度的某种组合的结果。因而变革的实施是动态地编织在高校组织运作过程中的，实施也是三个层级和高校既有结构相互作用的结果。然而，实践要远远超出理论的框架，在试点班人才培养模式改革的实践中，往往出现不同层级对变革的部分的、有偏好的认同，比如，技术层的教师们，从其所秉持的"大学教育的理念"来判断，他们不认同一所要争取"211"的重点地方大学本科搞"定制式"应用型教学，认为"定制式""是培训不是教育"，对于"定制式"试点班与用人单位"零对接"的目标也存有质疑，但是这种质疑并没有影响到由此而引起的"校企合作"的热度。目的的质疑与手段的追从，也是导致"定制式"试点班在实践过程中工具理性殖民目的理性的关键所在。这种有选择的认同，与有选择的执行同样也存在于制度层与管理层，只是，不同层级的具体认同与选择有所差别。正是学校组织中行动者的能动性使"定制"—"生产"—"对接"这一理论上的线性过程变得曲折。

三 "外紧内松"耦合场域中行动者的实践逻辑

在分析了高校人才培养的实践过程，以及高校组织的特征后，接下来将要进行的是揭示高校组织特征下其行动者实践的深层逻辑。任何一项行动总是有其一定的目的或者目标指向的，是行动者被赋予了"主观意义"或者具有行动者的"主观动机"的。行动者在进行具体行动时，总是遵循着某种目的理性来对行动策略进行选择，达成行动的目的。即使在行动过程中，出现了与行动最初目标不相符合的事件或者阻碍，行动者在对事件与阻碍进行处理与解决时，也是遵循着某种目的理性的。换句话说，行动者的任何行动都是具有"主观目的"的，这种隐藏在行动背后，行动者所遵循的根本的"主观目的"，就是行动者的"目的理性"。

"理性"[1] 是表现人意识能动性的一个重要概念，在不同学科领域有不同的内涵。这里的"理性"概念，是遵从社会学传统中对理性的定义，即"指思想和行动自觉地符合逻辑规则的手段来达到目的"[2]。行动者的"目的理性"是指行动者对行动目的追求过程中所体现的实践智慧，"实践智慧是指我们在诸多可能性中进行抉择的能力，表现为意志的目的性活动"[3]，是行动者对自己所追求行动目的的理性自觉，表现为行动者在行动过程中进行行动选择的能力。"目的理性"具有行动者行动的动机意味，体现为一种"意义的复合体"，在行动者本人或者研究者看来，这种意义复合体是他的态度或者行动的充分有意义的理由。从基本理由的角度看，行动总是以当事人的某种长期或者短期的，独有或者非独有的特征相融会贯通的形式显现出来，而那个当事人则以理性动物的角色出现。相对于构成行动基本理由的信念和态度，我们能无一例外地以一定的创造性建立三

---

[1] 在哲学史上，早期的斯多葛学派认为，"理性"是"神的属性"与"人的命运"，是"神"与"人"共同拥有的特征。亚里士多德认为，"理性"不是"神的属性"，而是"人的本性"，其目的不仅仅在于获得恰当的"认识"，而且有助于使人们的行为避免"过分"与"不及"，从而达到善的境地。在中世纪，宗教神学家们发挥了斯多葛学派的"理性"观，直接将理性看作是"神意"，使"理性"屈从于"信仰"，以便可以通过"理性"而发现上帝的无所不在和无所不能。文艺复兴时期的一些思想家如拉伯雷和蒙田等人则祛除了"理性"概念中的神秘成分，将其看作是人的自然属性，即"随心所欲"和"为所欲为"。17世纪的理性主义哲学家笛卡尔则进一步将理性与"自然性"相区别，把它看成是一种人类的"思想"活动，是人之所以为人的理由与根据。"严格地说，我只是一个在思想的东西，也就是说，我只是一个心灵、一个理智或一个理性，……那么，我是一个真实的，真正存在的东西；可是究竟是什么东西呢？我说过，是一个在思想的东西。"（北京大学哲学系外国哲学史教研室：《十六～十八世纪西欧各国哲学》，商务印书馆，1975，第128页。）理性，不仅是一种认识论范畴，而且是一种人性论或者存在论范畴。18世纪的法国唯物主义者主张把"理性"作为衡量事物的唯一标准，以建立一个永恒定义的国家。在康德哲学中，"理性"则与"感性"和"知性"对立，指认识"无限"和"绝对东西"的能力。在黑格尔哲学中，理性则是指一种具体的、辩证的"思维"，是最高级和最完全的认识能力。直到19世纪末，"理性"概念已经完全摆脱了其神秘性和自然性，而成为一种纯粹的认识论范畴，一种独特的思想品质或者认识能力。

[2] G. 邓肯·米切尔：《新社会学词典》，上海译文出版社，1987，第256～257页

[3] 张志伟、欧阳谦：《西方哲学智慧》，中国人民大学出版社，2000，第60页。

段论的前提，根据这些前提，可以推论说行动具有某种"值得想望的特征"①。这里提出"目的理性"的概念，主要表达以下两方面的含义。

第一，"目的理性"表达了对社会行动"整体性"含义的观照，即它既指向个体的行动结果，又包含了追求结果的过程，既体现了对行动的功利性目的的追求，又融合了目的追求中所蕴含的价值因素。这种在社会行动整体性理解基础上提出的"目的理性"，与韦伯在分析社会行动影响要素时所提出的"目的理性"具有明显的不同。韦伯在分析社会行动时指出，与任何其他行为一样，社会行为②也可以由下列因素决定：（1）目的理性因素，此时，行为者预期外界事物的变化和他人的行为，并利用这种预期作为"条件"或者作为"手段"，以实现自己当作成就所追求的、经过权衡的理性目的；（2）价值理性因素，此时，行为者自觉地、纯粹地信仰某一特定行为固有的绝对价值（例如伦理的、美学的、宗教的或者任何其他性质的绝对价值），而不考虑能否取得成就；（3）情感因素，尤其是情绪因素，即由现时的情绪或者感觉状况决定的社会行为传统因素，由熟悉的习惯决定的社会行为。③

在这里，韦伯根据这几个影响因素对行动的类型进行了绝对的、理想式的划分，但他自己也强调的现实社会中的行动并没有这种完全绝对的类型。韦伯严格区分了"目的理性"与"价值理性"，他认为遵循"目的理性"的行动，是一种完全针对行为结果与"边际效用"而进行权衡的行动，假使"行为者在相互竞争和冲突的目的与后果之间做选择时，以价值理性为取向，则此时的行为只有在手段上是目的理性的"④。也就是说，在行动过程中如果行动者在做行动目的选择时依据了"价值理性"，则这个行动就不能说是完全"目的理性"的，只能说在完全运用"目的理性"的手段上是"目的理性"的。韦伯这里所谈的"目的理性"行动，则是

---

① 唐纳德·戴维森：《真理、意义与方法：戴维森哲学文选》，商务印书馆，2008，第293页。
② 马克斯·韦伯：《社会学的基本概念》，胡景北译，上海人民出版社，2000，第1页。这里的"社会行为"就如同本书所说的"社会行动"，在《社会学的基本概念》第1页中就已经明确地表明："'行为'在这里表示人的行动（包括外在的和内心的行动，以及不行动或者忍受），只要这一行动带有行为者附加的主观意向。'社会'行为则表示，根据行为者所附加的意义而与他人行为有关，并在其过程中针对他人行为的异类行动。"
③ 马克斯·韦伯：《社会学的基本概念》，胡景北译，上海人民出版社，2000，第2页。
④ 马克斯·韦伯：《社会学的基本概念》，胡景北译，上海人民出版社，2000，第2页。

"行动者无视可以预见的后果，而仅仅为了实现自己对义务、尊严、美、宗教训示、崇敬或者任何其他一种'事物'重要性的信念，而采取的行动"①。相对于"目的理性"而言，"价值理性"是完全非理性、非工具性的。"价值理性越是把当作行为指南的价值提升到绝对的高度，它就越是非理性、非工具性的，因为价值理性越是无条件地考虑行为固有价值（如纯粹的意义、美、绝对的善、绝对的义务），它就越不顾及行为的后果。"②韦伯所强调的"价值理性"行动的意义不在于行为是否能获得结果与成就，而完全在于某种特定价值引导下的行为本身。而实际上，"价值理性"行动与"目的理性"行动总是存在一定关联的，现实中的行动都是"目的理性"与"价值理性"的统一体，韦伯自己也承认，"绝对的目的理性行为，本质上也仅仅是一种假设出来的边界情况"③。因此，本书这里使用的"目的理性"就体现了对事件整体性、综合性与复杂性的关切，认为学校组织行动者在追求"目的理性"实现的过程中，与其相宜的学校组织行动理性、行动智慧都会伴随着展现出来，也就是说，学校组织行动是行动者运用合适的行动理性与智慧，朝特定目的努力的过程。

第二，"目的理性"表达了行动者行动的稳定偏好与根本动机的含义。美国著名经济学家贝克尔曾对"稳定偏好"做了如下论述："这种稳定的偏好不随时间的变化而发生根本性的变化，同时也假定，富人和穷人之间，即使在来自不同社会和文化的人们中间，偏好也没有很大的差异。……稳定的偏好不是对市场上的橘子、汽车或者医疗保健等具体产品或者劳务的偏

---

① 马克斯·韦伯：《社会学的基本概念》，胡景北译，上海人民出版社，2000，第4页。
② 马克斯·韦伯：《社会学的基本概念》，胡景北译，上海人民出版社，2000，第4页。
③ 韦伯对另外两种行动类型的分析，也都是围绕着"目的理性"行动与"价值理性"行动进行的。韦伯指出，"感情型行动"如同"价值理性"行动一样，也具有不顾及后果的特点，但韦伯认为它属于社会行动的边界类型，处于向"目的理性"或者"价值理性"行动的转化过程之中。"传统型行动"也是边界类型，如果行为者只是"针对习以为常的刺激，所发生的意向上模糊的，根据以往的习惯方式展开的反应"则不属于社会行为。只有那些"行为者不同程度和不同意向地自觉保持惯对自身行为的约束"才属于社会行为，但它如同"感情型行动"一样，依旧处于向"目的理性"或者"价值理性"行动转化过程之中。由此我们可以看出，韦伯所要着重分析的行动是"目的理性"行动与"价值理性"行动，而"价值理性"行动与"目的理性"行动是存在一定关联的，"绝对的目的理性行为，本质上也仅仅是一种假设出来的边界情况"。因此，实际上韦伯认为或者所分析的主要行动就是"目的理性"与"价值理性"，行动结果与行动过程合为一体的"整体性"行动。

好，而是指选择的实质性目标……这种实质性偏好显示了生活的根本方面，诸如健康、声望、快乐、慈善或者妒忌，他们与市场上某种具体商品或者劳务并无确定的联系。"①贝克尔在这里比较明确地表达了"稳定偏好"是区别于具体形式内容的"实质性目的"。我国经济学人张旭昆从根本动机与具体动机的区分角度，对什么是"稳定偏好"做了进一步的解释。他认为："人们从事活动的根本动机与这一根本动机在不同制度下的具体表现形式（简称具体动机）是不同的……根本动机具有相当的稳定性，不取决于特殊的制度，不随制度的变化而变化，制度只不过使它采取了与该制度适应的具体形式。具体动机才是制度的函数……贝克尔也许是区分动机的这两个层次的第一位经济学家，这里所说的根本动机便类似于他所说的实质性偏好或者实质性目标。"②这种具有个体行动的"稳定偏好""根本动机"含义的"目的理性"，决定了个体行动的本质意义，导出了个体行动背后所依循的根本逻辑。

通过对"定制式"试点班从意向初定到学生毕业的整个生产过程的回顾再现，找出了试点班从最初的输出应用型人才的设计到实现过程在不同层次场域中的移位。分析这三次移位产生的原因，笔者认为在"定制式"试点班人才培养过程中，作为行动者的个体，无论其隶属于制度层、管理层、还是技术层，其行动所遵行的"目的理性"主要有三种：第一是追求社会合法性的"制度理性"；第二是追求利益最大化的"经济理性"；第三是追求专业价值与信仰的"专业理性"。在松散耦合的高校中，行动的个体对这三种目的理性的不同偏好与追求，展现了现实教育实践中不同层面个体的行动逻辑。

（一）获得社会合法性实践中的结构约束与能动建构

杰里米·边沁1789年在著名的《论道德与立法的原则》中指出"自然使得人类处于两个主权统治者治理之下——痛苦和欢乐。正是它为我们指出应该做什么，同样也决定着我们将要做什么"③。在他看来，人的主要

---

① 加里·S.贝克尔：《人类行为的经济分析》，王业宇、陈琪译，上海人民出版社，1995，第8页。
② 张旭昆：《关于经济人、理性人假设的几点看法》，《浙江学刊》2001年第2期。
③ 竺乾威：《从理性到有限理性——决策理论的一种发展》，《决策探索》1994年第6期。

价值以及行为的主要目的就是寻求快乐和逃避痛苦，由此衍生出其功利主义哲学。如果追求利益最大化的"经济理性"是人寻求快乐的方式，那么人的另一个目的就是如何遵从社会规范逃避制度惩罚以远离痛苦，即"制度理性"。寻求利益最大化的快乐是人的一种更为主动的"进取"行为，而遵从社会规范规避痛苦则更多地表现为获得生存合法性的"适应"行为。

对社会"合法性"的目的追求，主要源于"制度组织"生存的合法性机制（legitimacy）。与"经济组织"①不同，"制度组织"的存在具有本然的社会合法性制约。一方面，在组织的产生方式上，大多数"制度组织"不像"经济组织"那样通常是因人与人之间各自或者共同的利益而自由产生，而是因外界制度②的建构与反应而生成。这种组织形式，在生成之初就被限定了行动的独立性与自由性。例如，某个公司的产生，可能是因为某个人或者某几个人为了获得经济利益组合在一起，参照公司的制度形式而成立，这种组织是基于个人的理性选择而生成的，公司的功能目的只是为这个人或者这几个人的共同利益负责。但一所学校却不是因为某一个人或几个人的利益愿望才成立的，而是国家与社会对高校教育功能的认识而进行制度构建的结构。这样，高校就不只是为了其内部成员的利益负责，而且必须考虑到国家与社会对高校教育功能的要求。另一方面，"制度组织"所行使的组织功能本身具有制度约束性，要求组织行动必须符合社会合法性的要求。比如，高等学校的功能因其定位的类型和层次的不同，其功能也有差异，对于一所地方性的理工院校，主要是教育、培养年轻一代

---

① 这里的"经济组织"主要是从组织的产生来讲的。经济学里的组织是理性选择的结果，是人和人之间为了各自或者共同的利益，经过博弈而产生的一种组织形式。因此，个人选择是"经济组织"产生的基础。这与基于对外界制度环境的反应而产生的"制度组织"有很大的不同。另外，"经济组织"只为组织本身的经济利益负责，而"制度组织"则必须考虑其所承载的制度功能的要求。

② "制度"（insititution）一词是从拉丁语动词 instituere（创立或者建立）派生而来的，它表明一种已经确定的活动形式，或者结构的结合。但在新制度主义兴起以后，"制度"的含义得到了极大的丰富与扩张。比如社会学新制度主义就倾向于在更广泛的意义上界定"制度"，"制度"不仅包括正式规则、程序和规范，而且还包括为人的行动提供"意义框架"的象征系统、认知模式和道德模块。这种界定打破了"制度"与文化概念之间的界限，倾向于将文化本身也界定为"制度"。本书所使用的"制度"倾向于社会学新制度主义的"制度"含义。

的生产技能技术,实现社会的福祉要求,同时还具有科研与服务社会的功能。这个组织功能同经济组织只是为了组织成员个人利益服务的功能相比,显然具有更多、更大的公共性与制度意义。这就使得学校的行动必须符合更多的公共期望与制度要求,以取得学校组织存在的社会合法性。

社会合法性机制就是社会对组织尤其是制度组织所进行的一种行动合理化的影响机制,它也是近些年新兴的组织社会学新制度主义学派对组织行为进行分析研究时所强调的最重要的组织行为机制之一,即组织的行为受到组织所处的法律制度、文化期待、社会规范、法制观念等人们"广为接受"的社会事实的影响。新制度学派认为,组织的社会生存要面对两种不同的环境:技术环境和制度环境。技术环境要求组织有效率,即按照效率最大化原则进行生产;制度环境要求组织接受和采纳外界所公认的、赞许的形式或者做法,按照"合法性"机制进行组织行动,而不管这些形式和做法对组织内部运作是否有效率。如果组织忽略技术环境的要求,降低了生产效率与质量,可能会丧失发展的优势甚至继续生存的能力;如果组织忽略制度环境的要求,置社会合法的制度形式于不顾而我行我素,也同样会面临"灭顶之灾"。社会合法性机制对组织尤其是制度组织生存的这种本然规定与强势影响,迫使学校组织必须在努力提高生产效率,追求经济利益最大化的同时,还要努力去适应与平衡制度环境,以取得社会生存的合法性。

有学者在对"制度"进行研究时指出,概括而言,大致可以用"4P's"来代表制度的作用,即它可以规定(prescribe)某一行为,或者禁止(proscribe)某一行为;它也可以指示什么样的行为是赞许的(preferred),或者是许可的(permitted)。[①] 前两种制度,是以"规定"或"禁止"来规范某一行为的制度,具有强制性的命令含义,要求相关者必须遵守;后两种制度,是"赞许"或"许可"来规范某一行为的制度,具有诱导、导向的意义。学校教育作为社会公益事业,国家颁布了各种法律、法规来指导与规范学校组织的教育行为,这些法律、法规等对学校而言就属于"强制性"的制度,学校必须遵照执行,否则会遭受非常严重的惩罚或承担非常

---

① 罗伯特·K. 默顿:《社会研究和社会政策》,林聚任等译,生活·读书·新知三联书店,2001,第131页。

严重的后果。而当政府与教育行政部门提倡某种行为或者行动时，学校也要积极参与执行，否则会受到上级的批评，得到不满意的评价，对学校形象与合法性造成负面影响。

在中国社会转型、教育改革的背景下，高校必须采取行动以争取各种资源。由于现在高校运行的财政支持主要来自政府，因而取得政府的支持与赞许，从而赢得有利的生存与发展条件，便成为高校行动的主要逻辑之一。

"定制式"人才培养模式试点班的建立以及其培养目标的确立，都是属于积极参与和践行上级要求的，在某些环节上甚至是迎合上级提出要求或者号召的未尽之意的行动。在"定制式"人才培养模式的试点班的建立过程中，学校设立试点班的行动，起因于 H 大学在"合并、共建、调整、治理"方针指导下改制后，寻求发展过程中，立足自身定位，对国家提出的"造就数以亿计的高素质劳动者，数以千万计的专门人才和一大批拔尖创新人才"的思想的响应，培养不同层次的人才以期解决国家经济建设与大学毕业生就业过程中的"用学偏离"的问题；同时也是出于对地方政府"振兴东北老工业基地"过程中所提出的突破人才瓶颈问题的回应。以建设成为地方一流理工大学，跨入"211"行列为目标的 H 大学在人才培养目标的定位上明确提出："……服务地方经济为主……为地方和行业培养下得去、留得住、用得上、有后劲、有潜力的复合型、应用型人才，同时要注意培养少量精英……""在学校积极主动的争取下"，教育厅出面，促成 30 多家企业与学校见面，共同探讨人才培养的问题。在学校方面，成立了以校长担任主任的"教指委"（教育改革指导委员会），专门负责"定制式"人才培养试点班的事情，而在各院系，试点班则主要由院长牵头负责。由此可以看出校长与院系领导对试点班的重视，而在把企业的合作意向整理并向"试点班"培养目标具体化的过程中，对国家分层次、分类型人才要求的反应，对学校教学科研型定位的体现，对地方政府突破人才瓶颈期望的考虑中，可以看出学校对试点班获得制度合法性的主动与自觉，以及国家、地方政府等对学校行动的影响与约束。而开展"UG、OUTCD、Auto CAD"等王牌认证培训，也是学院对教育厅、劳动厅的要求作出的一种积极回应，为了培养学生的动手能力，提高试点班学生的操作应用能力，以及对学生的这些能力有规定性的评价标准，劳动局要求每个学生都要有"大型工程软件的操作能力认证"。"机械动力学院积极响应号召,详细地筹划了全套的认证培训方案",这样的积极响应,"领导大为赞赏",出于对"定制式"这种人才培养模式的鼓励,也出于对师资等因素的考虑,省里面最终将包括 UG 等五种认证的培训中心设置在 H 大学的机械动力学院,并投资建设了"数控加工实训中心"。这些都充分表明了大学与学院在应对"地方政府部门"的号召与要求时,为获得合法性所采取的各种有效的策略,体现的是结构对行动的约束。

而在应对国家"教学改革试点检查"时,则明显比应对上述两种制度要求时表现得更为紧张。"教学改革试点检查"是国家层面上的制度规定,对于正在争取进入"211"工程的 H 大学,这项检查的结果对其实现跨越式发展有重要意义,因其代表一种社会合法性。由此也就具有更为"强制"的制度意义。其具有强制性,因而便具有更正式的合法性,关联更大的利益。因此学院在应对"教学改革试点"检查时,表现出更多的惶恐和紧张。"几天来,院里的每一个人都是惶惶然的,从院长到老师,每一个人都在全神贯注地忙碌着'教学改革试点检查'的各种资料,毕竟不合格的后果谁也承担不起。""院长在迎接'教学改革试点检查'的准备会上早已经明确表明:校长表示,哪个院系要是检查不合格,给学校丢了脸那就是学校的'罪人'。院长则模仿地表明,哪个人的资料要是检查不合格给学校抹了黑那就是全院的'罪人'。谁愿意当'罪人'?当前一切大事就是迎接检查,全心备战。""后果承担不起""罪人""全心备战"都说明了"教学改革试点检查"对他们的重要意义。由此,为了生存,为了扩大社会影响以求得更好的发展,当试点班没有达到检查的规定与要求时,就会想尽办法"敷衍",做"表面工作",以通过检查,规避因不合格而可能带来的惩罚。"在大家齐心协力下,竟然会补齐了几年来的各种'原始'资料";"几天之内,几百人次的试验报告不用试验就被报告了,几百册书被阅读了";新照的实验、实习等照片没有历史感,就到"太阳底下晒"……更有甚者,几百名同学在名册上被"定制"了。所有这些事情做完之后,尽管"谁都知道是假的,在场面上都不说假,反而都说是真,真是真的!"也充分说明学校组织在应对具有"强制性权威"的制度规定时所处的既积极又被动的状态。

总之,由于高校承载的教育功能具有社会公益性,改革过程中学校为了更好地生存和发展需要争取资源,而其产品——学生质量难以测量等特征,高校需要依靠追求社会合法性来"刷自己的存在感"。与以往研究的发现不同,以往的研究认为组织为争取合法性的策略行动对于组织经济利益的获得毫无帮助,甚至有所损害,但在该案例中,高校为争取合法性的策略行动虽然可能对其教学活动的改进、学生培养实践实质的改变影响不大,却能够给高校和院系带来作为国家"示范基地"的社会效应,以及由此带来的学校"上台阶"等方面的好处,政府的资助与支持,企业的捐赠等诸多现实的经济利益。

(二) 专业理性:践行专业价值与信仰

获得合法性,说到底是行为个体与组织趋利避害的一种功利目的与生存本能的追求。然而,由于学校组织的特殊公益性,以及教师群体的特殊专业性,其行动除了具有一般的追求合法性与经济利益的特征外,还具有精神、价值以及独立性的追求。新古典经济学家马歇尔就曾经指出,人除了具有追求私利的特性之外,同样具有"欲望、憧憬和人类本性的其他情感",其行动不只是受功利目的的影响,"也受到个人情感、责任观念和对高尚理想崇拜的影响"。[①] 正是对"憧憬"、"责任"和其他情感的追求和满足,成为人们参与和从事经济以外活动的力量源泉。美国经济学家加里·S. 贝克尔对传统经济人假设提出了质疑与批评,认为经济人追求的目标,不仅表现为对货币收入、物质享受等纯粹物质经济利益最大化的追求,也表现为对尊严、名誉、社会地位等非物质利益最大化的追求,由此他提出经济人追求的不是经济利益最大化,而是"效用"[②] 最大化的观点。新制度主义理论代表道格拉斯·诺斯则把对于诸如利他主义、意识形态和资源负担约束等非物质财富最大化的追求引入个人"效用"函

[①] 马歇尔:《经济学原理(上卷)》,朱志泰译,商务印书馆,1964,第34页。
[②] 保罗·A. 萨缪尔森、威廉·D. 诺德豪斯:《经济学》,高鸿业等译,中国发展出版社,1992,第675页。在萨缪尔森的经济学教材中,"效用是一个抽象的概念,在经济学中被用来表示从消费物品中所得到的主观上的享用、用处,或者满足……效用是一种简单的分析结构,它可以被用来解释有理性的消费者如何把他们有限的收入分配在能给他们带来满足或者效用的各种物品上"。这里的效用可以泛指人们从各种需要得到满足的过程中所获得的享受或满足感。

数，建立了更为复杂，也更加接近于现实的行为的模型，认为理想、意识形态等非物质财富的价值在个人选择中占有重要的地位。[①] 从上面关于人的行为假设从经济利益最大化到"效用"最大化的认识变化可以看出，人的行动目的中不仅包括经济物质的生存功利目的，还为人的精神与价值追求留有空间。

高校内部的个体行动者——教师，是接受过专业教育，具有专业地位的行动者。1966年联合国教科文组织提出的《关于教师地位的建议书》中指出，"教书应被视为一种专门职业：它是一种公众服务的形态，它需要教师的专业知识以及特殊技能，这些都要经过持续的努力与研究，才能获得并维持。此外，它需要从事者对于学童的教育以及福祉，产生一种个人的以及团体的责任感"。在论述教师教育的课程时也指出，"本课程之目的，在于发展每位教师储备机构学生之一般教育以及个人文化、教学以及教育他人之能力，察知举世皆然的，建立良好人际关系之教谕原理，以及以教学和作为社会、文化及经济进步典范，奉献己力的责任感"。同时，这份文件也对从教师地位到教师教育的课程，再到学校教育目的的规定，都强调了教师作为专业工作者对教育目的、学生的福祉、社会的进步所应承担的责任。这种责任就是教师对教育价值实现的承诺，是对教育基本伦理的遵循。教师作为专业工作者，在接受专业教育的过程中，逐渐培养与形成其基本的专业知识素质，并自觉接受教育专业伦理规范的约束。这就是一种最基础的专业理性。当教师对教育价值实现的追求，变成自己的教育专业信仰时，教师的教育实践就具有了专业的批判精神，并在现实中不断地寻求超越。

H大学机械学院的教师们在日常实践中，自觉地进行着教育教学活动，以完成规定的基本教学任务与科研目标。这是行动者获得社会合法性的基础。但是，与普通班不同的是，"定制式"试点班在实践中，要不断完善与超越现有的教育实践，不断追求"学以致用"的教育实用主义价值更好地实现。面对"三本"学生基础差、底子薄的现状，试点班展开了"重应用、轻理论"的"定制式"实验。为了培养学生的技能性与操作性，试点班与企业合作，通过"走出去""请进来"等各种措施，训练学生的

---

① 王振贤：《"经济人"假定的演变与发展》，《中共天津市委党校学报》2002年第2期。

岗位体认。教师们在教学中对教学内容中理论部分与操作部分之间比例的权衡，对"本科生不同于专科生与职校学生的区别在于除了操作还懂得原理"的坚持等一系列活动与观点，都是对专业目的理性追求的表现。院校领导们在教育实践中不断创造、拓展"二本""三本"教育的培养模式与价值空间，在本科院校中进行"定制式"培养模式，仍然不失为一种创举，一种立足地方经济建设需要的制度创新，这也正是国家设定该"定制式"培养模式为全国教学改革实验示范的意义之一。①

行动者所具有的专业理性，体现的专业素养，主要有以下几点：（1）行动者对教育持有什么样的信念与信仰。具体表现为对教育目的是什么，学生应该接受什么样的教育以及什么是"好"的教育等问题的理解。对这些问题的回答根植于长期的专业教育与实践培养起来的价值观念中，作为一种笃定的教育信念与信仰，对教育者的教育实践起决定性的影响。可以说，教育者持有什么样的教育价值观念，就会导向什么样的教育实践。（2）行动者关于如何实施教育的知识。如果说教育的价值信念是教育实践活动的"指南针"的话，那么关于如何教育的知识则是具体的教育实施与执行。教给学生什么样的知识、选择怎样的课程，如何实施，怎样评价等等这些问题，都涉及如何将教育信念转化为教育实践的行动能力。（3）行动者的教育专业伦理精神。作为学校教育工作者，首先其专业伦理要求他们要相信每一个人的价值和尊严，从而认识到追求真理、力争卓越和培养民主信念具有至高无上的重要性。这些目标的根本实现在于保障学与教的自由。其次，教育专业伦理要求教育工作者力争帮助每个学生实现其潜能，使之成为既有价值又有用的社会成员。教育工作者要为激发学生探究的精神，为学生知识和理解力的获得，为有价值的目标以及深思熟虑的构想而努力工作。总之，基于以上这三个方面专业素养而形成的教育"专业理性"，使得教育工作者在其所从事的具体专业工作中，会更自觉地按照他们所信奉的教育专业价值而行动，会更加坚定地促进他们所秉持的教育专业理想的实现。正如马斯洛的"人的需要"学说所指出的那样，人除了具有生存的基本物质需要，还具有尊重与自我实现的需要。学校内部的个体

---

① 摘自 H 大学副校长 MW 在 2007 年"高校人才培养创新模式交流会"上的发表的《面向东北老工业基地"定制式"人才培养模式创新实验区》的讲话。

行动者，无论是校院领导还是授课教师，作为专业实践者，也同样希望能够践行教育的专业价值与理想来满足自我实现的需要。学校内部专业行动者的这种自我实现需要，表现在具体的应用型人才培养行动中，就是对实践教育专业价值与信仰的目的追求。

（三）经济理性：追求利益最大化

对利益最大化的追求是"经济人"假设的基本含义。所谓"经济人"，就是指会精密计算、趋利避害、总是寻求自身利益最大化的人。中国古代许多思想家表达了人追求利益的本性。如先秦时期的《管子》中提到："见利莫能勿就，见害莫能勿避。其商人通贾，倍道兼行，夜以续日，千里而不远者，利在前也。渔人之入海，海深万仞，就波逆流，乘危百里，宿夜不出者，利在水也。故利之所在，虽千仞万山，无所不上；深渊之下，无所不入焉。"《墨子》中则说地更为明白："断指以存腕，利之中取大，害之中取小也。……非不得已也。害之中取小，不得已也。"《管子》中的那段话指明了人是逐利动物；《墨子》则指明了人之追求利益最大化，损失最小化的本性，即所谓"两利相权取其重，两害相权取其轻"。两千多年以后，英国古典经济学家亚当·斯密在他的《国富论》（全名《国民财富的性质和原因的研究》）中这样论述人的这种"自利"本性："我们每天所需要的食物和饮料，不是出自屠户，酿酒家和面包师的恩惠，而是出于他们自利的打算。我们不说唤起他们利他心的话，而说唤起他们利己心的话。我们不说自己需要，而说对他们有利。"① 在斯密看来，生产者为人们提供各种各样的商品，不是出于对他人的同情和恩惠，而是出自生产者"自利的打算"。每个人行为的出发点都是为了"利己"，这种追求自身利益的普遍性，成为斯密论述自由市场经济秩序形成的基本前提，同时也奠定了后来发展的"经济人"假设的基础。1863 年，约翰·穆勒在《论政治经济学的若干未定问题》中，根据斯密的理论，给出了经济人假设的标准定义，即"把人看作必然是在现有知识水平上以最少劳动和最小生理节制获取最多必需品，享受和奢侈品"。其基本含义是，作为经济行为主

---

① 亚当·斯密：《国民财富的性质和原因的研究》，王亚南、郭大力译，商务印书馆，1972，第 14 页。

体从事经济活动的目的和动机是自身的经济利益,并且知道如何使用自己的资本,精打细算,专心经营,谋取最大的经济利益。从此,"经济人"就成为经济学理论中的一个经典假设,成为经济学家分析人的经济行为与经济现象时所依据的基本工具。

无论是高校还是其中的院系,作为由个体所组成的集体,其行动目标的制定与达成都是由人来进行的,因此"经济人"假设的利益追求也同样表现在高校的目的理性当中。公共选择理论学派的代表人物布坎南曾尖锐地指出,"如果把参与市场关系的个人当作效用最大化者,那么,当个人在非市场中的买者或者卖者转变为政治过程中的投标人、纳税人、受益人、政治家或者官员时,他的品行不会发生变化"[1]。他还进一步指出,"对于政治家和政府官员,如果要适当地设计出能制约赋予他们的权力和他们在这些权力范围内的行为的法律——制度规则,就必须把政治家和政府官员看作使用他们的权力最大限度地追求他们自己利益的人"[2]。美国学者尼斯坎宁将理性经济人假设推广到政府官员身上,认为官僚自主性[3]产生的主观原因就是个人对自己利益的追求,高校的行动目标也是由其组织内部的个体行动者进行控制与完成的。托尼·布什在对学校组织目标进行研究时指出,"只有人才追求目标,而不是学校或者其他组织。教师,尤其是校长,在学校里坚持和追求的是他们自己的目标,而其中与教学过程相联系的并不多……组织目标只不过是学校里有影响的人的个人目标"[4]。

在"定制式"试点班的设置以及培养目标的确定过程中,校长运用各种策略对标地方政府对发展经济的人才瓶颈的突破方式,以通过服务地方经济发展而为学校赢得更多的政府支持,而政府的支持不仅是提供便利的环境,如促成30多家有影响力的大型企业与学校的合作,把多项劳动厅与教育部的认证培训中心设立在该校;而且有直接的资金支持,如拨款2000多万元,筹建数控实训中心等。这些支持不仅有利于学校的发展,也为学

---

[1] 詹姆斯·M.布坎南、唐寿宁:《宪法经济学》,《经济学动态》1992年第4期。
[2] 詹姆斯·M.布坎南:《自由、市场与国家》,吴良健译,北京经济学院出版社,1988,第38~39页。
[3] 所谓官僚自主性(bureaucratic discretion),是指官僚机关或者个人超越其法定的地位和职能,超越政治家的控制,在公共决策过程中发挥主导作用的现象。
[4] 托尼·布什:《当代西方教育管理模式》,强海燕译,南京师范大学出版社,1998。

校教师们的福利增长提供了可能。以解决社会问题构建其合法性的行动，背后是以利益为目的的理性行动。这既是校长个人的利益目的，又是院系行动者的利益目的，因此，在行动中校长和院系行动者积极配合，成立"教指委"与"定制式"人才培养模式设计小组，以院长为组长，带领院系成员共同探讨人才培养的方案与"校企合作"的多种方式。

在以"定制式"人才培养模式构建为契机而展开的"校企合作"，同样也具有经济理性。教师与专家们在"走出去、请进来"的过程中行动策略的改变、目标的变化以及最终达成的协议都是双方在追求自身利益的实践过程中不断博弈的结果。双方达成基本协议如下："充分利用高校学术活动集中，人才流动性大的条件，宣传、传播、弘扬企业文化，为企业做形象代言"，"学校在企业设立培训班，按照企业的要求为企业培养工程硕士研究生"，"学校充分利用具有多层次办学的优势，在企业设立高级工程技术人才及管理人才培训基地，根据企业的要求，对公司员工进行工程硕士培训"，"为了帮助企业留住人才，解决他们子女入学的问题。学校在每年的招生中，利用国家给予高校的招生政策，帮助解决企业核心人员子女录取问题。"……而这一切协议的达成是与如下的合作意向相辅相成的："企业优先在学校开辟'计算中心'，由企业出资进行装修，……在学校设立'×××公司奖学金'"，"按照国家和省内的规定的标准支付培训费用"，"企业在申报国家级、省市级重大科研课题等方面，优先考虑与学校合作，有关重大技术决策、科技攻关、技术改造等方面的工作，需要外协时，优先与学校开展合作"，"企业向学校捐赠发动机、CAD正版软件等作为教学实验设备"等。从这些条款可以看出，学校与企业的合作，有提升学校的声誉的考虑。有改善学校办学条件，增加教师申请课题与转化科研机会的考虑。行动的目的是为了使学校、院系以及身处其中的教师获得更多更大的经济利益，来保障学校的发展，提高教师的福利。

当学校中的成员对这种经济利益的追求成为学校组织以及其中的个体行为的根本目的时，他们的一些行动，如提高学校的声誉，争取更好的发展空间等就成为学校行动者实现自我利益最大化的间接手段。

机械学院"定制式"试点班迎接国家"教学改革试点"检查的案例中，院系组织教师利用业余时间加紧准备，就是为了迎接检查获得"国家教学改革试点实验基地"的"牌子"。他们知道获得这个牌子，对教师意味着什么，对院里意味着什么，对校长意味着什么。"夺人眼球"的牌子在院门楼一挂，以及获奖而产生的名声效应，都可以为学校和院系带来潜在收益。"各种考察团"参观来访，"'三本'的招生越来越火"，"教师们的课题多了，收入也多了，整个盘活了"，……为了这些潜在的利益，在学校的硬性要求下，院里竭尽全力甚至加班加点进行准备，表现出了学校中的行动者追求利益最大化的目的理性。

本章小结：实践的模糊性与偏好协调抉择

通过对设计的培养方案的一层层践行，以及对试点班的毕业生的评价分析中可以看出，在试点班的应用型人才培养过程中，涉及学校里不同层次的行动者，而作为有意识能动性的行动者，他们都具有"理性"地追求其行动"效用最大化"[①]的特征。从学校层次来看，制度层主要考虑的是立足学校"合并共建"的背景，建构制度合法性的问题，赢得更多的支持，更好的发展环境；从院系管理层来看，其目的不仅仅在于响应包括国家、地方以及学校在内的上层的号召，而且还有着自己资源的争取与整合、系所的划分、人员的调配、学科的建设等思考；作为技术层的基层行动者，对"定制式"试点班学生进行直接培养的教师，在他们的行动中，有出于专业人员对学科发展的考虑，有对教育价值的追求，更有对自身处境与发展状况的考虑而对经济资本的抉择。虽然这种"效用"所追求的方向和内容会因人而异（因为不同层次的行动者具有不同的偏好选择），"最大化"也是行动者自己所认为的满意、合理、可接受的结果，但还是可以从中归纳出行动者在"定制式"试点班人才培养实践过程中的理性逻辑特征。

1. 整体行动中三种理性的协调

组织生存是学校组织一切活动的基础，是组织行动发生的前提，是把组织内个体行动者维系在一起的纽带。"皮之不存，毛将焉附？"因此，学校组织行动的底线，首先是保障组织的生存。虽然学校组织所具有的三种

[①] 张维迎：《博弈论与信息经济学》，上海人民出版社，2004，第1页。理性人不同于自利人，理性人可能是利己主义者，也可能是利他主义者。理性人指一个比较稳定的偏好，在面临给定的约束条件下最大化自己偏好的人。

目的理性指向组织行动的不同方向，但为了维持组织的有效生存与发展，学校组织总是在整体性行动中，同时维护这三种理性，并尽量寻求这三者之间的平衡。

社会合法性是组织生存的外在环境保障，没有获得社会合法性的支持，组织将面临生存危机；经济利益是组织以及其中的成员生存发展的条件要求，没有基本的物质条件保障，其他追求就无从谈起；专业行动则是组织之所以存在的根本理由，没有进行最基本的专业职能活动，它将会被其他形式的组织所取代。因此，学校作为一个组织，试点班在其整体行动中，三种理性同时存在。他们分布在学校、院系以及基层教师等所有行动的各个层面，甚至有时呈现在同一行动中。虽然行动者可能对某一种目的理性有特殊的偏好，但在立足各自具体现实的行动中，理性原则指导下的行动者并不将这三种理性置于严重冲突或者背离的境地，因为缺失任何一种目的理性所导致的后果都将对试点班的生存带来危害。多数情况下不同层次的行动者会协调三者之间的关系。"定制式"人才培养模式试点班，一方面是为解决毕业生一职难求与企业虚位以待之间的结构性矛盾，以更好地实现对教育价值的追求；同时还包含对地方政府与企业的资金和资产等方面的资助的利益诉求，这是追求经济理性的体现；另一方面，"定制式"人才培养模式因为肩负"对振兴地方经济中人才瓶颈的突破"，并积极迎接教育部"人才培养模式改革试点"的检查，以建构其合法性。即在"定制式"人才培养试点班这个议题上，行动中必须维护三种理性的平衡。如果只遵从一种理性行动，就会威胁项目的生存和发展。

追求经济理性，是"试点班"有优厚的物质条件得以生存发展的前提，同时也促使行动者适应各种规范制度，为更好地追求专业价值创造了条件；追求社会合法性制度理性，使行动者获得较好的行动地位与优势，有利于行动者对经济利益的追求以及专业活动的开展；专业理性对专业价值的践行，提高了行动者的专业声望，为经济理性与制度理性的实现积累了专业资本。在具体实践时，行动者在平衡三者关系的过程中的"偏好"理性，导致了"定制式"试点班人才培养从预设目标移位。

2. 具体行动中"偏好"理性的坚持

行动者在实践中偏好性地协调三种理性，以保持"定制式"试点班的存在和发展，并实现其自身偏好理性的最大化。

"偏好"表现为行动者的一种倾向、一种态度、一种更乐于依循的行动动机。基层行动者偏好的目的理性，会影响到上层行动者意向的达成。行动者的偏好理性影响行动者在行动过程中的偏好选择，在达成上层意向的过程中，表现出对偏好理性的追求。因为决定上层行动意向的个体行动者，总是具有追求自己偏好的效用最大化的理性追求，由此而使得上层行动也表现为追求偏好理性的效用最大化。这种对偏好理性效用最大化的追求，表现在具体行动中，就是行动者会根据其所偏好的行动理性进行行动选择，"对一个行动者来说，以某种方式行动，就是要导致他想要得到的某个事态发生"。

在"定制式"试点班的人才培养实践中，如果行动者的偏好理性是追求经济利益的最大化，那么"定制式"试点班的制度合法性的获得，专业活动的完成与改善，都是为了获得更大的经济利益；如果行动者的偏好理性是取得合法性，那么围绕"定制式"试点班人才培养的所有行动都是为了得到外界社会的认可；如果行动者的偏好理性是为了专业的价值与信仰，则"定制式"试点班人才培养的实践、经济利益的获得与制度合法性的建立，都是为提高专业价值提供更好的环境与条件。行动者对偏好理性的不同选择，作为其行动背后所依循的逻辑，决定"定制式"试点班培养效果的走势。

"定制式"试点班的人才培养实践过程中，学校层次设立"定制式"试点班的出发点在于响应国家的精神号召，迎合地方的需要，也为合并改革并划归地方管理转制后的学校建构制度合法性，赢得更多支持，更好的发展环境；院系层次，院长既要响应国家、地方以及学校等上层号召，又要争取整合资源、划分系所、调配人员、建设学科等；基层行动者，教师的行动中，有出于专业人员对学科发展的思考，有对教育价值的追求，也有出于自身处境与发展状况考虑的偏好理性。不同层次中的行动者有不同的目的理性诉求，因而，在下一层次对上一层次目的承接过程中，出于合法性建构，经济理性以及专业理性方面的偏好，不可避免地存在几种理性不同权重的调和，从而使"定制式"试点班从预设的轨道移位。

第八章　超越结构与行动的实践

通过对"定制式"试点班人才培养模式改革实践的过程式回溯，展示了改制背景下大学场域中人才培养丰富、复杂而冲突的场景。在这一过程中，秉承不同目的理性的行动者追求偏好理性的惯习，特别是外界力量的介入都在不同程度地影响、修改、形塑着实践的结果，挑战了对"定制式"人才培养实践"预设目标—方案实施—产出符合预设的结果"线性过程的假设。

中国的社会转型过程中，市场主义的思维方式影响了社会的各个领域，"市场化""充分的竞争""效率"等说法不断被提及，效率正义也影响高等教育领域人才培养模式的改革。高校积极市场化，与市场接轨的"定制式"试点班人才培养过程中的实践，建构了高校组织的"紧—松—紧"耦合的组织特征，而这种组织特征又影响了身处其中的行动者在市场化的脉络中的行动取向。高校场域中的行动者在这一实践过程中的行动选择以及其遵循的目的理性，是高校生存处境的现实反映，是变革这一大的社会结构制约下行动者的能动选择，而行动者的选择又进一步建构了下一步行动的结构性背景。

一　研究发现

本书以 H 大学机械学院"定制式"试点班为例，分析了为匡正"学用结构性偏离"的高校人才培养模式改革的实践过程。研究发现，高校人才培养实践中充满了不确定性与偶然性，人才培养是一个实践的过程，毕业生所达到的规格是高校场域内部各层次行动者及其身处的外部环境共同作用下，行动者实践的结果，而非定制，其中的不确定性与偶然性，放在层层嵌套的人才培养场域中,又是合理、必然与可被理解的。结合不同行动者的关系,充分表现了结构与行动的制约与建构关系。

(一)高校嵌套性场域中的人才培养实践

高校的人才培养实践,涉及不同层级成员的参与,就制度层而言,通过对市场需求的识读,形成培养目标的定位和方向;就管理层而言,需要把来自上层的目标转化为可以操作的方案,并通过争取、分配与协调资源把人才培养的"任务"分配给技术层去执行;技术层作为一线生产者,实践着培养人才的具体活动。表面来看,这个过程是直线式的传递,[①] 然而,若深入培养过程的真实实践中,会发现在这个过程的各个阶段都有"噪声"介入,而使得人才培养的过程偏离直线。

在"定制式"试点班的人才培养中,培养预设目标是高校制度层在对市场需求识读的基础上形成的,然而这个目标不能仅考虑市场,还要在合法化建构的前提下综合考虑国家高等教育发展的指导精神,地方政府对高校的期许,以及在高校组织域中本校的相对竞争优势与生存地位。因而尽管是依照市场"量体裁衣"式的"定制式"人才培养,仍然不能脱离社会大环境与学校自身在高校组织域中所处的位置的影响。理论上讲,管理层在这个过程中的作用是把上层确定的目标操作化,在合适的时间安排合适的人选开设合适课程,以达成预设目标,现实人才培养场域中,谁是合适的人选,什么课程是合适的课程,对这些问题的判断与定夺,不仅需要在人、财、物等资源方面运筹帷幄,而且要求深谙人才培养的特征、政策实施的逻辑。这不仅是一项沟通协调、上传下达的管理工作,而且需要对技术层的具体实践有所把握,了解什么课程培养哪项能力,哪位老师能承担哪门课程。无论是沟通协调的技术,还是对技术层事务的把握情况,以及对技术层教师情况的全面了解程度都对目标的达成至关重要。管理层的素质以及行动逻辑因而成为影响目标达成的重要因素。在人才培养过程中,技术层的任务是"照单生产,按图加工",高校中的技术层是一个高度专业化的群体,他们有自己的价值理念,有自己的专业功力与边界,而且最

[①] 计划式人才培养的三段论是受苏联的影响而建立的"计划定制"—"实施教学计划"—"就业"三阶段高校人才培养的模式,具体图示可参见第48页图2-2。

主要的是他们是扎根在社会现实中的人，在人才培养的实践过程中，受不同行动逻辑张力的影响，因而不能像一架精密的机床一样按照设定好的参数进行标准化运转。

由此可见，高校是嵌套在社会中的场域，而高校中的制度层、管理层与技术层又嵌套在高校场域中，各场域对其中的行动者均具有不同的制约性，同时行动者在不同场域协调性地调整其惯习，也遵循适合的逻辑。在此意义上，可以说，"定制式"人才培养模式是实践而非预设而定的。

（二）外界力量的介入对高校组织实践的影响

在高校的人才培养过程中，基于行动者在行动中建构合法性，争取资源，秉承专业理念等的思考，共同促成人才培养的实践。在此过程中，外界力量介入在某种意义上影响行动者的实践惯习，冲击高校教师原有的价值逻辑，进而改变其行动模式。

由于在高校人才培养模式改革的实践过程中，不同层级的人所秉承行动逻辑以及其所追求目的理性的差异，使得这一过程呈现结构与行动相互改变与形塑对方的状态。"定制式"试点班人才培养预设目标与实践结果之间的张力，体现了实践的模糊性、关系性、总体性与反思性等特点，也深刻地影响高校组织形态的变化。如果说出于市场考虑的"定制式"试点班是学校制度层场域对社会变革大环境的主动反应，是学校场域中制度层对市场化的应对，那么，人才培养实践过程中引入外界力量则直接深入高校人才培养的实践核心——技术层，用市场的逻辑给学校场域带来了新的游戏规则，这一规则更进一步推动了高校场域改革的深化。

（三）高校嵌套性场域中不同行动者惯习的改变

对外的紧密化要求学校提高效率，这就需要学校组织能够有效地控制最后的技术层，但内部的松散性则加强了个体的自由性和决断权，这种双重组织特征下的行动者的行动也具有多重性，在不同的情境中秉承不同的行动逻辑，是其行动的主要特征。但这并非说，其行动是没有规律而不可把握的，紧密化关系正从外向内逐步渗透，追求效率的倾向将成为学校组织的主要行动偏好。在整体的行动中行动者维持制度合法性、专业价值与经济利益三种理性的微妙平衡，而在具体的行动中则坚持偏好理性，寻求更多的文化资本兑换经济资本的机会，主动向经济理性倾斜，而在本研究的案例中，由于"定制式"试点班在其制度设计上给行动者留下了过多的决断空间，以及缺乏相应的约束机制，这种制度设计上的缺陷就更加强化或者助长了行动者按其自我目的理性策略性地选择行动。

（四）市场化背景下高校场域超越目标的变革

在市场化的推动下，迫于制度压力与环境压力，高校组织呈现一种"外紧内松"的特征。在制度层，市场化的压力一方面来自上层制度的推动，一方面来自高校组织域中的竞争压力。强调效率、市场化是上层推动高校改革的最初动力，在某种意义上，市场化已经成为高校建构合法性的一种策略，适应市场被看作是高校存在和发展的方向，为了市场的教育和人才培养使得高校要时刻关注其生存环境中的外部场域，这一关注加强了学校与外界环境的联系。

外界力量的介入，引起了技术层革命性的变革，为把学校的技术核心引入市场开辟了道路，使学校与社会有了实质性的紧密结合。

而在内部，不同层级的目标与文化的分歧，对资源的争夺，不协调的组织目标、文化和行为，以及不同层级、个体行动者总是力图保护，甚至增强自己的自主权和行动能力，寻求每一个机会来减少自己对于他人的依赖，在一切可能的程度上将自己的功能和他人的功能分离开来等行为折射出的是其组织的松散性。

如此，高校组织就呈现了与外界联系的紧密和内部之间的松散这样一种"外紧内松"的"紧—松—紧"特征。这种组织的特征改变了大学"遗世独立"的象牙塔的形象，使大学与社会紧密联系在一起，作为一个内部松散的结构，深深嵌入其所赖以存在的社会中。

二　理论反思与未来研究

（一）超越结构与行动的实践

在本研究中，"定制式"试点班设立的目标是清晰的，那就是解决毕业生就业过程中的"学用偏离"问题，真正为企业培养"下得去、用得上、留得住"的人才，其中又以"用得上"为主要培养目标，至少在提法上，这样的目标是清晰的、明确的，并且一再被重申与强调的，并没有留下多少解释与发挥的空间。而最终的实践结果与预设目标的移位，表现在目标方面则是因为虽然有清晰的目标，但这一目标并没有得到技术层的全体执行成员的广泛认同，因为在技术层的具体实践过程中，教师们秉承的主要还是自己对专业与学科的理解，对"本科毕业生"的应然目标的要求，如认为"'定制式'试点班是培训而不是教育"的看法，认为"……这是这门课的重点，即使它的应用性不是很强，但还是一定要交代给学生的"等的认知，这些更多的来自教师们自己对大学教育、对学科与课程的教学的理解，左右着教师们对"定制式"试点班人才培养模式改革的实践。

在有了明确的目标后，对于达成目标的路径选择也影响了实践的效果与程度。具体到本研究中，为达成预设目标，学校选择了"校企合作"，然而"校企合作"是一条具有多种功能的路径，它不仅有可以实现培养毕业生的动手能力和实践操作能力的功能，而且还能够超越对学生的培养达成其他的目的。在案例中主要实现的是"走出去教师，引进来学生"的目的，尽管这一目的是在"校企合作"共同培养毕业生的动手能力和实践操作能力的过程中不断被衍生出来的，是一个非预期的意外结果。也就是说，虽然目标是明确清晰的，但是通往目标的路径的多重功能性为实践者留下了决断的空间，这一空间与技术层的教师们不同的价值、利益差异，不同的视角和偏好相结合影响了其实践动机和结果的达成。

这就涉及了方案实施过程中的技术层的执行者的个体意愿、理解、目的理性与能力等变量。在"试点班"的人才培养方案的实践过程中，教师们对人才培养模式变革的理解与实践意愿，并没有随着实践的进展而有所改变，但这样一致性的理解与认知并没有影响教师们在不同的时间与场景中选择不同的行动来实现其理性目的，如在试点班的教学与备课问题上采取"以不变应万变"的策略，而在与企业的合作中则采取积极适应，主动争取的办法，即使是在学校中举办的"认证培训"方面也是加强内功、提高资格的态度。纵然实践的结果没有能够达成原初目标的原因中有教师能力因素的影响，但教师并没有主动提升自己的"双师型"能力，而是积极向外寻找机会，这一方面说明能力并非主要的问题，关键的因素还在于教师的目的理性与行为偏好。

巴雷特和富奇认为，实践是"政策—行动"的连续体，是两类行动者之间的互动和协商：一类是寻求将政策付诸实践的行动者，一类是政策落实到行动所要依赖的行动者。实施意味着过程，也意味着能力——将政策允诺转化成政策成果的能力。通过研究，笔者认为，政策的实施是一个充满风险的过程，不仅受到政策目标的清晰明确程度的影响，而且，实现目标所选取的途径、实践者的能力、不同实践者的利益诉求，对实践过程的监督和阶段性评价等，特别是实践过程中介入的外界力量都有至关重要的作用，在某种程度上决定了政策的最终走向与结果。

（二）未来研究：超越目标的改革实践

本研究尝试回答了具有嵌套性特点的高校场域中，学校组织是怎样一步步调整人才培养模式变革的实践的，为什么作出这样的调整，实践者是如何在不同场域结构的制约下能动地变通与践行惯习，实践出人才培养模式的变革。接下来需要思考的是：如何判断变革的成效？如何定义成功？谁来判断成功？对谁的成功？怎样利用人才培养模式变革的契机促进学校组织的发展？

变革成功常见的指标有：输入、输出、结果以及影响。他们反映的是一个变革的几个方面。从中心模型来看，输入指的是在人才培养模式变革中所使用的经费、负责的人数等；输出则是指解释这些变革的学生和教师人数，他们能够使用新的方法和内容的频率，他们所接受的新的指导；结果指的是人才培养模式变革后这些学生学习的情况；影响指的是实施新的人才培养方案和没有实施新的人才培养方案之间的差距。

正如前文中所说，本研究要考察变革的实践结果与预设目标之间张力的生成机制，值得警惕的是，在这个过程中，我们往往过度热衷于将变革实践看作是预设目标的结果。人才培养模式改革实践过程中，这种决定论的观点随处可见。预设目标凌驾于实践逻辑之上，要求实践为预设目标作出改变。执行而非协商，管理而非支持，口号宣导而非能力建构，批评而非发现，成为变革实践的主流。教师，也即预设目标的主要行动者成为要改革的对象，而非能动的改革主体。

教育变革的目的往往是为了改变组织及组织中的人，但只有当组织及组织中的人真正认识到变革的必要性，并取得变革的主动权，预设目的才有可能达成。所谓超越实践的变革，就是要打破决定论的思维，重新定位技术层的基层行动者在目标达成和修改过程中的地位。基层行动者是不是实践变革的对象和工具？在结构决定论的思维下，技术层的教师历来均是需要改变的对象，不可能被纳入目标设定和修改过程中。但是，结构决定论的观点没有认识到，教师的行动可能被人才培养模式变革所影响，但却不会被决定。

同样，结构决定论的观点也没有认识到，人才培养预设目标只是学校组织诸多环境中的一种制度性控制，学校并非处在真空中，而是同时受到多种力量的作用，而人才培养方案的约束力在诸多控制中是比较薄弱的。这次人才培养模式的改革，虽然号称是一次师资、课程、管理等全方位的改革，但真正以条文方式颁布的，其实只是培养目标与课程设置而已。此次变革也缺少制度问责，所以若期待有所变化，都应依赖于教师和学生自身的努力。

但是，承认教师和学生在人才培养模式变革实践过程中的重要性，并不意味着他们就可以对人才培养模式进行"任意改造"。当前学校组织中的技术层中充斥着对人才培养模式改革不明智的拒绝，没有意愿去了解变革的意图，秉持古典的高等教育的理念，一味地排斥任何新东西。在H大学的机械学院，即使时过五载，教师们对"定制式"人才培养模式的理解仍然难以深入。因此，调适应该是在合理的范围之内的明智调适，知道为什么要改变，怎样改变。麦克劳林等人提出了变革的首要原则（First Principles），即构成这一变革最核心的成分，需要让不同的利益关系者，尤其是实践者对此首要原则达成共识，这样才能保证实践在不违背基本原则基础上的自我革新。[①] 如果在人才培养方案的实践过程中缺少了对这种首要原则的建构，实践往往会对目标作出"致命的调适"（lethal mutations）。

超越实践的结构变革，需要改变评价的立场和角度，评判标准应该立足于实践的改进是否符合学校的需求？是否在此过程中促进了学校结构的改变？是否改进了学校场域？科伯恩提出持续性（sustainability）、范围

[①] M. W. McLaughlin, and D. Mitra, "Theory-based Change and Change-based Theory: Going Deeper, Going Broader," *Journal of Educational Change* 2 (2001): 301–323.

(spread)、变革所有权的转换（shift in reform ownership）、深度（depth）等标准。[1] 这些标准包括结构内根本关系的改变，在理解学科内容、学科教学知识、学生学习、教师教学技术和行为以及学生表现上，在制度规则、信念和意识形态上发生变化，才能真正促进学校的变革。如果是从结构变革的视角出发，对变革的评判标准应该更为宽泛，如果变革能够带来积极的成效（positive effects），不管实践是否与原来的变革设计相吻合，都应被认为是成功的。[2]

而超越行动的结构变革更需要学校场域抓住变革的机遇。人才培养模式的变革并不一定带来结构的变革，只有当学校场域利用人才培养模式变革进行"第二波"的改革，才能产生"院系的人才培养模式改革"。只有当学校在人才培养实践中获得一定的经验和改变，并将其制度化为自己的知识和记忆，成为人们自觉地思想和行动，学校才能有契机去改变自身。这是一个漫长的过程，依据佐藤学的看法，要在学校里发生显而易见的变化，需要3年的时间。现在看来，这个估计还是更加乐观了些。H大学机械学院用了5年的时间才初见成效，中国的人才培养模式的变革也好，学校场域的变革也好，都需要耐心与坚忍。

三　研究局限

本书通过地方高校人才培养模式改革中"定制式"试点班个案，对高校人才培养模式的市场取向改革进行过程分析。相较于以往有关高校毕业生就业市场上的"学用偏离"研究，本书补充了"学用偏离"的产生根源与过程机制，对高校的人才培养过程中不同层级对市场需求信息的识读与应对策略等实践进行了全程追述，并指出地方高校毕业生的学用"移位"是实践而非建构出来的，"移位"贯穿于高校人才培养的整个过程。在此过程中，"市场"仅仅是一种作为建构合法性的措辞，一种争取物质与非

---

[1] C. E. Coburn, "Rethinking Scale: Moving Beyond Numbers to Deep and Lasting Change," *Education Researcher* 32 (2003): 3–12.

[2] R. E. Mtland, "Synthesizing the Implementation Literature: The Ambiguity-conflict Model of Policy Implementation," *Journal of Public Administration Research and Theory* 2 (1995): 145–174.

物质资源的工具。高校场域的特征,以及不同层级的行动者的目的理性深刻影响其对人才培养方案的实践,也在一步步推动预设目标位移;而作为培养市场需求人才手段之一的"校企合作",其中企业这一外界力量的介入对人才培养乃至高校场域结构变化的影响不可小觑。外界力量的介入,也部分改变了地方高校的组织特征,使得高校结构呈现两头紧的状态,使大学与社会紧密结合,改变了"遗世独立"的象牙塔形象,这种超越目标的变革,是改革设计者始料未及的结果。

在这个资料分析和理论提升的过程中,本书仍然有许多不足之处有待进一步改进。首先,研究的调查资料仍有待进一步充实。一方面,本研究作为一项回溯研究,书中访谈资料都是基于当事人的回忆而收集的,没有条件进行"录像式"的同步追踪,这在一定程度上使得收集到的资料显得零散片面,不能再现人才培养过程中完整详细的景况,那些被无意或者故意"遗忘"的真实,也许能够从另一个方面反映出试点班的真实生产机制与背后的实践逻辑。这些被遗忘的真实的资料,也部分影响本研究结论的客观性。另一方面,在高校人才培养中,学生作为生产的"原料"与"产品",对人才培养具有最深切的感受,是真切的利益相关者,本研究中,有关毕业生的资料也有待补充。与以往分析高校毕业生就业市场上"学用偏离"原因机制的研究不同,本书试图完整再现高校人才培养过程中"市场—学校—学生"三者在其中的作用,这是本书的一个与众不同之处。但由于能力和时间所限,对"定制式"试点班中的学生的访谈主要以实现"定制"——毕业后进入合同单位的毕业生为主,缺乏对未实现"定制"的毕业生的调查,没有对统一结构下不同出路的学生进行比较,从而导致在学生方面寻找"位移"的原因还不够全面。

其次,文章在理论的提升上因有所跳跃而显得生硬。一方面,分析高校人才培养过程机制必须要以某一时间中某一具体的班级或人为基础,不能笼统地进行分析,因此它要求研究必须要尽量具体,尽量细化;另一方面,任何案例式的研究都需要在理论上进行一定程度的提升,在解释一个具体事例的同时去回应一个更大的主题。本书在处理这两种张力方面仍显得稚嫩,在提升理论时可能会产生一些问题。

最后,本研究还有许多细节上的问题有待进一步完善。在写作过程中,文章所引发的许多疑问总在不停地吸引笔者去探求另一个完全不同的问题，比如教育与职业的问题、高校定位的问题、组织的问题、行为与情境的问题等。它从侧面说明本书在构造自身理论框架上可能存在一些疏漏，或者在某种程度上预设了读者具备背景知识并与本书存在共识。这些有意无意的疏漏，可能会在某种程度上影响读者对本书的理解。

参考文献

1962年6月,《教育部关于直属高等工业学校修订本科教学计划的规定(草案)》。

1964年10月,高等教育部:《关于高等教育部直属高等工业学校积极进行教学改革的基点意见(初稿)的通知》。

1986年,国务院:《高等教育管理职责暂行规定》(国发〔1986〕32号)。

1994年,《国务院关于〈中国教育改革和发展纲要〉的实施意见》。

1999年,《中共中央 国务院关于深化教育改革,全面推进素质教育的决定》。

1999年,《教育部关于当前深化高等学校人事分配制度改革的若干意见》(教人〔1999〕16号)。

2000年,教育部:《关于实施"新世纪高等教育教学改革工程"的通知》。

2001年,教育部:《关于做好普通高等学校本科学科专业结构调整工作的若干原则意见》。

2002年,教育部:《普通高等学校本科教学工作水平评估方案(试行)》。

2003年,《中共中央 国务院关于实施东北地区等老工业基地振兴战略的若干意见》(中发〔2003〕11号)。

2004年,教育部:《普通高等学校本科教学工作水平评估方案(试行)》(新)。

2004年,教育部:《2003—2007年教育振兴行动计划》。

2004年,H省高校新世纪教育教学改革工程重点项目组,"面向东北老工业基地'定制式'人才培养模式的研究与实践"课题。

2004年,《黑龙江省老工业基地振兴总体规划》(黑发〔2004〕15号)。

2005年,《国务院办公厅关于促进东北老工业基地进一步扩大对外开放的实施意见》(国办发〔2005〕36号)。

2005年,《黑龙江省教育为老工业基地振兴服务计划》(黑政办发〔2005〕8号)。

2009年,《教育部关于做好2010年普通高等学校毕业生就业工作的通知》(教学〔2009〕15号)。

2013年,《国务院办公厅关于做好2013年全国普通高等学校毕业生就业工作的通知》(国办发〔2013〕35号)。

2014年,《国务院办公厅关于做好2014年全国普通高等学校毕业生就业创业工作的通知》(国办发〔2014〕22号)。

《国家中长期教育改革和发展规划纲要(2010—2020年)》,中国网,2010年5月5日,http://www.china.com.cn/policy/txt/2010 - 03/01/content_19492625_ 7. htm。

中共中央文献研究室编《十二大以来重要文献选编(中)》,人民出版社,1986。

埃哈尔·费埃德伯格:《权力与规则——组织行动的动力》,张月等译,上海人民出版社,2005。

安东尼·吉登斯:《社会的构成》,李康、李猛等译,王铭铭校,生活·读书·新知三联书店,1998。

彼得·布劳、马歇尔·梅耶:《现代社会中的科层制》,马戎等译,学林出版社,2001。

彼得·圣吉:《第五项修炼》,郭进隆译,上海三联书店,2003。

伯顿·R.克拉克:《高等教育系统——学术组织的跨国研究》,王承绪等译,杭州大学出版社,1994。

理查德·鲁克:《高等教育公司——营利性大学的崛起》,于培文译,北京大学出版社,2006。

陈向明:《质的研究方法与社会科学研究》,教育科学出版社,2000。

埃里克·古尔德:《公司文化中的大学》,吕博等译,北京大学出版社,2005。

戴维·斯沃茨:《文化与权力:布迪厄的社会学》,陶东风译,上海译文出版社,2006。

皮埃尔·布迪厄、华康德:《实践与反思——反思社会学导引》,李猛等译,中央编译出版社,1998。

约翰·古得莱德:《一个称作学校的地方》,苏智欣等译,华东师范大学出版社，2006。

赫伯特·西蒙：《西蒙选集》，黄涛译，首都经济贸易大学出版社，2002。

郝克明、汪永铨编《中国高等教育结构研究》，人民教育出版社，1987。

何东昌：《中华人民共和国重要教育文献》（1949—1975；1976—1990；1991—1997），海南出版社，1998。

吉纳·E. 霍尔、雪莱·M. 霍德：《实施变革模式——原则与困境》，吴晓玲译，浙江教育出版社，2006。

弗里蒙特·E. 卡斯特：《组织与管理：系统方法与权变方法》，李柱流等译，中国社会科学出版社，1985。

克拉克·克尔：《大学的功用》，陈学飞等译，江西教育出版社，1993。

克罗戴特·法拉耶：《组织社会学》，安延译，社会科学文献出版社，2000。

加里·S. 贝克尔：《人类行为的经济分析》，王业宇、陈琪译，上海人民出版社，1995。

赖特·米尔斯、塔尔考特·帕森斯：《社会学与社会组织》，何维凌等译，浙江人民出版社，1986。

蓝劲松：《高等教育与人才市场——理论探讨与实证分析》，清华大学出版社，1999。

闵维方：《高等教育运行机制研究》，人民教育出版社，2002。

迈克尔·富兰：《变革的力量——透视教育改革》，中央教育科学研究所译，科学教育出版社，2004。

迈克尔·富兰：《教育变革新意义》，赵中建等译，教育科学出版社，2005。

李友梅：《组织社会学及其决策分析》，上海大学出版社，2001。

李培林、李强、马戎主编《社会学与中国社会》，社会科学文献出版社，2008。

刘易斯·科塞：《理念人——一项社会学的考察》，郭方等译，中央编译出版社，2004。

罗尔德·F. 坎贝尔：《现代美国教育管理》，广东高等教育出版社，1989。

罗伯特·伯恩鲍姆：《大学运行模式——大学组织与领导的控制系统》，别敦荣译，中国海洋大学出版社，2005。

罗伯特·K. 默顿：《社会研究和社会政策》，林聚任等译，生活·读书·新知三联书店，2001。

参考文献

马歇尔：《经济学原理（上卷）》，朱志泰译，商务印书馆，1964。

马戎：《社会学的应用研究》，华夏出版社，2002。

马戎主编《少数民族社会发展与就业》，社会科学文献出版社，2009。

G. 邓肯·米切尔：《新社会学词典》，蔡振扬等译，上海译文出版社，1987。

米歇尔·克罗齐埃：《科层现象：论现代组织体系的科层倾向及其与法国社会和文化体系的关系》，刘汉全译，上海人民出版社，2002。

米切尔·黑尧：《现代国家的政策过程》，赵成根译，中国青年出版社，2004。

T. 帕森斯：《现代社会的结构与过程》，梁向阳译，光明日报出版社，1988。

乔治·凯勒：《大学战略与规划：美国高等教育管理革命》，别敦荣译，中国海洋大学出版社，2005。

唐纳德·戴维森：《真理、意义与方法：戴维森哲学文选》，牟博译，商务印书馆，2008。

爱弥尔·涂尔干：《教育思想的演进》，李康译，上海人民出版社，2006。

W. 理查德·斯科特：《组织理论》，黄洋等译，华夏出版社，2000。

王英杰：《美国高等教育的发展与改革》，人民教育出版社，1993。

王英杰、刘宝存主编《中国教育改革30年（高等教育卷）》，北京师范大学出版社，2009。

马克斯·韦伯：《社会学的基本概念》，胡景北译，上海人民出版社，2000。

徐向东：《道德哲学与实践理性》，商务印书馆，2006。

亚当·斯密：《国民财富的性质和原因的研究》，王亚南等译，商务印书馆，1972。

詹姆斯·杜德斯达：《21世纪的大学》，刘彤等译，北京大学出版社，2005。

詹姆斯·M. 布坎南：《自由、市场与国家》，吴良健等译，北京经济学院出版社，1988。

詹姆斯·马奇、马丁·舒尔茨、周雪光：《规则的动态演变》，童根兴译，上海人民出版社，2005。

张志伟、欧阳谦：《西方哲学智慧》，中国人民大学出版社，2000。

张秀兰主编《中国教育发展与政策30年》，社会科学文献出版社，2008。

周雪光：《组织社会学十讲》，社会科学文献出版社，2003。

周雪光主编《组织社会学的新制度主义学派》，上海人民出版社，2007。

周彬：《决策与执行：制度视野下的学校变革》，教育科学出版社，2005。

北京工业大学"理工科大学实践教学体系的研究与实践"课题组：《理工科大学生实践能力培养的现状调查——基于114个企事业用人单位的问卷分析》，《大学（研究与评价）》2006年第12期。

曹正汉：《无形的观念如何塑造有形的组织——对组织社会学新制度学派的一个回顾》，《社会》2005年第3期。

大卫·霍普金斯：《教育改革的战略变革对高等教育的启示》，苏红译，《大学（研究与评价）》2008年第3期。

邓峰、孙百才：《高校扩招后毕业生就业影响因素的变动趋势研究：2003—2011》，《北京师范大学学报》（社会科学版）2014年第2期。

丁小浩：《我国专科与本科毕业生在劳动力市场上的相对位置和比较优势分析》，《北京大学教育评论》2004年第2期。

杜驰、沈红：《教育场域中的制度同形与组织绩效》，《清华大学教育研究》2009年5期。

冯向东：《大学职能的演变与大学的开放性》，《中国高等教育》2007年第10期。

高明月：《财经类高校女大学毕业生初次就业问题研究》，硕士学位论文，云南财经大学，2018。

郭丽君：《学术职业与大学的组织制度安排》，《辽宁教育研究》2006年第12期。

郭歆、夏晓勤：《我国高等教育市场化的源头和动力——一种新制度主义分析》，《清华大学教育研究》2003年第12期。

贺尊：《教育与劳动力市场的交互关系》，《税务与经济》2013年第1期。

布赖恩·罗万、郑砚秋：《教育中的新制度主义》，《北京大学教育评论》2007年第1期。

胡国华、阚国常：《高等教育与劳动力市场互动系统的研究》，《科技与管理》2008年第9期。

姜嘉乐、张海英：《中国工程教育问题探源——朱高峰院士访谈录》，《高等工程教育研究》2005年第5期。

蒋凯：《劳动力市场视角的当代美国高等教育变革》，博士学位论文，北京大学，2004。

金顶兵、闵维方：《论大学组织的分化与整合》，《高等教育研究》2004年第 1 期。

柯政：《学校变革困难的新制度主义解释》，《北京大学教育评论》2007 年第 1 期。

赖德胜：《大学生就业难在何处》，《求是》2013 年第 20 期。

李功华：《医学专业毕业生就业政策、就业现状及对策研究》，博士学位论文，山东大学，2018 年。

李全生：《布迪厄场域理论简析》，《烟台大学学报》（哲社版）2002 年第 2 期。

刘玉照、田青：《新制度是如何落实的？——作为制度变迁新机制的"通变"》，《社会学研究》2009 年第 4 期。

李春媚：《大学生就业机制转变与高等教育办学现状的冲突思考》，《学理论》2009 年第 19 期。

刘德宇：《大学生实践能力建设与高校人才培养》，《黑龙江高教研究》2010 年第 4 期。

刘强：《转型期中国就业问题研究》，博士学位论文，山东大学，2015。

刘玉琼：《经济学视野中高校人才培养的三大关系》，《理工高教研究》2009 年第 2 期。

卢海峰：《促进城乡二元劳动力市场融合》，《消费导刊》2012 年第 2 期。

卢乃桂、陈霜叶：《20 世纪 90 年代以来中国高等教育改革中市场角色的研究》，《教育研究》2004 年第 10 期。

陆广峰：《高校大学生就业难因素分析及对策研究》，《中国成人教育》2015 年第 14 期。

罗必良、曹正汉、张日新：《观念、教育观念与教育制度》，《高等教育研究》2006 年第 1 期。

罗燕：《教育产业化的制度分析——新制度主义社会学的视角》，《教育与经济》2006 年第 1 期。

罗燕、叶赋桂：《中国大学制度变革：新制度主义社会学分析——以 2003 年北大教师聘任和职务晋升制度改革为案例》，《复旦教育评论》2005 年第 3 期。

马永霞：《主体利益冲突下高等教育供求失衡的危机》，《2006 年中国教育经济学年会会议论文集》，2006。

闵伸、苏红：《基于社会需求导向的地方高校人才培养改革与实践——以华东交通大学为例》，《南昌航空大学学报》（社会科学版）2015年第9期。

潘懋元、吴玫：《高等学校分类与定位问题》，《黄河科技大学学报》2005年第3期。

邱泽奇：《在工厂化和网络化的背后——组织理论的发展与困境》，《社会学研究》1999年第4期。

苏国勋：《当代社会理论的发展趋势》，http：//ishare.iask.sina.com.cn/f/15580700.html，最后访问日期：2020年9月10日。

汤智：《高校专业和课程设置依据的哲学思考》，《现代教育科学》2003年第6期。

田玲：《从招聘信息看人才市场对高校毕业生的需求特点》，《北京大学教育评论》2006年第7期。

王海峰、张梅：《市场营销中之"定位"理论探索》，《商业研究》2004年第4期。

王义道：《我国高校的恰当定位为什么这么难》，《高等教育研究》2005年第2期。

王义道：《学生就业再次呼唤高等教育多样化》，《北京大学教育评论》2004年第4期。

王振贤：《"经济人"假定的演变与发展》，《中共天津市委党校学报》2002年第2期。

卫小将、王跃敏：《"三本"的隐喻与群体性的抗争——基于HK学生罢课事件的社会心理学解读》，《青少年犯罪问题》2010年第1期。

文东茅：《高等教育规模扩展与毕业生就业》，《高教探索》2000年第4期。

郄海霞：《改革开放三十年我国高校人才培养目标的变迁》，《中国高教研究》2009年第3期。

夏俊、唐智松：《学校组织变革及其绩效研究——学校组织的文化、结构和规模的绩效比较》，《重庆大学学报》（社会科学版）2002年第8期。

谢维和：《对口与适应——高校人才培养与劳动力市场的两种关系模式》，

《北京大学教育评论》2004年第4期。

徐皓：《开放教育如何成为力量——教育部"试点项目"总结性评估带来的思考之一》，《中国远程教育》2007年第9期。

许敬、巩丽：《高校在毕业生就业中的宏微观作用发挥研究》，《江苏科技信息》2016年第11期。

尹弘飚：《论课程变革的制度化——基于新制度主义的分析》，《高等教育研究》2009年第4期。

于海：《西方社会思想史》，复旦大学出版社，2010。

岳昌君、文东茅、丁小浩：《求职与起薪：高校毕业生就业竞争实力的实证分析》，《管理世界》2004年第11期。

张岩：《行动的逻辑：意义及限度》，《北京邮电大学学报》（社会科学版）2006年第1期。

詹姆斯·M.布坎南等：《宪法经济学》，《经济学动态》1992年第4期。

曾冬梅、席鸿建、黄国勋：《专业人才培养方案的构建》，《清华大学教育研究》2002年第5期。

张进：《提升就业能力：缓解大学生就业难的重要选择》，《高等教育研究》2007年第12期。

张景聪：《高校人才培养模式的市场化诉求——对大学生就业难问题的再审视》，《山东省青年管理干部学院学报》2010年第1期。

张荣：《进行高校定位的改革调适是提高高等教育质量的重要环节》，《云南行政学院学报》2013年第3期。

张弦、刘丽雅、王俊生：《以职业力为导向的中国普通高等教育人才培养趋势研究》，《沈阳教育学院学报》2009年第6期。

张旭昆：《经济人、理性人假设的辨析》，《浙江学刊》2001年第2期。

张赵曙、蔡志海：《结构范式和行动范式的对立与贯通——对经典社会学理论的回顾与再思考》，《学术论坛》2004年第5期。

竺乾威：《从理性到有限理性——决策理论的一种发展》，《决策探索》1994年第11期。

赵婷婷、汪乐乐：《高等学校为什么要分类以及怎样分类》，《北京大学教育评论》2008年第4期。

周大平：《高校毕业生就业制度改革——50年的回顾与探讨》，《中国高等教育》1999 年第 11 期。

周仲高：《大学生就业困境：形成机理与应对策略》，《高等农业教育》2014 年第 4 期。

Annette Kuhn, "Current Patterns of Graduate Employment," *Higher Education* 2 (1973): 271 – 273.

P. Aucoin, "Administrative Reform in Public Management: Paradigms, Principles, Paradoxes and Pendulums," *Governance* 3 (1990): 37 – 45.

S. Bardach, *Implementation Theory: The Top-down/Bottom-up Debate in Policy Implementation* (Sage Publication, 2000), p. 3.

S. Barratt, "Implementation Studies: Time for a Revival? Personal Reflections on 20 Years of Implementation Studies," *Public Administration* 82 (2004): 249 – 262.

R. Barr, and R. Dreeben, *How Schools Work* (Chicago: The University of Chicago Press, 1983), p. 153.

P. Berman, "The Study of Macro and Micro Implementation," *Public Policy* 27 (1978): 157 – 184.

P. M. Blau, *The Dynamics of Bureaucracy* (Chicago: University of Chicago Press, 1955).

P. M. Blau, *Formal Organizations: A Comparative Approach. San Francisco* (Chandler Pub. Co., 1962), p. 5.

T. Burns, and G. M. Stalker, *The Management of Innovation* (London: Tavistock, 1961).

M. D. Cohen, and J. G. March, "Leadership and Ambiguity," *The American College President* (New York: McGrawHill, 1974), p. 203.

C. E. Coburn, "Rethinking Scale: Moving Beyond Numbers to Deep and Lasting Change," *Education Researcher* 32 (2003): 3 – 12.

C. E. Coburn, "Beyond Decoupling: Rethinking the Relationship Between the Institutional Environment and the Classroom," *Sociology of Education* 73 (2004): 211 – 244.

C. R. Clark, "A Study of Graduate Employment," *British Journal of Education Studies* 2 (1973): 156 – 171.

M. Crozier, and E. Friedberg, *Actors and Systems: The politics of Collective Action*, trans. by A. Goldhammer (Chicago and London: The University of Chicago Press, 1980).

M. Crozier, *The Bureaucratic Phenomenon* (Chicago: University of Chicago Press, 1964).

R. L. Daft, and K. E. Weick, "Toward a Model of Organizations as Interpretation Systems," *Academy of Management Review* 2 (1984): 284 – 295.

L. Darling-Hammond, "A Proposal for Evaluation in the Teaching Profession," *Elementary School Journal* 86 (1986): 531 – 551.

T. Deal, and A. Kennedy, "CorporateCultures: the Rites and Rituals of Corporate Life," *Town and Country Planning Act* (1988): 35 – 72.

Deborah Stone, *Policy Paradox and Political Reason* (New York: Harper Collins, 1988).

C. Demers, "Organizational Change Theories: A Synthesis," *Sage* xii (2007).

F. Dobin, "Local Order: The Dynamics of Organized Action," *Contemporary Sociology* 27 (1998).

A. Dunsire, *Implementation in Bureaucracy* (Oxford: Martin Roberson, 1978).

R. Elmore, "Backward Mapping: Implementation Research and Policy Decisions," *Political Sicience Quarterly* 94 (1979 – 1980): 601 – 616.

R. Elmore, "Organizational Models of Social Program Implementation," *Public Policy* 26 (1978): 185 – 228.

J. Elster, *The Cement of Society: A Study of Social Order* (Cambridge: Cambridge University Press, 1989).

H. Fayol, *General and Industrial Management*, trans. by Constance Storrs (London: Pitman Publishing, Ltd., 1949).

M. Fullan, *The New Meaning of Educational Change* (4th ed.) (New York: Teachers College Press, 2007), p. 65.

A. Gamoran, W. G. Secada, and C. B. Marrett, "The Organizational Contest of Teaching and Learning: Changing Theoretical Perspectives," in M. T. Hallinan, ed., *Handbook of Research in the Sociology of Education*

(New York: Kluwer Academic/Plenum, 2007), pp. 135 – 157.

Fred H. Goldner, "The Division of Labor: Process and Power, in Power in Organizations," in Mayer N. Zald, ed., *Nashville* (TN: Vanderbilt University Press, 1970), pp. 97 – 143.

E. B. Goldring, "School Administrators as Boundary Spanners: Striking a Balance: Boundary Spanning and Environmental Management in Schools ," in S. B. Bacharach, and B. Mundell, *Images of Schools: Structures and Roles in Organizational Behavior* (Corwin Press, 1995), pp. 283 – 314.

A. W. Gouldner, *Patterns of Industrial Bureaucracy* (New York: Free Press, 1964).

M. Hanson, "Institutional Theory and Educational Change," *Educational Administration Quarterly* 37 (2001): 637 – 661.

E. Harry, "Hodgeon Employment of 1984 Wildlife Graduate," *Wildlife Society Bulletin* (Alliance Communications Group, 1986), 486 – 491.

A. W. Hart, "The Impacts of Mathematics and Computer Technology on the Core Assumptions and Practices of Teaching," in S. B. Bacharach, B. Mundell, ed., *Images of Schools: Structures and Roles in Organizational Behavior* (California: Corwin Press, 1995), pp. 155 – 200.

P. Lawrence, and J. Lorsch, *Organization and Environment: Managing Differentiation and Integration* (Boston: Harvard Business School Press, 1986).

Harlod J. Leavitt, "Applied Organizational Change in Industry: Structural, Technology Communities: An Ethnologaphy Study," *Int. J. Web Bases Communities* 1 (2004).

M. Lipsky, *Street Level Bureaucracy* (New York: Russell Sage, 1980), pp. 1 – 12.

Malcolm Bee & Peter Dolton, "Patterns of Change in U. K Graduate Unemployment," *Higher Education* 1 (1990): 24 – 45.

Betty Malen, Rodney T. Ogawa, and Jennifer Kranz, "What Do We Know About School-based Management? A Case Study of The Literature-A Call for Research," in W. H. Clune and J. F. Witte, eds., *Choice and Control in American Education*, Vol. 2 (New York: Falmer press, 1990), pp. 289 – 342.

J. G. March, and H. A. Simon, *Organizations* (New York: John Wiley, 1958).

M. W. McLaugHin, and D. Mitra, "Theory-based Change and Change-based Theory: Going Deeper, Going Broader," *Journal of Educational Change* 2 (2001): 301 – 323.

R. K. Merton, "Bureaucratic Structure and Personality," *Social Force* (1940): 18.

John Meyer, and Brian Rowan. *Institutionalized Organizations: Formal Structure as Myth and Ceremony*, in W. W. Powell, and Dimaggio, eds., *The New Institutionalism in Organization*. (Chicago: The university of Chicago Press, 1991).

John Meyer, and Brian Rowan, "Institutionalized Organizations: Formal Structure as Myth and Ceremony," *American Journal of Sociology* (1997).

M. B. Miles, "Unraveling the Mastery of Institutionalization," *Educational Leadership* 3 (1983): 14 – 19.

R. E. Mtland, "Synthesizing the Implementation Literature: The Ambiguity-conflict Model of Policy Implementation," *Journal of Public Administration Research and Theory* 5 (1995): 145 – 174.

J. W. Meyer, and B. Rowan, "The Structure of Educational Organizations," in M. Meyer, and Associates, *Environments and organizations* (San Francisco, CA: Jossey-Bass, 1978), p. 88.

J. A. Murphy, P. Hallinger, "Policy Analysis at the Local Level: a Framework for Expanded Investigation," *Educational Evaluation and Policy Analysis* 6 (1984): 5 – 13.

Nicholas P. Glytsos, "Anticipated Graduate Job Mismatches and Higher Education Capacity Inadequacies in Greece," *Higher Education* 4 (1990): 397 – 418.

Palumbo, and Calista, *Implementation and the Policy Process: Opening up the Black Box* (New York: Greenwood press. 1990).

Pierre Bourdieu, "The Forms of Capital," in John G. Richardson, ed., *Handbook of Theory and Research for the Sociology of Education* (Connecticut: Green Press, 1985), pp. 250 – 252.

R. Presthus, *The Organizational Society* (NY: Vintage Books, 1962), p. 257.

Mark C. Schug, and Donald R. Wentworth, "Public Choice Theory: A New Perspective for Social Education Research," *Social Studies* 6 (1994): 6.

J. Schofield, "A Model of Learned Implementation," *Public Administration* 82 (2004): 283 - 308.

J. Schofield, and C. Sausman, "Symposium on Implementing Public Policy: Learning from Theory and Practice Introduction," *Public Administration* 2 (2004): 235 - 248.

W. R. Scott, *Institutions and Organizations* (2nd ed.) (London: Sage Publications, Inc., 2001), pp. 47 - 70.

W. R. Scott, "Field Methods in the Study of Organizations," in J. G. March, *Handbook of Organizations* (Rand McNally & Company, 1965), pp. 260 - 304.

W. R. Scott, "Reflections on a Half-Century of Organizational Sociology," *Annual Review of Sociology* 30 (2004): 1 - 21.

W. R. Scott, *Institutions and Organizations: Ideas and Interests* (Thousand Oaks, CA: Sage, 2008).

P. Selznick, *TAV and the Grass Roots: A Study in the Sociology of Formal Organization* (New York: Harper & Row, 1996).

S. Sharan, H. Shachar, and T. Levine, *The Innovative School: Organization and Instruction* (Westport, Conn: Bergin & Garvey, 1999).

L. S. Siskin, *Realms of Knowledge: Academic Departments in Secondary Schools* (Washington: The Falmer Press, 1994), pp. 2 - 10.

L. S. Siskin, "Departments as Different Worlds: Subject Subcultures in Secondary Schools," *Educational Administration Quarterly* 27 (1991): 134 - 160.

Jam Smith, "Actors and Systems: The Politics of Collective action," *Political Science Quarterly* 96 (1981): 530 - 531.

J. P. Spillane, B. J. Reiser, and T. Reimer, "Policy Implementation and Cognition: Reframing and Refocusing Implementation Research," *Review of Educational Research* 72 (2002): 387 - 431.

A. Sturman, "Loose Coupling and Educational Systems," in Torsten Husen, T. Neville Postlethwaite, *The International Encyclopedia of Education* (Pergamon: Elsevier Science, 1995).

H. M. Trice, and J. B. Beyer, *The Cultures of Work Organizations* (Englewood Cliffs, NJ: Prentice Hall, 1993), p. 303.

F. W. Taylor, *The Principles of Scientific Management* (New York: W. W. Norton, 1947).

Max Weber, *Economy and Society: An Outline of Interpretive Sociology* (Berkeley: University of California Press, 1978).

Karl E. Weick, "Contradictions in a Community of Scholars: the Cohesion-accuracy Trade Off," in Jame L. Bess, *College and University Organization: Insight from the Behavioral Science* (New York: New York University Press, 1984).

W. F. Whyte, *Social Theory for Action: How Individuals and Organizations Learn and Change* (Newbury Park, CA: Sage, 1991), p. 97.

D. J. Willower, "School Organizations: Perspectives in Juxtaposition," *Educational Administration Quarterly* 3 (2018): 89 – 110.

附录　差异背景下高职校企合作的可行空间考察

中国高等教育的发展取得了举世瞩目的巨大成就,其中高等职业教育的贡献很大。在对高职教育在中国高等教育发展过程中的重要作用和历史意义的赞叹之余,我们不能忽略一个重要的事实,即高职院校的人才培养质量、毕业生的就业问题越来越引起社会的关注,并影响着高职教育的进一步发展。

在这样的背景下,校企合作被寄予厚望,以解决这一症结。作为一种定位于培养技能型与应用型人才的教育,就业问题凸显了其所教与所用的不匹配。为解决这一问题,高等职业教育在专业建设、课程设置以及教材教法等人才培养活动方面必须和产业结构与技术水平保持一致。而校企合作被作为一种通过企业与学校联合培养人才的方式,促进了高等职业教育的调整,达到毕业生学用结合,解决就业问题。正是被赋予了这样重大的意义,政府大力推动高等职业院校实施校企合作,并将其作为国家示范性高职院校与骨干高职评选的一项重要指标。如何推进校企合作,使得高等职业教育的人才培育主动适应我国经济社会发展需要,已经成为我国经济发展与民生建设的重要议题。

加之,我国各地区文化背景不同,经济发展水平、产业结构不均衡导致同区域人才需求差异明显,有些地区的高职院校中校企合作还处于探索阶段,还没有建立起适当有效的校企合作运行体系。在当前我国校企合作教育的实践探索中,受区域经济发展水平、所属行业性质、参与主体历史背景、办学理念、经济基础、规模大小等因素的影响,形成了形式各异的校企合作模式。如何在我国有效地开展院校与企业的合作,选择合适的合作模式,实现合作双方资源共享、互惠互利,一直是我国职业教育研究者和实践者关注的热点。那么现阶段我国高职教育中校企合作的态势如何?

不同地区的高职院校推行校企合作的机制和空间有无区别？不同行业背景、企业特征与区域发展水平是如何影响校企合作的水平与空间的？

为回答上述问题，笔者利用2008—2010年教育部"高职采集数据"统计资料、"骨干高职申报材料"以及博士后期间多次实地调研收集的文本与访谈资料，选择并考察不同地区、不同主办方以及不同行业企业特征与规模背景下高职院校校企合作的存在空间与发展形态。

职业教育的发展是与一个地方的社会经济特征和培养人才需求相关的，有其特有的发展历程，其模式也因地制宜，每一个时代的职业教育均有其独特的时代使命与发展特征，但也存在一些本质性的规律和共同的发展趋势。

在发展阶段上，高等职业教育中校企合作的水平与国民经济发展水平及教育发展的整体水平密切相关。具体体现在：以第一产业为主要经济形态的发展阶段里，由于社会发展缓慢，工业企业较少，且技术更新较缓，学徒制即可满足社会对人才的需求，使得产业界与学校合作不甚明显甚至没有合作。而当经济发展转入工业，特别是轻工业后，需要大量有一定技术、能力的人力，工学结合在此阶段萌芽并逐渐发展。当社会经济的发展进入高速发展阶段，科技发展一日千里，技术更替更是日新月异，经济的发展对人才提出了数量与质量上的新要求，这些要求将促使校企合作发生转变，并逐渐转向终身教育。

由此看来，高等职业教育发展中校企合作的模式都是以经济发展水平和教育整体发展程度为依据的，即使参与国际竞争，也不会实行一个普遍适用的校企合作人才培养模式。何况中国也是一个经济发展不平衡的国家，资源分布不均衡，区域发展之间的差异较大，为了缩小区域发展之间的差距，提高劳动者的素质，就应当构建既适合区域经济发展同时又超前发展的校企合作人才培养模式。怎样才能建立起这样的体系？这就要从整个区域社会经济发展的宏观背景和发展规律上去考虑。因此，对我国职业教育与区域经济发展关系的比较研究，特别是立足本地经济基础，促进能培养具有国际竞争力的职业技术人才的校企合作模式的深入发展，也就日益显得紧迫与必要。

一般来说，当前中国职业教育校企合作的样态呈现三种模式。

第一，地区经济发展的影响——企业带动假设。

地区教育与经济发展的彼此促进的相关关系，在很多实证研究中都已被证实。对中国经济发展状况与中国高等职业院校的布局对照来看，可以发现经济发展状态越好的地区，其高等职业院校的数量也相对越多，高职院校校企合作的发展成效也越显著。经济发展状态好的地区，其中的市场活跃，工商业发展均较快，注册企业数也相对较多。这样的社会特征对人力资本提出了数量与质量方面的需求。人力资本市场也相对活跃，企业聚集形成的人才需求的市场促进了当地高等职业教育的发展，同时又为高等职业教育人才培养校企合作模式提供了便利条件。市场的聚集作用主要是通过节约运输成本和共享市场信息。半个世纪前，美国经济学家哈里斯比较了美国制造业的地理分布和市场购买力的地理分布，发现二者极其吻合。今天，一般的经济地理模型将运输成本作为聚集经济的一个向心力。因而离企业越近，运输成本越低，在校企合作的选择行为上越容易由于成本较低而达成。而且，随着高职教育市场和劳动力市场的成熟和发展，高职院校在发达地区聚集的趋势得以显现并加强，其校企合作也随着社会分工的深入而实现有机合作。

高职院校校企合作的模式，一方面取决于各个地区生产力的水平，另一方面取决于高职教育的发展程度。因而同样层次的高职院校，地域不同，产业结构不同，人均GDP水平不同决定了劳动力市场所需要的人才标准不同，同一行业对人才的需求标准不同。如果发达地区的高等职业院校的校企合作是经济发展带来的区域内企业密集的结果，那么会有这样一个假设：企业越密集的地区，其区域范围内高职院校校企合作发展越好，这个假设可以称为"企业带动论"。

第二，企业规模与传承因素——国企、大企排斥假设。

如果按照企业拥有的资本和人员数量来看，则会得出不同甚至相反的假设。很多学者认为企业的资本实力、设备力量、技术储备以及所需技术人员数量是其选择与高职院校合作的基础。高职院校之所以要选择校企合作培育人才，也正是想借力企业的这些要素来实现对技能人才的培养。但事实上，大型企业或国企越密集的地区，高职院校的校企合作的发展却越不尽如人意，笔者称之为"大企业排斥论"。这一论点初看比较费解，有悖直观，但其实十分符合大型企业的逻辑。我国的大型企业一般都是国企，或者经国企改制而来的企业，或者技术门槛较高的高新技术企业。对于国有企业或者经国企改制而来的大型企业，在 90 年代末期，高等教育改制转型之前，传统国有大型企业都有自己的职业大学或者行业的专业人才培养学校或基地。改革之后，虽然大多数企业与其所办学校进行了剥离，但却保留了传统的人才培养与培训机构，这种自有的人才成长体制的传承在公司人才培养方面起重要的作用，同时也在一定程度上阻碍了新形势下企业与学校的合作。对于高新技术企业，随着高等教育的扩展，其人才进入的门槛也相应提高，一般不会把合作的目光放到高职院校上。

笔者认为"企业带动论"夸张了高职院校与企业之间的合作关系。这种被大书特书的校企合作其实是学者或者学校的一厢情愿。高职院校大部分合作企业是私营企业，与国有企业的合作微乎其微。虽然高职院校专业设置有培养学生以建设经济社会之需求，但由于国企自有人才成长体系的传承以及随着高等教育大众化后人才需求门槛的高移，与高职的合作就更有限了，而且这种有限的合作恰恰多见于经济发展相对落后的地区，这与经济发达地区私营企业发展迅猛，更加活跃不无关系。而且就企业接收实习学生就业的比例来看（接收毕业生占实习生的 4%），这种合作对于培养学生动手能力，从而解决毕业生就业问题的作用，不过杯水车薪。

第三，企业的行业专业特征——行业专业对口假设。

关于企业与高职院校的合作，还要考虑行业产业的区分。同一专业，不同性质和层次的高校为企业带来的资源各异，企业与研究型和应用型的大学合作，和与高职院校进行合作的出发点不同，合作培养出的人才在劳动力市场中的位置不同，各参与者的目的和职责不同，因而两者具有迥然不同的合作模式；同一院校，不同专业，例如文科、工科、艺术不同专业的人才培养的方式差别较大，校企合作双方的资源依赖程度各不相同，也较大地影响了校企之间的合作关系。企业与学校之间本着培养人才的深入有效的合作，一般在制造业、矿产资源业以及建筑业等第二产业中比较常见。虽然不排除上下游行业之间的合作，汽车制造与纺织专业之间的合作则比较难以想象。与高职院校合作的企业较多的是劳动密集的小型工业企业，而大型国有工业则以资本密集的重工业为主，因此国有大型重工业企业不可能与高职院校合作。所以制造业、矿产资源业与建筑业等行业的企业有可能与高职院校合作，而国有重工业与高端行业方面的企业与高职院校合作的可能性很小或没有。这一论点，暂称"行业专业对口假设"。

下面选择几个突出案例,对以上三种合作机制是如何影响与推进高职院校校企合作的,逐一进行分析。

一 校企合作的跨区域比较

为了进一步揭示高职教育中校企合作发展与本地经济结构之间的关系,本文试图进行区域比较研究。在本文中,不可能对一个地点进行长期历史性追踪,但是可以通过对处于不同发展阶段的地区之间的比较来进行分析,借助横向的比较来观察思考纵向的变化过程,从而启发适合不同发展阶段与模式下的职业教育校企合作育人模式。我国地域辽阔,不同地区之间基于不同的地理位置、自然资源与历史传承以及对机遇的把握程度,处于不同的经济发展阶段,并选择了不同的发展模式,地区之间的差异非常大,职业教育中的校企合作育人模式在不同的地区可能会表现出不同契合程度以及合作模式。为了认识全国职业教育发展中校企合作育人模式的共性与各地校企合作发展的个性,对处于不同地区的高职院校开展实地调查并进行区域性比较研究是最可靠和最基本的研究方法。

目前,高等职业教育面临两大挑战:第一,人口结构与普通高等教育扩张带来的生源问题;第二,高职的改革和经济结构与发展的适应性引起的高职毕业生的就业问题。进口与出口的问题,迫使高职院校思考对人才培养模式的改革。而中国各区域经济发展阶段性差别与经济结构模式的不同又为高职人才培养中的合作教育提供了不同背景与条件。高职院校在对自身所处情境的分析过程中,形成了不同的合作育人模式。

根据我国社会经济发展的差异程度来看,按人均GDP的差别大致可分成3类地区:发达地区、发展中地区、贫困地区。发达地区主要集中在珠江三角洲地区、长江三角洲地区、环渤海地区等,这些地区工业基础较好,发展水平较高,同时在人力资源上也具备一定的比较优势。例如北京、天津、上海、广州、江苏等地区,拥有众多高等院校、科研机构和比较完备的职业教育体系,可以依托这些资源走产学研一体化的发展道路,最终建立创新体系,追赶世界经济大潮。发展中地区主要指人均GDP处于3000~7000元之间的地区,地理位置分布较广,包括中部的大部分省

（区、市）以及东北大部分地区以及西部部分省（区、市），这部分地区正处于传统工业的改造与布局调整阶段，部分地区由于历史发展的原因有较丰富的教育资源，可借助人力优势，依托知识经济对于传统工业经济的引导和完善作用，对传统工业经济基础进行改造，实现局部突破。贫困地区由于其资源环境的制约，工业发展相对缓慢，产业布局落后，甚至交通、能源、通信网络等基础设施的建设都有待完善与提高。但由于中国教育现代化的独特发展路线，培育与地区经济发展需求有点格格不入的高等学校不是本地经济发展催生的，而是在政府的政策引导与资金推动中强行植入的。对于这类地区的高职院校，地区经济难以形成对其培养的人才的需求，其职业技能型人才培养中的合作教育由于地区经济发展与产业结构的特点而难以有效推行。当然，从长远来看，提高劳动者的素质，才能充分利用知识推进区域经济的发展

综上所述，由于各区域社会经济发展的差距，行业企业发展的规模、速度与效率也不一样，高职教育中校企合作模式的差别也是显而易见的。对于不同区域高职教育中校企合作模式的比较研究，有利于我们寻找造成差别的原因，也有益于吸取发达地区校企合作的成功经验，促进后进地区校企合作育人模式的发展，提高高等职业教育培养的人才与当地经济发展需求的契合程度。培养适合地区经济发展所需之才，从而推动当地经济的快速发展。

（一）S学院：发达区域的社会经济发展与高职院校的合作教育

发达区域是相对而言的，在我国许多发达地区同样存在区域内的差异，如城市、城郊和农村地区之间。当然，作为劳动力培训与开发的高职教育也必然带有区域经济发展的特点，显示出其特殊性和差异性。由于大城市的高职教育改革与发展对所有区域的大城市来说具有一定的示范性，所以本部分只对发达地区的大城市进行高职教育与经济发展的研究。而在具体样本选择上，由于S工业园区的各项发展指标在国内排名靠前甚至处于领先地位，因而拟以该地区作为代表。

1. 大城市社会经济发展为高职校企合作提出了要求并创造了条件

S工业园区的经济发展态势在全国居于前列。2011年，园区实现地区生产总值1589.6亿元，比上年增长13.5%；地方一般预算收入164.3亿

元,增长23.4%;新增实际利用外资19.35亿美元,增长4.6%;完成进出口总额770亿美元,增长4.3%;全社会固定资产投资666亿元,增长21%;社会消费品零售总额203亿元,增长20.1%;城镇居民人均可支配收入和农村居民人均纯收入分别增长15.3%和16%。园区以占全市3.4%的土地、5.2%的人口创造了15%左右的经济总量,并连续两年名列"中国城市最具竞争力开发区"排行榜首,综合发展指数居国家级开发区第二位。①

从行业结构来看,近年来,园区以科学发展观为引领,率先实施转型升级战略,全力推进二次创业,突出以"九大行动计划"(制造业升级、服务业倍增、科技跨越、生态优化、金鸡湖双百人才、金融翻番、纳米产业双倍增、文化繁荣、幸福社区建设)为抓手,加快打造产业高地、创新高地、人才高地。

积极抢抓全球产业布局调整等机遇,大力开展择商选资,加快转变经济发展方式。主导产业能级提升,86家世界500强企业在区内投资了145个项目,欧美项目约占一半;全区投资上亿美元项目有128个,其中10亿美元以上项目有7个,在电子信息、机械制造等方面形成了具有一定竞争力的产业集群,首期投资30亿美元的三星高世代液晶面板项目开工建设。新兴产业迅速壮大,以纳米技术为引领的光电新能源、融合通信、生物医药、软件及创意、生态环保五大战略性新兴产业集群发展,2011年实现新兴产业产值2006.4亿元,增长36.3%,占规模以上工业总产值比重达53.2%,成为全国唯一"国家纳米高新技术产业化基地"。集约发展水平领先,坚持集约节约发展,注重生态环境保护和资源有效利用,万元GDP能耗为0.307吨标准煤,COD(化学需氧量)和SO_2排放量仅为全国平均水平的1/18和1/40,生态环保指标连续3年列全国开发区首位,成为全国首批"国家生态工业示范园区"。

就人力资源结构来看,S工业园区地处S城东金鸡湖畔,于1994年2月经国务院批准设立,同年5月实施启动。行政区域面积288平方公里,下辖三个镇,户籍人口25万。据2010年统计,其中,中新合作区80平方

---

① 姜旺、牟德鸿:《江苏:南北共建突破经济洼地》,《经济导报数字报》,http://paper.dzwww.com/jjdb/data/20121203/html/4/content_3.html。

公里,户籍人口32.7万,常住人口72.3万。从这样的人口构成来看,S工业园区是一个典型的劳动力迁入地,这样的地方一般经济发展,产业集聚,相对发达。上面的经济发展状态印证了这样的推理。而且发达的经济对高层次人才的需求与吸纳力,也会优化地方的人力资本结构。

与经济社会发展相适应,工委、管委会坚持科教兴区战略,高度重视教育工作,紧紧围绕"办人民满意教育、办人民满意学校"的宗旨,统筹发展基础教育、职业教育、高等教育、成人教育,全面实施素质教育,初步形成了较为完善的现代化教育体系,园区教育事业得到了前所未有的发展。

对S工业园区从业人员的构成分析可知,中新合作区聚集了大量的高素质人才,就学历层次来看,大专及以上的人数占28%;从劳动岗位来看,工程技术人员占4%。在与全区的对比中,大专及以上从业人员占多数(见表1)。

表1 2007年苏州工业园区从业人员构成

单位:人,%

分类标准	指标	中新合作区	全区	比例
	总计	275167	501961	54.8
经济类型	外商及港澳	220134	321763	68.4
	内资企业	55033	180198	30.5
产业	第二产业	226961	401633	56.5
	第三产业	48206	100328	48
学历层次	大专及以上	76748	123986	61.9
	中专、高中	129431	228158	56.7
	其他	68988	149817	46
劳动岗位	管理人员	5234	26349	19.8
	工程技术人员	10594	46654	22.7
	其他	259339	428958	60.4

资料来源:根据2010年S学院实地调研收集资料整理而得。

2. S学院的创建与发展

S学院的建立,即是地区经济发展的需求:先进产业密集、功能要素集聚、国际资本汇集的特征,这种形势对劳动者的技能提出了新的更高要求。也是作为园区招商引资，发展壮大的配套功能之一，因为它能为扎根此地的企业提供源源不断的高技能人才，解决合格劳动力的问题。为适应园区经济快速发展对高级应用型人才的需求，1997年5月2日，新加坡总理吴作栋先生在考察园区建设时，向中国政府提议创办一所为外商投资企业培养高素质技术工人的学校。他说："我建议在S工业园区建立一所培训工人的学院，为园区的外国投资者提供员工。这个学校所训练的技能，必须适应园区将来新产业的发展。这些工人必须牢记，他们要和中国和世界其他地方的工人进行竞争。外国投资者来到S市，看到有这样一所学院，他们就会很快决定把投资投到园区来。"S学院正是在这样的理念与关怀下建立起来的，在后来的发展中对园区经济高起点配合并不断改革跟进，着实为S工业园区培养了大批用得上、留得住的人才。在全国高职教育苦苦寻觅深入有效的校企合作方案之时，呈现生机勃勃的发展活力。为此笔者曾于2011年4月对S学院进行了实地考察，以期通过个案研究，初步了解S学院如何在社会经济大变动的形势下，寻求生存、调适和发展的经验与教训，以及高职教育对S工业园区社会经济发展所作出的贡献。由于工业园区对社会经济发展具有示范效应，所以，S学院改革与发展的成效和经验，必定能为我国发达地区高职教育校企合作的改革和发展提供可参照和借鉴的模式。

在建立的过程中，S学院对新加坡南洋理工学院多有借鉴，又立足于本土经济发展需要而作出创新。因而在这个意义上，S学院兼具市场催生与国外成功经验借鉴移植的特征。

1997年6月，中新联合筹备组成立，由S工业园区管委会（SIPAC）、新加坡经济发展局（EDB）、南洋理工学院（NYP）的领导及专家组成。10月31日，S学院筹备领导小组成立，在不到半年的时间里就完成了从考察立项、申报批准、校址选定、专业选定、教师招聘，到实验楼设计建造、教师出国培训、实验设备购置等一系列工作。作为新加坡职业教育软件转移的主体——南洋理工学院是新加坡政府最好的应用型理工学院，成立于1992年，合并了新加坡政府与日本、法国、德国政府合作的日新学院、法新学院和德新学院。有工程、信息、工商、健康、艺术、生物五大学院，18个专业，面向亚洲十余个国家招生，在校生达13000人，是世界公认的高质量的应用型人才培养基地，每年负责为世界银行、联合国教科文组织培养发展中国家的职业教师。1997年12月6日，J省教委正式批准成立S学院。

1998年4月17日，首批教师和管理人员赴新加坡南洋理工学院培训。9月1日，面向应届大专毕业生的首届一年制高级技工班开学，共3个班72名学生。1999年10月28日，省政府批准筹建S学院，挂靠S大学招收专科学生。至2007年底，学院发展到占地近20公顷，建筑面积16万多平方米，比创建时扩大了4倍。开设机电一体化、精密加工、模具设计与制造、汽车运用技术、工业设备工程、工业电子、微电子、光电技术、现代通信工程、计算机网络技术、软件工程、涉外文秘、现代物流、商务管理、实用英语、动画制作、视觉传达、环境艺术等28个专业。被教育部确定为"全国职教师资专业技能培训示范单位"，被J省教育厅确定为"J省中等职业教育师资培养培训基地"，J省首批重点建设的示范性高职院校，2007年入选国家示范高职建设行列，并逐步形成股份制办学、校企融合、国际化的鲜明特色。

由于办学模式独特、办学体制灵活，很快成为园区教育的亮点，受到中新两国高层的密切关注。1999年5月4日，新加坡南洋理工学院院长兼总裁林靖东先生来院访问并题词"园区之珠，职教之光"。1999年9月13日，时任国务院副总理李岚清视察学院。1999年9月26日，新加坡内阁资政李光耀先生视察来访。1999年11月6日，时任教育部部长陈至立视察学院并题词"借鉴、创新"。2000年5月27日，时任国务院副总理吴邦国考察学院。2001年6月8日，时任国家主席江泽民来院视察。在中国1000多所高校中，这样密集地受到国家领导人视察的几乎没有，这为学院的进一步发展积累了宝贵的社会资本，并传为学院的"神话"。

3. 配合区域行业企业特征的专业建设与课程设计

S学院首届一年制高级技工班72名学生开学时，有11位老师，分为机电和电子两个专业组。随着学院的发展，到2000年2月时，学生人数发展到197人，教师增加到29人，学院的专业教学组也从两个增加到6个：机电组、电子组、精密组、外语组、通信组、模具组。到2002年5月，随着学院招生规模的不断扩大，学院的学生数达到了1266人，学院在6个专业组的基础上组建了两系一部：电子信息工程系、机电工程系、公共学科部。2003年9月，工商管理系和艺术系成立。2004年2月，项目研发部成立，信息工程系从电子信息工程系中分化出来。6月，继续教育部和外语系成立。2005年，根据产业发展需要，创建了建筑工程系。经过2007年3月的调整，最终形成了8个系和1个公共学科部的建制。

在专业开发上，S学院一直坚持根据产业结构决定专业结构、行业需求决定专业设置。2007年，S实现地区生产总值达5700亿元，三大产业产值的比例为1.7:63.7:34.6。[①] 作为重要的现代制造业基地，S市通信设备、计算机及其他电子设备制造业，黑色金属冶炼及压延加工业，纺织业，电气机械及器材制造业，化学原料及化学制品制造业五大主导行业工业产值，占规模以上工业总产值的比重达到62.5%。

2007年全市规模以上完成工业总产值15909亿元，仅次于上海，位居全国第二。在主要产品产量中，有16种产品的产量占全国比重超过10%，其中微型计算机、家用吸尘器、复印机、丝织品、数码照相机五种产品的产量分别达到5753万台、2178万台、126.57万台、21.48亿米、1615万台，分别占全国总产量的47.7%、32.5%、28.0%、24.7%、21.5%。[②] 十大支柱行业占总产值的比例高达79%，而电子信息产业和机械设备制造业合计超过45%，在地区生产总值中，工业增加值为537.1亿元，第三产业增加值为237.1亿元，三次产业比重为7.3:64.3:28.4。固定资产投资按照行业分类见表2。

表2　2007年S工业园区制造业企业固定资产投资完成情况（按行业分）统计

单位：万元

行业	总计
	1695115
食品制造业	15593
纺织业	13286
纺织服装、鞋、帽制造业	10457
家具制造业	6649

① 《2007年S市国民经济和社会发展统计公报》，S市统计局，2009年8月13日。
② 苏统、马凤玲：《S工业结构调整呈现新特点》，《分析报告》2008年第15期，S市统计局网站，http://www.sztjj.gov.cn/news/2008/3/31/tjj/tjj-15-28-12-1821.shtml。

续表

行业	总计
造纸及纸制品业	56003
印刷业和记录媒介的复制	17378
文教体育用品制造业	8990
化学原料及化学制品制造业	22159
医药制造业	8840
化学纤维制造业	2734
橡胶制品业	12642
塑料制品业	38425
非金属矿物制品业	41967
有色金属冶炼及压延加工业	14931
金属制品业	176505
通用设备制造业	60604
专用设备制造业	83720
交通运输设备制造业	79748
电气机械及器材制造业	101713
通信设备、计算机及其他电子设备制造业	841264
仪器仪表及文化、办公用机械制造业	52136
工艺品及其他制造业	29371

根据表2粗略统计，电子信息产业固定资产投资占到49%，机械设备制造业超过22%，合计达71%。这两大类制造业决定了学校设置专业的重点所在。2007年在校生中，电子信息和机械工程类学生占总数的67%，商务、设计、外语类在校生占33%，与园区产业结构高度吻合。其中机电工程、工商管理分别占24%与23%；电子工程与精密工程均为15%；信息工程、艺术设计、外语与建筑工程的学生占比分别是8%、6%、5%与4%。

园区制造业的显著特点就是大型跨国公司聚集程度高，迄今为止，世界500强公司已经有76家在园区投资了119个项目。① 外资企业对技术人

---

① 世界500强企业及其在S工业园区投资项目表，S工业园区政府官方网站，http://www.sipac.gov.cn/yqjj/jjfz/jjzb/t20050223_9792.htm。

才的需求非常旺盛，2002年以来增长了近20倍。全区从业人员已经超过50万，主要分布在外资制造业企业。

专业开发相当于企业的新产品开发，逻辑起点必须是市场需求。S学院根据市场需求和自身的资源优势，每年都调整专业布局。如随着苏州工业园区的迅速发展，服务业明显呈现快速增长的态势，为了适应园区生产性服务业的崛起，学院在2002年开设了物流管理、商务管理专业，2004年又创办了实用英语（人力资源管理方向），很好地满足了新产业对人才的需求。专业发展重点从专业群、课程和实训条件方面进行突破。

（1）依产业结构特征设置专业方向

根据园区产业结构的升级和调整，着力打造五大重点专业，搭建先进制造业高素质技能型人才的培养平台。S工业园区在"十一五"期间，确立以电子信息产业为主导，以航空设备、汽车零部件及整车制造等精密机械产业为支柱，以新材料、生物、纳米技术等产业为特色的产业发展体系，形成制造业优势产业集群。

根据园区产业结构的调整，以培养服务园区经济和社会发展需要的高素质技能型人才为目标，学院将重点建设数控技术、机电一体化技术、微电子技术、移动通信技术及软件技术等五个专业，形成符合园区先进制造业产业链的专业集群，重点建设专业及专业群结构如图1所示。

各专业群依托董事企业建设，依托威特立创能科技有限公司建设数控技术专业及专业群、依托博世汽车部件有限公司建设机电一体化技术专业及专业群、依托三星电子半导体有限公司建设微电子技术专业及专业群、依托诺基亚通信有限公司S市分公司建设移动通信技术专业及专业群、依托新电信息科技有限公司建设软件技术专业及专业群，实现基本覆盖区域内的支柱产业，形成与区域经济发展相互促进的良好态势。

（2）按岗位能力需求重构课程体系

S学院人才培养的定位是现代制造业和服务业中的生产线长、技术员、助理工程师、部门主管等基层技术和管理人才，统称为班组长。作为企业里的"兵头将尾"，班组长承担着确保组织一线高效运转的重任。如何营造稳定、高效、有活力的基层，则是基层班组长最直接的责任所在。权威机构统计数据表明：在中国企业内部目前人才供需缺口最大的不是高级经

```
                    ┌──────────┐
                    │五大重点及│
                    │  专业    │
                    └────┬─────┘
     ┌──────────┬────────┼────────┬──────────┐
  数控技术  机电一体化  微电子技术 移动通信技术 软件技术
              技术
```

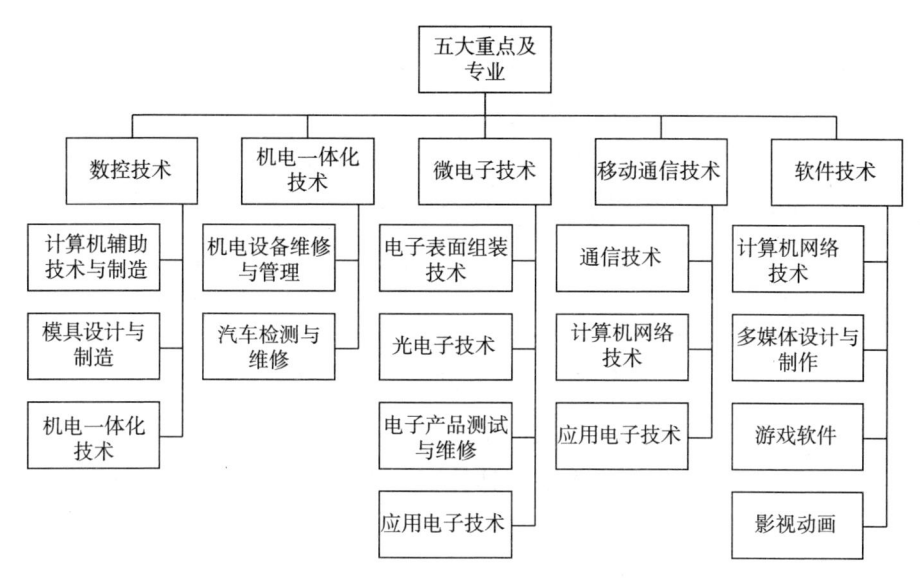

图1 S学院核心专业群

专业群下设：
- 数控技术：计算机辅助技术与制造、模具设计与制造、机电一体化技术
- 机电一体化技术：机电设备维修与管理、汽车检测与维修
- 微电子技术：电子表面组装技术、光电子技术、电子产品测试与维修、应用电子技术
- 移动通信技术：通信技术、计算机网络技术、应用电子技术
- 软件技术：计算机网络技术、多媒体设计与制作、游戏软件、影视动画

营人才，而是具有卓越才干和高胜任力的基层班组长。优秀的班组长除了具备岗位必要的专业技术"硬技能"外，还要兼备职业素养、管理能力、应急能力与组织能力等"软技能"。要培养软硬技能兼备的技术人才，就需要设计独特的课程体系。

S学院考虑到高等职业院校既姓"高"，又姓"职"的特征，并结合区域内企业对高职人才的技能需要，基于工作过程开发系统化的课程，构成了包括软技能、核心技能、职业技能三大板块的课程体系，兼顾学生技能培养和素质提升。

工作过程是"在企业里为完成一件工作过程并获得工作成果而进行的一个完整的工作程序"。工作过程是综合的，表现在专业能力、方法能力、社会能力三个维度上。它是整合的、集成的，而不是加法的。工作过程时刻处于运动状态之中，即工作的对象、内容、手段、组织、产品、环境等6个要素一直处于变动之中。工作过程的结构是相对固定的，表现在咨询、决策、计划、实施、检查、评价这6个步骤中。

工作过程系统化课程开发首先邀请企业相关岗位人员抽取典型工作任务，再经教学整合形成"行动领域"，然后分别按照工作的对象、内容、手段、组织、产品、环境等6个要素分解为"学习领域"，通过构建理论实训一体化的"学习情境",根据6步骤的训练方法,提升学生的专业、方法和社会三种能力。课程设计流程详见图2。

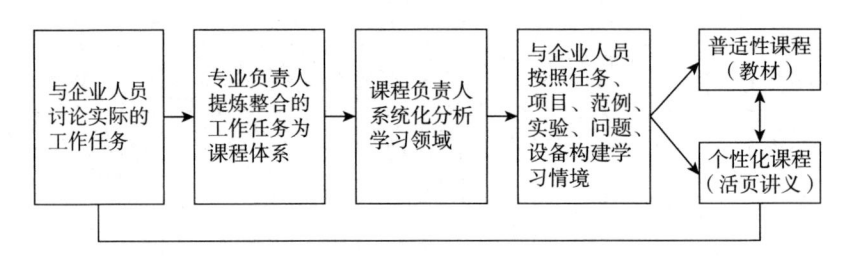

```
与企业人员     专业负责人     课程负责人     与企业人员         普适性课程
讨论实际的 →  提炼整合的 →  系统化分析 →  按照任务、     ┌→ (教材)
工作任务      工作任务为    学习领域      项目、范例、    │
              课程体系                    实验、问题、    │  个性化课程
                                          设备构建学    └→ (活页讲义)
                                          习情境
```

图2　基于工作过程的课程开发流程

4. 依托区域企业开展校企合作

S学院积极推进与企业开展各种行之有效的合作,实现校企双方资源共享、互惠互利、共同成长。建立电子技术、数控技术、机电一体化、物流、通信技术、工程造价、计算机软件与网络、建筑工程技术、汽车运用技术、机电设备维修与管理以及建筑装饰工程技术等11个由学校与行业(企业)有关领导、专家和教授组成的高职专业指导委员会,共同审定教学计划、课程体系及实践环节内容和学时的安排等,以便培养的人才更加适合企业和行业的需求。

经过10年的探索,S学院形成了六种相对成熟的合作模式(见表3)。

表3　S学院的校企合作模式

模式	内容
订单式培养(博世模式)	制定符合实际生产和岗位的培训内容,编写讲义和设计训练项目,并注意在教学中不断反馈和沟通,让受训员工满意。培训结束后反馈
资源共享(夏米尔模式)	展示设备,并给予学院设备使用权的合作模式。产权归企业,学院拥有使用权,可以从事教学、培训和生产
共建实训室(飞利浦模式)	企业与学院共建实训室,共同培养企业所需员工的校企合作模式
培训换设备(三星模式)	企业由于技术升级、产品调整、厂房迁移等原因,会有富余设备资源闲置。如何发挥闲置设备的功能,实现其应有的价值——用培训换设备
教学工厂(依维特模式)	引企业进校园,营造教学工厂,企业的设备和制造流程全面向学院开放,模具、数控专业的学生在生产环境下"真刀真枪"地学习,较好地掌握核心技能和产品质量意识

续表

模式	内容
产学研实体化（安博模式）	安博软件公司与学院共建二级软件学院，实行产学研实体化的运作，校企合作全面融合

资料来源：根据2011年S学院调研收集资料整理而得。

S工业园区的校企合作单位，几乎全部是园区内的，以及园区企业在外地设立的分公司。学校的校企合作顶岗实习都是就地得以解决，这既方便了教学和实习，也节省了很大的校企合作成本。

（二）F职业技术学院：发展中地区的社会经济发展与高职教育中的合作教育

发展中地区社会经济发展是极其不平衡的，在这类区域中的职业教育发展也同样存在不同程度的差异，表现在不同地理环境和产业结构间的差距更为明显。由于发达地区之间职业教育与经济发展的关系具有一定的趋同性，而发展中地区特别是中小城市高职教育发展由于区域经济发展的特点而具有特色，所以本部分将研究的视野放到了中小城市来做初步分析，以中部省份A省的F市为例。

1. F市的经济发展态势与企业结构

F市地处苏鲁豫皖四省交界，交通便捷，京九铁路纵贯境内，与漯阜、睢阜、淮阜、商阜铁路一起，使F市成为五路交会、八线引入的全国六大路网性铁路枢纽之一。F市面积为9775平方公里，下辖3区4县1市，是传统的农畜业大市。

2010年全市地区生产总值达721.8亿元，其中第一产业增加值为197.3亿元，第二产业为282.7亿元，第三产业为241.7亿元。[1] 人均GDP为1200美元。"十一五"期间F市工业经济发展迅速，已初步形成农产品深加工、医药、机电、化工、纺织、煤炭等六个工业支柱产业。"十二五"规划在承袭的基础上做了新的调整，明确壮大煤电、化工、食品加工、再生资源综合利用、机电、生物医药、纺织服装、林产品加工、现代农业、现代服务业十大产业。

---

[1] 《2010年F市国民经济和社会发展公报》，2012年3月24日。

从经济总量上看，根据 2011 年 GDP 核算结果，第二产业增加值为 342.26 亿元，第三产业增加值为 278.44 亿元，第二产业高出第三产业 63.82 亿元，比重也高于第三产业 7.5 个百分点。① 从数量上看，2011 年有 22652 个法人单位，其中企业法人 14719 个。从基本单位上看，全市第三产业法人单位有 16502 个，第二产业法人单位数为 5447 个；从规模上看，2011 年，全市"三上"企业（指规模以上工业企业，限额以上批发零售、住宿餐饮业企业，资质以内建筑业企业和房地产开发经营企业）有 1232 个，其中，工业企业和建筑业企业有 803 个，占全部"三上"企业的 65.18%。显示了第二产业的强劲发展势头。从行业分布来看，经济门类较为齐全、几乎囊括了国民经济中除国际组织外的所有行业。从行业门类上看，全市 76.53%的法人企业高度集中分布于国民经济五大行业。其中，批发和零售业法人单位有 5095 个，占全市法人单位比重的 22.49%，租赁和商务服务业法人单位增势强劲，增长 27.37%。房地产业，建筑业，交通运输、仓储和邮政业均保持两位数的增长态势，分别为 25.34%、15.36%和 14.38%。制造业法人单位有 4469 个，占全市法人单位数的五分之一，也即每五个法人单位中，就有一个是制造业企业。②

这也就透露出 F 市经济发展与企业结构中存在的一些问题。首先，企业规模总体偏小，抗风险能力较差。2011 年，在全部 14719 个企业法人单位中，从业人员在 100 人以下的企业法人单位有 13986 个，占比为 95.02%。而其中又以 20 人以下的企业为主，占 75.95%。从业人员在 500 人以上的企业法人单位仅 113 个，占全部企业法人单位比重仅为 0.77%。"三上"企业数量为 1232 个，占全市法人单位的比重仅为 8.37%。其次，区域经济发展不均衡，县域经济相对薄弱。2011 年底，F 三区共有法人单位 9367 个，占全市法人单位总数的比重为 63.64%，其中，Y 区法人单位 4916 个，与 2010 年的 4091 个相比，增加 825 个，增长 20.17%。而五县（市）中，法人单位数最多的 T 县，总量为 2908 个，占全市的比重为 19.76%，比 Y 区的 33.40%少 13.64 个百分点。L 县的 2011 年法人单位数更是呈现负增长，比 2010 年减少 22 个。再则，F 市的企业大多数是家族式的私营企业，缺乏现代企业管理机

---

① 《2011 年 F 市国民经济和社会发展统计公报》，2012 年 3 月 13 日。
② 《2011 年我市法人单位行业分布集中度较高》，2012 年 6 月 27 日。

制，企业法人治理结构不完善，经营机制和管理制度不健全，维权意识较差，企业经营比较艰难，管理的科学化、制度化、规范化、现代化水平低，经济效益不高，制约了企业的健康快速发展。

2. F市的人力资本结构与存在问题

F市是一个人口大市，在9775平方公里的面积上，2010年全市普查登记户籍人口为1014.3万人，常住人口为760.0万人，其中劳动适龄人口为437.29万人，占常住人口的比重为57.54%，从全省范围内看，F市户籍人口总量和常住人口总量均居首位。从常住人口与登记户籍人口的比例可以看出，F市是一个典型的劳务输出大市，全市每年外出务工人员达230万人，每年新增劳动力转移12万~13万人，新增劳动力的素质提高、技术培训和原有劳动力的再培训任务十分繁重而艰巨。

F市人力资本比较贫乏，2011年人口抽样调查资料，人均受教育年限为7.81年，比全省平均水平8.24年低0.43年，居全省倒数第3位；15岁及以上文盲、半文盲人口占全省15岁及以上文盲、半文盲总人口的11.48%，高出全省比例2.47个百分点。

第三产业吸纳就业的能力不足。2011年F市第一产业增加值占地区生产总值的比重为27.3%，但第一产业从业人员比重却高达43.0%；第二产业增加值占地区生产总值的比重为40.1%，第二产业从业人员比重为33.7%；第三产业增加值占地区生产总值比重为32.6%，第三产业从业人员比重仅为23.3%。相对于产业结构的变动而言，就业结构的调整较慢，大量劳动力滞留在第一产业而引发的低收入和低消费，成为制约第二产业与服务业进一步发展的重要因素。

大中专毕业生就业问题依然严峻。2011年第二季度全国城镇劳动力抽样调查统计显示，在各种不能应聘和未找工作的原因中，大中专院校毕业生"毕业后未工作"占调查总人口的23.16%，仅次于因"照顾家庭"（占调查总人口的26.32%）未找工作。

3. F职业技术学院概况

以F市为圆心、100公里为半径的区域内高职院校数量不多，共有3所，且院校状况和发展质量参差不齐，其中有两所民办高职，一所是政府举办的高职，即F学院，该院是一所经教育部批准筹建、A省政府批准成立的F市属公办普通高等学校。学校始建于1956年，自1978年招收首届普通专科班以来，迄今已有 30 多年举办高等教育的历史。1981 年经 A 省政府批准为独立设置的成人高校 F 教育学院，1998 年，开始举办高等职业教育，是 A 省起步较早的两所高职院校之一，2001 年 6 月，改制转型为 F 学院。改制后的 F 学院积极响应市政府提出的"优化一产、强化二产、繁荣三产"的发展战略，紧密结合 F 市的市情、产业结构和人才需求，结合多年的高职办学实践，确立了"以农学为基础，以工科为主干，多科类协调发展"的专业定位，着力培养适需对路的生产、建设、管理、服务等一线高等技术应用型人才。2008 年，被评为 A 省首批 6 所省级示范性职业技术学院之一，2010 年，列入国家百所骨干高职院校建设单位。同年，该校占地面积为 413 亩，有全日制高职在校生 9200 余人，专任教师 271 人。学校设有工程科技学院、生化工程学院、人文社科系、外语系、经济贸易系、基础教学部等 2 院 3 系 1 部，设置专业 40 余个。

（1）专业设置与建设现状

专业设置是高职教育的核心问题之一。高等职业技术教育的专业设置直接反映了高职教育的社会功能，决定了学生当前的学习范围和今后的工作领域，是高职教育的核心问题之一。

F 学院现有 25 个专业类，40 余种专业。从成立的时间来看，2000 年及以前（即改制高等职业院校之前）设置的专业数为 10 个；2001～2004 年这一阶段新增专业数为 17 个；2005 年及以后增设 14 个新专业。从专业的重点等级来看，共有 6 个重点专业，占到专业总数的 14%，其中国家级 5 个，省级 4 个（有 3 个专业既是国家级重点也是省级重点），结合专业的设置时间来看，6 个重点建设专业，只有数控技术一个为 2004 年设置，其余均为 1999 年之前设置（见表 4）。（考虑到该校从 1978 年开始高等专科教育，直到 2001 年正式成为挂牌高职，可见出专业的设置需要底蕴和积累。）从专业与产业对应的角度来看，F 学院的专业涉及一、二、三产业，以第二产业居多数。从专业设置与当地、本省以及全国支柱产业与新兴产业的对应来看，F 学院设置的专业与本地、本省以及全国支柱与新兴产业对应的数量分别为 18 个、10 个与 15 个。从其培养的毕业生的就业地理区域与产业领域来看，留在本市的不足 1/3，本省非本市的约占一半，走出本省的大约占 1/3；就从业产业来看，以第三产业居多，占就业毕业生的一半以上，第二产业以微弱的差距次之，第一产业最少，仅占不足 4%。

同时无论是就业地域还是行业，又都以专业的不同而有显著差别，如外语系的毕业生大多流出本市，工程科技学院的毕业生则多数留在省内；只有生化工程学院的 23 名毕业生选择了在第一产业就业，这与专业特性有很强的关系。

表 4　F 学院专业设置情况

院系	专业	设置批准（年）	院系	专业	设置批准（年）
工程科技学院	工程造价	2007	生化工程学院	医学检验技术	2007
	机械制造与自动化	2007		园林工程技术	2004
	计算机网络技术	2007		食品营养与检测	2003
	图像图形制作	2006		设施农业技术	2001
	※*数控技术	2004		※*园艺技术	1999
	模具设计与制造	2004		※微生物技术及应用	1999
	计算机应用技术	2004		护理	1999
	汽车检测与维修技术	2002		环境监测与治理技术	1999
	网络系统管理	2002	人文社科系	动漫设计与制作	2008
	※*机电一体化技术	1999		新闻采编与制作	2008
	应用电子技术	1999		影视广告	2005
	#计算机系统维护	1999		传媒策划与管理	2004
	建筑工程管理	?		环境艺术设计	2003
经济贸易系	会计电算化	2006		初等教育（中文与社会方向）	2003
	导游	2006		视觉传达艺术设计	2000
	酒店管理	2005		*文秘（办公自动化方向）	1999
	物流管理	2003	外语系	英语教育	2003
	市场营销	2001		应用英语	2001
	法律事务	2001	基础教学部	社会体育	2005
	人力资源管理	1999		初等教育（数学与科学方向）	2003
	连锁经营管理	?			

注：#为国家级重点专业；*为省级重点专业；※为 2010 年申报的国家重点建设专业。
资料来源：根据 2011 年 F 学院实地调研收集资料整理而得。

上表给出了 F 学院设置的 41 个专业的概况，从分院系拥有的专业数量来说，各院系的实力既悬殊又均衡。拥有专业数量最多的院系工程科技学

283

院是拥有专业数量最少的院系之一的外语系专业数量的 6.5 倍,差距为 11 个专业;各院系平均有 6.8 个专业,生化工程学院、经济贸易系与人文社科系 3 个院系的专业数量近似此值,均为 8 个专业。这种实力的悬殊也体现在不同专业的招生规模上,作为综合性院校,该校在专业的设置上照顾了各学科的发展,文、理、农、工都有涉及,又体现了对工科的侧重,工科类专业达 16 种,占专业总数的 1/3。

从重点专业的比例来看,各级重点专业共 6 个,即平均 6.5 个专业中拥有 1 个重点专业,其与专业总数的院系分布情况是工程科技学院 3/13,生化工程学院 2/8,人文社科系 1/8,经济贸易系、外语系与基础教学部都为 0。由此也可以看出各院系部的积累与实力的差距。再者,从重点专业的设置时间也可以看出专业的建设过程中,积累与实力的关系,在重点建设的 6 个国家级/省级重点专业中,仅有一个专业设置于 2004 年,其余均为 1999 年及之前设置的"老专业"(见表 5)。

表 5 F 学院重点设置专业与相关办学条件

专业名称	设置时间	重点级别	专任教师(其中"双师型教师")(人)	兼职教师(人)	校内主要实训基地	校外主要实训基地
文秘	1999	省级	26(18)	3		
计算机系统维护	1999	国家级	51(35)	11		
※机电一体化技术	1999	省级/国家级	51(35)	11	校内实训设备 105 台/套	阜阳海歆电器工贸有限公司 安徽开乐专用车股份公司
※园艺技术	1999	省级/国家级	48(19)	54	校内实训设备 692 台/套	阜阳生态园 阜阳林业技术推广研究所
※微生物技术及应用	1999	国家级	48(19)	54	校内实训设备 985 台/套	阜阳金种子酿酒有限公司 华润雪花啤酒有限公司 安徽文王集团酿酒股份有限公司

续表

专业名称	设置时间	重点级别	专任教师（其中"双师型教师"）（人）	兼职教师（人）	校内主要实训基地	校外主要实训基地
※数控技术	2004	省级/国家级	51（35）	11	校内实训设备134台/套	万里杨集团有限公司 阜阳轴承有限公司 江苏海纳机电集团

注：※为2010年申报的国家重点建设专业。

这也透露出重点专业建设的逻辑：除了对接市场需求、有特色、迎合社会需求、有生源之外，还必须有积累，即学校自身建设专业的力量。

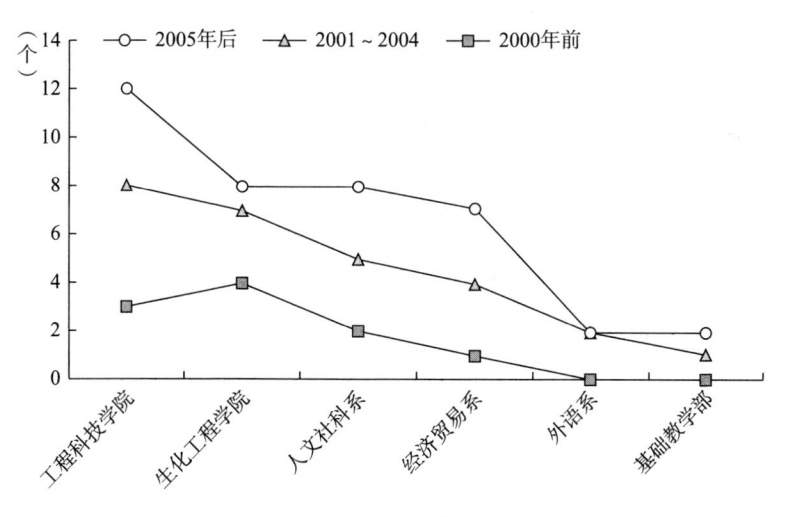

图3 F学院不同院系专业数量比较

注：由于工程科技学院的"建筑工程管理"与经济贸易系的"连锁经营管理"两个专业的设置时间不详，此图所依赖的数据忽略了这两个专业。

图3是F学院专业的数量变化成长趋势，从图中可以看出，作为一所从1978年开始举办专业教育的转制学院，其改制前（2000年之前）该学院的专业分布按工程科技学院、生化工程学院、人文社科系、经济贸易系的顺序依次为3、4、2、1个，外语系作为基础教学部的一部分，与基础教学部一齐作为公共课系部，没有设置专业。工程科技学院与生化工程学院

的专业数分别为3个与4个,占全校专业数的专业数的70%,人文社科系这个带有传统力量的系科也有相当的实力,拥有2个专业,而且其中之一是该校被最早评为重点的专业之一。由于专业的建设需要在设备、文化,特别是师资团队方面的积累,改制前设置的这些专业可以被看作是具有较好专业力量与办学条件的,这样的专业格局对学校后来的专业设置与发展有很大的影响,这一阶段的专业设置与发展可以被看作是按照学校具备的条件而进行的。

改制后到2005年之前,是学院专业数量大发展之前的时期,在这一阶段,各院系,包括新设系部(外语系与基础教学部)的专业都得到了超常规发展,全校在四年的时间新设专业17个,年均4个还多,这个设置专业的步伐几乎超出了《A省普通高等学校高职高专教育专业管理实施办法》的专业设置数量的上限,"学校每年新增专业数量应有一定控制,综合类高职院校一般不超过4个,其他高职院校一般不超过3个"。新增专业遍布学校的各院系,新设专业数量按工程科技学院、生化工程学院、人文社科系、经济贸易系、外语系与基础教学部的顺序依次分别为5、3、3、3、2、1,从这个分院系部新增专业的数量来看,可以认为各系部都普遍的、全力的、较为均衡的发展。这些新设专业中,有6个在A省高职专业布点数量前20的专业内,有7个在A省在校生人数最多的前20个专业之内,有3个在A省毕业生就业率最低的20个专业内,有4个在A省布局较少且与支柱产业和新兴产业相关的专业之内,没有在毕业生就业率高的20个专业之内的。① 可见这时期影响专业设置的要素比较复杂和矛盾,既有对学校条件的考量,也有对专业特性、社会需求、市场、生源期待等方面的考虑,而最主要的还是扩张的思想起主导作用。由于改制扩大了该校的经营范围,为了扩大学校的经营向度与发展领域的广度,学校竭力扩展自己的专业数量领域,该时期的专业设置与发展可以被看作是跑马圈地阶段,当然,这或许与当时的校领导的办学理念不无关系。

2005年后,F学院的专业设置进入了调整期,根据已有基础和市场需求而改变专业设置策略。具体表现为壮大发展工程科技类、经济贸易

---

① "A省高职高专教育专业情况分析报告",2010年7月。

类与人文社科类专业，分别在这三个院系新增4个、3个与3个专业，微调生化工程学院与基础教学部，巩固外语类专业。从增设的专业类型来看，分别是工程科技学院的"工程造价""图像图形制作""计算机网络技术""机械制造与自动化"；经济贸易系的"酒店管理""导游""会计电算化"；人文社科系的"动漫设计与制作""新闻采编与制作""影视广告"。另外基础教学部新增"社会体育"。在这些专业中的"图像图形制作""机械制造与自动化""酒店管理""动漫设计与制作""社会体育"等均为毕业生就业率较高与对接产业鼓励发展的专业。由此可见，这个时期虽然专业的性质和要求影响专业设置的策略，但专业设置的主要考量因素是社会和市场的需求与产业的对接，为地方经济的发展作出贡献。

（2）专业设置与区域及产业的符应

为地方经济服务是高等职业教育的功能定位与特色体现。国务院批准的教育部《面向21世纪教育振兴行动计划》明确指出："高等职业教育必须面向地区经济建设和社会发展、培养生产、服务、管理第一线需要的是用人才，真正办出特色"。《教育部关于全面提高高等职业教育教学质量的若干意见》也指出："针对区域经济发展的要求，灵活调整和设置专业，是高等职业教育的一个重要特色。"要把高等职业教育根植于地方的沃土之中，就必须牢固树立为地方经济服务的事项，深入研究地方产业结构、产业优势、经济特色、人才需求，根据此设置和调整专业。

从F学院设置的专业与区域产业规划的对应情况（见表6）可以看出，与学校所属地支柱与规划产业直接相对应的专业有18个，与学校所在省级区域规划的支柱产业直接对应的专业有10个，与国家支柱与规划新兴产业直接对应的专业有15个。这种"本市—本省—全国"的多层次地域对接的专业设置安排，既看到了本地区的人才需求，也关注全国甚至世界范围的人才需求变化，既强调了职业教育要为当地经济建设和社会发展服务，同时又立足当地，面向全国，从而形成一种符合现在全国统一的市场。劳动力在全国范围内流动，甚至跨国流动，走向世界的人才市场，促进人才的合理流动。

表6 F学院专业设置与支柱产业对应情况

与F市支柱产业对应		与A省"八大支柱产业规划"对应		与全国支柱/新兴产业规划对应	
F市支柱性产业	F学院专业（18个）	A省"八大支柱产业规划"	F学院专业（10个）	全国支柱/新兴产业规划	F学院专业（15个）
农产品深加工/食品加工	食品营养与检测 ※微生物技术及应用	农副产品加工业	食品营养与检测 ※微生物技术及应用	—	—
医药/生物医药	医学检验技术 护理	生物技术工业	医学检验技术 护理	生物	微生物技术及应用 医学检验技术
机电/机电	机械制造与自动化 ※*数控技术 汽车检测与维修技术 应用电子技术 ※*机电一体化技术 模具设计与制造	汽车工业	汽车检测与维修技术 机械制造与自动化 模具设计与制造 ※*数控技术 应用电子技术 ※*机电一体化技术	汽车/新能源汽车	汽车检测与维修技术 模具设计与制造 ※*数控技术 机械制造与自动化 ※*机电一体化技术 工程造价 应用电子技术 计算机系统维护 计算机应用技术 图像图形制作 计算机网络技术
^	^	装备工业	^	船舶	^
^	^	^	^	装备制造/高端装备制造	^
^	^	^	^	轻工	^
^	^	^	^	电子信息	^
^	^	^	^	新一代信息技术	^
化工/化工	※微生物技术及应用 环境监测与治理技术	—	—	石化	—
纺织/纺织服装	—	信息电子工业	—	纺织	—
煤炭/煤炭	—	能源和煤化工业	—	新能源	—
—/再生资源综合利用	—	^	—	节能环保	环境监测与治理技术
—/林产品加工	园林工程技术 ※*园艺技术	水泥及非金属优质材料工业	—	钢铁/新材料	—

续表

与F市支柱产业对应		与A省"八大支柱产业规划"对应		与全国支柱/新兴产业规划对应	
F市支柱性产业	F学院专业（18个）	A省"八大支柱产业规划"	F学院专业（10个）	全国支柱/新兴产业规划	F学院专业（15个）
—/现代农业	设施农业技术	优质金属材料工业、	—	有色金属	—
—/现代服务业	酒店管理 物流管理 导游	—	—	物流	物流管理

资料来源：根据2011年F学院实地调研收集资料整理而成。

（3）毕业生就业领域与F市产业从业人员之间的张力

专业设置的多层对应也在毕业生的就业地域和产业中得到了印证。正如该校学生处处长所说的学生的就业区域变动趋势暗合经济发展的地域变动趋势，2005年以前，珠三角是学生就业的首选区域，曾经有教师带学生集体闯深圳求职，除夕之夜不归乡的"悲壮"事迹，那时珠三角是全国经济最活跃的地方；2005年以后，中国经济的热门地区相对北移，学生的就业主要区域也相应地转移到长三角，近年来留在本省本地的学生逐渐多起来了。正是学校专业设置上的多层对应成就了毕业生就业区域选择随经济脉动而流转的成功。

F学院的专业设置的多层次对应特征虽然遵循了18:10:15这样一个比例，从不同层次映照全国的人才市场需求特征，但由于不同区域经济，不同产业发展程度的差别，以及由此而产生的对人才需求强烈程度的不同，加之受到学生及其家长"远走高飞""跳出农门"等观念的影响，实际的分专业就学与毕业人数冲击了专业数的对应，从而使得不同专业在不同区域的实际贡献力扭转了设置专业数的多层次映照在不同区域层次的分配比例。近三年来该校毕业生就业区域的分院系情况显示出2008～2010年该校的就业毕业生中，就业于本市、本省（非本市）与外省的比例分别约是23%、48%与29%（见表7）。结合专业设置的多层次区域对应表（见表6），可以看出毕业生的就业区域并没有对应18:10:15这样的安排，而这个指标才是学校专业设置辐射力和影响力的真实反映。也正是基于此事实，才会有人认为：学校用所属地本级财政的资金培养人才，而培养出来的人才大部分外流到其他地方去了，从而使本级财政认为外地应该转移支付一部分学校的人才培养成本。这样的见解并非全无道理，因为人才外流确实造成了流出地与流入地的"剪刀差"，但是在全国就业压力普遍较严重的今天，外地能解决流入人口的就业问题就算帮了流出地的大忙，再谈转移支付人才培养费实在有些强人所难。

表7 F学院分院系毕业生就业地域与行业领域

单位：人

院系	2008~2010年毕业生数	就业地域 本市	就业地域 本省（非本市）	就业地域 外省	就业领域 第一产业	就业领域 第二产业	就业领域 第三产业
工程科技学院	1826	126	1286	414	—	1645	181
生化工程学院	1415	580	441	394	23	323	1069
经济贸易系	629	209	226	194	—	223	406
人文社科系	494	112	198	184	—	16	478
外语系	618	127	246	245	—	—	618
合计	4982	1154	2397	1431	23	2207	2752

从毕业生就业的行业选择比例来看，从事第三产业的占55.2%，第二产业的占44.3%（见表8），这与涉及两种产业的专业力量对比不成比例，更不成比例的是作为一个以农畜业为主的农业大省，该校设置了"设施农业技术""环境监测与治理技术""园艺技术"等多个涉农专业，但其毕业生在第一产业中的就业率仅仅为0.5%。这也凸显了专业设置与学生认同之间的问题，F学院院长据此将就业岗位和领域分成几种类型，涉农专业所对应的就业岗位和领域属于"非竞争性就业"，但由于其就业在岗位的低端，相对不稳定，所学与所用以及报酬不挂钩，再加上农村学生想跳出农门的观念和期望，这些专业往往很难招生。

表8 毕业生就业领域与三大产业从业人员比例

单位：%

	产值比重	从业人员比重	毕业生就业领域
第一产业	27.3	43.0	0.5
第二产业	40.1	33.7	44.3
第三产业	32.6	23.3	55.2

从毕业生的就业领域与就业行业的选择上也可以看出，专业设置多层对应的策略并不能保证策略目标的实现。学生的期待与学校的实际条件可以通过招生规模或者就业学生规模按照理想的专业设置模型，形成始料未及的"剪刀差"。

从 F 学院的专业设置与地区产业现状与产业规划的对应情况，以及毕业生就业地域领域和本地产业行业产值与从业人员之间的比例对照，可以看出，F 学院的发展战略体现出一种外向的、开放的、引导性的思维。

4. 校企合作

一个地区的行业产业结构与企业类型特征，直接决定该地区高职院校的校企合作选择与态势。由于 F 市是农业大市，第二产业与第三产业发展相对迟缓，且企业结构中"三上"企业数量少，占全市法人单位的比重仅为 8.37%，从业人员在 500 人以上的企业法人单位仅有 113 个，占全部企业法人单位比重仅为 0.77%。而 20 人以下的企业则占据 75.95%。加之企业的家族式管理，使得 F 学院在校企合作的拓展方面把眼光投向了市域之外。

2009 年签订合作协议的企业共有 233 个，其中半数以上都在市外；接收顶岗实习学生 10104 人（2009 年在校生为 7615 人），接收就业学生 566 人（2009 年毕业生为 1706 人），从毕业生的地域流向可以看出，当年毕业生中有 73.7% 的人流向了市外。因此可以说无论是合作企业还是毕业生的就业地域流向，外市都占了相当比例。

（三）职业教育与社会经济发展特征的比较研究

区域经济发展特征决定了职业教育发展的规模和速度，从上述两例模式中可以看到，职业教育是社会经济发展的产物，社会经济的发展决定高职教育发展的策略理念，决定其专业设置，并进一步影响其校企合作形态，上述案例的剖析已经显示出这种特征来。因此，对比经济发展的特征和状况，能够部分揭示和预测职业教育发展的问题和特征。

1. 区域经济特征与高职院校校企合作的驱动机制

从校企合作的模式来看，两所学校各有特征，从专业设置与地区产业发展的状态与发展规划的对应来看，F 学院的发展理念中更多地体现出对政府未来产业规划的预测，而从设置各专业招生人数与就业流向的比例来看，也是对生源期待的妥协。因而可以称之为"政府驱动型"校企合作模式。而 S 学院则是地区经济发展催生出的人力资本培训机构，是市场化的产物。在具体实践中多有对南阳理工学院的借鉴，又具有典型的国外成功经验的异质性，因而可以称之为"市场催生型"。但无论哪种类型的校企合作，均是学校对区域经济发展状况与行业企业特征作出的策略性反应。

2. 不同驱动机制下校企合作的优势与局限

对于"政府驱动型"校企合作的高职院校来讲，由于其场独立性较高，稳定性较好，但超前于当前本土产业结构，从而使得高职教育具有很强的外部性，地域经济发展的差异导致外向特征，这种外向特征造成的教育效果的外溢，更强化了地域经济发展的差异。此种类型的高职院校的教育，应秉持英格尔斯的现代化理论的发展理念，突出对创业教育的强调，创造反哺环境。

对于"市场催生型"校企合作的高职院校来讲，其场依存性决定了周围环境的变化会对其产生重要的影响，如企业的去留迁徙、转型升级等。但教育的较长周期性与对积累的依赖性之间的张力要求要警醒教育的过度市场化。把市场化作为一种发展教育的手段而非学校改革追求的目标，把市场化与百年树人的长远规划相结合，方能源源不断地为区域经济的发展建设输送合格人才。

3. 组织机构与社会资本

S 学院的事业发展部是校企合作的桥梁，主要负责联络企业、搜寻企业需求信息，以最快的速度落实到学院各职能部门和教学系部，其负责人兼任学院副院长，可见其重要地位。加入外企总经理俱乐部，参加美商协会、德国商会等行为为学校的校企合作积累了丰厚的社会资本，集聚了人脉基础，编织校企合作网络。

F 学院也在骨干高职评比前夕设立了"校企合作办公室"，但学校有关校企合作的事务并未统一到该办公室来，而是仍然延续之前的做法，主要部分由学校主要领导出面，各院系自主决策空间少。

但无论是发展地区抑或欠发达地区的高职院校，政府在其中的地位都举足轻重，高职院校在发展中均把政府作为一种神话的力量，把政府的重视以及与政府的亲密关系作为一种社会资本来经营和运作。

各区域职业教育的发展必须遵循本区域社会经济发展的规律和特点，

建立起服务本区域经济建设的职业教育体系,只有这样,职业教育的改革与发展才能与社会经济发展同步,才能成为促进社会经济发展的最重要因素。

二 来自企业的声音:行业企业特征对校企合作的影响

基于行业与产业的技术特征与门槛高低有别,分属不同行业产业的企业,与高职院校基于人才培养的校企合作的态度与行为也有所不同。一般来说,同一专业,不同性质和层次的高校为企业带来的资源各异,企业与研究型和应用型的大学合作,和与高职院校进行合作的出发点不同,合作培养出的人才在劳动力市场中的位置不同,各参与者的目的和职责不同,因而两者具有迥然不同的合作模式;同一院校,不同专业,例如文科、工科、艺术不同专业的人才培养的方式差别较大,校企合作双方的资源依赖程度各不相同,也较大地影响了校企之间的合作关系。企业与学校之间本着培养人才的深入有效合作,一般在制造业、矿产资源业以及建筑业等第二产业中比较常见。虽然不排除上下游行业之间的合作,汽车制造与纺织专业之间的合作则比较难以想象。与高职院校合作的企业较多的是劳动密集的小型工业企业,而大型国有工业则以资本密集的重工业为主,因而国有大型重工企业不可能与高职院校合作。所以制造业、矿产资源与建筑等行业的企业可能与高职院校合作,而国有重工业与高端行业方面的企业与高职院校合作的可能性很小或没有。以下仅以几个企业为例,分析不同行业的企业对高职院校合作的态度与行为。

(一)"人才培养不能过分依赖学校教育"——调研 HL 公司的感悟

1. HL 公司的发展历程与背景资料

HL 股份有限公司(以下简称"HL 公司")始建于 1958 年,前身是安徽叉车集团公司的核心层企业——合肥叉车总厂,1993 年 9 月,安徽叉车集团公司(以下简称"叉车集团")通过定向募集方式,独家发起设立 HL 公司,系安徽省国资委所属国有独资公司,注册资本为 1.3 亿元;1996

年，HL 公司在上海证券交易所上市，是目前我国叉车行业唯一的上市公司。2010 年末，叉车集团资产总额突破 40 亿元，实现营业收入突破 100 亿元。

HL 公司目前主要经营叉车、装载机、工程机械、矿山起重运输机械、铸锻件、热处理件制造及产品销售；金属材料、化工原料（不含危险品）、电子产品、电器机械、橡胶产品销售；机械行业科技咨询、信息服务等业务；房产、设备资产租赁。公司的主导产品"HL"牌叉车及各类仓储机械广泛地应用于工矿企业、交通运输、仓储物流等行业的装卸及短距离搬运作业。公司拥有国内同行业最完整的产业体系，拥有国内叉车行业最大的模铸件生产基地、最大的油缸生产基地、最大的转向桥生产基地，具备国内领先的叉车设计开发生产制造和试验检测能力，各项主要经济指标已连续 19 年高居全国同行业之首。

叉车集团地处中部省份安徽合肥，所属装备制造行业的发展符合国家促进中部崛起、大力发展装备制造业的政策精神，还被列入安徽省政府"861"行动计划和重点支柱产业，是解放军原总后勤部军事装备定点生产企业。叉车集团是安徽省首批 6 家国家级创新型企业之一，是国家火炬计划重点高新技术企业，是安徽省、合肥市创新型企业，安徽省工程机械建设（合肥）基地龙头企业，是机械工业 500 强企业、全国 520 户重点企业、安徽省 18 家重点企业集团之一。公司技术中心是全国首批、叉车行业唯一的国家级企业技术中心，并连续 3 年被评为"优秀企业技术中心"，"HL"牌叉车被评为"中国叉车市场第一品牌""安徽省名牌产品""安徽省著名商标"，"HL"商标被评为中国驰名商标。公司获国家质检总局"检验检疫绿色通道制度管理企业"、"商务部重点培育和发展的中国出口名牌"、"2006 年度机电商会推荐出口品牌"、"海关总署 2005 年进出口红名单企业"、解放军原总后勤部"军事后勤装备定点生产企业"等荣誉。公司主导产品通过欧盟 CE 安全认证、美国 EPA 环保认证，公司通过了 ISO9001、ISO14001 认证，并是全国首批安全质量标准化一级企业，被中国质量检验协会用户委员会评为"全国用户满意产品"，荣获"全国用户满意服务"和"全国用户满意企业"称号。根据中国叉车工业总公司统计，公司产品自 1991 年以来连续 19 年保持国内同行业第一，根据美国《现代物料搬运》杂志统计，叉车集团 2006、2007 年连续两年居世界工业车辆行业第

10位，2008年居第9位，为国内唯一进入十强的工业车辆企业。

2. 公司在人力资源开发中的策略与努力

HL公司的发展壮大与荣誉频至，离不开对人力资源的开发管理与合理结构的使用。2010年，公司拥有在职员工5480人，其中生产技术性人员占77.4%（技术人员675人，生产人员3565人），其他服务性人员占22.6%（销售人员383人，财务人员76人，行政人员544人，其他人员237人）。在这五千多人中，受教育程度在大专及以上的有1816人，占到三分之一左右；受教育程度是中专及以下的有3611人，占到总人数的三分之二。这与全国制造业的从业人口的受教育程度结构中，大专及以上所占比例的6.7%相比，有很突出的优势，但要适应未来国际竞争的要求，还有很大的提升需求。为此公司也做了很大的改进与诸多努力。

首先，在人员的引进方面。HL公司的人员引进主要依托三种渠道：劳务派遣、学校与社会市场。这三种渠道又分别对应不同层次的人员。具体来讲，对于一些艰苦与危险的岗位如电焊工、铆工等，因为学校不开设这样的专业，冠名订单班也几乎没有学生报名，其职员补充主要是来自劳务派遣；技术人员与大部分一线操作人员，主要考虑从学校的毕业生中招聘；另外也在社会上招聘一些生产人员与中高层管理与技术人员。

从该公司的人才招聘情况来看，不同层次学历人数需求比例2011年分别是研究生13%，本科生45%，大专生42%；2012年是研究生4%，本科生50%，大专生46%（见表9）。专业分布上，本科最分散，大专其次，研究生最集中。正式张榜贴出的招聘启事中的学历与专业要求是硬性的、显在的。与此相比，公司还有一套软性的、潜在的用人规则，那就是身体好、素质好、品德好的"三好生"。而由于这"三好"很难凭借直观的学历层次、学校类型、学习成绩去判断，在长期对来自不同渠道的人员的考察与总结后，人力资源部更倾向于去学校找人，因为他们认为学校出来的学生如一张白纸，好培养，好塑造；而市场与社会上的人员虽然有一定的技能与经验，但是背景一般比较复杂，而且要求待遇高，不稳定因素较多。可见公司在用人方面，与技能等能直接带来效益的因素相比，稳定性与可塑造性是更核心的评价标准与要素。

表9　2011～2012年HL公司毕业生需求计划分学历层次人数

单位：人

年份 学历	2011	2012	合计
研究生	30	12	42
本科	106	163	269
大专（高职）	99	151	250
合计	235	326	561

其次，公司在人才培养与培训方面，也有独到的做法。以提高员工素质为主线、岗位培训为基础、"三高"人才培养为重点，多层次、全方位、宽领域地开展培训。从公司的培训机构的结构来看，HL公司的人力资源部的教育培训中心设有专门负责员工培训的教育委员会，教育委员会由集团公司董事长挂帅担任主任，设有3位副主任，并由33名委员组成，其职能主要是对培训计划进行讨论策定，对培训内容与形式做研究，并监督与评价培训的结果与反馈。在具体的工作方面，教育委员会下设思想政治培训组、技术培训组、销售培训组、管理培训组与技能培训组五个专业培训组。这五个培训组从培训内容方面针对不同部门业务，从培训对象来看覆盖公司不同层次人员，有些培训甚至包括公司产品的用户。就培训主体来看，公司有180人的专门企业培训师团队，这些人中，有10人从事专职管理并兼基础课程的培训，其余的是公司内部的骨干技术人员与中高层领导；对公司内部的企业培训师来讲，上课不仅仅是兼职，而且是与其职称评定和晋升直接挂钩的：培训师每年必须上满4次课，不上课就没有资格评骨干。另外，公司也按需从外部聘请一些行业的专家与社会知名人士来加入公司的培训。2009年公司自办各类培训班120个，共6375人次，培训总课时为1757学时，二级培训班有161个，共6483人次，培训总课时为939学时。通过组织严密并全过程监督的培训实施，保证公司成员横向上分专业，纵向上分层次都能接受业务与工作需要的培训，不断提高进步。除公司自办培训班外，送外培训也不断更新员工专业知识与业务水平，2009年送外培训共214人次，接受培训总课时为2764学时。

举办与承办技能大赛，或者鼓励员工参赛，也是公司开展技术创新、促进人才技能发展的又一项举措。在全国数控机床装调维修工技能大赛中，HL公司代表安徽省参赛并获得了团体第二名；在全国第三届数控大赛中，HL公司囊括三个项目第一名；2008年公司被人力资源和社会保障部批准为"国家高技能人才培训基地"；2009年公司获得全国职工职业技能大赛决赛团体第六名，获得安徽省劳动竞赛先进集体称号，1人获得全国知识型职工先进个人称号，2人获得安徽省劳动竞赛先进个人称号，1人获得安徽省十大能工巧匠称号等。技能大赛的举办与参与，使得一批技能复合型人才脱颖而出，同时也为员工的技能进步与相互学习创造了氛围。

另外，HL公司还通过职业发展通路的设计与考核来促进与激励人才成长与脱颖而出。具体的做法是：从员工学历、资历、成果、表现等方面来考核员工的成就并作为晋升的主要依据。其中，对员工的成果与表现的考核是核心，其考核方式主要是对员工"三要"的要求，要做、要写、要讲，特别是写出来与讲出来。具体的形式是每年公司都要召开分部门员工评议大会，提出参加大会的员工要将自己的所做写成报告，并在大会上讲给评议人与评委，评议人与评委包括公司中高层领导、不同部门的负责人与做报告员工所在部门的技术骨干等人，现场评定报告员工的业绩并决定晋升情况。这种职业发展通路的设计不仅为员工的发展成长提供了途径，为有识之士提供了学习成长机会和发展空间。

通过多种途径，为公司的精益生产培育精益人才，并在2009年荣获中国制造业管理国际论坛"精益团队"奖。

3.HL公司校企合作的缘起、现状与实践经验

校企合作是为了解决高校毕业生所学与企业人才所用的错位而提出的策略，具体来讲就是要解决职业院校的毕业生与企业人才需求的对接问题，使得学生毕业后能够学以致用、适得其所，企业的发展能招聘到适用人才。这是校企合作的表层原因，校企合作还有深层时代背景。可以说，中国近代高等教育的发轫就是职业教育，从福建船政学校到天津水师学堂，无不是"师技"的，这些职业教育是与具体的实业紧密联系在一起的，无论是造船还是军队指挥。历经革命年代的风风雨雨，职业教育在不断遭受破坏中缓慢发展，新中国成立以后，与中国"单位制"的社会组织与管理体制一脉相承，为企业培养所需人才的职业教育大都由企业自办，或由国家相关行业部门办理，职业教育与企业不仅是校企合作，而且是校企一家。20世纪90年代，为配合国家体制与机构的改革，教育从行业与企业

中剥离，独立出来自成体系。在其后的发展中，由于学校人才培养与企业发展对人才的需求的脱节，造成失业与发展的问题后，校企合作被重提。

与其身处的社会环境起落相似，HL 公司经历了同样的分合历程。HL 公司于 1985 年创办合肥 HL 学校，即 HL 职业技术学校，学校自创办之日起，就依托企业得天独厚的培训和实习条件打造机电专业，为 HL 培养了留得下、用得上的一批批人才，被称之为"HL 的人才蓄水池"。2003 年，HL 职业技术学校由企业划拨给政府，剥离出企业的 HL 职业技术学校不仅隶属关系发生了变化，更本质的变化则是人才培养的模式与学生的来源和去向发生了变化。学校剥离出企业，HL 公司也就失去了"人才蓄水池"与"人才培养大本营"，为寻得适合企业发展的人才，开始了新的校企合作的探索。

HL 公司的校企合作主要有三种形式：一是与本科院校合作的在职员工学历提升；二是与以本科高校为主的在职员工的技能培训；第三是以"冠名班"的形式开展订单培养与实训基地建设。自 2006 年开始，HL 公司共与安徽省汽车工业学校、安徽省机电职业技术学院、湖南省现代物流职业教育集团等六所高职院校合作设立"HL 班"，培养的学生每年约有 80 人留在本企业。公司在校企合作的投入上，主要是资金、设备与实训基地的建设等。在合作学校的选择上，HL 公司本着省内优先、交通方便的原则；在具体合作人才培养上，主要是企业提出人才培养要求，学校安排课程大纲，有些课程由企业派遣老师去讲授，大部分课程还是由学校老师来上；学生完成学校的课业后来企业实习实践 2 个月到半年不等。对于订单班的课程设置，公司认为总体还是能与生产需求相匹配的，但对于订单式培养的毕业生，公司的评价是主要是年轻人的思想要很好地解决，对企业的忠诚度有待提高，职业稳定性较差，频繁跳槽以及不能正确对待自己的能力与待遇之间的关系。与思想相比，理论和技能问题不大，而且这方面，企业的认识是，技能型人才主要还是要靠师傅带，无论技能基础如何，正式进入企业还是要跟师傅学习 3~6 个月，况且学生进来时大部分不对口。综合上述企业招聘人才的软硬性规定，可以看出无论是否出自订单式培养，对企业来说，思想是企业用人最看重也最不被看好的特质，而忠诚度、稳定性等思想的表现不是靠订单式培养能解决的。

4. 校企合作问题的讨论与企业人才培养的出路

以"冠名班"的形式进行的人才订单式培养，是 HL 公司通过响应国家的号召以及借鉴其他企业的做法并回应本公司人才需求而作出的人才培养方式的选择，通过几年的实践，为公司培养了上百"基本与生产需求相匹配"的人才。然而也是在对实践的总结与反思中，特别是在对曾经的企业办学与现在的校企合作订单班的比较后，发现了校企合作人才培养存在的一些问题。

首先，订单式培养的人才对企业忠诚度较弱，导致其毕业生对企业缺乏认同，主动性不够，稳定性较差。即使冠名班的课程设置是由企业提出的，并且企业也派人员讲授部分课程，但所讲授课程主要是文化方面，且课时所占比例较小，加之没有与企业"相濡以沫"地共处，因此也就少了"同生死共命运"的归属感与忠诚。

其次，从公司所需的人才的多元性与学校人才培养的规模性来看，订单式培养也存在局限性，如表10从2011~2012年HL公司所需毕业生的专业、学历层次与人数来看，所需人才专业较为分散，具体到高职这个层次来看，需求人员的专业要求相对比较分散，在10多个专业中，需求人数超过20人的仅仅有2个或者3个。这种比较分散的专业需求，与学校规模性的人才培养模式相矛盾，使得无论学校还是企业的订单班都采取"多对多"的化解方式，即一个企业在多所学校设立订单班，一所学校甚至一个专业也对多个企业设置多个订单班。这样不仅影响学生的培养质量，也离析学校的培养力量，从而影响人才的培养质量。

表10 2011~2012年HL公司毕业生需求计划分专业分学历层次人数

单位：人

年份	学历\专业	所需人数	需求专业数	需求人数最多的三个专业及人数		
2011	研究生	30	4	机械设计、机电	机械制造	电气控制
		8		18	5	5
	本科	106	16	工程机械、机械设计	材料成型、焊接、模具	会计学
		7		50	12	10
	高职	99	13	机械制造工艺与设备	机电一体化	焊接技术
		8		37	27	10

续表

年份 \ 专业 \ 学历		所需人数	需求专业数	需求人数最多的三个专业及人数		
2012	研究生	12	1	机械设计、机电	—	—
		12		12		
	本科	163	27	机械设计、机电	会计类	材料焊接、模具、热处理
		6		67	27	24
	高职	151	10	机械	机电	数控
		15		40	33	25

第三，校企合作中，对于学校与学生没有直接而明确的约束，当前的校企合作主要以签订协议为约束规则，但是在学校与企业基于人才培养的目标而订立的协议中，由于其订立的目标物——学生，作为一个自由人，的特殊性，协议的订立者与执行者分离，从而使校企合作协议如同一纸空文，没有任何实在的约束作用。即使企业增加再多的订单投入人才培养过程中，但毕业生的去留是自由选择的，企业并没有实质性的选择权利。

第四，学校与企业的合作受市场的影响很大，从某种意义上讲，校企合作的矛盾是当学校回归社会后学校按市场行事的结果。理性地来看，企业与学校双方对人才的培养与去留的态度是有冲突的，就企业来说，希望把好学生留在本企业；而对于学校来说，当人才市场供不应求，存在"抢人"的情况时，学校的人才培养不会听取企业的意见，甚至会把企业置之度外，当人才滞留，毕业生找不到工作时，学校才重视企业的需求，而这种重视也是与学校的发展不太相关的。也就是说，学校重视的不是人才培养，而是其毕业生有出路。因此遵循市场规则运行的结果就是学校人才培养与企业需求之间围绕圆心的游离运动。

因为学校与企业的利益立足点不同：学校让学生到好企业去，为下一步招生做广告；企业想要好学生。而且，学校与企业签订的合作协议没有用，因为这个协议的签订者与执行者不对称，执行者是学生，在这个协议中学校与企业对这个协议的未来执行者均没有约束力。因此，校企合作仅仅是个宣传广告。

第五，合作中产生的费用，现在学校欢迎订单班，欢迎的是企业的投入,如果没有投入,有针对性的人才培养就免谈。

第六,技能性人才培养的本质要求。校企合作人才培养不能深入也许有更深层次的原因,那就是技能型人才培养的本质要求。正如教育委员会的吴科长所言:学校进来的毕业生大部分不对头,技能型人才的成长主要还得靠师傅带,学校培养不现实,即使是订单式培养的学生,实习时要跟师傅,进来后还得继续跟师傅3~6个月,而且从技工到技师,纯粹的学习是不行的,一定得在实践中不断摸索。技能型人才成长过程中的缄默性知识,是学校无法讲授的,只能在实际的工作中由师傅来传授,或在现实的工作环境中耳濡目染。

因此,基于人才培养的校企合作,应该是学校与企业明确分工前提下的合作,而不是全方位的相互渗透。(因为纵然如何渗透,由于校企具有不同的组织性质,不同的利益目标与实现途径,要达到完全的校企一体的可能性很小。)那就是在专业方面,社会需求大而多的专业放在学校来办,而小而精的专业则由国家扶持企业自办,如焊接等。在具体人才培养过程中,专业基础课由学生来主持进行,而具体操作技能技术则由企业来承接培养。这一方面省却了学校实训建设的投入,同时也使得学生在技能训练与技术学习的过程更接近真实的工作状态,得到实践出的真知,同时也在学习的过程中不断受到企业的熏陶,培养对企业的归属感与忠诚度。

HL公司有合作意向,并有确实积极的合作行动,但由于企业对人才专业需求的零散性以及不同企业因市场错位竞争而引起的对人才技术要求上的区隔,使得这种零散性与学校人才培养的规模性相左,这是校企合作不能大规模开展的障碍。

(二) 另辟蹊径——GM公司人力资源的实践

1. GM公司的历史与现状

GM公司成立于1987年1月1日,是中国最大的以家电及消费电子产品零售为主的全国性连锁企业。截至2012年,GM公司在中国大中型城市拥有直营门店1200多家,年销售额1000亿元以上。

2003年GM公司在香港开业,迈出中国家电连锁零售企业国际化第一步,2004年GM公司在香港成功上市。2009年来GM公司全面推进以网络优化和提升单店盈利能力为核心的战略,以不断调整变化的服务模式满足客户的需求。于 2010 年完成了新的未来五年战略规划并开始了全方位的实施与推进。GM 公司将持续地以满足消费者需求为导向，进一步推进以优化网络和提升单店盈利能力为核心的战略，抓住市场需求增长的商机，进一步扩展网络覆盖面，保持有效规模增长，兼顾发展和利润，引领中国家电零售市场。

作为中国最大的家电连锁零售企业，GM 公司直接为社会创造 30 万个就业岗位，每年为国家上缴税收 15 亿元以上。GM 公司是中国企业 500 强之一，被中央电视台授予"CCTV 我最喜爱的中国品牌特别贡献奖"；睿富全球最有价值品牌中国榜评定 GM 公司品牌价值为 553 亿元，成为中国家电连锁零售第一品牌。

GM 公司是一个典型的服务行业私营企业，员工大部分来自职业学校及职业学院，与职业教育密切相关，企业的职后教育也是此类企业一项重要的工作，此类企业代表了中国众多的服务行业企业。

2. GM 公司的人才培养策略

GM 公司作为大型服务类零售企业，是一种劳动密集型产业，职工的受教育水平普遍不高，大约 50% 的员工拥有大专或以上文凭，50% 的员工只拥有高中、中专学历。随着社会的发展，提高员工学历水平和满足岗位新需求成为 GM 公司职前教育的工作重点。GM 公司的企业教育主要由人力资源部培训处负责，培训计划的制订、实施与考核评价均由该部门执行。GM 公司的企业培训分为学历培训、职业岗位培训、后备干部培训三大类。

学历培训主要是企业与高校合作开展的远程员工学历教育（合作院校有北京大学、北京航空航天大学、电子科技大学等，这些合作院校 50% 是本科教育，50% 为大专教育）。不仅与高校在形式上合作，在课程内容上，GM 公司也派讲师参与到教育中。GM 公司在学员中开设 2 门选修课，由 GM 公司讲师讲授，主要为 GM 公司企业特色、企业文化与专业教育。在岗位培训中，开展老员工资格认证、新员工任职建设及不同层次员工培训。由于 GM 公司员工较多，各种层次类型员工需要进行职业资格和能力教学考察和评价，以此作为对员工薪酬和升迁的考察基础；新员工需要进行职位的熟悉与学习，这是培训的重要部分；对于跟管、高管、经理、店长、员工，企业有计划地安排在职培训。GM 公司各类培训的师资来自高校和企业内部，高校教师主要是做一些宏观、理论的培训，企业兼职讲师主要讲授有关企业文化、薪酬等课程；一线工作流程讲师师资均来自一线有经验的班组长、卖手、促销员。另外，GM 公司企业网络学习自 2009 年开始，取得了相当大的成就，目前已经成为企业学习培训的重要方式。

为提升员工与领导者的核心能力，帮助企业与员工的双赢发展，公司建立并不断完善培训体系，为所有员工在不同的职业发展阶段提供入职、专业技能、管理能力等全面的培训。每一位加入 GM 公司的新员工，入职 3 周内都将接受不少于 8 课时的新员工入职培训，了解公司的历史、现状、企业文化、人力资源政策、行为规范、商务礼仪等。同时在正式上岗前，由所在系统和部门进行岗前培训，包括系统组织、制度流程、基本的岗位知识和技能等。为不断提高员工的职业水平，公司为他们安排不同的业务技能培训，如谈判技巧、销售技巧、客户服务、秘书技能培训等。为了提升领导力，加强公司的核心竞争力，所有管理人员需接受培训师的培训和三级领导力的培训。为保证公司战略发展远景的实现，公司与国内知名商学院合作，组织公司的高层管理人员进行课程研修。

GM 公司管理学院提供与公司战略一致的培训、发展与教育，致力于 GM 公司管理人员的培养，定期开展 EDP 高管培训项目、"GM 管理大讲堂"培训和基层门店经理培训。公司自 2002 年起实施"蓄水池工程"，通过选拔优秀的大学毕业生加盟公司，给予特别的培训和培养，依照量身定做的职业发展阶梯，培养 GM 公司自己的职业经理人。

另外，GM 公司作为一家拥有 22 年发展历程、一千多家门店网点布局的大型连锁电器零售企业，长期以来在经营管理及企业文化建设等方面积累了成功的经验，并形成了独特的 GM 模式。但由于过往的培训模式与高速发展的门店建设不匹配，多年来所积累的优秀的管理运营知识资源因直达门店一线的培训通道不畅，导致了全国门店人员岗位技能良莠不齐的现状，严重制约了门店业绩与人员素质的提升。

在目前公司面对新形势的转型期间，战略方向着重强调了精细化管理，向优质服务要效益，提升单店经营质量。培训体系作为战略目标实现的一个有力支撑体系，对人员素质与技能的统一化、标准化、普及化等诉求变得日趋迫切，对培训渠道的建设与培训内容的标准化模式的探索，成为当前 GM 公司培训体系构建的首要任务。

培训中心在公司新时期新战略的指引下，为了达成培训为公司运营体系服务的核心目标，借鉴学习世界与国内知名连锁企业的培训模式，提出创建 GM 公司零售培训学校（SOL）。

随着 GM 公司的发展壮大与信息技术的发展，为了解决公司培训与员工学习之间问题，基于高效、经济、普及、岗位认证、个性化学习等原则，2009 年 7 月开始，GM 公司成立 E 学院。

3. GM 公司员工培训的特色与经验

（1）全员、全方位培训

GM 公司员工培训项目从北京大学光华管理学院 GM 公司高管行动学习到门店培训学校的促销员培训，涵盖了整个 GM 公司所有员工，达到了全员培训的目标。在培训内容上，高级管理人员注重领导力、管理经验、经营策略方面；普通员工则重点放在岗位所需的基本技能和知识，这样目标明确、分工明确，学以致用的培训内容让企业具有了更强的竞争力。

GM 公司员工从促销员、营业员，到主任、副店长、店长、中层管理人员、高层管理人员，都有相应的培训计划与课程，这种从促销员到总裁的全员培训模式为企业的发展提供了有力的知识保障，加深了企业文化的凝聚力。"GM 大讲堂"（包括"GM 管理大讲堂"、"GM 专业大讲堂"和"全国大讲堂"三个模块）是总部人力资源中心二级培训中心希望在公司战略变革背景下，为 GM 公司全体员工提供岗位技能学习的平台，着力建立并打造一支专业性强的高素质员工队伍，让他们学会用科学的、规范的工作方式去分析问题、解决问题。此外，在公司内部有效地进行知识和信息管理也是推动公司变革的一项基础工作。知识管理是为企业实现显性知识和隐性知识共享提供新的途径，是利用集体的智慧提高企业的应变和创新能力，使组织和个人具有更强的竞争实力。正是在这样的背景下"GM 公司专业大讲堂"应运而生。6 月 24 日下午，"GM 公司专业大讲堂"第一期在鹏润大厦 18 层 VIP 会议室隆重举行。作为"GM 公司专业大讲堂"的首位老师，总部人力资源中心二级培训中心赵克欣总监从人力资源体系专业角度出发以"培训成败的十大真相"为主题展开课程。本次课程总部设主会场，各大区、分部设分会场。

"蓄水池工程"作为公司人才发展战略的重要组成部分，致力于为公司的中长期发展提供坚实的人才保障。

GM 公司的每个员工自基层开始，均有相应的培训项目跟进。这些项目不仅包括对员工的职业发展和长远目标的规划能力的培养，还包括与个人职业成长配套的培训与培养，从而保障员工能够有一个良好的工作环境和广阔的发展空间。有利于实现 GM 公司 30 万员工与企业共同发展、共赢未来。

（2）"前店后校"的基层培训模式

GM 公司是拥有较多门店的零售类企业，门店员工数量较大，职业培训很难找到一个合适又直观的场所，"前店后校"培训模式应运而生。这种模式是把课堂教学、岗位实操、日常经营有效地结合在一起，集课堂教学、教练式培训、情景式演练于一体，以简练实用为特征的零售类培训。SOL（零售培训学校）整合集成分部所有营运培训资源，承担门店体系全岗位培训任务；一间 SOL 可以满足 60 家门店的常规基础培训需求。目前已经发展到 70 家培训学校。

这种模式不仅针对门店体系各岗位人员，还包括新开门店管理层、梯队蓄水池人员、职能部门高管门店见习人员，可见，这种"前店后校"模式是整合培训资源，有效利用培训平台的实用的职业教育培训模式。

（3）职业资格认证与技能培训相结合

2010 年 7 月 21 日，GM 公司 SOL（零售培训学校）成立整整一年，经历一年的发育成长，已经初步具备了承担战略任务的能力。7 月 21 日上午 10 时，依托 SOL 培训平台的店长岗位基础资格认证项目启动仪式在 GM 公司第一家 SOL 学校，堪称 GM 公司 SOL 发祥地的北京 GM1 号会议室成功举行。至此，经过在全国范围内长达半年的调研、研讨、相关配套政策制定、项目方案的修订等紧张筹备工作后，店长岗位基础资格认证项目在全国范围内正式启动。

店长资格考试围绕着门店布局动线设计，从晨会开始，到迎宾，将门店的人员架构编制、消防安全出口、消防设施设备检查，品类布局，品类销售重点品牌、重点型号、差异化商品陈列，卖场布置，营运规范审查，库房管理，财务管理，流程规范审查在现场巡场环节一一进行。

GM 公司这种职业资格认证既是取得相应职业资格的考试也是对员工进行培训教育，可谓取得了双赢的效果，既培训了员工又成了行业的领头羊，引领行业的职业标准的制定与考核。对于一个民营企业来说有这样的头羊意识，达到这样的高度是难能可贵的。

GM公司是一个劳动密集型零售类企业，拥有较多员工且较为分散，员工的职业技能要求广泛且实用。因此，GM公司职业培训定位于实用、高效、方便、普及原则。从培训层次来看，无论高层领导力培训，还是基层卖手销售技能培训，GM公司都遵循实用、高效的原则。从培训形式来看，无论是与高校合作举办高级培训班到本店店内员工培训，GM公司都遵循方便原则。从培训方式来看，无论是哪一层次培训，GM公司都遵循方便原则，因此，"前店后校"、网络学校成了GM公司重要的培训特色。

GM公司有强有力的培训团队，人力资源部门下设专门培训部，有多人负责培训工作。其中，零售学校、E-learning学院都有专人负责学校的建设、课程开发、网络维护等工作。GM公司在全国已建成70所零售学校，每所学校均要投入一定学校教室、设备、教师课酬等费用；为了开展网络学习，企业为每家门店配备电脑、电视墙，给予员工学习时间，给予一定的激励政策来推动学习培训。这些人力、物力、政策保障了员工对学习培训的重视，也保障了学习培训的质量和效果。对于一个民营企业来说，能对员工培训投入如此大的人力和物力是比较值得称赞的。

在对GM公司的调研中发现，GM公司人力资源部门对从经理到具体部门员工的员工培训都极为重视，他们认为，员工培训是GM公司生存与发展的关键，对员工进行有效、实用的培训是企业立足于本行业，领先于其他企业的重要保证。在GM公司内部，所有员工都有培训的机会与平台，培训方式也随着社会发展不断更新，企业规范、先进、务实的培训计划与项目增强了员工的受培训意识，培训已经成为企业人力资源工作和员工自身工作与发展的重要组成部分。GM公司的培训理念也随着企业的发展不断变化，从原来的补知识、学技能到目前的岗位资格任职的标准化认证，建立多元化知识学习系统；从实体店岗位培训到网络学院多样化的培训，现代先进的培训模式与培训内容已经进入GM公司基本的培训系统，体现了企业在培训理念上的飞跃。

4. GM公司企业自培训存在的问题

这种定位准确，专门部门负责调配保障人力物力与政策配套加上先进的人工培训意识与务实的理念，使得GM公司在人才培训方面取得了很好的效果。但同时存在一些问题也引发其领导进一步思考改进，比如培训的封闭性、培训深度与广度的局限以及培训质量的瓶颈。

GM公司企业培训在内部已经形成一套"人才储备—基层岗位技能培训—中层干部培训—高层干部培训"的体系，在培训形式上，从集中"前店后校"式培训到网络培训覆盖了企业全体员工。但是，GM公司企业培训有极强的内部性，从组织管理、课程开发、师资来源都以内部人员为主，以企业需要为目标。虽然企业也有一些与高校合作举办的培训班，但仅限于高级管理人员，规模较小，接受培训的人数较少。这种培训体系有其优越性，培训目标明确，企业培训的目标主要是解决企业内部急需解决的问题，如新员工上岗技能，新岗位的新技能需要，后备力量的培养等，这种目标明确的培训使培训内容更为实用、培训资源被有效利用，成本较低是这种封闭培训的主要优势。从另一个角度来看，这种封闭式培训也有其弱点。第一，典型的内部培训模式缺乏长远规划，难以取得社会认同。内部提高式培训只是从企业最迫切、最现实的需要出发制订培训方案和内容，很难制订出有助于整个企业长期发展的人才培养方案，因此，企业内部培训只能在企业内部有效，员工一旦离开企业，所接受的培训基本没有太多用途，很难得到社会的认可，也影响企业员工接受培训的积极性。第二，培训设计、内容、师资有一定局限性。企业培训主要由人力资源部门负责，接受过教育学理论与实践的人员不多，对于培训内容选定、教学设计、教师聘用等教育问题没有太多的了解与经验，完全按企业规律而不是教育规律组织与管理员工培训，因此，企业开发的培训项目偏重实用性，缺乏科学性与前瞻性。如，GM公司网络课程教学中，学员普遍反映所开设的课程冗长，衔接难度大等问题，显示了课程编排与开发缺乏一定的科学性与系统的教育学知识。

在GM公司企业培训中，培训主体是企业人力资源部门，出于企业实际需要，开发的培训项目与课程均以企业岗位技能为主，以实用技术为导向，课程安排、教学时间安排均以最方便、快捷为原则。这种培训虽然解决了员工技能需要，但是对于员工的发展没有提供太多帮助，员工的职业潜能得不到进一步发挥，也很难为职工今后的发展与职业变化提供一定的知识基础。另外，培训课程、教师主要由企业内部开发与承担的模式有一定的特色和优势，一方面，这种模式是内部人员熟悉的企业经营模式与特色，能高效、快速地将企业岗位所需的知识与技能传授给新员工；另一方面，企业也大大节约了培训成本。但是，这种内训师培训也有其弊端，首先，课程、教师均来自内部，缺乏与外界的沟通和联系，导致企业培训的深度不够，课程设置、内容可能没有跟上社会发展的速度与变化，没有把最新的、最需要的知识传授给员工；教师没有经过系统的教育训练，对员工的培训主要停留在经验介绍与分享阶段，难以把自己的经验提炼成理论化的学习材料，变革讲授方式，培训不能称之为严格的学习培训，更多的是经验传授。其次，企业培训与外单位、学校联系较少，即使有一些合作也只是浅层次的合作办学，培训的广度还有待加强。

虽然 GM 公司已经形成了自己一套培训系统，从零售培训学校到网络学校都已经具备一定的规模，企业正朝着全员培训、立体培训的方向发展。在这些培训项目与模式迅速发展的同时也有一些问题，如培训学校开课率不高、培训教师人数不足、教学水平不够高、网络培训上线学员不够多、网络课程内容不够精练，对培训缺乏有效的评估与监督等问题。这些问题从一个侧面反映了培训数量虽然达到了一定规模，但培训质量还需要进一步提高。

（三）小结：企业选择校企合作的思考

企业是否选择与高职院校合作来培养人才或者培训员工以解决企业发展的人才运用与储备，并非简单的成本计算，而是多种因素综合作用的结果。有企业的行业特征对人才的专业、层次以及规模的需求特性，有企业的规模和地理因素，有历史文化传承原因，有企业的人才发展定位与战略，也有企业负责人自身的理念与思考，当然也有成本的考虑。

英格尔斯认为社会现代化的关键是人的现代化，企业之间的竞争首先是人才的竞争，不同的人才发展战略的定位，对校企合作的参与程度与方式具有不同的影响。企业的人力资本主要有三方面来源，一是自有人才，这部分人才随着企业的发展需要不断提升；二是招聘大学毕业生，需要培养培训，逐渐磨合适应；三是猎头成品人才，直接上手，但掠取成本较高，对校企合作的需求不明显。就前两种方案而言，无论是大学毕业生还是自有人员的提升，人才的培养与进修都为校企合作留下了较大的空间，关键在于学校的合作教育如何能满足企业人才的发展需求。

三　企业办学：回归还是发展

20世纪末期，随着国有大中型企业改革的深入，企业办社会的"单位制"现象开始逐步转变，实行主副分离，辅业改制。改制分流的有关政策规定具体，具有很强的针对性和可操作性，它对于减轻企业负担，盘活企业资产，进一步理顺企业产权关系、劳动关系、隶属关系，优化企业资产结构、组织结构和人员结构，做强主业，激活辅业，提高市场竞争力等具有十分重要的作用。各行业办学社会职业必然进行剥离，企业所办的各类教育相继实行改制剥离。中小学全盘划归属地管理，成人类和职业技术类院校（职工大学、职业中专、职业学院、技工学校等）企业办学改革也分类推进，逐步剥离。

对于这场改革，争论颇多，尤其是随着高校扩招，用人单位的人事改革，经济社会中产业升级、行业转型、科技发展等一系列变迁下高校毕业生就业问题的凸显，引发了人们对行业企业办学的怀念，有人甚至认为20世纪末期"剥离"改革违背职业教育的办学规律，致使在人才方面供与需的脱节。特别是近年来各地企业办学的大兴，让人们觉得这是职业教育办学规律的重现，点燃了人们对企业办学的"乡愁"。那么企业办学对职业教育校企合作的促进作用表现在哪里？其能否有效培养毕业生的职业技能从而进一步解决其就业问题？通过对2010年全国高职院校的采集数据中相关变量的统计分析可以部分地澄清这些问题。

（一）不同举办方校企合作的统计白描

对基于人才培养的校企合作的成效可以从三个视角来考察，首先是对学生的培养，在2010年全国高职院校的采集数据中，表示这方面情况的变量有订单学生数、接受实习学生数与接收毕业生数，而合作企业数也能从一个侧面反映校企合作的规模；师资建设方面主要有"双师型"教师数、支持学校兼职教师数与校外兼职教师数；学校提供服务的总值与学校为企业培训的员工数则显示了在校企合作中学校作出的贡献。

从统计结果来看，纵然行业企业举办的学校在合作企业数这个表示校企合作规模的指标上低于其他类型的学校，可以通过行业企业对其举办高职学校的校企合作的包揽和垄断来解释，但行业企业举办的学校在诸如订单学生数、接收实习学生数与毕业生数等表示合作育人的指标上，以及学校为企业的贡献方面的指标上都没有显示出较高的成效，甚至相反，均低于其他形式的学校。只有在师资建设方面的校外兼职教师数这个指标上，略优于其他形式的学校。

方差分析的结果则显示，虽然不同举办方性质的高职院校在表达校企合作的变量中的合作企业数、接收实习学生数和接收毕业生数，和表示师资建设的几个变量以及学校为企业培训员工数等方面有显著差异（$F < 0.05$），但进一步的分析则显示，这种差异主要是民办学校与地市级政府举办学校之间的差异，而就校企合作的各项指标而言，行业企业所办学校在各方面均与其他性质的学校并无显著性差异。

统计数据分析并没有显示行业企业办学在以人才培养为目的的校企合作方面相较于其他形式的高职院校具有显著的优势，那么，为什么在倡导校企合作政策的背景下兴起了行业企业办学？是对传统行业企业办学的回归，或者说是行业企业办学"乡愁"的复燃吗？行业企业办学的优势与困境分别是什么？更进一步地从社会发展的演进来看，高职院校与行业企业基于人才培养的关系究竟应该为何？通过两所企业办学的实证研究，或许能够对上述问题有所启发。

（二）N学院

1. 为什么要办学——N矿业的选择

N学院是N矿业主办，经A省人民政府批准，教育部备案的一所高等职业技术学院。由原N矿务局职工大学、N矿务局职工医科大学、N矿务局党校、N煤炭体育运动学校、N矿务局高级技工学校整合组建而成。在国家部委改革之前，这些学校都隶属于煤炭部，1998年煤炭部撤销以后，其管辖的学校实行行业企业剥离，划归学校所在地A省管。当时省里基于要对学校进行财政支出的考虑，要求相关企业（N矿业）补贴资金，否则不予接管，在推不出去的情况下，学校没有剥离出去，而是还留下来与企业"同生死、共命运"。1999年6月，与N工业学院（现A理工大学）以联合办学的形式，成立N工业学院职业技术学院。2000年6月18日，根据 A 省人民政府皖政秘〔2000〕117 号文的批复，独立建校正式成立 N 学院，是 A 省教育厅重点抓的大型企业集团办高职的试点单位。

1996~1999 年是中国煤炭企业最困难的时期，也是该行业转型时期，N 煤矿人数多、事故多、收入低、人心不稳。这直接影响到 N 学院的发展，生源紧张、经费不能保障、师资流失等现象严重。经过一段时期的调整，2002 年，提出了新的采大矿、办大电的发展理念和战略，进入发展的快车道。同时经营门类也扩张到煤炭、房地产、技术服务等领域，这也对人才提出了新的数量与规格质量的要求。企业的转型对人力在技术上提出了较高的要求："以前我们用农民工，一个不懂，无意识的操作，就会造成大事故，所以我们后来在用人上很重视，新进操作人员一定要是职业学院毕业生，管理层研发技术层等引进本科以上。今年（2011 年）博士 6 人，硕士 300 人，本科生 4000 人，这些人才主要靠引进；操作工 1300~1500 人，我们有的专业的都来自我们的职业学院，没有的专业需求的人才（从）其他院校招聘，如铁路运输、电力等。"

在人才的培养方面，N 集团充分考虑行业企业的特点，并重视 N 市的特征——N 市是一座新兴的城市，是因 N 矿业而建设的一块飞地。在我国，这样的地方有很多，企业办社会在某种意义上就是对这样一种因企业而设市的地区人们生活发展要求的适应。正因为如此，N 矿业的职工多数为本地人，40% 的家庭子承父业，2002 年以来，有 1 万~3 万子弟在矿上就业。这样一方面要负责承接父业的新生力量的技能培养，另一方面要重视矿区人们的发展要求和职工培训需求，因而企业办学势在必行。

N 矿业对煤矿相关专业人才需求较大，使得规模化人才培养成为可能，而同时在国内对煤炭专业人才的培养由于煤炭部的撤销带来的一系列相关学校转制撤并，也导致该行业专业人才培养的青黄不接。金融危机时期，全国煤矿专业的毕业生每年只有 2000 人左右，N 矿业就需要 700 人。2002 年之前，N 矿业有大约 600 人的专业技术人才，占到总职工数的不足 1%。在这样一种外困内需的背景下，诸多理由都推动 N 矿业自办职业技术学院。

近几年，N 学院每年招生 13000 人，其中高职 9000 人，技工 4000 人，毕业生也很抢手，留足自己用的之外，还有部分输出到相关行业。

在摸索中不断发展完善，目前，N 学院主要承担高职学历教育、技工中专教育、安全培训、继续教育，这些是 N 学院的四大功能，分别由相应的机构承担。

高职学历教育的机构有采矿工程系、通风安全系、煤矿机电系、信息与电气工程系、工程管理系、经济管理系等 8 个高职系。面向 8 省市招生，每年招生规模在 3000 人左右。以及从事技师培养的技师学院，每年招生规模在 100 人左右。

中专层次的技工教育机构为 N 学院的技工部，其前身是煤炭部的重点技校。2008～2010 年的招生人数分别是 1540、2115、1918 人。

安全培训机构为 N 学院的安全培训中心，这是一家国家二级培训机构，主要负责煤炭安全生产方面的培训，面向煤炭行业，特别是省内煤企的一线工作和管理人员。2008～2010 年的培训人数分别是 7591、9187、9265 人。

继续教育的机构为 N 学院继续教育学院。继续教育学院主要面向 N 矿业开展技术培训、管理培训、继续教育培训、在职学历教育培训等层次的服务。2008～2010 年的培训规模分别是 3495、4392、6358 人。

2. N 集团办学的优势与特点

N 学院作为一所剥离未果，留在企业实行股份改制的学校，其发展得益于对企业发展战略的紧密配合，得益于煤矿行业对人才需求量大且专业相对集中的特征，得益于 N 矿业领导人才战略的远见卓识以及对学校的大力支持。但其中最主要的还是社会与人脉。

首先，紧密的校企合作，源自 N 学院与 N 矿业在人员、资源与地缘上的不可分割。学校的领导与煤矿领导交叉任职，有利于把学校的发展与企业的发展联合考虑，资源共享，共同推进。兼职教师、实践教师易得，因为同为一个矿上，又同在一个城市，平时联系交流颇多，地理位置近便。学校的学生大多是矿上的子弟，学校的教师与矿上职工相互熟稔，顶岗实习机会较多。

在技术对接上，学校很容易了解企业对需求，使得在专业技术与学校专业与课程设置的对接上相当便利，学校能在较短时间体现技术的发展与技能要求的变化，从而使培养的人才能够较快适应岗位与技术发展的最新需求。

在企业文化上，由于学院和企业在关系上属于一个共同体，因而他们浸润于同一文化氛围，且由于学校和企业在人员、地缘方面一衣带水的关系，企业的最新规章制度、安全知识、教育规程等都能够及时并且容易地在学校中传递与培养。

N 矿业的企业与学校的发展都欣欣向荣，但其办学存在一定的风险与忧患。

首先，是资金投入问题。2006 年 N 矿业对其经验的 N 学院进行了股份改制，资金的问题逐渐明晰。用煤矿负责人的话说是"企业是有办学的需求，我们一半是给自己办，一半是给社会办，我们有一些专业是服务于矿区子弟的，这是一个社会稳定问题，说到底是为社会分担责任。因而国家应该有所投入，而不是让学校与企业同生死共命运，要让学校在企业有危机的时候也能正常生存下去甚至发展。而现在我们学校的办学经费每年只是企业给的 2990 万加 3000 万的基建费用，教育厅不给钱，这不公平也不应该，因为我们也可以不办学"。

其次，政府还征收办学营业税、办班税（5.5%）、水利税、建房税等一系列税收。学校是企业办的，但学校为社会培养人的性质和功能并不因企业的营利性而改变，因而这部分税收办法如果不能改革，也会对企业办学产生很大的负面影响，影响企业的办学，并影响办什么样的学。因为没有正常的政策与制度引导，企业会遵循其逐利的本性形塑学校的方向。

再次，在人事上，企业办学的教师与普通学校教师在待遇与编制上的二元性，将成为企业所办学校优秀教师流失的主要原因。企业所办学校中的教师是企业编制，其工资、退休金、保险制度等都按照所在企业执行，这使得教师们抱怨自己是"企业教师"，是教师中的二等公民，从而一有机会就会跳槽到普通学校，享受事业编制带来的高福利待遇。

由此可见，诸多现实的问题左右着企业办学的实践，学校的人才培养过程融入企业并不能一劳永逸地解决高职院校办学的所有问题。基于人才培养的校企合作并非学校与企业的紧密融合，而是在分工明确基础上的有机合作。如上述 N 矿业自办的 N 学院也并非学校与企业的完全融合，而是企业发展到一定程度，把其相应的教育功能分离出来的结果使然，因而，企业办学实质上是社会分工发展的结果，因而需要用分工的思维来理顺其合作过程中的各种关系。

（三）J 大学

1. J 公司及其 J 大学概况

J 公司成立于 1997 年 5 月 18 日，其前身 J 汽车制造厂始建于 1964 年。J 公司拥有 J 汽车、A 客车两家上市公司和 J 专用车公司等十五家全资、控股子公司，已形成商用车、乘用车、客车、零部件和汽车服务五大业务板块。截至 2011 年 6 月，J 公司拥有总资产 250.4 亿元，汽车年综合生产能力达 62 万辆，员工有 3.2 万人，整个集团的人力资源总量和生产总量呈现持续且稳定的增长趋势。

J 大学作为 J 公司下属单位，高职教育只是 J 大学中的一个部分，职业教育是由 A 汽车工业技工学校和 A 汽车职业技术学院两部分组成，其前身是 1985 年成立的 A 汽车工业技工学校（隶属 A 省劳动厅）与 H 工业大学高等职业技术学院（隶属省教育厅），后者自 2000 年起开始举办高等职业教育。2007 年 5 月，J 公司在省政府的批准下合并两校，组建成一所培养中、高级技工、技师的职业学院。2010 年 3 月，由 A 省政府批准、教育部备案的全日制公办高等院校——J 大学正式成立。

1985 年建校开始就举办了汽车维修、汽车装调、汽车涂装、机械加工、焊接及其自动化等专业，在学院的发展过程中陆续增加了汽车营销、冲压技术、模具设计与制造、仓储物流等主要专业。学院在 20 多年的办学过程中，坚持"把学校当企业经营，把学生当品牌塑造"的办学理念，始终致力于管理模式的创新与探索，不断深化教育改革，创新教学方法，突出"双元制"教学，提升教学品质。

从功能上来看，J 大学的内部结构分为三个部分：其一是职业教育，分为 A 汽车工业技工学校（中专）和 A 汽车职业技术学院（大专）；其二是员工培训，J 大学下设员工培训部负责管理和实施整个集团 15 家子公司的员工培训工作，J 公司一直注重员工培训，被安徽省政府确定为"合芜蚌创新人才培训基地"（另外一家为中国科技大学），目前 J 大学有《打造一流团队》《初级经理管理实务》《品格》等多门精品课程；其三是企业文化研究，J 大学下设企业文化研究部，负责集团公司 15 家子公司的企业文化建设工作，J 公司的企业文化以学习型组织为核心，强调学习型组织的建设，在业界有较高的声望。

2. J大学中职业技术教育的办学优势和困境

（1）J公司规模化的人力需求，促使其举办高职教育

在中国高速发展的工业与汽车制造业的背景下，J公司业绩持续增长，人才需求旺盛。其中近60%的员工是一线生产人员，然而从学历看，在J公司全体人力资源中大专以上学历的员工仅占23.3%，高职也仅占39.8%；从技能水平看，技师、高级技师有168人，高级工以上的有2095人。而这部分高学历和高技能人才主要集聚在中层与高层，一线生产人员的学历水平与技能水平都相对较低。在当今技术转型，质量求胜的产业发展背景下，提高一线工人的技能水平和学历层次成为摆在J公司发展面前的挑战，这为J公司职业教育的发展带来了机遇。2010年J公司人力资源情况可详见表11。

表11 J公司人力资源情况（2010年）

	人数（人）	比例（%）	作用及发展趋势
经理层	1249	4.7	体现择优选拔的配置思路
技术人员	2998	11.3	技术人员增加较快；实现技术创新大幅跨越，各种新产品不断呈现
市场营销人员	1784	6.7	与同行业自主品牌相比人数比较精干
专业管理人员	1763	6.7	为实现企业管理创新，规范管理制度，优化工作流程，发挥积极作用
一线生产人员	15850	59.9	近几年随着各项新业务蓬勃发展，生产人员规模激增

（2）企业文化的渗透与同岗位工作的零距离过渡

由于企业与学院地理上的近便与体制上的隶属关系，企业文化在学校教育中渗透较好，自1996年以来，J大学致力于以学习型组织创建为载体推进企业文化建设及企业核心竞争力的培育。通过创建学习型组织，建立企业的共同愿景，塑造共同的价值观体系。一方面，企业文化中对于员工素质的重视和创建学习型组织观念的提出，使得企业重视通过多种途径和教育方式提升员工素质，职前学历教育就是其一，两所职业技术学院因此受益；另一方面，两所职业技术学院植根于这样的企业文化当中，学生就有更多的机会了解企业及其文化，也有可能在进入企业后更快更好地融入企业并创造更多的价值。J大学的员工培训秉承"工欲善其事，

必先利其器"的培训理念,积极整合企业内外部培训资源,结合企业战略和中长期目标,立足各层级的岗位能力要求,依据"横向分专业、纵向分层次"的原则,自主开发干部类、技术类、专业管理类、营销类和技能类等五大类200余门培训课程,形成了较为完善的具有针对性、有效的培训课程体系,使职业培训与岗位培训能较好地衔接,真正实现零距离过渡。

(3)"双师型"师资力量雄厚、保障实践教学质量

J大学一方面大力推行建设一批结构合理、专业突出的"双师型"师资队伍,另一方面依托J公司雄厚的人力资源和技术优势,建立一支来自企业的专家型、技能型兼职教师队伍。两院共用一个教学团队,专职教师有106人,兼职教师有80人。其中专职教师中拥有高级以上职称的教师有23名,占22%,"双师型"教师有69名,占65%,具有硕士研究生学历的教师有13名,占12%。学院要求专职教师必须是重点本科及以上学历和具备中级以上技能等级证书,并充分利用企业优势,组织专职教师参与公司的产品开发、技术攻关和生产实习,有效提升了教师的综合素质。学校还根据公司人才规划和教学要求,在公司范围内整合一流的技能专家,建立兼职教师专家库,制定教学计划,定期安排到学校承担教学任务和课题研究,为培养一流的学生提供了强有力的师资保证。

J大学打造一流师资队伍,强化实践教学质量的主要措施有:第一,定期安排教师在学院实训中心进行实践操作技能训练。通过系统的培训,提升了教师的实践技能和教学综合能力。第二,利用寒暑假,学院安排教师去J公司一线或相关院校进行培训学习。在培训中,既有理论也有实践,但更注重实践培训学习。教师把学到的最前沿知识带回学校,在课堂中及时地传授给学生,开拓学生们的视野。第三,聘请企业经验丰富的高技能人才担任兼职教师,建设兼职教师队伍。根据教学管理和专业建设的需要,学院每学年都要从企业内部聘请一些经验丰富的技术人员、高级技师来J大学担任兼职教师,与专任教师一起,共同设计教学方案,共同开发课程。高标准、高起点、理论与实践有力结合,保证了高素质的兼职师资队伍。第四,开展丰富多彩的教研活动。教师通过教学研讨、说课比赛、动手实践制作比赛等,搭建了教师们相互学习、交流、沟通与欣赏的平台,促进了教学质量的持续提升。第五,选派优秀教师赴外学习,通过对

国外先进教育理念、课程开发方法的学习，转变观念、开阔视野、拓展思路。第六，教师参与企业服务，提升能力。为不断加快"双师型"教师的培养，学校鼓励教师参加企业的项目开发，为企业进行技术支持与服务。

（4）企业作为人才培养的"实训工厂"

J大学在人才培养过程中突出"双元制"教学模式，依托J公司，逐步完善其实训实习设备，建立汽车整车拆装实训室、汽车底盘实训室、汽车发动机拆装实训室、汽车变速箱实训室、汽车车桥实训室、汽车综合技能训练场、钳工实训室、焊接实训室、机械加工实训室、数控模拟实训室、计算机中心、电工电子实验室等校内实训场地，同时建立51个校外实习基地。学院教学设施齐全，实训条件优越。新的实训大楼也正在建设当中。此外，学院在人才培养的各个环节，都紧密贴近企业需求并充分利用企业办学的优势，师资队伍的建设重视企业工程师对其"双师型"教师的建构，专业设置上对应依托企业的岗位需求，课程教材的开发方面依据企业岗位人才的技能需求，自主编写教材，学生实习实训基地的选择更是充分利用企业办学的优势，把企业作为培养学生技术技能的"天然工厂"，逐步形成了具有比较优势的职业教育培训体系。

企业举办的高职院校具有尤其明显的发展优势，但也存在一些至关重要的制约因素。首先，是来自政府的审批规定，一般来讲，教育部门对于职业学校的审批在基本办学条件方面有硬性的规定，比如对生均占地面积、生均专任教师数量、学生住宿条件等。以学校占地面积来讲，企业办学的投入由企业人才培养的文化、企业人才需求、社会提供人才质量等多种因素共同决定，尽管一些国有大中型企业有办学意愿，但对面积的硬性规定也可能使企业望而却步，J公司这样的上市企业（集团）因其资金使用管理的严格性更是如此。如何用灵活的审批政策鼓励大中型国有企业参与职业技能人才的培养是需要政策制定者认真考虑的问题。其次，是经费问题，对于J公司的这两所职业技术学校来说，各级财政均无相关的经费支持政策，这无疑加大了企业办学负担。一方面，新出台的职业教育发展政策鼓励国有大中型企业积极参与或举办职业技术教育，另一方面，又没有相应的经费支持。对于A汽车工业技工学校和A汽车职业技术学院来说，由于举办方J公司属上市公司，其资金使用和管理受到相应的控制或限制，所以支撑学校办学的主要经费只能是学费，这也是这两所学校的各项基础设施建设相对滞后的原因。

（四）小结：企业办学困境的暗示

通过两所企业举办的高职院校的发展以及对发展过程中的成败局限的呈现与分析，我们可以看出，企业举办高职院校的优势主要集中在其职业教育所要求的"校企合作"培养人才的技能方面，无论是"双师型"教师的师资构建，专业贴近社会需求的设置，还是实习实训条件的保障以及企业文化的对接渗透，在这些方面由于企业办学中的企业与学校的利益在某种层面上的一体性，使得资源在某种程度上具有公共的属性，从而能够达到充分的利用。但是除却此方面，高职教育的管理体制、经费保障，以及教育溢出效益的责任回报等问题，特别是教师的编制问题以及对其教师队伍以及技能人员的稳定的影响，均为制约企业举办的高职院校长远发展的不可忽略的因素。而从访谈资料以及数据分析的结果也可以看出，所谓的行业企业办学中校企合作的优势，更多地缘于行业企业的社会资本，如兼职教师的支持数等，而非企业办学本身的效果。

虽然大企业对人才的规模性需求，其庞大的资源支持，特别是曾经办学的经验和资源积累，都使得其倾向于自办高职而非与高职合作解决人才的培养与储备问题，但是大企业在办学中的一些不可逾越的困境也暗示，在社会发展日益快速，社会分工日益推进的现代社会中，分工下的合作才是出路，融合只是暂时的权宜之计。从社会发展的视角来看，高职教育与企业生产是社会发展分工的产物，在某种意义上具有统一母体的属性，但分工代表社会进步的方向，合作只是发展的手段，因而即使是企业举办高职教育也绝非能看作是高职教育与企业的校企融合，而应该是明确分工基础上的有机合作。合作是分工的手段，不断的分工需要不同的合作方式。

五 结论与讨论

本书利用 2008~2010 年教育部高职采集数据统计资料，以及博士后期间的几次实地调研收集的文本与访谈等资料证明一个地区的经济发展程度对其高等职业教育的校企合作进展具有重要的影响，但这种影响是通过地区拥有的企业数量、规模、企业行业技术特征以及企业对职工教育与培训的历史传承与理念等因素而发挥作用的,而且各因素作用的方向也有所差别。同时案例学校与企业在对待校企合作的态度以及开拓校企合作空间的实践上,也给我们思考校企合作以启发。

(一) 区域经济态势对校企合作的影响

一般来说,一个地区中经济发展具有如下特征时,有助于促进企业与高职院校的合作:有相对数量庞大的生产性企业,且多为非国有性质;而大型企业,特别是国有大型企业,由于对人才培训的历史传承,特别是雄厚的经济资本和人力市场,他们往往另起炉灶,自办大学训练职员,对高职校企合作不但没有促进作用,反而有排斥之势。

1. 企业促进论

一个地区拥有的企业数量与性质特征对促进高职院校校企合作的作用,符合社会发展理论与经济学原理,又是中国人才市场改革的效果。对中国经济发展状况与中国高等职业院校的布局对照来看,可以发现经济发展状态越好的地区,其高等职业院校的数量也相对越多,高职院校的校企合作的发展成效也较显著。经济发展状态好的地区,其中的市场越活跃,工商业发展均较快速,注册企业数量也相对多。这样的社会特征对人力资本提出了数量与质量方面的需求。人力资本市场也相对活跃,企业聚集形成的人才需求市场促进了当地高等职业教育的发展,同时又为高等职业教育人才培养校企合作模式提供了便利条件。一般的经济地理模型将运输成本作为聚集经济的一个向心力。因而离企业越近,运输成本越低。在校企合作的选择行为上越容易由于成本较低而达成。而且,随着高职教育市场和劳动力市场的成熟和发展,高职院校向发达地区聚集的趋势得以显现并加强,其校企合作也随着社会分工的深入而实现有机合作。然而市场导向的中小型民营、私有以及外资企业,虽求才若渴,且市场化与实用主义的用人理念使得他们在人才的培养上倾向于选择与学校的合作,但由于企业的规模特征,以及不同企业的错位竞争,使得其在人才需求上相较于大型国有企业具有零散性特征,这与学校人才培养的规模性形成矛盾,制约了校企合作的深入发展。

2. 企业排斥论

大型企业排斥校企合作的结论，似乎有悖常识。但其实十分符合大型企业的逻辑。我国的大型企业一般都是国企，或者经国企改制而来，或者为技术门槛较高的高新技术企业。对于国有企业或者经国企改制而来的大型企业，在计划经济条件下形成的国有企业单位囤积人才，以及人才培养模式，一如囤积资金和物质，影响其进一步发展的理念。人尽其能、物尽其用并非他们关心的大事。同时，国有企业密集的地区，私营企业发展空间狭窄，而国有企业少的城市，如广东一带，历来国家投资少，所以没有养成依赖国家的习惯，财政包干后，便致力于发展市场经济，所以国有企业密集，对当地高职院校合作发展并无多大作用。再则，在20世纪90年代末期，高等教育改制转型之前，传统国有大型企业都有自己的职业大学或者行业的专业人才培养学校或基地。改革之后，虽然大多数企业与其所办学校进行了剥离，但却保留了传统的人才培养与培训机构，这种自有的人才成长体制的传承在公司人才培养方面起重要的作用，同时也在一定程度上阻碍了在新形势下企业与学校的合作。对于高新技术企业，随着高等教育的扩展，其人才进入的门槛也相应提高，一般不会把合作的目标放到高职院校上。

3. 企业行业属性与技术特征的影响

企业的行业技术特征与学校的专业设置也深刻影响校企合作。同一专业，不同性质和层次的高校为企业带来的资源各异，企业与研究型和应用型的大学合作，和与高职院校进行合作的出发点不同，合作培养出的人才在劳动力市场中的位置不同，各参与者的目的和职责不同，因而两者具有迥然不同的合作模式；同一院校，不同专业，例如文科、工科、艺术不同的专业人才培养的方式差别较大，校企合作双方的资源依赖程度各不相同，也较大地影响了校企之间的合作关系。企业与学校之间本着培养人才的深入有效合作，一般在制造业、矿产资源业以及建筑业等第二产业中比较常见。虽然不排除上下游行业之间的合作，汽车制造与纺织专业之间的合作则比较难以想象。与高职院校合作的企业较多的是劳动密集的小型工业企业，大型国有工业则以资本密集的重工业为主，因而国有大型重工业企业不可能与高职院校合作。所以制造业、矿产资源与建筑等行业的企业可能与高职院校合作，而国有重工业与高端行业方面的企业与高职院校合作的可能性很小或没有。

本书认为,学术界夸大了高职院校与企业之间的深入有机融合合作关系,这种被大书特书的校企合作其实是学者的一厢情愿,最多只是地区经验。从全国来看,真正与企业融合发展的高职院校极为少数。即使是合作关系,由于两类组织的经营原则不同,融合发展不一定有生命力,而类似于生产合作的订单培养、人才培训外包、人才技能外购等形式较为常见。校企合作的真谛,不在于也不可能是高职院校与企业的融合发展。它的意义在于立足于地区经济发展的形式特征下,学校与企业在明确分工的基础上推进有机合作。

(二) 不同地区拓展高职教育校企合作的可能性策略

今天的中国高等职业教育日益面临和企业人才市场对接的压力,发展基于人才培养的校企合作就是要扶助和促成这种对接,使学校培养的人才尽量能够进入企业的用工岗位,从而减小就业压力,增强企业的生产能力,创造社会福祉。要推进这一目标的实现,校企深入合作不可缺席,但是实践显示的实现路径有限且狭窄,校企合作的难度很大,一方面,因为不同类型的组织由于经营方式、实现目标、运行机制有别,很难进行所谓的深入无间的融合;另一方面,在日益恶化的组织政治生态中,组织之间缺乏相互信任,缺少承诺进行有效监督的第三方,因此很难走向合作。

世界各国的历史、经济和政治环境"养育"了不同的高等技能型人才培养的校企合作体系和模式,这对我们促进高职合作教育都有借鉴意义,但不能照搬任何一个国家的模式,连将其本土化都不行。然而在实践中闯出的这有限的罅隙,也给我们一线光明的指引,给我们开拓校企合作的空间以启示。

1. 校企合作的拓展应适应地区经济发展

高职教育是经济发展特别是技术发展的必然产物。因而不同的经济发展程度以及不同地区的产业结构与企业特色对高职教育的需求和影响有所差别,其校企合作的模式也不尽相同。一般来说,当一个地区的经济以发展农业为主时,由于第一产业对人才需求的特征,使得产业界对职业教育的需求甚微,更谈不上基于培养行业企业需求人才的校企合作;而当经济发展重点转向工业,特别是轻工业后,需要大量有一定技术技能的人力,同时由于技术人员缺乏，各行业或企业单位开始关注职工的技术提升，以学徒的形式对其进行训练与教育；而当经济进一步发展，社会分化日益增进，分工导致职业教育从行业企业中分离，其功能是培育行业企业需要的合格的技术人员。职业教育形式的变迁与区域经济社会的发展密不可分，因而要求高职教育的发展理念必然要匹配区域经济的发展。

不同经济发展模式需要不同的职业教育去适应并促进，同时不同的经济发展形态对职业教育的类型的需求也有所不同。通过案例分析可以看出无论是发达地区还是发展中地区，能够在校企合作中拓展出一方空间的高职院校，都主动调整适应区域经济发展要求。这既是经济发展对职业教育的促进，是发展职业教育的主导群体以市场为导向，主动调整、改制的探索结果，更是政府的宏观调控、政策支持、法规引导的推动。

应注意，成功的校企合作模式不是唯一的范式，而是应本地的发展阶段不断调适与改变的适应性模式。不能仅仅根据校企合作的深入水平的差别来判断一个国家或区域校企合作模式的优劣。校企合作模式的优劣，要根据它是否能适应一定历史发展阶段的时间、地点和条件下经济转变对人才提出的需求，是否能从促进经济社会的发展与进步这个角度来考察。

2. 转变教育市场化的方向，建立企业需求导向

就高职教育而言，在教育市场化理念引导的改革中，逐渐从以教（教师而非教学）为本向以学（学生而非所学）为本转变，这是一种以人为对象的市场化取向，学生在学校中的主体地位被凸显并一再被加强。这与高等教育的市场化改革一脉相承，用者付费可以通过"付费者用"的解释来突出付费者的权利，也引发了学校逐利的招生之战，以及学校逐学生意愿而设置专业等的"以学生为中心"的行为。然而学生的意愿有时并非理性地随社会需求律动，因而便形成了学校专业设置、课程设置与社会经济发展、企业生存发展的人才需求之间的张力。因而在高等职业教育中，要转变以人为对象的市场化取向，转变以学生为本的观念，而建立以社会需求为对象的市场化取向，将以人为导向的市场化取向转向以事为中心的市场化方向，以企业人才需求为本，认真调查收集企业人才需求的规格、层次与专业种类等方面的信息，并在此基础上设计学校的教学活动，引导学生意愿，从而弥合学生意愿、学校产出与社会需求之间的错位，以企业所用

作为学校所教的重点，从而为学校与企业的过渡，拓展校企合作的空间奠定"对口吻合"的基础。

3. 明确校企分工，促进有机合作

就合作企业的人口学特征来看，目前高职院校的合作企业从规模来看多为中小企业，从行业来看大部分是制造业、服务业等企业。由于国有企业与大型企业对高职教育校企合作的排斥，加之高等教育的扩张以及由此引发的过度教育与文凭贬值，大型企业人才需求一般均要求本科以上，少有专科层次的需求。而中小企业为求经营上的近期获利，对校企合作能够带来的人才储备与技术革新兴趣不大，但对高校的名义能够带来的声誉与广告效应却有较大的认同感，使得校企合作中联谊性质高于实际作用。加之由于当前的校企合作没有对合作企业标准的设定，缺乏方向引导与资源整合，企业往往出于对廉价人力资本使用的考虑，以及合作的广告效应而选择与高职合作，导致校企合作流于形式，这与基于人才培养的深入有效的校企合作核心层次尚有距离。

在这种背景下，要使得校企合作不流于表层与形式，就要加强学校与企业的沟通对话，明确在技能型人才培养过程中学校和企业分别的"应为"与"能为"，并达成明确的责任分工与"利益分成"。正如 HL 集团的校企合作经验表明：合作要以分工为基础，没有明确的分工便无深入有机的合作，这也是社会发展理论给我们的启示。

4. 高职院校之间分工合作、实现联营

中国各地经济发展不平衡，这是不同地区高职院校采取不同校企合作模式的前提和条件基础。由于高职教育校企合作的空间受制于地区经济发展的水平与区域企业行业产业特征的影响，使得不同经济发展态势下，职业教育的层次、类别与专业均有所差别。加之，我国高职院校的地区分布主要是在一种行政推动下人为植入的（无论新设院校还是转制高职），而非随着地区经济发展而不断催生而成长起来。因而，在一些落后地区，经济的发展没有形成对高职的需求，工业化、产业化的程度与人才培养的程度不相适应，这样便制约了高职院校的合作教育。而这些地区的高职院校要实现校企合作就必须付出高昂的地缘成本，且"双师型"教师、实践指导老师与企业兼职教师也很难达到培养学生熟练动手能力的要求。相反，对于地处经济发达、企业比屋连甍区域的高职院校来说，校企合作的空间相对开阔，且交通成本低廉甚至可以忽略，众多的企业也为学校的"双师型"教师培养以及实践指导与企业兼职教师的引进提供了便利条件。但是这些地区的高职院校一般均是应地区经济发展而被催生出来的，在文化基础教育方面的师资与功力的积累相对要弱，而这也正是经济发展相对落后，地区工业企业相对较少区域的高职院校的优势之处。因而可以设计一种"联营"模式，使落后地区的高职院校与经济发展较快地区的高职院校"分工合作，实行联营"，发挥各自在师资积累与区位等方面的优势，如，落后地区高职在联营中主要发挥自己的师资优势与地区政府的重视优势，负责基础课方面的教育教学，而发达地区的高职院校则充分发挥地缘优势，以商业理念，促进深入的校企合作，培养学生的动手操作能力，从而形成发挥优势、互补不足的"校校合作，联合培养"的高职联合育人模式。

5. 促进有实质性的股份改制，共管共享

随着社会分工、分化的发展，各行业实行主辅业分离成为不可逆转的趋势，顺应发展的潮流，我国国有大中型企业实行了主辅分离、辅业改制的改革，在此过程中行业企业所办的各类教育相继实行改制剥离。剥离后的职业院校为当地经济社会发展服务，不再隶属于某一行业企业，然而职业教育的本质要求这种教育不能离开实践，离开校企合作、工学结合对动手能力和技能的训练，而脱离行业企业也使得校企合作与工学结合由于种种不能理顺的关系而不能深入。加之，高职教育在校企合作资源获取方面的弱势地位，使得对职业院校实行股份制改造成为一种主要并且有效的改制形式，从职业教育的产业性、社会化和非义务教育的特点来看，股份制也是一种必要的、必然的、可行的企业办学的改制形式。

《国家中长期教育改革和发展规划纲要（2010—2020年）》指出：坚持教育公益性原则，健全政府主导、社会参与、办学主体多元、办学形式多样、充满生机活力的办学体制，形成以政府办学为主体、全社会积极参与、公办教育和民办教育共同发展的格局。调动全社会参与的积极性，进一步激发教育活力，满足人民群众多层次、多样化的教育需求。教育部在国家骨干高等职业院校建设中，将办学体制改革列为高等职业教育改革首要任务。目前，职业院校的股份制改革已如火如荼。

改制涉及的问题既多又复杂，从目前存在问题来看，主要应从处理好改制前后相关利益者之间的利益关系、改制后学校运营中各股东之间明确的分工内容与协作形式，以及股份制院校的财政投入问题等政府政策支持与院校自主改革等方面来推进股份制改革，开创股份制院校的新局面。

6. 政府应统筹规划、政策引导和资金支持高职院校的校企合作

目前国内职业院校中校企合作已经蔚然成风，职业院校非常关注地方产业经济的发展，重视行业企业的人才需求，并主动调整去适应这种要求，努力拓展校企合作的空间。但围绕校企合作所发生的费用以及企业对合作成本—收益的考虑的确也成为实现校企合作道路上的一大障碍。有关"谁来为校企合作埋单"的问题，在实践中有几种处理模式，如主流社会倡导的企业社会责任模式，山东省的学费分割模式，广东、上海等地的生均实习补贴模式，以及多数地区的共担模式等。虽然各有其理论支撑，但也不乏印有地区经济发展特征的烙印。究竟应该谁来承担校企合作的费用，需要明确职业教育与校企合作的教育收益与社会功能。有关教育的收益问题的研究几乎都表明，职业教育的个人收益率小于普通教育，而成本要求却远远高于后者。职业教育的经济功能处于弱势地位，也许是使其成为教育类型中的"次等教育"的原因之一。而在谈及发展职业教育的必要性与贡献方面，很多学者、专家与职业教育当事人都认为，职业教育在规训与分流方面发挥重要功能，如很多职业学校的领导与老师们认为，职业学校的功能之一在于把适龄学生放在学校规训，而不是使其流入社会，从而避免诸如未成年人偷盗、寻衅滋事等社会问题；一些职业院校的当事人谈到，职业院校在社会分流、分担普通高校的责任等方面有很重要的作用。由此而言，职业院校除经济功能之外，职业教育在维持社会稳定，以及给中下收入层的孩子提供上学机会等类似福利性质的方面发挥了相当大的作用。经济有经济的发展举措，福利有福利的推动措施，对职业教育的发展，也需要类似的推进社会福利的手段，增加统筹，加大资金支持和税收优惠。

参考资料

《教育部办公厅、财政部办公厅关于做好2006年度国家示范性高等职业院校建设

计划项目申报工作的通知》（教高厅函〔2006〕44号），2006年11月3日。

教育部：《关于全面提高高等职业教育教学质量的若干意见》（教高〔2006〕16号）。

《中华人民共和国民办教育促进法》，2018年12有29日。

《国家示范性高等职业院校建设项目预审标准（试行）》。

《国务院关于大力发展职业教育的决定》（国发〔2005〕35号），2005年10月28日。

《教育部关于印发〈普通高等学校基本办学条件指标（试行）〉的通知》（教发〔2004〕2号），2004年2月6日。

《教育部、财政部关于进一步推进"国家示范性高等职业院校建设计划"实施工作的通知》（高教〔2010〕8号），2010年7月26日。

教育部、国家统计局、财政部：1993~2009年《全国教育经费执行情况统计公告》。

教育部：1990~2010年《全国教育事业发展统计公报》。

江苏省教育厅：《江苏省教育事业统计资料汇编（2006）》。

江苏省发展职教大省规划。

江苏省"十一五"规划纲要与"十二五"规划纲要。

F市"十一五"规划纲要与"十二五"规划纲要。

S职业技术学院：《员工培训进修管理程序》2006年第B版。

S职业技术学院：《质量手册》2006年第B版。

S职业技术学院：《董事会纪要》，2004。

S职业技术学院档案、股权转让协议、股东会决议。

S职业技术学院：《关于发行学院"内部职工股"的建议》，2006年5月22日。

《S职业技术学院章程》，2007年12月8日修订。

S职业技术学院：《ISO质量管理手册》2003年第A0版，第1页。

S职业技术学院2008~2010年度普通高等学校招生简章。

S职业技术学院2007年财务统计报表。

F职业技术学院2009年财务统计表。

F职业技术学院2008~2010年度普通高等学校招生简章。

《F职业技术学院关于人事聘用制度的规定》。

F职业技术学院教代会会议纪要（两次）。

后 记

本书是在我博士学位论文的基础上修改而成的。

2005年,我师从马戎导师攻读社会学博士学位,其时,中国纵深推进的市场经济体制改革大潮席卷了社会的各行各业,高等教育也概莫能外。在国家层面改革深化、教育层面市场化、社会层面实用主义倾向等几股力量的交互作用下,地方高校固本从流,进行调整转型,此一探索前进中的曲折,以高校毕业生就业难与企业用工荒的问题尤显瞩目,高校的人才培养模式受到多方质疑,为研究者所针砭。鉴于我教育社会学的专业背景,以及一贯的行为研究学术训练,马老师期望我能在这方面做些探讨,于是开始关注高等教育中人才培养这一话题,以期解开高校毕业生学用错位之谜。研读文献发现,大部分学者基于经济理性的思维,认为改革是解决高校所有问题的一剂良方,市场是解决高校培养的毕业生学用错位问题的灵丹妙药。社会学训练给我的启迪是:任何事件都不能自外于其所处的社会大环境,但在社会大环境作为制度安排的约束中,人的实践的能动性作为一种力量,在与制度的协商中不断推动事件向非既定的方向发展。带着这样的设想,我请教了一些地方高校教师,并接触了部分企事业单位人力资源部门负责人,他们对大学毕业生就业难的切身思考,对高校毕业生工作能力的客观评价,让我把目光转向高校应用型人才培养这一实践的"基层行动"领域。因为不但这些"行动"与其所关涉群体——高校教师的切身利益息息相关,而且,教师群体的生存状况与行动选择也反映了我国高等教育的改革程度,同时也决定了毕业生群体的"出品"规格。而研究地方高校人才培养实践的过程,也正是我自身怀抱社会科学研究的社会实用性研究的旨趣所在。我力图进入高校的本土实践,从基层开始,来描摹高校人才培养的真实状况,在现实中发现问题,抽丝剥茧寻找恰当的介入方案,经过反思与调节,以实践来改变现状。在此基础上,再抽象出适用于地方高校人才培养实践的相关"中层理论",反过来指导地方高校应用型人才培养的行为与改革实践。2007年初,我开始对地方高校进行调研,我所做的田野工作,大多属于参与式研究,持续2年,"打扰"13所高校,最后以H大学作为本研究的"理想类型",对地方高校应用型人才培养的过程进行了全程式扫描与记述。本书呈现的事实以及得出的一些观点、结论,即在这两年田野调查所得资料的基础上的总结和思考。

从博士学位论文的写作到这一研究成果得以修改成书稿,已是十年。浮云一别后,流水十年间,在感叹时光易逝之余,回顾本书写过程中的种种艰难和辛苦。当中我停停改改,时有种种不满和放弃的打算,马老师谅解我的拖延,也不时督促,我才有力量坚持下来。修改过程中,马老师一再告诫我,不要偷懒简单地使用过去的材料,事件的发展是不应该被忽视的,必须不断跟踪文献,重新于田野打滚,深化材料。他的严苛要求是对的。这十年间,地方高校应用型人才的培养践行出一条条卓有成效的道路,特别是书中提到的校企合作,在实践中推陈出新,涌现出因地制宜、因校制宜、因行业不同而有别的模式,不一而足,为高校培养应用型人才贡献力量,同时也丰富了应用型人才培养的理论。高等教育应用型人才培养的改革与发展,像一幅幅画卷,从一个个方面透视高等教育改革与发展的转向与成就,展现了高等教育的顶天立地与本土发展相融共促的局面;校企合作像摸着石头过河的理论一样引人入胜,因此我在博士后期间对高职院校人才培养中的校企合作可能空间进行了专门探讨,其中的一些案例附于本书之后,作为对这一研究的补充。

这一自博士研究生时代开启的学术研究之旅,其间包含劳动的汗水,初涉社会的稚嫩学生对复杂社会事件的思考、对人生辛酸和世间冷暖的复杂体验,更重要的是,也包含了我对学术研究从未淡薄的挚爱与深情。它的成书,宣告我对这一话题的研究告一段落,我也因此可以对我的青年时代投去最后的一瞥。但本研究仅仅掀开了高校人才培养实践领域中波澜壮阔画卷的一角,此领域尚有许多亟待研究的问题。实践研究任重道远,交叉学科的综合性和复杂性让我深刻感受到:前途是光明的,道路是曲折的。不过通过对行动实践的研究,也实践着我的理想,并让我在不清晰的道路上摸索前进,让我在艰难中有沉甸甸的收获。

学术研究自有不断突破自我认知的欣喜,但要真正把结果出版面世,接受各方品评，离不开长时间、全身心的投入、坚持与苦熬。从选题、结构安排到最后的修改，我的导师马戎先生给予了精心指导和策顽磨钝的督促。书稿凝结着马老师的心血，学生谨向老师致以真诚的谢意。感谢您教我"没有调查就不能随便说话""让事实自己呈现机制"等朴素严谨的做学问与做人的道理，感谢您在我毕业时对我的推荐，感谢您在我毕业后还对我的工作、生活时时惦念与指导，点点滴滴，未曾敢忘，永远激励我笃定初心，踏实进取。还要感谢我的父母给予的支持与鼓励，他们对我的爱，构成了我对这个世界最初的印象和想象，因爱而生的信心、勇气和力量，也会随着时间的推移越发深笃和坚实。感谢我的爱人孙国华先生，从学生时代相识携手，经历了从象牙塔到真实社会，从纯洁浪漫理想到一家三口柴米油盐的日常，时光的磨砺中，我们都改变了很多，但我们没有失散。感谢我的儿子孙嘉稷，他在我最繁忙的田野工作期间降生，在我劳碌于学习工作而无暇顾及他的岁月里野蛮生长，每当我书写遇阻工作不顺时总是指责孩子耽误了我，而我爱人义正词严地让我拍着心口仔细想想，儿子带来的快乐是不是多于麻烦，为我单调的科研生活增添了些许乐趣和烟火气，让我感受了生活的丰富多彩。感谢亲人师友的爱、宽容与不放弃。

述往事，思来者，在这几年的求学问之旅中，我的研究方向与兴趣已经转变到饮食消费社会学领域，然而高校人才培养的实践行动研究，是我在学术道路上跨出的第一步。在下笔之初，我曾经构想过，要对那个领域中的每一个人都进行一次分量相若的个案研究。如今回头重看，这种少年式的狂想显得那么缺乏经验，不自量力。但对这一方向本身，我的期待并未改变。在我看来，以人为焦点的关心的缺失，无论是就人才培养行为还是饮食消费行为的整体理解而言，抑或是就更基本的材料解析层面而言，都已经成为行动研究纵深展开的严重障碍，尤其是在饮食消费研究中，无法从个人层面进行追究的地方，不应当沉醉于冷漠数据精致化的迷思，而是应转向实践性的行动本体研究。

学术探索永无止境，迷恋其中也乐在其中的我永远在路上。

王秀丽
2019 年 7 月 22 日

图书在版编目(CIP)数据

"定制式"人才培养的实践逻辑:以H大学的试点班为例/王秀丽著. -- 北京:社会科学文献出版社,2020.11
(21世纪中国教育研究丛书)
ISBN 978-7-5201-7448-0

Ⅰ.①定… Ⅱ.①王… Ⅲ.①高等学校-人才培养-研究-中国 Ⅳ.①G649.2

中国版本图书馆CIP数据核字(2020)第198524号

21世纪中国教育研究丛书
"定制式"人才培养的实践逻辑
——以H大学的试点班为例

著　者 / 王秀丽

出 版 人 / 谢寿光
责任编辑 / 谢蕊芬
文稿编辑 / 仇婧涵

出　　版 / 社会科学文献出版社·群学出版分社 (010) 59366453
　　　　　 地址:北京市北三环中路甲29号院华龙大厦　邮编:100029
　　　　　 网址:www.ssap.com.cn

发　　行 / 市场营销中心 (010) 59367081　59367083
印　　装 / 三河市龙林印务有限公司

规　　格 / 开　本:787mm×1092mm 1/16
　　　　　 印　张:21.25　字　数:348千字

版　　次 / 2020年11月第1版　2020年11月第1次印刷
书　　号 / ISBN 978-7-5201-7448-0
定　　价 / 128.00元

本书如有印装质量问题,请与读者服务中心 (010-59367028) 联系

版权所有 翻印必究